हिट रिफ़्रेश

सत्य नडेला एक पति, एक पिता और माइक्रोसॉफ़्ट के मुख्य कार्यकारी अधिकारी (सी.ई.ओ) हैं—कम्पनी के चालीस साल के इतिहास में महज तीसरे। अपने इक्कीसवें जन्मदिन पर वे कम्प्यूटर विज्ञान में मास्टर्स डिग्री हासिल करने के लिए हैदराबाद से अमेरिका गये। उन्होंने 1992 में माइक्रोसॉफ़्ट में काम करना शुरू किया। वे एक टेक्नोलॉजिस्ट के साथ-साथ मानवतावादी भी हैं और मानते हैं कि उनका तथा माइक्रोसॉफ़्ट का मिशन है इस ग्रह पर हर व्यक्ति और हर संगठन को और अधिक लक्ष्य हासिल करने के लिए सशक्त बनाना।

4 फरवरी 2014 की सुबह माइक्रोसॉफ़्ट के तीसरे सी.ई.ओ. के रूप में कर्मचारियों से मेरा परिचय कराया गया। मेरे साथ थे माइक्रोसॉफ़्ट के पूर्व सी.ई.ओ. बिल गेट्स और स्टीव बाल्मर।

हिट रिफ़्रेश

माइक्रोसॉफ़्ट के मर्म की तलाश में एक यात्रा,
सबके लिए एक बेहतर भविष्य की कल्पना
करते हुए

सत्य नडेला

सह-लेखक

ग्रेग शॉ और जिल ट्रेसी निकोल्स

अनुवाद

प्रभात रंजन

हार्पर
हिन्दी

हार्पर हिन्दी
(हार्परकॉलिंस पब्लिशर्स इंडिया) द्वारा 2017 में प्रकाशित
ए-75, सेक्टर-57, नौएडा — 201301, उत्तर प्रदेश, भारत
www.harpercollins.co.in

P-ISBN: 9789352770960
E-ISBN: 9789352770977

टाइपसेटिंग : निओ साफ़्टवेयर कन्सलटैंट्स, इलाहाबाद
मुद्रक : थॉम्सन प्रेस (इंडिया) लि.

जिन दो परिवारों ने मुझे सँवारा
अनु, हमारे माता-पिता, हमारे बच्चे
और माइक्रोसॉफ़्ट परिवार
को समर्पित

विषय-सूची

भूमिका ... ix

अध्याय 1 : हैदराबाद से रेडमण्ड तक ... 3

किस प्रकार कार्ल मार्क्स, एक संस्कृत विदुषी तथा एक क्रिकेट खिलाड़ी ने मेरे लड़कपन को गढ़ा

अध्याय 2 : नेतृत्व करना सीखते हुए ... 37

अपनी खिड़की से बादल देखते हुए

अध्याय 3 : नया मिशन, नयी चाल ... 67

माइक्रोसॉफ़्ट के मर्म की तलाश

अध्याय 4 : एक सांस्कृतिक पुनर्जागरण ... 101

सब कुछ जानने से सब कुछ सीखने तक

अध्याय 5 : मित्र या मित्र-शत्रु? ... 125

ज़रूरत से पहले ही साझेदारी बनायें

अध्याय 6 : क्लाउड से आगे की दुनिया ... 145

अवस्था में तीन बदलाव : मिक्स्ड रियलिटी, आर्टीफ़िशियल इंटेलिजेंस और क्वाण्टम कम्प्यूटिंग

अध्याय 7 : विश्वास का समीकरण ... 175

डिजिटल युग में समयातीत मूल्य :
निजता, सुरक्षा, अभिव्यक्ति की आज़ादी

अध्याय 8 : मनुष्य और मशीन का भविष्य ... 201

आर्टीफ़िशियल इंटेलिजेंस निर्माण से सम्बन्धित
नैतिक ढाँचे की ओर

अध्याय 9 : सभी के लिए आर्थिक विकास की पुनर्स्थापना ... 217

वैश्विक समाज में कम्पनियों की भूमिका

उत्तरकथन ... 241

आभार ... 249

स्रोत तथा आगे अध्ययन के लिए ... 253

भूमिका

बिल गेट्स

मैं सत्य नडेला को पिछले बीस से भी अधिक सालों से जानता हूँ। 1990 के दशक के मध्य में मुझे उनको जानने का मौका मिला था, तब मैं माइक्रोसॉफ़्ट का सी.ई.ओ. था और वह हमारे उस सर्वर सॉफ़्टवेयर पर काम कर रहे थे जो तब शुरू हो रहा था। हमने व्यवसाय खड़ा करने के लिए दीर्घ अवधि का दृष्टिकोण अपनाया, जिसके दो लाभ हुए : इसने कम्पनी को विकसित होने की एक नयी दिशा दी; दूसरा इसने बहुत सारे नये नायकों को आगे बढ़ाया जो आज माइक्रोसॉफ़्ट का संचालन कर रहे हैं। सत्य भी उन्हीं में से एक हैं।

बाद में मैंने उनके साथ तब खूब जम कर काम किया जब वे विश्वस्तरीय सर्च इंजन बनाने के हमारे प्रयासों का हिस्सा बने। हम गूगल से पिछड़ रहे थे और सर्च इंजन से जुड़ी जो हमारी मूल टीम थी वह जा चुकी थी। सत्य उस दल का हिस्सा थे जिसने आ कर हालात को बदलना शुरू किया। वह विनम्र थे, आगे की सोच रखते थे और व्यावहारिक भी थे। उन्होंने हमारी रणनीति के सम्बन्ध में बुद्धिमानी से भरे सवाल उठाये। उन्होंने पुराने इंजीनियरों के साथ बहुत अच्छा काम किया।

इसलिए मुझे तब किसी तरह की हैरानी नहीं हुई जब सत्य माइक्रोसॉफ़्ट के सी.ई.ओ. बने। उन्होंने तुरन्त ही कम्पनी के ऊपर अपनी विशेष छाप

छोड़ी। जैसा कि इस किताब के शीर्षक से पता चलता है, उन्होंने अतीत से पूरी तरह से नाता नहीं तोड़ा—जब आप ब्राउज़र में रिफ्रेश दबाते हैं तो आपके पन्ने पर कुछ चीज़ें वही रह जाती हैं जो पहले थीं। लेकिन सत्य के नेतृत्व में माइक्रोसॉफ़्ट विशुद्ध विण्डोज़ केन्द्रित नज़रिया बदलने में सक्षम हुआ है। उन्होंने कम्पनी के लिए एक साहसी नये मिशन को अपनाये जाने का नेतृत्व किया। वे लगातार बातचीत करते हैं, उपभोक्ताओं, बड़े शोधार्थियों तथा कर्मचारियों के सम्पर्क में रहते हैं। सबसे महत्त्वपूर्ण बात यह है कि वे कुछ महत्त्वपूर्ण तकनीकों को ले कर बड़ा दाँव खेल रहे हैं, जैसे कृत्रिम बुद्धिमत्ता (आर्टीफीशियल इंटेलिजेंस या ए.आई.) एवं क्लाउड कम्प्यूटिंग, जिसमें माइक्रोसॉफ़्ट अपने मूल रूप से अलग हो जायेगा।

यह केवल माइक्रोसॉफ़्ट के लिए ही नहीं, बल्कि किसी भी ऐसी कम्पनी के लिए जो डिजिटल युग में सफल होना चाहती है, एक बुद्धिमानी भरा फ़ैसला है। कम्प्यूटिंग उद्योग जगत इतना जटिल कभी नहीं था। आज माइक्रोसॉफ़्ट के अलावा बहुत सारी कम्पनियाँ हैं जो नये-नये आविष्कारों में लगी हुई हैं—गूगल, एप्पल, फ़ेसबुक, ॲमेज़ॉन तथा अन्य कम्पनियाँ। केवल अमेरिका में ही नहीं बल्कि दुनिया भर में बड़ी तादाद में उपयोगकर्ता हैं। अब केवल पी.सी. ही एकमात्र कम्प्यूटर उपकरण नहीं रह गया है, या यहाँ तक कि यह ऐसा प्रमुख उपकरण भी नहीं रह गया है, जिसे अधिकतर उपयोगकर्ता प्रयोग करते हों।

कम्प्यूटिंग उद्योग जगत में तेज़ गति से हो रहे इन बदलावों के बावजूद हम लोग अभी डिजिटल क्रान्ति की आरम्भिक अवस्था में ही हैं। उदाहरण के लिए ए.आई. को ही ले लें। ज़रा सोचिये कि हम हर वक्त हाथ से दुनिया भर के कामों का इन्तज़ाम करने, उनको करने में लगे रहते हैं, मिलने-जुलने से ले कर बिल का भुगतान करने में। भविष्य में, ए.आई. एजेंट को यह पता चल जायेगा कि आप व्यस्त हैं और आपके पास दस मिनट का समय है और वह किसी ऐसे काम को पूरा करने में आपकी मदद कर सकता है जो आपके कामों की सूची में बहुत महत्त्वपूर्ण हो। ए.आई. हमारे जीवन को अधिक उत्पादक और रचनात्मक बनाने के कगार पर है।

नयी-नयी खोज से जीवन के अन्य क्षेत्र भी बेहतर होंगे। गेट्स फाउण्डेशन के साथ मिल कर मेरे काम का यह सबसे बड़ा हिस्सा है, जो दुनिया की सबसे खराब असमानता को ख़त्म करने के ऊपर केन्द्रित है। डिजिटल खोज उपकरण तथा आनुवंशिकी अनुक्रमण हमें पोलियो उन्मूलन के बेहद करीब लाने में मदद कर रहे हैं। यह महज़ दूसरी ऐसी इंसानी बीमारी होगी जो हमेशा के लिए मिट जायेगी। केन्या, तंज़ानिया तथा अन्य देशों में डिजिटल मनी के कारण, कम आय वर्ग के उपयोगकर्ता, धन का आदान-प्रदान, उसकी बचत तथा कहीं भेजने के लिए बड़े पैमाने पर उसका उपयोग करने में लगे हैं। स्कूल-कॉलेज की कक्षाओं में पूरे अमेरिका में वैयक्तिक शिक्षण सॉफ़्टवेयर के कारण विद्यार्थियों को अपनी गति से आगे बढ़ते हुए सीखने तथा जिन कौशलों को अर्जित करने के लिए ठहर कर ध्यान देने की ज़रूरत हो तो वहाँ ठहर जाने में मदद मिलने लगी है।

ज़ाहिर है, हर नयी तकनीक के साथ चुनौतियाँ भी होती हैं। ए.आई. के एजेंट तथा रोबोट के कारण जिनकी नौकरियाँ ख़त्म हो रही हों हम उन लोगों की मदद किस प्रकार करें? क्या उपयोगकर्ता ए.आई. एजेंट के ऊपर इतना विश्वास करेंगे कि उसको अपने बारे में सब कुछ बता दें? कोई कृत्रिम एजेंट आपको काम करने या काम करने की शैली के बारे में सलाह दे, क्या आप ऐसा चाहेंगे?

इन्हीं कारणों से *हिट रिफ़्रेश* जैसी किताबें इतनी मूल्यवान हो जाती हैं। सत्य ने तकनीक द्वारा पैदा किये गये अवसरों का अधिक से अधिक लाभ उठाने की पूरी दिशा निर्धारित की है जिसमें मुश्किल सवालों का सामना भी किया गया है। और उन्होंने अपनी बेहद मनमोहक निजी कहानी प्रस्तुत की है, जिसमें आपकी उम्मीद से अधिक साहित्यिक उद्धरण हैं, जिसमें कुछ पाठ उनके प्रिय खेल क्रिकेट के भी हैं।

जो आने वाला है उसको ले कर हमें सदा आशान्वित रहना चाहिए। दुनिया बेहतर होती जा रही है, प्रगति पहले से तेज़ गति से हो रही है। यह पुस्तक रोमांचक और चुनौतीपूर्ण भविष्य की दिग्दर्शिका है।

हिट रिफ़्रेश

अध्याय 1

हैदराबाद से रेडमण्ड तक

किस प्रकार कार्ल मार्क्स, एक संस्कृत विदुषी तथा एक क्रिकेट खिलाड़ी ने मेरे लड़कपन को गढ़ा

मैंने माइक्रोसॉफ़्ट में 1992 में काम करना शुरू किया, क्योंकि मैं ऐसी कम्पनी के लिए काम करना चाहता था जहाँ बड़ी संख्या में ऐसे लोग हों, जो गानते हों कि वे दुनिया को बदलने के मिशन पर काम कर रहे हैं। यह आज से पच्चीस साल पहले की बात है और मैंने कभी भी इसका अफ़सोस नहीं किया। माइक्रोसॉफ़्ट ने पी.सी. (पर्सनल कम्प्यूटर) क्रान्ति की कहानी लिखी—पिछली पीढ़ी में जिसका मुकाबला सिर्फ़ आई.बी.एम. से था—जो जगप्रसिद्ध है। लेकिन सालों तक सभी प्रतिस्पर्धियों को बहुत पीछे छोड़ने के बाद, कुछ बदल रहा था—और जो अच्छे के लिए नहीं था। नये-नये प्रयोगों की जगह नौकरशाही आ गयी थी। मिल कर सामूहिक रूप से काम करने के स्थान पर अन्दरूनी राजनीति आ गयी थी। हम पिछड़ने लगे।

ऐसे संकट के बीच, एक कार्टूनिस्ट ने एक कार्टून बनाया जिसमें उसने माइक्रोसॉफ़्ट संस्था को आपस में लड़ने वाले गिरोहों की तरह दिखाया था, जहाँ सभी ने एक-दूसरे के ऊपर बन्दूकें तान रखी थीं। उस कार्टूनिस्ट का मज़ाकिया सन्देश ऐसा था जिसको नज़रअन्दाज़ करना असम्भव था। माइक्रोसॉफ़्ट कम्पनी का चौबीस साल पुराना कर्मचारी होने के कारण,

कम्पनी के अन्दरूनी कामकाज़ से जुड़े होने के कारण मुझे उस व्यंग्य चित्र से परेशानी हुई। लेकिन जिस बात से मुझे अधिक तकलीफ़ हुई वह इससे कि हमारे अपने लोगों ने इसको स्वीकार किया। निश्चित रूप से अपनी अलग-अलग भूमिकाओं में काम करने के दौरान मैंने इस तरह की कुछ असंगतियों को महसूस किया था। लेकिन मुझे कभी ऐसा नहीं लगा कि उनको सुलझाया न जा सकता हो। इसलिए जब फ़रवरी 2014 में मुझे माइक्रोसॉफ़्ट का तीसरा सी.ई.ओ. बनाया गया तो मैंने वहाँ के कर्मचारियों से कहा कि अपनी कम्पनी की संस्कृति को पुनर्जीवित करना मेरी सबसे बड़ी प्राथमिकता रहेगी। मैंने उनसे कहा कि मैं नये-नये प्रयोगों की राह में आने वाली बाधाओं को निर्मम तरीके से हटाने के लिए प्रतिबद्ध हूँ—ताकि हम फिर से वहाँ पहुँच सकें जिसके लिए हम सब इस कम्पनी में काम करने आये थे— दुनिया में बदलाव लाने के लिए। माइक्रोसॉफ़्ट ने हमेशा ही उस वक्त अपना सर्वश्रेष्ठ प्रदर्शन किया जब वह निजी उत्साहों को बड़े-बड़े उद्देश्यों से जोड़ पाया। विण्डोज़, ऑफ़िस, एक्सबॉक्स, सरफ़ेस, हमारे सर्वर और फिर माइक्रोसॉफ़्ट क्लाउड—ये सभी उत्पाद डिजिटल प्लेटफ़ॉर्म इसलिए बन सके क्योंकि व्यक्तियों एवं संस्थाओं ने उनको अपना सपना बना लिया। ये बहुत बड़ी उपलब्धियाँ हैं और मुझे यह पता है कि हम इससे भी अधिक करने की सम्भावना रखते हैं और फिर कर्मचारी और अधिक करने के लिए बेचैन थे। यह कुछ ऐसी प्रवृत्तियाँ और मूल्य थे जिनको मैं चाहता था कि माइक्रोसॉफ़्ट संस्कृति अपना बना ले।

मुझे सी.ई.ओ. बने अधिक समय नहीं हुआ था कि जिन बैठकों की मैं अध्यक्षता करता था उनमें से सबसे महत्त्वपूर्ण बैठकों में से एक के साथ, मैंने प्रयोग किया। हर सप्ताह मेरी सीनियर लीडरशिप टीम की बैठक होती थी। समीक्षा, सोच-विचार, बड़ी सम्भावनाओं के साथ जूझने तथा कड़े फ़ैसले लेने के लिए। एस.एल.टी. (सीनियर लीडरशिप टीम) के उस दल में कुछ बेहद प्रतिभाशाली लोग थे—इंजीनियर, शोधकर्ता, प्रबन्धक और बाज़ार से जुड़े लोग। यह अलग-अलग पृष्ठभूमि के स्त्री-पुरुषों का एक समूह है जो माइक्रोसॉफ़्ट से इसलिए जुड़ा है क्योंकि उनको तकनीक से प्यार है और उनको ऐसा लगता है कि उनके काम से बदलाव लाया जा सकता है।

उस समय, उसमें शामिल थे : पेगी जॉनसन, जी.ई. के सैन्य इलेक्ट्रॉनिक विभाग के पूर्व इंजीनियर और क्वालकॉम कर्मी, जो अब व्यवसाय विकास का काम देखते हैं। कैथलीन होगन, जो पहले ओरेकल एप्लीकेशन डेवलपर थीं और अब मानव संसाधन की प्रमुख हैं और हमारी संस्कृति के रूपान्तरण में मेरी सहयोगी हैं। कर्ट देल्बेन, माइक्रोसॉफ़्ट के प्रमुख अधिकारी जिन्होंने ओबामा प्रशासन के दौरान स्वास्थ्य सेवा को ठीक करने के लिए कम्पनी का काम छोड़ कर सरकार के साथ काम किया था और वहाँ से वापस आ कर रणनीति के काम के प्रमुख बन गये हैं। की लू, जिन्होंने दस साल तक याहू के लिए काम किया—और हमारे एप्लीकेशन तथा सेवाओं के व्यवसाय को चलाया—उनके नाम पर 20 अमेरिकी पेटेण्ट हैं। हमारे सी.एफ.ओ. एमी हुड, जो गोल्डमैन साक्स में इन्वेस्टमेंट बैंकर थे। ब्रैड स्मिथ, जो कम्पनी के अध्यक्ष हैं और मुख्य कानून अधिकारी भी, वे कविंगटन और बर्लिंग में सहयोगी थे—जिनको आज भी इसके लिए याद किया जाता है कि वे पहले अटॉर्नी थे जिन्होंने सौ साल पुरानी उस फर्म में 1986 में अपनी नौकरी के दौरान यह शर्त रखी थी कि उनको अपनी मेज़ पर पी.सी. चाहिए। स्कॉट गथरी, जिन्होंने मुझसे क्लाउड तथा एंटरप्राइज़ विभाग के प्रमुख का पद ग्रहण किया है, उन्होंने ड्यूक यूनिवर्सिटी से अपनी पढ़ाई पूरी करने के बाद माइक्रोसॉफ़्ट में काम करना शुरू कर दिया था। संयोगवश, टेरी मायरसन, हमारे विण्डोज़ एवं डिवाइस विभाग के प्रमुख भी ड्यूक यूनिवर्सिटी से ही पढ़े थे, जहाँ पढ़ाई पूरी करने के बाद उन्होंने इन्टरसे नामक कम्पनी की स्थापना की—जो कि कुछ आरम्भिक वेब सॉफ़्टवेयर कम्पनियों में से एक थी। क्रिस कैपोसेला, जो हमारे यहाँ मुख्य मार्केटिंग अधिकारी हैं, वे बोस्टन के उत्तरी सिरे पर परिवार द्वारा चलाये जाने वाले इटैलियन रेस्तराँ में बड़े हुए थे, और उन्होंने हार्वर्ड कॉलेज से पढ़ाई पूरी करने के बाद मुझसे ठीक एक साल पहले माइक्रोसॉफ़्ट में काम करना शुरू किया था। केविन टर्नर, जो पहले वालमार्ट के लिए काम करते थे, जो मुख्य संचालन अधिकारी थे और दुनिया भर में बिक्री के प्रमुख थे। हैरी शुम, जो माइक्रोसॉफ़्ट के प्रसिद्ध ए.आई. (आर्टीफीशियल इंटेलिजेंस) एवं शोध समूह के प्रमुख हैं, उन्होंने रोबोटिक्स में कार्नेगी मेलन से पी-एच.डी. की डिग्री हासिल की थी तथा वे

कम्प्यूटर विज़न एवं ग्राफ़िक्स के क्षेत्र में दुनिया के प्रमुख जानकारों में माने जाते हैं।

पहले मैं भी एस.एल.टी. का सदस्य रह चुका था। तब स्टीव बाल्मर सी.ई.ओ. थे। वैसे तो मैं अपनी इस टीम के हर सदस्य का प्रशंसक था, लेकिन मुझे लगता था कि हमें एक-दूसरे को ले कर अपनी समझ बढ़ाने की ज़रूरत थी—इस बात को समझने की ज़रूरत थी कि किस बात से हम प्रेरित होते थे—तथा कम्पनी के प्रमुख नेतृत्वकर्ताओं के रूप में अपने निजी दर्शन को अपने काम के साथ मिलाने की ज़रूरत थी। मैं यह जानता था कि अगर हम अपने-अपने अहम को छोड़ कर अपनी बुद्धि और क्षमता को किसी नये मिशन में एक साथ नये सिरे से लगायें तो हम उस सपने के पास पहुँच सकते थे जिसने बिल और पॉल को सबसे पहले प्रेरित किया था—अग्रणी कम्प्यूटर तकनीक को आम जनता के लिए सुलभ बनाना।

जब मुझे सी.ई.ओ. बनाया गया था उससे ठीक पहले हमारी घरेलू फुटबाल टीम—सिएटल सीहॉक—ने उसी समय सुपर बॉल में जीत हासिल की थी और हम में से बहुत से लोगों को उसमें प्रेरणा दिखाई दी। सीहॉक के कोच पीटर कैरोल की तरफ़ मेरा ध्यान गया, उन्होंने मनोवैज्ञानिक माइकल गेरवाइस की सेवाएँ अपनी टीम के लिए लीं, जिनकी विशेषज्ञता यह थी कि वे दिमाग़ को प्रशिक्षण का हिस्सा बनाते थे जिससे उच्च स्तर का प्रदर्शन हासिल किया जा सके। गेरवाइस ने सीहॉक टीम के खिलाड़ियों तथा उनके प्रशिक्षकों के साथ इस पर काम किया कि वे प्रशिक्षण के दौरान इस बात को दिमाग़ में बिठाये रखें कि मैदान में और बाहर अपने प्रदर्शन में उच्च स्तर को हासिल किया जाये। एथलीट की तरह हम लोग भी ऐसे माहौल में अपनी राह बनाते हैं जिसमें हमारा बहुत कुछ दाँव पर लगा हुआ होता है। इसलिये मुझे लगा कि डॉ. गेरवाइस के रुख से हमारी टीम कुछ सीख सकती थी।

शुक्रवार की एक सुबह एस.एल.टी. के समूह के लोग जुटे। इस बार यह बैठक हमारे उबाऊ विशेष कमरे में नहीं हुई बल्कि बैठक कैम्पस के दूसरे कोने में उस जगह हुई जहाँ सॉफ़्टवेयर और कम्प्यूटर गेम को विकसित करने वाले आते थे। वह जगह खुली, हवादार और सहज थी। वहाँ सामान्य कुर्सी टेबल नहीं थे। हमारे फ़ोन अलग रखे हुए थे—पैंट की जेबों में, बैग में। हम

बड़े समूह में आरामदेह सोफ़ों पर बैठ गये। वहाँ छिपने की कोई जगह नहीं थी। बैठक की शुरुआत में मैंने सभी से कहा कि वे अपने दिमाग़ को हो सके तो इस समय इसी माहौल में बनाये रखने की कोशिश करें। मुझे पूरी उम्मीद थी, लेकिन मैं कहीं न कहीं चिन्तित भी था।

सबसे पहले डॉ. गेरवाइस ने हम लोगों से यह पूछा कि क्या हम लोगों की रुचि जीवन में किसी तरह के असाधारण व्यक्तिगत अनुभव हासिल करने में थी। हम सब ने हामी भरी। उसके बाद आगे बढ़ते हुए उन्होंने किसी से अपने आप खड़े हो जाने के लिए कहा। कोई नहीं उठा और एक पल के लिए बहुत ख़ामोशी का माहौल बना रहा। सबको अजीब लग रहा था। उसके बाद हमारी सी.एफ.ओ. एमी हुड खड़ी हो गयीं। उनको यह चुनौती दी गयी कि वे वर्णमाला के एक अक्षर को एक संख्या के साथ बोलें, जैसे ए1, बी2, सी3, इसी तरह से आगे भी। लेकिन डॉ. गेरवाइस की उत्सुकता दूसरी थी। हममें से हर कोई उछल कर क्यों नहीं खड़ा हुआ? क्या यह उच्च प्रदर्शन वाला समूह नहीं है? क्या सब यह नहीं कहना चाहते थे कि हम कुछ असाधारण करना चाहते थे? वहाँ देखने के लिए हमारे पास न तो फ़ोन था न ही कोई पी.सी., हम नीचे अपने जूतों की तरफ़ देखने लगे और उसके बाद कुछ घबराई हुई-सी मुस्कान के साथ अपने साथियों की तरफ़ देखने लगे। जवाब देना आसान नहीं था, जबकि जवाब सतह के नीचे मौजूद था। डर : मज़ाक उड़ाए जाने का, असफल हो जाने का या कमरे में सबसे होशियार व्यक्ति के रूप में न दिखने का। और अहंकार: मैं इस तरह के खेलों के लिए बहुत बड़ा हूँ। "क्या बेवकूफ़ी भरा सवाल है।" यह सब सुनने के हम आदी बन चुके हैं।

लेकिन डॉ. गेरवाइस उत्साह बढ़ा रहे थे। लोग अधिक सहजता से साँस लेने लगे और थोड़ा बहुत हँसने भी लगे। बाहर, गर्मियों के सूरज के नीचे सुबह का उजाला फैलने लगा और एक-एक कर के हम सब बोलने लगे।

हमने अपनी निजी पसन्द-नापसन्द और दर्शन के बारे में बात की। हम से यह कहा गया कि हम यह सोचें कि हम कौन हैं, अपने घर में भी और दफ़्तर में भी। हम अपने दफ़्तर के व्यक्तित्व से अपने जीवन के व्यक्तित्व

को किस प्रकार जोड़ते हैं? लोगों ने अपनी आध्यात्मिकता के बारे में बात की, अपने कैथोलिक विश्वासों के बारे में, कन्फ़्यूशियन अध्ययन के बारे में, उन्होंने अभिभावक के रूप में अपने संघर्ष को साझा किया और ऐसे उत्पाद बनाने के अपने कभी न ख़त्म होने वाले समर्पण के बारे में बात की जिनका लोग काम एवं मनोरंजन के लिए उपयोग करना पसन्द करें। यह सब सुनते हुए मुझे ध्यान आया कि माइक्रोसॉफ़्ट में काम करते हुए मुझे इतने साल हो गये और मैंने पहली बार अपने सहकर्मियों को अपने बारे में बात करते हुए सुना, केवल काम-धन्धे के बारे में बात करते हुए नहीं। कमरे में चारों तरफ़ देखने पर मैंने पाया कि कुछ आँखों में आँसू भी थे।

जब मेरी बारी आयी तो मैंने अपनी भावनाओं के गहरे कुएँ में झाँका और बोलना शुरू किया। मैं अपने जीवन के बारे में सोच रहा था—अपने माँ-पापा के बारे में, अपनी पत्नी, अपने बच्चों के बारे में, अपने काम के बारे में। उस समय तक लम्बी यात्रा हो चुकी थी। मेरा दिमाग़ पुराने दिनों की तरफ़ चला गया : जब मैं बच्चा था और भारत में रहता था, जवान होने के बाद जब इस देश में अप्रवासी के रूप में आया, एक पति के रूप में तथा एक ऐसे बच्चे के पिता के रूप में जो विशेष योग्यता वाला है, एक ऐसे इंजीनियर के बारे में जो ऐसी तकनीकों का निर्माण कर रहा है जो दुनिया भर में करोड़ों लोगों तक पहुँचती है और हाँ, क्रिकेट के एक ऐसे दीवाने के बारे में जो बहुत पहले यह सपना देखता था कि उसे एक पेशेवर क्रिकेट खिलाड़ी बनना है। मेरे ये सारे अवयव इस नयी भूमिका में एक साथ आ गये थे, एक नये रूप में जो हमारी सभी भावनाओं, सारे कौशलों और मूल्यों की मांग करने वाले थे—उसी तरह हमारी चुनौतियों का सम्बन्ध उस दिन कमरे में मौजूद हर किसी से था और हर उस आदमी से जो माइक्रोसॉफ़्ट में काम करता था।

मैंने उनसे कहा कि हम बिना कुछ गहराई से सोचे काम में बहुत सारा समय लगाते हैं। हम व्यक्ति के रूप में जो हैं अगर उसको कम्पनी की क्षमता से जोड़ें तो ऐसे बहुत कम काम हैं जो हम न कर सकते हों। जहाँ तक मुझे याद पड़ता है मेरे अन्दर हमेशा से सीखने की भूख रही है—चाहे वह कविता की किसी पंक्ति, किसी दोस्त के साथ बातचीत से हो या अध्यापक की सिखाई गयी कोई बात हो। मेरे निजी दर्शन तथा मेरी भावनाओं, जो समय के

साथ विभिन्न तरह के अनुभवों से विकसित हुई हैं, का सम्बन्ध नये विचारों एवं दूसरे लोगों के साथ संवेदना की भावना के साथ जोड़ने से रहा है। विचार मेरे अन्दर जोश भरते हैं। संवेदनाएँ मुझे सन्तुलित रखती हैं।

दुर्भाग्य की बात है, संवेदना की कमी के कारण करीब बीस साल पहले एक नौजवान के रूप में मैं माइक्रोसॉफ़्ट से जुड़ते-जुड़ते रह गया था। जब मैं बरसों पहले हुए अपने साक्षात्कार को याद करता हूँ तो मुझे याद आता है कि इंजीनियरिंग के क्षेत्र के बड़े-बड़े नेतृत्वकर्ताओं को इण्टरव्यू देने के बाद, जो मेरी सहनशक्ति एवं मेरी बौद्धिक क्षमता की परीक्षा ले रहे थे, मैं रिचर्ड टेट से मिला—जो बेहद सफल प्रबन्धक थे, जिन्होंने आगे चलकर क्रेनियम गेम्स की स्थापना की। रिचर्ड ने मुझे सफ़ेद बोर्ड पर इंजीनियरिंग से जुड़ी किसी समस्या का समाधान करने के लिए नहीं कहा, न ही उन्होंने मुझे किसी जटिल कोडिंग के बारे में बोलने के लिए कहा। उन्होंने मेरे पिछले अनुभवों एवं मेरी शिक्षा-दीक्षा को ले कर मेरी खिंचाई नहीं की। उन्होंने एक बहुत सीधा-सा सवाल पूछा।

“कल्पना करो कि तुम एक बच्ची को सड़क पर पड़ी हुई देखते हो और वह बच्ची रो रही है। तुमको क्या करना चाहिए?” उन्होंने पूछा।

“911 पर फ़ोन करना चाहिए,” मैंने बिना कुछ सोचे जवाब दे दिया।

रिचर्ड मुझे अपने दफ़्तर से बाहर ले कर गये, मेरे कंधे पर हाथ रखे, और बोले, “तुम्हारे अन्दर थोडी संवेदना होनी चाहिए। अगर कोई बच्चा सड़क पर पड़ा हुआ रो रहा हो तो बच्चे को उठा लेना चाहिए।”

किसी तरह, मुझे नौकरी तो मिल गयी, लेकिन रिचर्ड के शब्द मेरे साथ आज तक बने हुए हैं। उस समय तक मुझे ठीक से पता भी नहीं था कि मैं निजी तौर पर गहराई से संवेदना का अनुभव करूँगा।

महज कुछ सालों बाद ही हमारे पहले बच्चे ज़ैन का जन्म हुआ मेरी पत्नी अनु और मैं अपने अपने माता-पिता के इकलौती औलाद थे और इसलिए आप इस बात की कल्पना कर सकते हैं कि ज़ैन के जन्म को ले कर काफ़ी आशाएँ थीं। अपनी माँ की मदद से अनु ने स्वस्थ नवजात बच्चे के लिए घर में खूब तैयारी कर रखी थीं। हमारी आशंकाएँ इस बात के आस-

पास केन्द्रित थीं कि अनु कितनी जल्दी वास्तुकार के रूप में अपने तेज़ी से बढ़ते व्यवसाय में लौट आये। हर माता-पिता की तरह हम भी यह सोचते थे कि हमारे माता-पिता बनने के बाद किस तरह से हमारे सप्ताहान्त और छुट्टियों का रूप बदल जायेगा।

एक रात, अपनी गर्भावस्था के छत्तीसवें सप्ताह के दौरान, अनु का ध्यान इस बात की तरफ़ गया कि बच्चा उतना हिल-डुल नहीं रहा था जितना हिलने-डुलने की उसकी आदत थी। इसलिए हम बेलव्यू के स्थानीय अस्पताल के इमरजेंसी में गये। हमने सोचा कि यह एक नियमित जाँच होगी लेकिन यह नये होने वाले अभिभावक की बेचैनी से कुछ अधिक थी। असल में, मुझे अच्छी तरह से याद है कि इमरजेंसी के कमरे में हमें अधिक इन्तज़ार करना पड़ रहा था और हम इससे थोड़े चिढ़े हुए थे। लेकिन जाँच के बाद डॉक्टर इतने चिन्तित हो गये कि उन्होंने सिजेरियन विभाग में तत्काल इमेरजेंसी का आदेश दिया। 13 अगस्त 1996 की रात को 11.29 बजे ज़ैन का जन्म हुआ, वह महज 3 पाउण्ड का था। वह रो भी नहीं रहा था।

ज़ैन को बेलव्यू के अस्पताल से लेक वाशिंगटन की दूसरी तरफ़ सिएटल के बाल्य अस्पताल में ले जाया गया जहाँ नवजात बच्चों के लिए अत्याधुनिक सघन चिकित्सा केन्द्र था। अनु बच्चा जनने की इस कठिनाई से ऊबरने लगी। मैंने रात उसके साथ अस्पताल में बिताई और अगली सुबह तत्काल ज़ैन को देखने के लिए गया। मुझे तब क्या पता था कि हमारा जीवन किस हद तक बदल जायेगा। अगले कुछ साल के दौरान हमने गर्भाशय श्वासारोधन द्वारा पहुँचाई गयी क्षति के बारे में अधिक जानकारी प्राप्त की और इस बारे में कि ज़ैन को आजीवन व्हीलचेयर की ज़रूरत रहेगी और वह हमारे ऊपर निर्भर रहेगा क्योंकि उसको गहरा मानसिक पक्षाघात हुआ था। मैं टूट गया था। लेकिन मैं इस बात से अधिक दुखी था कि मेरे और अनु के लिए हालात किस तरह से बदल रहे थे। अनु ने मुझे इस बात को समझने में मदद की कि बात यह नहीं थी कि मेरे साथ कुछ हुआ था। इस बात को गहराई से समझने की ज़रूरत थी कि ज़ैन के साथ क्या हुआ था, उसकी परिस्थितियों और उसके दर्द के साथ संवेदना स्थापित करनी थी और हमें माता-पिता के रूप में उसकी ज़िम्मेदारी को स्वीकार करना था।

पिता और पति होने के कारण मैं भावनाओं को समझने लगा। इससे मुझे हर तरह की क्षमता के लोगों कि गहरी समझ हुई और इस बात की भी कि प्यार और मानवीय सरलता प्राप्त की जा सकती है। इस यात्रा के दौरान मुझे भारत के प्रसिद्ध दार्शनिक गौतम बुद्ध की शिक्षाओं का मतलब भी समझ आया। मैं वैसे तो धार्मिक नहीं हूँ, लेकिन मैं खोज कर रहा था और उत्सुक था कि भारत में लोग बुद्ध का मूल जानते हुए भी उनके ऐसे अनुयायी क्यों हैं। मैंने यह पाया कि बुद्ध किसी विश्व धर्म की स्थापना करना नहीं चाहते थे। वह इस बात को समझना चाहते थे कि किसी को पीड़ा क्यों होती है। मैंने यह सीखा कि जीवन के उतार-चढ़ाव को जीते हुए आपके अन्दर संवेदना विकसित हो जाती है; कि पीड़ा न हो इसके लिए इंसान को अस्थायित्व के साथ सहज हो जाना चाहिए। मुझे अच्छी तरह से याद है कि ज़ैन की स्थिति का स्थाईपन उसके जीवन के आरम्भिक सालों में मुझे कितना परेशान करता था। हालाँकि चीज़ें हमेशा बदलती रहती हैं। अगर आप अस्थायित्व को गम्भीरता से समझ लें तो आपके अन्दर अधिक समभाव विकसित होगा। आप जीवन के उतार-चढ़ाव को ले कर अधिक उत्तेजित नहीं होंगे। और तब जा कर आप गहरे अर्थ में अपने आस-पास की हर चीज़ को ले कर उस संवेदना और सहिष्णुता का विकास कर पायेंगे। मेरे अन्दर के कम्प्यूटर विज्ञानी को जीवन के लिए निर्धारित यह ठोस निर्देश बहुत पसन्द है।

मुझे गलत मत समझिये। मैं कहीं से भी परिपूर्ण नहीं हूँ और निश्चित रूप से निर्वाण हासिल करने की कगार पर नहीं हूँ। बात बस यह है कि जीवन के अनुभवों ने मुझे लोगों के लगातार बढ़ते समूह के प्रति करुणा को विकसित करने में मदद की। मेरे अन्दर विशेष योग्यता वाले लोगों के लिए संवेदना है। मुझे शहर के मुश्किल इलाकों में और कम उद्योग धन्धों वाले इलाकों में आजीविका चलाने वालों से ले कर एशिया, अफ्रीका और लैटिन अमेरिका के विकासशील देशों के लोगों के प्रति संवेदना है। मेरी संवेदना हर ऐसे छोटे व्यवसायी के प्रति है जो सफल होने के लिए काम कर रहा है। मेरी संवेदना हर ऐसे व्यक्ति के प्रति है जिसको अपनी त्वचा के रंग के कारण या अपनी मान्यताओं या किसी कारण हिंसा का सामना करना पड़ता है। यह मेरा जुनून है कि मैं जो भी करूँ उसके केन्द्र में संवेदना को रखूँ—हम जो

उत्पाद प्रस्तुत करते हैं उससे ले कर उस बाज़ार के प्रति जिसमें हम जाते हैं तथा कर्मचारियों, उपभोक्ताओं और उन सहयोगियों के प्रति जिनके साथ हम काम करते हैं।

ज़ाहिर है, तकनीकविद होने के कारण मैंने यह देखा है कि कम्प्यूटिंग किस तरह से जीवन को बेहतर बनाने में महत्त्वपूर्ण भूमिका निभा सकती है। घर में, ज़ैन के स्पीच थेरेपिस्ट ने हाई स्कूल के तीन विद्यार्थियों के साथ मिल कर ज़ैन के लिए एक विण्डोज़ ऐप्प बनाने के लिए काम किया जिससे वह अपनी पसन्द के संगीत को अपने नियन्त्रण से चला सके। ज़ैन को संगीत बहुत पसन्द है और उसकी रुचि अलग-अलग दौर के संगीत, अलग-अलग विधाओं के संगीत तथा अलग-अलग तरह के कलाकारों के संगीत में है। उसको लियोनार्ड कोहेन से ले कर आब्बा से ले कर नुसरत फ़तेह अली खान तक का संगीत पसन्द है और वह इस योग्य होना चाहता था कि इन कलाकारों के संगीत को बदल-बदल कर सुन सके, जिस समय उसका जिस तरह का संगीत सुनने का मन करे उससे अपने कमरे को भर सके। लेकिन मुश्किल यह थी कि वह अपने संगीत के ऊपर खुद काबू नहीं रख पाता था—उसे हमेशा मदद के लिए इन्तज़ार करना पड़ता था, जिससे उसको और हमें बेहद हताशा होती थी। हाई स्कूल में कम्प्यूटर साइंस पढ़ने वाले तीन विद्यार्थियों ने जब इस समस्या के बारे में सुना तो उन्होंने मदद करनी चाही। अब ज़ैन की व्हीलचेयर के एक तरफ़ सेंसर लगा हुआ है और वह आराम से अपना सर हिला कर अपने संगीत को आगे पीछे कर सकता है। तीन किशोरों की संवेदना मेरे बेटे के लिए अत्यधिक ख़ुशी और स्वतन्त्रता ले कर आयी।

इसी संवेदना ने मुझे अपने दफ़्तर में भी प्रेरित किया। अगर उच्च अधिकारियों की टीम की बैठक की चर्चा करें तो अपनी चर्चा को समाप्त करते हुए मैंने एक परियोजना की कहानी को साझा किया जिसे हमने माइक्रोसॉफ़्ट में हाल में ही पूरा किया था। संवेदना के साथ नये विचारों को मिला कर उसकी मदद से हमने दृष्टि से संचालित करने की तकनीक का निर्माण किया, जो स्वाभाविक यूज़र इण्टरफ़ेस है जो लोग ए.एल.एस. (तन्त्रिका तन्त्र सम्बन्धी एक बीमारी, जिससे मांसपेशियाँ कमज़ोर हो जाती हैं।) तथा

सेरेब्रल पॉल्सी के मरीज़ों को अधिक स्वतन्त्रता देता है। इसका विचार तब कौंधा जब कम्पनी की ओर से पहली बार कर्मचारियों के लिए हैकेथोन का आयोजन किया गया था, जो रचनात्मकता और सपनों की दुनिया के केन्द्र जैसी थी। एक हैकेथोन में स्टीव ग्लीसन के साथ समय बिताने के कारण एक दल में करुणा पैदा हुई, वे एन.एफ.एल. के पूर्व खिलाड़ी थे और उनको ए.एल.एस. बीमारी हो गयी जिसके कारण वे व्हीलचेयर पर सिमट कर रह गये। मेरे बेटे की ही तरह स्टीव निजी कम्प्यूटिंग तकनीक का उपयोग अपने दैनिक जीवन को बेहतर बनाने के लिए करते हैं। मेरा यकीन कीजिये, मुझे पता है कि इस तकनीक का स्टीव के लिए क्या महत्त्व होगा, दुनिया के लाखों लोगों के लिए क्या होगा और घर में मेरे बेटे के लिए क्या होगा।

उस दिन से एस.एल.टी. में हमारी भूमिका बदलने लगी। हर अधिकारी केवल माइक्रोसॉफ़्ट द्वारा नौकरी में नहीं रखा गया था, उनको एक बड़ा दर्जा दिया गया—उन्होंने माइक्रोसॉफ़्ट को इसलिए अपनाया ताकि दूसरों को सक्षम बनाने के अपने निजी जुनून को पूरा कर सकें। वह एक भावनात्मक और थकाने वाला दिन था, लेकिन उसने एक नयी गति दी और उच्च अधिकारियों की टीम को अधिक एकताबद्ध कर दिया। अन्त में हम सबको वही कड़वा अनुभव हुआ : न कोई एक अधिकारी, न कोई एक दल, न कोई एक सी.ई.ओ. माइक्रोसॉफ़्ट को फिर से तरोताज़ा करने का नायक हो सकता है। अगर इसका पुनर्नवीकरण करना है तो यह हम सबको शामिल करेगा और हम में से सभी के प्रत्येक हिस्से से होगा। सांस्कृतिक रूपान्तरण की प्रक्रिया फलदायी होने से पहले धीमी और कठिन होगी।

—

यह किताब बदलाव के बारे में है—वह जो आज मेरे भीतर हो रहा है और हमारी कम्पनी के भीतर हो रहा है, जिसके पीछे की संचालक शक्ति संवेदना है और दूसरों को सशक्त बनाने की इच्छा है। सबसे महत्त्वपूर्ण बात यह है कि यह सामान्य जीवन में आ रहे बदलाव को ले कर है क्योंकि हम तकनीक का सबसे बदलाव भरा रूप देख रहे हैं—वह जिसमें ए.आई., मिक्स्ड रियलिटी एवं क्वाण्टम कम्प्यूटिंग होगा। यह इस बारे में है कि किस तरह से लोग,

समाज तथा संगठन नयी ऊर्जा, नये विचारों, प्रासंगिकता और पुनर्नवीकरण के निरन्तर प्रयास के क्रम में खुद का बदलाव कर सकते हैं और उनको ज़रूर करना चाहिए। सबसे अहम बात यह है कि यह हम मनुष्यों के बारे में है और उनके उस विशेष गुण के बारे में जिसको संवेदना कहा जाता है, जो ऐसी दुनिया में अधिक मूल्यवान हो जायेगी जिसमें तकनीक का प्रवाह हमारी जड़ता को इस हद तक प्रभावित करेगा जिस हद तक उसने कभी नहीं किया था। रहस्यवादी ऑस्ट्रियाई कवि रेनर मारिया रिल्के ने एक बार लिखा था कि "भविष्य हमारे भीतर प्रवेश करता है, हमारे भीतर खुद को बदलने की प्रक्रिया में, इसके घटित होने से बहुत पहले।" जैसे कोई सहज कम्प्यूटर कोड मशीन के लिए करना है उसी तरह से अस्तित्ववादी कविता हमें रोशन करके निर्देशित कर सकती है। किसी और शताब्दी से बात करते हुए रिल्के यह कह रहे हैं कि आगे जो है वह हमारे अन्दर ही है, हम में से हर कोई आज जो दिशा निर्धारित करता है वह उसी से तय होता है। वह दिशा, वे निर्णय, उनका वर्णन करने का ही मैंने निश्चय किया है।

इन पन्नों में आप तीन अलग-अलग तरह के कथानक को पायेंगे। प्रथम, प्रस्तावना के रूप में, मैं अपने बदलाव की कथा कहूँगा, भारत से मेरे नये घर अमेरिका आने के बारे में, जो इसके केन्द्र में समाप्त होती है यानी सिलिकन वैली में और माइक्रोसॉफ़्ट में जो तब बेहद प्रभावशाली था। दूसरा कथानक माइक्रोसॉफ़्ट के मर्म की तलाश के बारे में है, यह उस असम्भाव्य सी.ई.ओ. के बारे में है, जो बिल गेट्स और स्टीव बाल्मर का उत्तराधिकारी बना। मेरे नेतृत्व में माइक्रोसॉफ़्ट के बदलाव की प्रक्रिया अभी पूरी नहीं हुई है। लेकिन हमारी प्रगति के ऊपर मुझे गर्व है। तीसरे और अन्तिम कथानक में मैं इस बहस को उठाऊँगा कि आगे चौथी औद्योगिक क्रान्ति होने वाली है, वह जिसमें मशीन की बुद्धि इंसान का मुकाबला करेगी। हम कुछ बड़े सवालों के बारे में चर्चा करेंगे। मनुष्य की भूमिका क्या हो जायेगी? असमानता समाप्त हो जायेगी या वह और बढ़ जायेगी? सरकारें इसमें किस तरह से मदद कर सकती हैं? बहुराष्ट्रीय निगमों और उनके उच्च अधिकारियों की भूमिका क्या है? हम एक समाज के रूप में अपना पुनर्नवीकरण किस प्रकार करेंगे?

मैं इस किताब को लिखने को ले कर बहुत उत्साहित था, लेकिन थोड़ा हिचक भी रहा था। मेरे सफ़र के बारे में कौन परवाह करता है? माइक्रोसॉफ़्ट का सी.ई.ओ. बने मुझे कुछ साल ही हुए हैं, ऐसे में इस बारे में लिखना कि हम अपने कार्यों में सफल रहे या असफल, समय से पहले लगा। एस.एल.टी. की उस बैठक के बाद हमने बहुत प्रगति की है, लेकिन हमें अभी बहुत दूर जाना है। इसी वजह से मेरी रुचि संस्मरण लिखने में नहीं है। वह मैं अपने बुढ़ापे के लिए बचा कर रखूँगा। लेकिन अनेक तर्कों के बाद मैं इस नतीजे पर पहुँचा कि मुझे अपनी ज़िन्दगी के इस चरण में लिखने के लिए कुछ समय निकाल लेना चाहिए। मुझे इस ज़िम्मेदारी का अहसास हुआ कि मुझे अपने नज़रिये से अपनी कहानी कहनी चाहिए। यह ऐसा समय है जब तकनीकी खोजों के कारण बड़े पैमाने पर सामाजिक और आर्थिक दरारें पैदा हुई हैं। क्लाउड कम्प्यूटिंग, सेंसर, बिग डेटा, मशीन लर्निंग, ए.आई., मिक्स्ड रियलिटी और रोबोटिक्स के संयोग ने उस सामाजिक-आर्थिक बदलाव का पूर्वाभास दे दिया है जो विज्ञान कथाओं के पन्नों से निकल कर बाहर आने वाला है। इस बात को ले कर बड़े पैमाने पर बहस हो रही है कि बौद्धिक तकनीकों की आने वाली धारा का क्या प्रभाव पड़ने वाला है। एक तरफ़ पिक्सार की फ़िल्म *वाल-ई* यह दिखाती है कि इंसानों को हमेशा के लिए आराम मिल जाने वाला है क्योंकि वह मेहनत के लिए रोबोट्स के ऊपर निर्भर हो जाने वाले हैं, लेकिन दूसरी तरफ़ स्टीफेन हॉकिन्स जैसे वैज्ञानिक विनाश की चेतावनी देते हैं।

सबसे बाध्य कर देने वाला तर्क यह था कि मुझे सहकर्मियों—माइक्रोसॉफ़्ट के कर्मचारियों—अपने लाखों उपभोक्ताओं एवं सहयोगियों के लिए लिखना था। आख़िरकार 2014 की फरवरी में सर्दी के एक दिन माइक्रोसॉफ़्ट के निदेशक मण्डल ने इस बात की घोषणा की कि मैं सी.ई.ओ. बनूँगा, तो मैंने कम्पनी की संस्कृति को अपने एजेण्डा में सबसे ऊपर रखा। मैंने यह कहा कि हमें इस बात की आवश्यकता है कि हम माइक्रोसॉफ़्ट के मर्म की तलाश करें, जो हमारे होने का कारण है। मुझे यह बात समझ में आयी कि मेरा प्राथमिक काम हमारी संस्कृति को बढ़ावा देना है ताकि हज़ारों प्रेरित मस्तिष्क—माइक्रोसॉफ़्ट के कर्मचारी—हमारे भविष्य को बेहतर रूप

दे सकें। अक्सर किताबें ऐसे नेतृत्वकर्ताओं द्वारा लिखी जाती हैं जो अपने पीछे के कार्यकाल को देख कर उनके ऊपर लिखते हैं, न कि तब जब वे युद्ध के मैदान में होते हैं। हमने अगर अपनी यात्रा को साझा किया, बड़े पैमाने पर हो रहे बदलाव के बीच अगर किसी कार्यरत सी.ई.ओ. ने अपने विचारों को साझा किया तो क्या होगा? माइक्रोसॉफ़्ट की जड़ें, इसकी मूल अवधारणा—कम्प्यूटिंग का जनतन्त्रीकरण करना था, इसे सब की पहुँच तक लाना था। हर घर की हर मेज़ पर एक कम्प्यूटर हो—यही हमारा असली मिशन था। इसी ने हमारी संस्कृति को परिभाषित किया। लेकिन बहुत कुछ बदल चुका है। अधिकतर मेज़ों और घरों में अब कम्प्यूटर है और अधिकतर लोगों के पास स्मार्टफ़ोन भी है। हम कई रूपों में सफल रहे, लेकिन कई कारणों से हम पिछड़ भी रहे थे। पी.सी. की बिक्री में गिरावट आने लगी और हम मोबाइल में बहुत पीछे थे। हम सर्च इंजन के मामले में बहुत पीछे थे और हमें गेमिंग के क्षेत्र में फिर से विकसित होने की ज़रूरत थी। हमें अपने उपभोक्ताओं और उनकी अनकही और न पूरी हुई ज़रूरतों के सन्दर्भ में गहरी करुणा विकसित करने की ज़रूरत थी। यह समय था रि-फ्रेश बटन दबाने का, पुनर्नवीकरण का।

माइक्रोसॉफ़्ट में इंजीनियर एवं नेतृत्वकर्ता के रूप में बाईस साल गुजारने के बाद नये सी.ई.ओ. की खोज की प्रक्रिया को ले कर मैं बजाय अधिक चिन्तित होने के अधिक दार्शनिक हो गया था। जब इस बात को ले कर अटकलें लगने लगीं कि स्टीव का उत्तराधिकारी कौन होगा तो साफ़-साफ़ बताऊँ मेरी पत्नी अनु और मैंने मोटे तौर पर उन अफ़वाहों के ऊपर ध्यान नहीं दिया। घर में हम लोग ज़ैन और अपनी दो बेटियों का ध्यान रखने में बेहद व्यस्त थे। जहाँ तक काम की बात है तो मेरा ध्यान पूरी तरह से एक से व्यवसाय को विकसित करने पर एकाग्र था जिस क्षेत्र में बहुत अधिक प्रतिस्पर्धा थी, माइक्रोसॉफ़्ट क्लाउड के व्यवसाय में। मेरा नज़रिया यही था कि निदेशक मण्डल सबसे अच्छे व्यक्ति का चुनाव करेगा। अगर मेरा चुनाव हुआ तो बहुत बड़ी बात होगी लेकिन अगर निदेशक मण्डल किसी और के ऊपर विश्वास जताये तो उसके साथ काम करने में भी मुझे उतनी ही खुशी होती। असल में, इण्टरव्यू की प्रक्रिया में निदेशक मण्डल के एक सदस्य ने

मुझे यह सुझाव दिया कि अगर मैं सी.ई.ओ. बनना चाहता था तो मुझे यह साफ़ बताने की ज़रूरत थी कि मैं उस पद के लिए लालायित हूँ। मैंने इसके बारे में सोचा और यहाँ तक कि स्टीव से भी बात की। उन्होंने हँसते हुए कहा, "बदलने के लिहाज से अब बहुत देर हो चुकी है।" मुझे इस तरह की निजी महत्त्वाकांक्षा दिखाने की ज़रूरत नहीं थी।

जब जॉन थॉमसन, जो उस समय प्रमुख स्वतन्त्र निदेशक थे, सी.ई.ओ. खोज समिति के प्रमुख बने, तो उन्होंने मुझे 24 जनवरी 2014 को एक ई-मेल भेजा और मुझसे बात करने का समय मांगा। मुझे इसका कोई कारण समझ में नहीं आ रहा था। मुझे लगा कि शायद वे मुझे इस बारे में कुछ बताना चाहते थे कि निदेशक मण्डल किस प्रकार का निर्णय ले सकता था। इसलिए जब जॉन ने मुझे फ़ोन किया तो उन्होंने सबसे पहले मुझसे पूछा कि मैं बैठा हुआ था या नहीं। असल में मैं बैठा हुआ नहीं था। मैं कूकाबूरा क्रिकेट बॉल के साथ खेल रहा था जैसा कि मैं काम के समय स्पीकरफ़ोन पर बात करते समय अक्सर करता हूँ। उन्होंने मुझे यह समाचार दिया कि मैं माइक्रोसॉफ़्ट का नया सी.ई.ओ. बनने जा रहा था। इस सन्देश को आत्मसात करने में मुझे कुछ मिनट लग गये। मैंने कहा कि मैं सम्मानित, विनम्र तथा उत्साहित महसूस कर रहा हूँ। ये शब्द सोच समझ कर नहीं कहे गये थे लेकिन उन्होंने बिलकुल सही तरह से यह बता दिया कि मैं कैसा महसूस कर रहा था। कुछ सप्ताह बाद मैंने मीडिया से यह कहा कि हमें अधिक स्पष्ट रूप से, अधिक तेज़ गति से एकाग्र होने तथा अपनी संस्कृति एवं अपने व्यवसाय को लगातार रूपान्तरित करते रहने की ज़रूरत थी। लेकिन पर्दे के पीछे से मैं जानता था कि प्रभावी ढंग से नेतृत्व करने के लिए यह ज़रूरी था कि मेरे दिमाग़ में कुछ स्पष्ट योजना हो—और अन्ततः जो माइक्रोसॉफ़्ट में काम करने वाले सभी के दिमाग़ में आ जाये। माइक्रोसॉफ़्ट क्यों अस्तित्व में है? और मैं इस नयी भूमिका में क्यों हूँ? ये इस तरह के सवाल हैं जिन्हें किसी भी संगठन में काम करने वाले सभी लोगों को स्वयं से पूछना चाहिए। मैं दुखी था क्योंकि मैं इस तरह के सवाल नहीं पूछ पा रहा था और ईमानदारी से उनके जवाब नहीं दे पा रहा था, पुरानी गलतियों के ऊपर विचार करने का ख़तरा नहीं उठा रहा था और ईमानदार नहीं हो पा रहा था। हर व्यक्ति,

संगठन या यहाँ तक कि समाज भी एक ऐसे बिन्दु पर पहुँच जाता है जब यह उनके ऊपर होता है कि वे स्वयं रिफ्रेश का बटन दबा दें या अपने मर्म की तलाश के बारे में सोचें—अपने आप को फिर से व्यवस्थित करें, फिर से नया करें, नया रूप दें और अपने उद्देश्यों के ऊपर पुनः विचार करें। काश यह भी आपके ब्राउज़र में छोटे से रिफ्रेश बटन को दबाने जितना आसान होता। निश्चित रूप से एक ऐसे दौर में जब हर समय कुछ नया होता रहता है और हमेशा तकनीक का साथ रहता है रिफ्रेश के बटन को दबाने का विचार पुराना लगता है, लेकिन फिर भी अगर उसे सही समय पर दबाया जाय, जब लोग और संस्कृतियाँ पुनर्रचना और पुनर्नवीकरण करती हैं तो पुनर्जागरण हो सकता है। खेल से जुड़ी कम्पनियाँ ऐसा करती हैं, एप्पल ने ऐसा किया। डेट्रायट यही कर रही है। एक दिन फ़ेसबुक जैसी तेज़ी से बढ़ रही कम्पनियों का विकास ठहर जायेगा, तो उन्हें भी ऐसा ही करना पड़ेगा।

और इसलिए मुझे शुरू से शुरुआत करने दीजिए—मेरी अपनी कहानी। मेरा मतलब है, किस प्रकार का सी.ई.ओ. इस तरह का अस्तित्व से जुड़ा सवाल पूछता है कि, मैं इस जगह पर हूँ ही क्यों? संस्कृति, विचार और संवेदना जैसे विचार मेरे लिए इतने मायने क्यों रखते हैं? अच्छा, मेरे पिता एक सिविल सर्वेंट थे जिनका झुकाव मार्क्सवाद की तरफ़ था और मेरी माँ संस्कृत की एक विदुषी थीं। हालाँकि मैंने अपने पिता से बहुत कुछ सीखा, बौद्धिक उत्सुकता तथा इतिहास के प्रति प्रेम, लेकिन मैं हमेशा माँ का बेटा ही रहा। वह मेरी खुशी, मेरे आत्मविश्वास और मैं बिना किसी अफ़सोस के जीवन जीता रहूँ इसकी बेहद शिद्दत के साथ परवाह करती थीं। वह घर में और अपनी कॉलेज की कक्षाओं में बेहद मेहनत करती थीं, जहाँ वह प्राचीन भाषा, साहित्य और भारत का दर्शन पढ़ाती थीं और उन्होंने खुशी से भरे एक घर का निर्माण किया।

मेरी शुरुआती यादें माँ से जुड़ी हुई हैं। वह जिस तरह से अपने पेशे में बने रहने और अपने विवाह को पटरी पर बनाये रखने के लिए संघर्ष कर रही थीं। वह मेरी ज़िन्दगी की निरन्तर और स्थिर ताकत रही है, और मेरे पिता की छवि लार्जर दैन लाइफ़ थी। वे अपने समय में करीब-करीब अमरीका जा चुके थे, एक ऐसी जगह जहाँ अवसर थे। उनको अर्थशास्त्र

में पी-एच.डी. करने के लिए फुलब्राइट स्कॉलरशिप मिली थी। लेकिन ये सारी योजनाएँ अचानक धरी की धरी रह गयीं जब उनका चयन भारतीय प्रशासनिक सेवा में हो गया। यह 1960 के दशक के आरम्भिक वर्षों की बात है। गांधी के ऐतिहासिक आन्दोलन के बाद 1947 में भारत को ग्रेट ब्रिटेन से आज़ादी हासिल हुई और जवाहरलाल नेहरू भारत के पहले प्रधानमंत्री बने थे। उस दशक में सिविल सेवा का हिस्सा बनना तथा नये देश के जन्म में हिस्सा लेना एक सपने का सच हो जाना था। आई.ए.एस. की सेवा पुरानी राज व्यवस्था की निशानी थी। 1947 में अंग्रेज़ों के जाने के बाद शासन के लिए इसका उपयोग किया जाता था। प्रत्येक वर्ष केवल सौ युवा पेशेवरों का चुनाव भारतीय प्रशासनिक सेवा के लिए होता था और मेरे पिता बेहद कम उम्र में एक जिले का प्रशासन चलाते थे जहाँ की आबादी लाखों में थी। मेरे पूरे बचपन के दौरान उनकी पोस्टिंग भारत के आन्ध्र प्रदेश राज्य के अलग-अलग जिलों में हुई। मुझे एक जगह से दूसरी जगह जाना याद है, 1960 एवं 1970 के दशक के आरम्भिक वर्षों में मैं पुराने कॉलोनियल बंगलों में बड़ा हुआ, जहाँ मेरे पास बहुत सारा समय और स्थान होता था और वह एक ऐसा देश था जो रूपान्तरित हो रहा था, बदल रहा था।

मेरी माँ ने हर तरह से इन सारी बाधाओं के बीच अपना अध्यापन का पेशा जारी रखा, मुझे पालती रहीं और एक प्यारी पत्नी बनी रहीं। जब मैं करीब छः साल का था तो मेरी पाँच महीने की बहन का देहान्त हो गया। इसका मेरे परिवार के ऊपर बहुत प्रभाव पड़ा। उसके बाद माँ को काम करना छोड़ देना पड़ा। मुझे लगता है कि मेरी बहन की मृत्यु बर्दाश्त की आखिरी हद साबित हुई। उसको खोने के बाद, जब मेरे पिता दूर-दूर जगहों पर काम पर होते थे, तो मुझे पालना और अपने पेशे को बनाये रखने के लिए काम करते रहना उनके लिए बहुत अधिक था। उन्होंने इसके बारे में मुझसे कभी शिकायत नहीं की, लेकिन मैं उनकी कहानी के बारे में कई बार सोचता हूँ, ख़ास कर आजकल तकनीकी जगत में विविधता को ले कर जिस तरह की चर्चा चल रही है उसके सन्दर्भ में। किसी की भी तरह वह यह चाहती थीं और यह सब पाने की हकदार थीं। लेकिन उनके कामकाज के जगह की जैसी संस्कृति थी, उस समय भारतीय समाज की जिस तरह की मान्यताएँ

थीं, इस वजह से वह इसको सम्भव नहीं कर पायीं कि अपने पारिवारिक जीवन तथा पेशेवर जुनून के बीच सन्तुलन बनाये रख सकें।

आई.ए.एस. पिता के बच्चों के बीच एक तरह की प्रतियोगिता रहती थी। कुछ आई.ए.एस. पिताओं के लिए उस बेहद पकाऊ प्रवेश परीक्षा को पास करने का मतलब होता था कि उनकी ज़िन्दगी जैसे बन-सँवर गयी हो। वह उनकी अन्तिम परीक्षा होती थी। लेकिन मेरे पापा का यह मानना था कि आई.ए.एस. की परीक्षा पास करने का मतलब यही होता था कि कुछ अन्य महत्त्वपूर्ण परीक्षाओं में हिस्सा लेने की योग्यता मिल जाती थी। वे ज़िन्दगी भर सीखने वाले इंसान के सबसे अच्छे उदाहरण थे। लेकिन उस समय मेरे अधिकतर दोस्तों के पिताओं से एकदम अलग थे, जिनके बेहद उपलब्धि हासिल करने वाले माता-पिता का उनके ऊपर कुछ हासिल करने का बेहद दबाव रहता था। मुझे इस तरह के किसी दबाव का सामना नहीं करना पड़ा। मेरी माँ सख्त स्वभाव की बिलकुल नहीं थीं। उन्होंने इस बात के अलावा मेरे ऊपर किसी बात का दबाव नहीं डाला कि मैं ख़ुश रहूँ।

यह मेरे लिए एकदम सही था। जब मैं बच्चा था तो मैंने किसी भी चीज़ की अधिक परवाह नहीं की सिवाय क्रिकेट के खेल के। एक समय था जब मेरे पिता अपने बेडरूम में कार्ल मार्क्स का पोस्टर लगाते थे; जिसके जवाब में मेरी माँ लक्ष्मी का पोस्टर लगाती थी, जो सुख समृद्धि की भारतीय देवी हैं। उनके सन्देश एक-दूसरे के विपरीत थे लेकिन स्पष्ट थे—मेरे पिता चाहते थे कि मैं बौद्धिक बनूँ जबकि मेरी माँ चाहती थी कि मैं खुश रहूँ न कि किसी विचार का गुलाम बन जाऊँ। मेरी प्रतिक्रिया? मैं सचमुच में एक ही पोस्टर लगाना चाहता था मेरे बेहद प्रिय क्रिकेट खिलाड़ी, हैदराबादी, महान एम.एल. जयसिम्हा का जो अपने मासूम रूप तथा शालीन शैली के कारण मैदान के अन्दर और बाहर प्रसिद्ध थे।

पीछे मुड़ कर देखता हूँ तो पाता हूँ कि मैं दोनों से प्रभावित हुआ। मेरे पिता का यह उत्साह कि मैं बौद्धिक कार्य करूँ और मेरी माँ का यह सपना कि मेरा जीवन सन्तुलित हो। और यहाँ तक कि आज भी क्रिकेट मेरा जुनून बना हुआ है। भारत से अधिक क्रिकेट को ले कर जुनून कहीं नहीं है, जबकि इस खेल का आविष्कार इंग्लैंड में हुआ था। मैं हैदराबाद में अपने स्कूल

के लिए क्रिकेट खेलता था और अच्छा खेलता था, हैदराबाद वह जगह थी जहाँ क्रिकेट खेलने की पुरानी परम्परा थी और उसके लिए उत्साह भी था। मैं ऑफ़ स्पिन बॉलर था जो बेस बॉल के खेल में पिचर जैसा होता है, जो तेज़ घुमाव वाली गेंद फेंकता है। दुनिया भर में क्रिकेट के ढाई अरब प्रशंसक हैं जबकि बेस बॉल के प्रशंसकों की संख्या मुश्किल से पचास करोड़ है। दोनों बहुत सुन्दर खेल हैं और दोनों के प्रशंसक बेहद जुनूनी होते हैं और इसकी गरिमा, उत्साह तथा मुकाबले की जटिलताओं को ले कर काफ़ी साहित्य लिखा गया है। जोसेफ़ ओ नील ने अपने उपन्यास *नेदरलैंड* में इस खेल की सुन्दरता का वर्णन किया है जिसमें ग्यारह खिलाड़ी एक साथ बैट्समैन की तरफ़ बढ़ रहे होते हैं और फिर बार-बार अपनी जगह पर लौट आते हैं, "एक दोहराव या साँस लेते फेफड़ों की धुन, मानो वह मैदान अपने ख़ास आगन्तुकों के माध्यम से साँस ले रहा हो।" जब मैं सी.ई.ओ. के रूप में यह सोचता हूँ कि सफल होने के लिए हमें किस प्रकार की संस्कृति की आवश्यकता है तो मैं क्रिकेट टीम के इस रूपक के बारे में सोचता हूँ।

मैंने भारत के कई हिस्सों में स्कूल की पढ़ाई की—श्रीकाकुलम, तिरुपति, मसूरी, दिल्ली और हैदराबाद। मेरे ऊपर सबकी छाप पड़ी और वह मेरे साथ बनी रही। उदाहरण के लिए मसूरी जो हिमालय की घाटी में करीब छह हज़ार फीट की ऊँचाई पर स्थित एक उत्तर भारतीय शहर है। मैं जब भी बेलव्यू में अपने घर से रनियर पर्वत को देखता हूँ तो मुझे हमेशा अपने बचपन के पर्वत याद आते हैं—नन्दादेवी और बन्दरपूँछ। मैंने आरम्भिक शिक्षा कॉन्वेंट ऑफ़ जीसस एण्ड मैरी स्कूल में पूरी की। यह भारत में लड़कियों का सबसे पुराना स्कूल है लेकिन वहाँ छोटी कक्षाओं में लड़के पढ़ सकते हैं। पन्द्रह साल की उम्र में आते-आते हमने अलग-अलग शहरों में जाना बन्द कर दिया और मैं हैदराबाद पब्लिक स्कूल में पढ़ने लगा, जहाँ देश भर के विद्यार्थी पढ़ते थे। मैं अलग-अलग जगह रहने का शुक्रगुजार हूँ क्योंकि इसकी वजह से मुझे नयी अवस्था के अनुकूल खुद को ढालने में मदद मिली—लेकिन हैदराबाद जाना मेरे लिए सचमुच नया रूप देने वाला रहा। 1970 के दशक में हैदराबाद आज की तरह महानगर नहीं था जहाँ अड़सठ लाख लोग रहते थे। मैं सच में अरब सागर में मुम्बई से पश्चिम की

दुनिया के बारे में न तो जानता था न ही मुझे उसकी परवाह थी, लेकिन हैदराबाद पब्लिक स्कूल के बोर्डिंग स्कूल में पढ़ना, मेरे जीवन की सबसे बड़ी घटना थी।

हैदराबाद पब्लिक स्कूल में मेरे हाउस का नाम नालन्दा था या जिसे नीले रंग का हाउस भी कहते थे, उसका नाम प्राचीन बौद्ध विश्वविद्यालय के नाम पर रखा गया था। सम्पूर्ण स्कूल बहुसांस्कृतिक था—मुस्लिम, हिन्दू, सिख, ईसाई सभी साथ-साथ रहते और पढ़ते थे। उस स्कूल में सम्भ्रान्त परिवारों के बच्चों के अलावा आदिवासी बच्चे भी पढ़ते थे जो राज्य के अन्दरूनी जिलों से स्कॉलरशिप पर वहाँ पढ़ने के लिए आते थे। हैदराबाद पब्लिक स्कूल में मुख्यमंत्री का बेटा भी पढ़ता था और बॉलीवुड के फ़िल्मी सितारों के बच्चे भी। मैं जिस डौरमैट्री में रहता था उसमें भारत की आर्थिक दशा के सभी आर्थिक स्थितियों वाले परिवारों के बच्चे रहते थे। वह बहुत शानदार ढंग से समानता की भावना पैदा करने वाली ताकत थी—समय का वह पल याद रखने लायक है।

उसके पूर्व विद्यार्थियों की सूची इसकी सफलता के बारे में बयान करती है। शान्तनु नारायण, सी.ई.ओ. अडोबी; अजय सिंह बंगा, सी.ई.ओ. मास्टर कार्ड; सैयद बी. अली, के.वी.एम. नेटवर्क्स के प्रमुख; प्रेम वत्स, टोरण्टो में फेअर फैक्स फाइनेंसियल होल्डिंग के संस्थापक; संसद सदस्य, एथलीट, शिक्षाविद और लेखक—सभी उस छोटे अलग तरह के स्कूल से निकल कर आये। मैं पढ़ने में बहुत अच्छा नहीं था और न ही उस स्कूल को पढ़ाई के लिए जाना जाता था। अगर आप भौतिकी पढ़ना चाहते थे तो आप भौतिकी पढ़ते थे। अगर आपको ऐसा लगता था कि विज्ञान की पढ़ाई तो बेहद उबाऊ है और आप इतिहास पढ़ना चाहते हैं तो आप इतिहास पढ़ने लग जाते थे। वहाँ किसी ख़ास रास्ते को अपनाने के लिए अभिभावकों की तरफ़ से दबाव भी नहीं रहता था।

एच.पी.एस. में मेरी पढ़ाई के कुछ साल बाद पापा संयुक्त राष्ट्र में काम करने बैंकाक गये। उनको मेरा लापरवाही भरा रवैया पसन्द नहीं था। उन्होंने कहा, “मैं तुमको यहाँ से निकालने वाला हूँ और तुमको ग्यारहवीं और बारहवीं की पढ़ाई बैंकाक के किसी अन्तर्राष्ट्रीय स्कूल में करनी चाहिए,” मैंने साफ़

मना कर दिया और इस तरह मैं हैदराबाद में ही फँसा रहा। सभी सोचते थे, "तुम पागल तो नहीं हो गये हो, तुमने ऐसा क्यों किया?" लेकिन मैं किसी भी तरह से स्कूल छोड़ने के लिए तैयार नहीं हुआ। उस समय क्रिकेट मेरे जीवन का बड़ा हिस्सा था। उस स्कूल में पढ़ाई ने मुझे मेरी ज़िन्दगी के कुछ सबसे यादगार अवसर दिये और ढेर सारा आत्मविश्वास भी।

बारहवीं कक्षा तक आते-आते अगर आपने मेरे सपनों के बारे में पूछा होता तो वह एक छोटे से कॉलेज में पढ़ाई करना, हैदराबाद के लिए क्रिकेट खेलना और अन्ततः किसी बैंक में काम करना था, बस यही। इंजीनियर बन कर पश्चिम जाने का ख़याल मुझे कभी नहीं आया। मेरी माँ मेरी इन योजनाओं से बेहद खुश थी। "यह बहुत अच्छा है मेरे बेटे!" लेकिन पापा ने इस मुद्दे पर सचमुच मेरे ऊपर दबाव डाला। उन्होंने कहा, "देखो तुम्हें हैदराबाद से बाहर जाना ही होगा। नहीं तो तुम अपने आप को बर्बाद कर लोगे।" उस समय यह अच्छी सलाह थी क्योंकि उस समय यह भविष्यवाणी कोई नहीं कर सकता था कि हैदराबाद आज की तरह तकनीक का बहुत बड़ा केन्द्र बन जायेगा। अपने दोस्तों के दायरे से निकलना मेरे लिए बहुत मुश्किल था, लेकिन पापा सही थे। अपने सपनों को ले कर मैं कस्बाई हो रहा था। मुझे किसी नज़रिये की ज़रूरत थी। क्रिकेट मेरा जुनून था लेकिन उसके बाद कम्प्यूटर का स्थान था। जब मैं पन्द्रह साल का था तो मेरे पिता बैंकाक से मेरे लिए सिनक्लेयर जेडएक्स स्पेक्ट्रम कम्प्यूटर किट ले कर आये। उसका ज़ेड 80 सी.पी.यू. सत्तर के दशक के मध्य में एक इंजीनियर द्वारा विकसित किया गया था जिसने इण्टेल की नौकरी छोड़ दी थी, जहाँ वह 8080 माइक्रोप्रॉसेसर पर काम करता था। विडम्बना की बात यह थी कि इसी माइक्रोचिप का उपयोग करते हुए बिल गेट्स और पॉल एलेन ने माइक्रोसॉफ़्ट बेसिक का पहला संस्करण तैयार किया था। जेडएक्स स्पेक्ट्रम ने मुझे सॉफ़्टवेयर, इंजीनियरिंग और यहाँ तक कि इस विचार के ऊपर भी सोचने के लिए प्रेरित किया कि निजी कम्प्यूटिंग तकनीक का जनतन्त्रीकरण किया जा सकता था। भारत जैसे देश का एक बच्चा अगर प्रोग्रामिंग करना सीख सकता था तो कोई भी सीख सकता था।

मैं आई.आई.टी. की प्रवेश परीक्षा में असफल हो गया जो उस समय भारत के मध्यवर्ग में बड़े हो रहे बच्चों के लिए सबसे पवित्र मृगतृष्णा थी। मेरे पिता ने ऐसी कोई प्रवेश परीक्षा नहीं दी थी जिसमें वे पास न हुए हों, इसलिए वे इस बात पर चिढ़ने से ज़्यादा हैरान थे। लेकिन सौभाग्य से मेरे पास इंजीनियरिंग की पढ़ाई के दो और मौके थे। मेरा नाम बिड़ला इंस्टीट्यूट ऑफ टेक्नोलॉजी मेसरा में मेकेनिकल इंजीनियरिंग में तथा मनिपाल इंस्टीट्यूट ऑफ टेक्नालॉजी में इलेक्ट्रिकल इंजीनियरिंग में आ गया। मैंने यह सोच कर मनिपाल का चुनाव किया कि इलेक्ट्रिकल इंजीनियरिंग करने से मैं कम्प्यूटर और सॉफ़्टवेयर के और करीब आ सकता हूँ और सौभाग्य से मेरा वह अनुमान सही निकला। अकादमिक रूप से इसने मुझे उस रास्ते पर डाल दिया जो मुझे सिलिकन वैली और अन्तत: माइक्रोसॉफ़्ट ले कर जाने वाला था। कॉलेज के दौरान मेरे जो दोस्त बने वे उद्यमशील थे तथा महत्त्वाकांक्षी भी। मैंने उनमें से कई लोगों से सीखा। असल में सालों बाद मैंने सनीवेल, कैलिफोर्निया, में मनिपाल के अपने आठ साथियों के साथ घर किराये पर लिया और हम वहाँ उसी तरह से रहने लगे जिस तरह से कॉलेज में डौरमैट्री में रहते थे। खेलकूद के लिहाज से हालाँकि मनिपाल मेरी इच्छा के अनुकूल नहीं था। क्रिकेट खेलना मेरा सबसे बड़ा जुनून नहीं रह गया। मैंने अपनी कॉलेज टीम के लिए एक मैच खेला और उसके बाद क्रिकेट को अलविदा कर दिया। मेरे जीवन में कम्प्यूटर ने क्रिकेट का स्थान ले लिया और मेरी ज़िन्दगी में वह पहले नम्बर पर आ गया। मनिपाल में मैंने माइक्रो-इलेक्ट्रॉनिक्स में प्रशिक्षण हासिल किया यानी इण्टेग्रेटेड सर्किट और कम्प्यूटर बनाने के आरम्भिक सिद्धान्त का।

इलैक्ट्रिकल इंजीनियरिंग में डिग्री हासिल करने के बाद मैं क्या करने वाला था इसको ले कर कोई ख़ास योजना मेरे पास नहीं थी। मेरी माँ के जीवनदर्शन के बारे में काफ़ी कुछ कहा गया है जिसने मुझे अपने भविष्य तथा अवसरों के बारे में सोचने के लिए प्रेरित किया। उनका हमेशा यह मानना था कि अपने मन की करो और अपनी रफ़्तार से करो। रफ़्तार तब आती है जब आप अपनी पसन्द का काम करते हैं। जब तक आपको उसमें आनन्द आता है तब तक दिमाग़ लगा कर अच्छी तरह से करना चाहिए तथा उसके

पीछे कोई ईमानदार उद्देश्य होना चाहिए। जीवन आपको कभी असफल नहीं होने देगा। इसके कारण मैं हमेशा अपने जीवन में बेहतर स्थिति में रहा। स्नातक पूरा करने के बाद मेरे पास एक मौका था मुम्बई में एक प्रतिष्ठित औद्योगिक संस्थान में पढ़ने का। मैंने अमेरिका के कुछ कॉलेजों में भी आवेदन किया था। उन दिनों अमेरिका जाने का स्टूडेंट्स वीज़ा एक तरह से जुए की तरह होता था और स्पष्ट रूप से कहूँ तो मुझे यह उम्मीद थी कि वह मुझे नहीं मिलेगा। मैं कभी भारत छोड़ कर नहीं जाना चाहता था। लेकिन किस्मत से मुझे वीज़ा मिल गया और एक बार फिर मेरे पास कई विकल्प थे—भारत में रहकर औद्योगिक इंजीनियरिंग में स्नातकोत्तर की पढ़ाई की जाये या मिल्वाउकी में यूनिवर्सिटी ऑफ़ विस्कॉन्सिन जा कर इलेक्ट्रिकल इंजीनियरिंग में स्नातकोत्तर की शिक्षा अर्जित की जाये। हैदराबाद पब्लिक स्कूल का एक बेहद प्रिय दोस्त यूनिवर्सिटी ऑफ़ विस्कॉन्सिन में कम्प्यूटर साइंस की पढ़ाई कर रहा था और इस तरह से मेरा फ़ैसला हो गया। मैंने विस्कॉन्सिन में कम्प्यूटर साइंस में स्नातकोत्तर की पढ़ाई के लिए दाखिला ले लिया। और मुझे ख़ुशी है कि मैंने सही फ़ैसला किया क्योंकि वह छोटा-सा विभाग था जहाँ प्रोफ़ेसर अपने विद्यार्थियों को समय देते थे। मैं ख़ास तौर पर विभाग के अध्यक्ष डॉ. वैरवान और स्नातकोत्तर में अपने परामर्शदाता प्रोफ़ेसर होसैनी का आभारी हूँ जिन्होंने मेरे अन्दर इस बात के लिए आत्मविश्वास पैदा किया कि मैं आसान रास्ते पर न जाऊँ, बल्कि कम्प्यूटर साइंस की सबसे मुश्किल समस्या से उलझूँ।

अगर कोई मुझसे यह कहता कि मैं एक नक़्शे में यह दिखाऊँ कि मिल्वाउकी कहाँ है तो मैं नहीं दिखा सकता था। लेकिन अपने 21वें जन्मदिन के दिन 1988 में मैंने नई दिल्ली से शिकागो के ओ हेर हवाई अड्डे के लिए उड़ान भरी। वहाँ से एक दोस्त ने मुझे गाड़ी से कैम्पस छोड़ दिया। मुझे याद है कि वहाँ शान्ति थी। सब कुछ शान्त था। मिल्वाउकी बहुत शानदार जगह थी, जहाँ कुछ न बदला हो। मैंने सोचा कि भगवान यह जगह धरती पर स्वर्ग है। गर्मियों के दिन थे। वह बहुत सुन्दर था और अमेरिका में मेरे जीवन की बस शुरुआत हो रही थी।

गर्मियाँ सर्दी में बदल गयीं और विस्कॉन्सिन की सर्दी देखने लायक होती है, ख़ास कर अगर आप दक्षिण भारत के रहने वाले हों। उन दिनों मैं सिगरेट पीता था और सिगरेट पीने वालों को बाहर खड़ा होना पड़ता था। दुनिया के अलग-अलग हिस्सों से हमारे जैसे अनेक लोग थे। भारतीय विद्यार्थी ठण्ड को सहन नहीं कर सकते थे इसलिए उन्होंने सिगरेट पीना छोड़ दिया। उसके बाद मेरे चीनी दोस्तों ने छोड़ दिया। लेकिन रूस के लोगों के ऊपर उस कड़ाके की ठण्ड का कोई असर नहीं पड़ा और वे बाहर जा कर सिगरेट पीते रहे।

निश्चित रूप से किसी भी बच्चे की तरह मुझे भी घर की याद सताने लगी, लेकिन अमेरिका से अधिक आवभगत वाला देश नहीं हो सकता था। मुझे नहीं लगता है कि मेरी कहानी कहीं और भी सम्भव हो सकती थी और आज मुझे खुद को अमेरिकी नागरिक कहते हुए गर्व का अनुभव होता है। पीछे मुड़ कर देखने पर, हालाँकि, मेरी कहानी योजनाबद्ध ढंग की लग सकती है। भारतीय सिविल सेवक का बेटा मेहनत करके पढ़ता है, इंजीनियरिंग की डिग्री हासिल करता है, अमेरिका चला जाता है और तकनीक की दुनिया में अपना मुकाम बनाता है। लेकिन यह इतना आसान नहीं था। परम्परा के मुताबिक़ मैं पढ़ने में उतना कुछ ख़ास नहीं था। मैंने भारत के सम्भ्रान्त आई.आई.टी. से पढ़ाई नहीं की थी, जो नाम सिलिकन वैली के निर्माण के साथ एकरूप हो चुका है। केवल अमेरिका में ही मेरे जैसे व्यक्ति को खुद को साबित करने का मौका मिल सकता है बजाय उसको इस आधार पर एक ख़ास तरह की पहचान से जोड़ दिया जाये कि उसने पढ़ाई कहाँ से की है। मेरे ख़याल से यह पहले के अप्रवासियों के लिए सच था और नयी पीढ़ी के अप्रवासियों के लिए भी।

अन्य तमाम लोगों की तरह मेरे लिए यह बहुत किस्मत की बात थी कि अनेक आन्दोलनों के मिले-जुले नतीजों का मुझे लाभ मिला : ब्रिटिश शासन से भारत की आज़ादी, अमेरिका के नागरिक अधिकार आन्दोलन, जिसके कारण अमेरिका के आव्रजन के नियम में बदलाव हुआ और वैश्विक स्तर पर तकनीक में आयी तेज़ी का। भारत की आज़ादी के कारण मेरे जैसे भारतीय नागरिकों के लिए शिक्षा में बड़े पैमाने पर निवेश किया गया। अमेरिका में

1965 के आव्रजन और प्राकृतिकरण अधिनियम से मूल देश के कोटे को ख़त्म कर दिया गया और कुशल कामगारों के लिए अमेरिका में आना और योगदान करना आसान हो गया। इससे पहले, हर साल केवल सौ भारतीयों को प्रवास की अनुमति दी जाती थी। आव्रजन अधिनियम की 50वीं वर्षगाँठ के मौके पर 'द न्यूयार्क टाइम्स' के लिए लिखते हुए इतिहासकार टेड विडमर ने इस बात की तरफ़ ध्यान दिलाया कि इस अधिनियम के कारण करीब पाँच करोड़ नब्बे लाख लोग अमेरिका आये। लेकिन ऐसा नहीं था कि इस आवाजाही के ऊपर कोई बाधा नहीं थी। इस अधिनियम में उनके लिए प्राथमिकता थी जिनको तकनीकी प्रशिक्षण प्राप्त था, तथा उनको जिनके परिवार के सदस्य पहले से ही अमेरिका में थे। अनजाने में मैं उनके इस महान उपहार का प्राप्तकर्ता था। इन आन्दोलनों ने मुझे इसके योग्य बनाया कि सॉफ़्टवेयर के कौशल के साथ मैं 1990 के दशक के तकनीकी उत्कर्ष से पहले पहुँच गया। लॉटरी लगना इसे कहते हैं।

विस्कॉन्सिन में पहले सेमेस्टर के दौरान मैंने इमेज प्रोसेसिंग, कम्प्यूटर आर्किटेक्चर की शिक्षा ली और लिस्प की, जो कम्प्यूटर प्रोग्रामिंग की सबसे पुरानी भाषा है। शुरू में जो काम मिले वे प्रोग्रामिंग से जुड़ी परियोजनाएँ थीं। मैंने थोड़ा-बहुत कोड लिखा लेकिन मैं किसी भी तरह से कोडिंग के मामले में बहुत तेज़ नहीं था। मुझे पता है कि अमेरिका में यह धारणा है कि जो भारतीय वहाँ रहते हैं वे कोड में बेहद दक्ष होते हैं, लेकिन हम सब कहीं न कहीं से शुरुआत करते ही हैं। वहाँ असाइनमेंट का मतलब होता था खूब सारा कोड लिखना। यह मुश्किल था लेकिन मुझे जल्दी से सीखना था। मुझे बहुत जल्दी यह बात समझ में आ गयी कि माइक्रो-कम्प्यूटर दुनिया को बदलने वाला था। शुरू में मुझे यह लगता था कि यह शायद चिप बनाने का काम हो। कॉलेज के मेरे अधिकतर साथियों ने चिप डिज़ाइन में विशेषज्ञता हासिल की और उन जगहों पर काम करने लगे जिनका असल प्रभाव था, जैसे मेंटर ग्राफ़िक्स, सिनोप्सिस और जुनिपर।

मैंने कम्प्यूटर साइंस के ऐसे सैद्धान्तिक पहलुओं में अधिक दिलचस्पी दिखाई, जिनका निर्माण इसलिए हुआ था कि अनिश्चितता के माहौल में और बेहद कम समय में तेज़ी से निर्णय लिये जायें। मेरी दृष्टि कम्प्यूटर

साइंस की पहेली पर थी जिसको ग्राफ कलरिंग के नाम से जाना जाता था। नहीं, मैं क्रेयोंस से ग्राफ में रंग नहीं भर रहा था। ग्राफ कलरिंग कम्प्यूटेशनल जटिलता के सिद्धान्त का नाम था जिसमें आपको कुछ सीमाओं के अन्दर ग्राफ के पहलुओं को लेबल देने होते हैं, जिनको पारम्परिक रूप से कलर्स कहा जाता है। इसे इस तरह से सोचें : अमेरिका के नक़्शे में इस तरह से रंग भरने के बारे में कल्पना करें ताकि एक ही सीमा को साझा करने वाले किसी राज्य के रंग न मिलें। इस कार्य को पूरा करने के लिए रंगों की न्यूनतम संख्या क्या होगी? स्नातकोत्तर में मैंने जो शोध प्रबन्ध लिखा था वह अनिश्चयात्मक बहुपदीय समय में ग्राफ की कलरिंग के लिए सबसे अच्छे अनुमानक विकसित करने को ले कर था। दूसरे शब्दों में, मैं ऐसी समस्या का समाधान किस प्रकार करूँ जिसकी इस रूप में असीम सम्भावनाएँ हों, जो तेज़ और अच्छा हो लेकिन हमेशा सर्वोत्कृष्ट न हो? जितना बेहतर हो सके उस रूप में हम इसकी खोज अभी करें या सबसे अच्छे परिणाम के लिए उसके ऊपर हमेशा काम करते रहें?

सैद्धान्तिक कम्प्यूटर साइंस ने मुझे अपनी गिरफ़्त में ले लिया क्योंकि इसने मुझे आज के कम्प्यूटर की सीमाएँ दिखायीं। इसके कारण मैं गणितज्ञ और कम्प्यूटर वैज्ञानिक जॉन वोन नोइमन तथा एलन ट्यूरिंग की तरफ़ आकर्षित हुआ और क्वाण्टम कम्प्यूटर की तरफ़, जिसके बारे में मैं बाद में लिखूँगा जब हम ए.आई. तथा मशीन लर्निंग के बारे में बात करेंगे। और अगर आप इसके बारे में सोचें, तो यह सी.ई.ओ. के लिए बहुत बड़ा प्रशिक्षण था—बाधाओं के बीच सन्तुलन साधते हुए प्रबन्ध करना।

मैंने विस्कॉन्सिन में स्नातकोत्तर की पढ़ाई पूरी की और उस रूप में काम करने में भी सफल रहा जिसको माइक्रोसॉफ़्ट आज स्वतन्त्र सॉफ़्टवेयर वेंडर (आई.एस.वी.) के रूप में काम करना कहता है। जब मैं स्नातकोत्तर का शोध प्रबन्ध लिख रहा था तब मैं ओरेकल के लिए ऐप्प बनाता था। मैं रिलेशनल अलजेब्रा में अच्छा था और डेटाबेस तथा एस.क्यू.एल. की प्रोग्रामिंग के मामले में अच्छा हो गया। यह वह दौर था जब तकनीक यूनिक्स वर्कस्टेशन में कैरेक्टर या टेक्स्ट मोड से ग्राफिकल यूज़र इण्टरफ़ेस (जैसे विण्डोज़) में बदल रही थी। यह 1990 के दशक के आरम्भिक वर्षों की

बात है और उस समय मैं माइक्रोसॉफ़्ट के बारे में सोच भी नहीं रहा था क्योंकि हम ने कभी पी.सी. का उपयोग नहीं किया था। मेरा ध्यान अधिक शक्तिशाली वर्कस्टेशंस के ऊपर था।

वास्तव में, मैंने 1990 में मिलवाउकी, सिलिकन वैली में सन माइक्रोसिस्टम्स में अपनी पहली नौकरी के लिए छोड़ा था। सन वर्कस्टेशंस के क्षेत्र का राजा था, इस बाज़ार में माइक्रोसॉफ़्ट अभी शुरुआती दौर में ही था। सन में प्रतिभाशाली लोगों की आश्चर्यजनक जमात थी, जिसमें इसके संस्थापक स्कॉट मैक्निली और बिल जॉय थे, जेम्स गोसलिंग थे, जिन्होंने जावा का आविष्कार किया था और एरिक श्मिट थे जो सॉफ़्टवेयर विकास के उपाध्यक्ष थे, जिन्होंने बाद में नावेल और फिर गूगल को चलाया।

सन में मैंने दो साल काम किया, जो कम्प्यूटर व्यवसाय में परिवर्तन का काल था जब सन माइक्रोसॉफ़्ट के विण्डोज़ के ग्राफिकल यूज़र इण्टरफ़ेस को हसरत की निगाह से देखता था जबकि माइक्रोसॉफ़्ट सन के सुन्दर 32 बिट वर्कस्टेशन और ऑपरेटिंग सिस्टम को। एक बार फिर, मैं सही समय पर सही जगह था। सन ने मुझसे डेस्कटॉप सॉफ़्टवेयर पर काम करने के लिए कहा जो उनके इमेल टूल जैसा था। मुझे बाद में कैम्ब्रिज, मेसाचुसेट्स भेज दिया गया, कुछ महीने के लिए लोटस के साथ काम करने के लिए ताकि उनके स्प्रेडशीट सॉफ़्टवेयर को सन के वर्कस्टेशन के साथ जोड़ सकूँ। उसके बाद मेरा ध्यान एक ऐसी बात पर गया जो चिन्ताजनक थी। हर दो महीने में सन एक नयी ग्राफिकल यूज़र इण्टरफ़ेस (जी.यू.आई.) रणनीति अपनाना चाहता था। जिसका मतलब था कि मुझे अपने प्रोग्राम्स के ऊपर बार-बार काम करना होता था और उनके स्पष्टीकरणों का मुझे कोई मतलब समझ में नहीं आता था। मुझे समझ में आया कि इसके बावजूद कि उनके पास असाधारण नेतृत्व क्षमता तथा सामर्थ्य था, सॉफ़्टवेयर रणनीति के साथ बने रहना उनके लिए मुश्किल हो रहा था।

1992 तक आते-आते मैं अपने जीवन में एक बार फिर चौराहे पर था। मैं ऐसे सॉफ़्टवेयर के लिए काम करना चाहता था जो दुनिया को बदल दे। मैं एम.बी.ए. करने के लिए ग्रेजुएट स्कूल जाना चाहता था। और मुझे अनु की याद आ रही थी, जिससे मैं शादी करना चाहता था और उसको अमेरिका

लाना चाहता था। उसने मनिपाल में वास्तुकला में डिग्री की पढ़ाई पूरी कर ली थी और अपने अपने अभिभावकों के आशीर्वाद से हमने उसको अमेरिका लाने की योजना के ऊपर काम करना शुरू कर दिया था।

पहले की ही तरह कोई बड़ी योजना नहीं थी, लेकिन रेडमण्ड, वाशिंगटन से एक दोपहर फ़ोन आया और उसने एक नया, अप्रत्याशित मौका दिया। एक बार फिर से खुद का पुनर्नवीकरण करने का समय आ गया था, रिफ्रेश बटन दबाने का समय आ गया था।

—

नवम्बर की एक ठण्डी दोपहर तटीय उत्तर पश्चिम में मैंने पहली बार माइक्रोसॉफ़्ट के कैम्पस में, एक साधारण से कॉर्पोरेट दफ़्तर में कदम रखा और जिसका नाम अकल्पनाशील ढंग से बिल्डिंग 22 रखा गया था। यह विशाल इमारत लकड़ियों से घिरी हुई है और यहाँ तक कि आज भी पास के राजमार्ग 520 से बमुश्किल दिखाई देती है, जो अपने झूलते पुल के लिए प्रसिद्ध है और सिएटल को रेडमण्ड से जोड़ता है। वह साल 1992 था। माइक्रोसॉफ़्ट ने शेयर बाज़ार में ऊँचाई की तरफ़ चढ़ना शुरू किया था, हालाँकि इसके संस्थापक बिल गेट्स तथा पॉल एलेन सड़क से गुजर जाते थे और उनको कोई नहीं पहचानता था। विण्डोज़ 3.1 बस जारी ही हुआ था, जिसने विण्डोज़ 95 के लिए प्लेटफ़ॉर्म तैयार किया था, जो उस समय तक का सबसे बड़ा उपभोक्ता तकनीक उत्पाद था। सोनी ने सीडी-रोम जारी किया था और पहली वेबसाइट शुरू की गयी थी, हालाँकि इण्टरनेट की लहर आने में अभी दो साल का वक्त और था। टी.सी.आई. ने डिजिटल केबल तथा एफ.सी.सी. द्वारा मान्यताप्राप्त डिजिटल रेडियो की शुरुआत की थी। पी.सी. की बिक्री तेज़ी से बढ़ रही थी। अब जब पीछे मुड़ कर देखता हूँ तो लगता है कि वहाँ प्रवेश करने के लिए इससे बेहतर समय का चुनाव नहीं हो सकता था। संसाधन, प्रतिभा और नज़रिये के द्वारा वहाँ मुकाबला करना था और उसे उद्योग जगत का अगुआ बनना था। रेडमण्ड की मेरी यात्रा मुझे भारत में मेरे घर से विस्कॉन्सिन के ग्रेजुएट स्कूल ले कर गयी और वहाँ से सिलिकन वैली सन कम्पनी के लिए काम करने। गर्मियों में मुझे माइक्रोसॉफ़्ट

में नौकरी मिली, एक 25 साल के सकारात्मक रुख वाले नौजवान को विण्डोज़ एन.टी. के लिए काम करने के लिए रखा गया, जो 32 बिट का ऑपरेटिंग सिस्टम था जिसका निर्माण इसलिए किया गया था ताकि कम्पनी के लोकप्रिय उपभोक्ता उत्पाद को अधिक शक्तिशाली बिज़नेस सिस्टम में बदला जा सके। कुछ साल बाद एन.टी. विण्डोज़ के आगामी संस्करणों के लिए रीढ़ की हड्डी की तरह हो गया। यहाँ तक कि आज विण्डोज़ की जो पीढ़ी है, विण्डोज़ 10, वह भी एन.टी. की मूल संरचना के आधार पर बनी हुई है। जब मैं सन में काम करता था तो मैंने एन.टी. के बारे में सुना था लेकिन कभी उसके ऊपर काम नहीं किया था। मेरे एक सहकर्मी ने माइक्रोसॉफ़्ट के सम्मेलन में हिस्सा लिया था जहाँ उन्होंने डेवलपर्स को एन.टी. दिखाया था। उसने आ कर मुझे उस उत्पाद के बारे में बताया था। मैंने सोचा कि वाह यह तो आगे गम्भीर काम होने वाला है। मैं ऐसी जगह पर होना चाहता था जिसका असल में कुछ प्रभाव पड़े। माइक्रोसॉफ़्ट में मुझे रिचर्ड टेट और जेफ़ टेपर ने नौकरी दी थी, उन्होंने कहा था कि उनको कोई ऐसा आदमी चाहिए जो यूनिक्स तथा 32 बिट ऑपरेटिंग सिस्टम की समझ रखता हो। मैं थोड़ा अनिश्चित था। मैं असल में बिज़नेस स्कूल जा कर पढ़ाई करना चाहता था। मुझे पता था कि मैनेजमेंट की पढ़ाई मेरी इंजीनियरिंग की पढ़ाई को पूर्ण बनायेगी और मैं सोच रहा था कि आगे इन्वेस्टमेंट बैंकिंग में काम किया जाये। यूनिवर्सिटी ऑफ़ शिकागो में मुझे एक पूर्णकालिक कोर्स में दाखिला भी मिल गया था, लेकिन टेपर ने कहा, "तुमको अभी से ही काम शुरू करना होगा।" मैंने दोनों करने का फ़ैसला किया। शिकागो में मैं अपना दाखिला अंशकालिक कोर्स में करवाने में सफल रहा, लेकिन तब मैंने किसी को नहीं बताया कि मैं वीकेण्ड में जहाज पकड़ कर शिकागो जाने वाला था। और मुझे ख़ुशी है कि मैंने दो साल में मैनेजमेंट की पढ़ाई पूरी कर ली। सप्ताह के दिनों में मेरा काम देश भर में हवाई जहाज से सफ़र करना होता था—विशाल कॉम्पैक कम्प्यूटर को ले कर—उपभोक्ताओं से मिलता था, आम तौर पर जॉर्जिया पैसिफिक या मोबील जैसी जगहों पर मुख्य सूचना अधिकारी से मिल कर उनको यह समझाने की कोशिश करता था कि हमारा नया, अधिक मजबूत ऑपरेटिंग सिस्टम बिज़नेस के लिए अन्य से अधिक बेहतर है और वे उसको अपना लें। और स्कूल में शिकागो में मैंने उच्च स्तर

के वित्त की कक्षाओं में उससे अधिक गणित सीखा जितना कि मैंने अपनी इंजीनियरिंग की पढ़ाई के दौरान सीखा था। मैंने स्टीवेन कप्लान, मार्विन ज़ोनिस और वहाँ के कई अन्य प्रसिद्ध प्राध्यापकों से कक्षाओं में रणनीति, वित्त और नेतृत्व के बारे में जो सीखा उसने मेरी सोच और मेरी बौद्धिक क्षमता को एम.बी.ए. करने के बहुत बाद भी प्रभावित रखा। उस समय माइक्रोसॉफ़्ट में होना उत्साहवर्धक था। वहाँ काम शुरू करने के कुछ समय बाद ही मैं स्टीव बाल्मर से पहली बार मिला। वह मेरे दफ़्तर के सामने रुके और सन छोड़ कर माइक्रोसॉफ़्ट में आने के लिए खूब प्रभावशाली तरीके से हाथ उठा कर ताली मारी, हाई-फ़ाइव किया। आने वाले सालों में स्टीव के साथ होने वाली कई मज़ेदार और रोचक बातचीत की कड़ी में वह पहली बातचीत थी। उस समय कम्पनी में सच्चे अर्थों में ऊर्जा और मिशन का भाव था। सम्भावनाओं की कोई सीमा नहीं थी।

——

विण्डोज़ एन.टी. में कुछ साल काम करने के बाद मैं नये अत्यन्त विकसित तकनीकी समूह का हिस्सा बन गया, जिसकी स्थापना युगपुरुष नाथन मिटवोल्ड ने रिक राशिद, क्रेग मँडी तथा अन्य लोगों के साथ मिल कर की थी। माइक्रोसॉफ़्ट उस समय ज़ेरॉक्स पार्क के बाद, जो उस समय सिलिकन वैली में नयी-नयी खोजों के लिए प्रसिद्ध था, सबसे बड़ी तकनीकी आई.क्यू. को तैयार कर रहा था। मुझे बेहद गर्व का अनुभव हुआ जब मुझसे उस समूह में प्रोडक्ट मैनेजर के रूप में काम करने के लिए कहा गया—प्रोजेक्ट का कोड नाम था टाइगर सर्वर, जो वीडियो ऑन डिमाण्ड सेवा के क्षेत्र में बहुत बड़ा निवेश था। यह उससे सालों पहले की बात है जब केबल कम्पनियों ने वीडियो ऑन डिमाण्ड का समर्थन देने के लिए बिज़नेस मॉडल तथा तकनीकी सेवा देने की शुरुआत की, और उससे सालों पहले की बात है जब नेटफ़्लिक्स ने वीडियो स्ट्रीमिंग को आम बना दिया। सौभाग्य से मैं माइक्रोसॉफ़्ट के परिसर के ठीक बगल में रहता था, जो उस शानदार ब्रॉडबैण्ड संरचना के एक सिरे पर था जिसके कारण वीडियो ऑन डिमाण्ड का प्रयोग सफल रहा। इस तरह 1994 में, व्यावसायिक रूप से इसके उपलब्ध होने से बहुत पहले मैं अपने छोटे-से अपार्टमेंट में बैठ कर

वीडियो ऑन डिमाण्ड सेवा का उपयोग करता था। हमारे पास करीब 15 फ़िल्में ही थीं, लेकिन मुझे याद है कि मैं उनको बार-बार देखा करता था। हमारा समूह टाइगर सर्वर की सेवाएँ एसिंक्रोनस ट्रांसफर मोड के नेटवर्क के माध्यम से घर-घर पहुँचाना चाहता था, लेकिन हमने पाया कि हमारा यह विचार इण्टरनेट के आने से रातोंरात पुराना पड़ गया।

——

मेरा दिमाग़ पूरी तरह से काम में लगा हुआ था, लेकिन मेरा दिल विचलित हो रहा था। जब मैंने माइक्रोसॉफ़्ट में काम शुरू करने से पहले भारत की यात्रा की थी तो अनु और मैंने विवाह करने का फ़ैसला किया। मैं अनु को अपने जीवन की शुरुआत से ही जानता था। उसके और मेरे पापा साथ-साथ आई.ए.एस. बने थे और हम पारिवारिक दोस्त थे। असल में, अनु के पापा और मेरा एक ही जुनून था, क्रिकेट के बारे में लगातार बात करते चले जाने का। हमारा यह जुनून आज तक बना हुआ है। वे अपने स्कूल और कॉलेज के लिए क्रिकेट खेल चुके थे और दोनों टीमों के वे कप्तान रह चुके थे। ठीक-ठीक मुझे अनु से प्यार कब हुआ इसको कम्प्यूटर साइंस में एन.पी. कम्पलीट सवाल कहा जाता है। मैं कई बार और कई स्थानों को याद करता हूँ इसके जवाब के तौर पर लेकिन इसका कोई एक जवाब नहीं है। दूसरे शब्दों में, यह जटिल है। हमारे परिवारों में करीबी थी। हमारा सामाजिक दायरा भी एक ही था। जब हम बच्चे थे तो साथ-साथ खेलते थे। हम स्कूल और कॉलेज में एक साथ थे। हमारा प्यारा पारिवारिक कुत्ता अनु के परिवार के कुत्ते का बच्चा था। लेकिन अमेरिका जाने के बाद उससे मेरा सम्पर्क टूट गया। जब मैं वहाँ से भारत आया तो हम फिर मिले। वह मनिपाल में आर्किटेक्चर की पढ़ाई के अन्तिम वर्ष में थी और नई दिल्ली में इण्टर्नशिप कर रही थी। एक शाम हम दोनों के परिवार डिनर पर मिले, पहले कभी से अधिक उस दिन मुझे लगा कि यही लड़की मेरे लिए बनी थी। हमारे मूल्य एक थे, दुनिया को देखने का नज़रिया एक था और हम एक जैसे भविष्य का सपना देखते थे। कई तरह से उसका परिवार पहले से ही मेरा था और मेरा परिवार उसका। अगले दिन, मैंने उससे कहा कि वह मुझे चश्मे की दुकान में ले कर चले जहाँ मुझे अपना लेंस ठीक करवाना था। वहाँ काम

ख़त्म करके हम पास के लोदी गार्डन में घण्टों टहलते रहे और बातें करते रहे। लोदी गार्डन वास्तुकला का पुराना केन्द्र है और आज वह पर्यटकों में बेहद लोकप्रिय है। अनु चूँकि वास्तुकला की विद्यार्थी थी इसलिए वह दिल्ली की सभी ऐतिहासिक इमारतों को बेहद पसन्द करती थी। उसके बाद हम कई दिनों तक उनमें साथ-साथ घूमते रहे। जब मैं बच्चा था तो मैंने सारे स्मारक देखे थे। लेकिन यह अलग बात थी। हम दिन का खाना खाने के लिए पण्डारा रोड जाते, राष्ट्रीय नाट्य विद्यालय में नाटक देखने का मज़ा उठाते और खान मार्केट की किताब की दुकानों से किताबें खरीदते। हमें प्यार हो गया। 1992 में अक्टूबर की एक दोपहर लोदी गार्डन की हरियाली में मैंने उससे प्रेम निवेदन किया और मेरे लिए ख़ुशी की बात यह रही कि अनु ने हाँ कह दिया। हम टहलते हुए हुमायूँ रोड में अनु के घर गये और हमने अनु की माँ को यह ख़बर दी। दो महीने बाद दिसम्बर में हमारी शादी हो गयी। वह ख़ुशी का मौका था, लेकिन अप्रवासन से जुड़ी जटिलताओं की चुनौतियाँ सामने थीं।

—

अनु वास्तुकला की पढ़ाई के अन्तिम वर्ष में थी और उसकी योजना थी कि पढ़ाई पूरी करके रेडमण्ड मेरे पास आ जाये। 1993 की गर्मियों में अनु ने पढ़ाई पूरी होने से पहले आख़िरी छुट्टियों में मेरे पास आने के लिए वीज़ा का आवेदन किया, लेकिन वीज़ा का उसका आवेदन इस आधार पर खारिज हो गया क्योंकि उसने एक स्थायी नागरिक से विवाह किया था। अनु के पापा ने दिल्ली में अमेरिकी कौंसल जनरल से मिलने का समय लिया और उनके साथ इस बात पर बहस की कि अमेरिकी वीज़ा के नियम उन पारिवारिक मूल्यों के साथ संगत नहीं थे जिनके लिए अमेरिका खड़ा था। उनके समझाने तथा अमेरिकी कौंसल जनरल की कृपा से अनु को कुछ दिनों का पर्यटक वीज़ा मिल गया—जो बहुत दुर्लभ बात थी। छुट्टी ख़त्म होने के बाद वह अपनी पढ़ाई पूरी करने के लिए भारत लौट आयी। अब यह बात साफ़ थी कि स्थायी नागरिकों की पत्नियों के वीज़ा के लिए जिस तरह से प्रतीक्षा सूची थी उस आधार पर अनु का अमेरिका लौट पाना असम्भव था। माइक्रोसॉफ़्ट

में आव्रजन के वकील ने कहा कि फ़िलहाल वीज़ा के जो नियम हैं उनके तहत अनु को अमेरिका आने में पाँच साल या उससे अधिक का समय भी लग सकता था। मैं माइक्रोसॉफ़्ट छोड़ कर भारत लौटने के बारे में सोचने लगा। लेकिन हमारे वकील, आइरा रुबिन्स्तीन ने एक मज़ेदार बात कही, "सुनो, तुमको अपना ग्रीन कार्ड छोड़ कर वापस एच1बी वीज़ा ले लेना चाहिए।" उनका सुझाव यह था कि मुझे अपनी स्थायी नागरिकता छोड़ कर अस्थायी पेशेवर का दर्जा अपना लेना चाहिए। अगर आप ने जेरार्ड देपार्द्यु कि फ़िल्म 'ग्रीन कार्ड' देखी हो तो आपको पता होगा कि अमेरिका में स्थायी नागरिकता पाने के लिए लोग किस हद तक हास्यास्पद स्थिति में चले जाते हैं। इसलिए मैं इस बेशकीमती ग्रीन कार्ड को छोड़ कर अस्थायी दर्जा क्यों ले लूँ? असल बात यह है कि एच1बी के तहत अगर कोई अमेरिका में काम कर रहा हो तो उसके पति या पत्नी को अमेरिका में आने की इजाजत होती है। आव्रजन कानून का यह अजीब दुराग्रही तर्क है। इस बारे में मैं कुछ भी नहीं कर सकता था। अनु मेरी प्राथमिकता थी। और इससे मेरा फ़ैसला आसान हो गया। जून 1994 में मैं दिल्ली में अमेरिकी दूतावास गया, जिसके बाहर वीज़ा लेने की उम्मीद में लोगों की लम्बी लाइन लगी हुई थी। मैंने क्लर्क से कहा कि मैं अपना ग्रीन कार्ड वापस करके एच1 बी वीज़ा के लिए आवेदन करना चाहता हूँ। वह अवाक् रह गया। "क्यों?" उसने पूछा। मैंने पागलपन भरे आव्रजन नियम के बारे में कुछ कहा, उसने सर हिलाया और मुझे एक नया फ़ॉर्म दे दिया। "इसे भर कर लाओ।" अगली सुबह मैं एच1बी वीज़ा के लिए अप्लाई करने के लिए गया। चमत्कारिक रूप से, यह काम कर गया। अनु सिएटल में मेरे पास आ गयी, जहाँ हमने परिवार की शुरुआत की और साथ-साथ अपना जीवन बनाया। मुझे जिसकी एकदम उम्मीद नहीं थी वह यह कि कैम्पस में तत्काल मैं कुख्यात हो गया। "देखो, वह आदमी जा रहा है जिसने अपना ग्रीन कार्ड छोड़ दिया।" अक्सर कोई न कोई फ़ोन करके मुझसे सलाह लेता। बहुत बाद में, मेरे एक सहयोगी कुणाल बहल ने माइक्रोसॉफ़्ट छोड़ दिया, क्योंकि उसका एच1बी वीज़ा ख़त्म हो गया था और उसका ग्रीन कार्ड नहीं आया था। भारत लौट कर उसने स्नैपडील नामक कम्पनी स्थापित की। आज यह 1 अरब डॉलर से

अधिक की परिसम्पत्ति वाली कम्पनी है और इसमें पाँच हज़ार लोग काम करते हैं। पते की बात यह है, स्नैपडील जैसी ऑनलाइन, क्लाउड आधारित कम्पनियाँ मेरे और माइक्रोसॉफ़्ट के भविष्य में महत्त्वपूर्ण भूमिका निभाने वाली थीं। और मैंने अपने पूर्व देश में जो सबक सीखे थे वे मेरे वर्तमान को आकार दे रहे थे।

—

अध्याय 2

नेतृत्व करना सीखते हुए

अपनी खिड़की से बादल देखते हुए

मुझे क्रिकेट का जुनून है। चाहे मैं जहाँ भी रहूँ यह ख़ूबसूरत खेल हमेशा मेरे दिमाग़ में बना रहता है। ख़ुशी, स्मृतियाँ, नाटक, जटिलताएँ और उतार-चढ़ाव—अनन्त सम्भावनाएँ।

आपमें से जो लोग क्रिकेट के बारे में नहीं जानते हों तो यह एक अन्तर्राष्ट्रीय खेल है जो बड़े हरे भरे मैदान में गर्मियों और पतझड़ के शुरू के दिनों में खेला जाता है। इसकी लोकप्रियता सबसे अधिक ब्रिटिश राष्ट्रमण्डल के वर्तमान और पूर्व देशों में है। बेसबाल की तरह एक बॉल बैटिंग करने वाले की तरफ़ फेंकी जाती है, जो बॉल के ऊपर प्रहार करके जितना सम्भव हो सके रन बनाता है। बेसबाल के पिचर की जगह बॉलर होता है और बैटर की जगह बैट्समैन, डायमण्ड को विकेट कहते हैं और फील्डर बल्लेबाज या बैट्समैन को आउट करने की कोशिश करते हैं। हाँ, ऐसे मैच भी होते हैं जो कई-कई दिन तक चल सकते हैं, लेकिन बेसबाल में टीमों में 3, 5 और यहाँ तक कि 7 मैचों की श्रृंखला के लिए मुकाबला होता है। दोनों खेल बहुत जटिल हैं, लेकिन संक्षेप में यह कहा जा सकता है कि जो टीम सबसे अधिक रन बनाती है उसकी जीत होती है। यह किताब क्रिकेट के अन्दर बाहर की बात बताने के लिए नहीं है, लेकिन यह किताब क्रिकेट और व्यवसाय के रूपक को नज़रअन्दाज़ नहीं कर सकती।

अधिकतर दक्षिण एशियाई लोगों की तरह मैं दक्षिण भारत के दक्कन पठारी मैदानों के धूल भरे मैटिंग विकेट पर इस अंग्रेजी ढंग के खेल के प्यार में पड़ गया।

वहाँ, उन मैदानों में मैंने अपने बारे में काफ़ी कुछ सीखा—एक गेंदबाज, बल्लेबाज और क्षेत्ररक्षक के रूप में क़ामयाब और नाक़ामयाब होना। यहाँ तक कि आज भी मैं खुद को क्रिकेट की नियम पुस्तिका और ग्यारह खिलाड़ियों की टीम के एक इकाई के रूप में साथ काम करने की बारीकी के बारे में सोचता हुआ पाता हूँ।

अपने जीवन के आरम्भिक सालों के दौरान जब सिविल सेवक के रूप में मेरे पिता का काम हमें आन्ध्र प्रदेश के जिला मुख्यालयों में ले जाता था और जब मैं मसूरी के पहाड़ों में रहता था, जो अब उत्तराखण्ड राज्य का हिस्सा है, तब क्रिकेट इतनी बड़ी फिनोमिना नहीं थी जितनी वह आज है। आज इण्डियन प्रीमियर लीग दस सालों के टेलीविज़न अधिकार को अरबों में बेच देती है। लेकिन तब मेरे लिए यह बहुत बड़ी फिनोमिनांन बन गयी थी जब आठ साल की उम्र में हम हैदराबाद आ गये। हम किराए के एक घर में सोमाजीगुड़ा मोहल्ले में रहते थे और हमारे मकान मालिक मिस्टर अली एक खुशमिजाज और हैदराबाद के ऊपर गर्व करने वाले इंसान थे। वे जब अपनी ऑटो शॉप में काम करते थे तो उस्मानिया यूनिवर्सिटी के क्रिकेट कैप को सर पर लगा लेते थे। 1960 के दशक के तमाम हैदराबादी क्रिकेट खिलाड़ियों के बारे में उनके पास खूब कहानियाँ थीं। एक बार वे मुझे प्रथम श्रेणी का मैच दिखाने के लिए ले गये, जो हैदराबाद और बम्बई (अब मुम्बई) के बीच था। उस बड़े क्रिकेट स्टेडियम, फ़तेह मैदान, में मैं पहली बार गया था। क्रिकेट के आकर्षण को देख कर मैं पूरी तरह से उसका दीवाना हो गया। क्रिकेट खिलाडी एम.एल. जयसिम्हा, अब्बास अली बेग, आबिद अली और मुमताज़ हुसैन मेरे नायक बन गये। बम्बई की तरफ़ से अन्य बहुत से सितारों के अलावा अशोक मांकड़ और सुनील गावस्कर खेल रहे थे। मुझे याद नहीं पड़ता है कि उनमें से किसी ने कुछ ख़ास प्रभाव छोड़ा हो, फिर भी उन्होंने हैदराबाद को बड़ी आसानी से हरा दिया। मैं मैदान में एम.एल. जयसिम्हा की मौजूदगी से बहुत प्रभावित हो गया—अपने कॉलर को ऊपर खड़ा करके

रखने की उनकी अदा और उनके चलने का विशेष अन्दाज। मुझे आज भी याद है कि मिस्टर अली ने किस तरह से मुमताज़ हुसैन की 'रहस्यमय बॉल' के बारे में बताया था। और मुझे याद आता है मध्यम तेज़ गति के गेंदबाज की गेंद पर आबिद अली का विकेट पर आगे निकल कर आना।

जल्दी ही मेरे पापा का फिर स्थानान्तरण हो गया और मैं दिल्ली में स्कूल की पढ़ाई के लिए आ गया। वहाँ मैंने फ़िरोज़शाह कोटला में पहली बार टेस्ट मैच देखा। वह मैच भारत और इंग्लैण्ड के बीच खेला गया था। दोनों टीमों को खेलते देखने की मेरे ऊपर अमिट छाप पड़ी। मुझे याद है कि इंग्लैण्ड की टीम के बल्लेबाज डेनिस एमिस और गेंदबाज जॉन लीवर ने मिल कर भारत को एक पारी से हरा दिया था, जिसके कारण मैं हफ़्तों तक बहुत दुखी रहा। एमिस ने दोहरा शतक जमाया था और लीवर ने अपने पहले टेस्ट मैच में खेलते हुए उस लम्बी दोपहर मध्यम तेज़ गति की गेंदबाजी की थी और उनकी गेंद इतनी अधिक स्विंग कर रही थी जैसी मैंने पहले कभी नहीं देखी थी। एक-एक करके सभी भारतीय बल्लेबाज वापस लौट गये।

जब मैं दस साल का हुआ तो मैं वापस हैदराबाद लौट आया और अगले छः साल तक हैदराबाद पब्लिक स्कूल की तरफ़ से खेलते हुए मैं सच्चे अर्थों में क्रिकेट के प्यार में डूब गया। वास्तव में, जयसिम्हा के दो बेटे मेरे स्कूल में पढ़ते थे, जिसका नतीजा यह हुआ कि हम क्रिकेट के आकर्षण, परम्परा और जुनून से घिरे रहते थे। उन दिनों, हर कोई हैदराबाद पब्लिक स्कूल के दो खिलाड़ियों की चर्चा करता था। उनमें से एक, साद बिन जंग, प्रसिद्ध भारतीय कप्तान टाइगर पटौदी का भतीजा था। जब वह स्कूल में ही था तब उसने दक्षिण क्षेत्र की तरफ़ से खेलते हुए मेहमान वेस्ट इण्डीज़ की टीम के ख़िलाफ़ शतक जड़ दिया था। मैंने बी टीम के लिए खेलना शुरू किया और बाद में सीनियर टीम के लिए खेलने लगा, जो हैदराबाद में ए लीग के मैचों में खेलती थी। हम अकेली स्कूली टीम थी जो ए लीग में खेलते क्योंकि उसमें खेलने वाली बाक़ी टीमों को बैंक और अन्य प्रकार की कम्पनियाँ प्रायोजित करती थीं। इन लीगों में रणजी ट्रॉफी के खिलाड़ी खेलने आते थे और इस व्यूह रचना के कारण जबरदस्त मुकाबला होता था।

क्रिकेट को ले कर जो बात मुझे उत्साहित करती है और वह आज भी मेरे अन्दर है, जबकि मैं ऐसे देश में रहता हूँ जहाँ क्रिकेट नहीं खेला जाता (हालाँकि, करीब सौ साल पहले अमेरिका समय-समय पर ऑस्ट्रेलिया और इंग्लैण्ड की क्रिकेट टीमों की मेजबानी करता था) मेरे लिए क्रिकेट किसी रोमांचक रूसी उपन्यास की तरह है जिसमें कथा और उप-कथा बहुत सारी गतिविधियों के बीच खुलती है। अन्ततः एक शानदार पारी या चतुराई से फेंकी गयी तीन गेंदें खेल के रंग-ढंग को बदल कर रख सकती हैं।

मेरे उस बेहद संक्षिप्त क्रिकेट अतीत की तीन कहानियाँ हैं जो सीधे तौर पर उस व्यवसाय और नेतृत्व के सिद्धान्त को बताती हैं जिनको मैं आज सी.ई.ओ. के रूप में भी उपयोग में लाता हूँ।

पहला सिद्धान्त है कि अनिश्चितता और आक्रमण के सामने जोश और जुनून के साथ मुकाबला करना चाहिए। जब मैं स्कूल में क्रिकेट खेलता था तो एक बार गर्मियों के दौरान हमने एक ऐसी टीम के ख़िलाफ़ मैच खेला जिसमें कई ऑस्ट्रेलियाई खिलाड़ी थे। मैच के दौरान हमारे शारीरिक शिक्षा के अध्यापक ने इस बात पर ध्यान दिया कि हम ऑस्ट्रेलियाई खिलाडियों के खेल की तारीफ़ कर रहे थे। वे अध्यापक एक तरह से हमारी टीम के जनरल मैनेजर की तरह थे। असल में हम उनसे थोड़े डरे हुए थे। हमने कभी विदेशी खिलाड़ियों के ख़िलाफ़ नहीं खेला था और राष्ट्रीय मानस में ऑस्ट्रेलिया की छवि बहुत बड़ी थी। अब मुझे लगता है कि हमारे अध्यापक और जनरल मैनेजर बहुत कुछ अमेरिकी फुटबॉल कोच की तरह थे—मुखर और बहुत अधिक प्रतिस्पर्धी। उनमें न तो हमारी तरह से बढ़ा-चढ़ा कर देखने का भाव न ही हमारे जितना डर था। उन्होंने शुरुआत कप्तान को और आक्रामक होने के निर्देश देने के साथ की। मैं एक गेंदबाज था और बहुत जानदार फील्डर था लेकिन उन्होंने मुझे फॉरवर्ड शॉर्ट लेग में खड़ा कर दिया, उस ताकतवर ऑस्ट्रेलियाई बल्लेबाज के ठीक बगल में। मैं बहुत दूर खड़ा होता तो अच्छा लगता लेकिन उन्होंने मुझे ठीक वहाँ खड़ा कर दिया जहाँ वह खेल रहा था। समय के साथ, नयी ऊर्जा और एकाग्रता के साथ हम एक प्रतिस्पर्धी टीम बन गये। इसने मुझे यह दिखाया कि आपको अपने

प्रतिस्पर्धी का हमेशा सम्मान करना चाहिए, लेकिन कभी उसके प्रभाव में नहीं आना चाहिए। जाओ और मुकाबला करो।

दूसरा सिद्धान्त है अपनी टीम के महत्त्व को सामने रखना, अपने निजी डाटा और पहचान को पीछे छोड़ कर। मेरी एक टीम में एक बहुत अच्छा तेज़ गेंदबाज था। वह उस जगह के सबसे प्रतिभाशाली युवा खिलाड़ियों में से एक था। दक्षिण क्षेत्र के अण्डर 19 कोचिंग क्लिनिक में प्रशिक्षण पा कर वह और भी बढ़िया हो गया था। उसकी गति और उसकी अचूक गेंदबाजी जबरदस्त थी। टीम के पुछल्ले बल्लेबाज होने के कारण मेरे लिए नेट में उस गेंदबाज के सामने खेलना मुश्किल था। लेकिन उसका दिमाग़ ऐसा था कि वह खुद का ही नुकसान कर लेता था। एक मैच में हमारे कप्तान ने उसकी जगह किसी और गेंदबाज को रखने का फ़ैसला किया। जल्दी ही उस नये गेंदबाज ने विपक्षी बल्लेबाज को हवा में शॉट मारने के लिए लुभाया, जो हमारे उस लड़ाकू साथी खिलाड़ी के लिए आसान कैच होने वाला था जो बल्लेबाज से 25 से 30 गज की दूरी पर मिड ऑफ़ पर खड़ा था। बजाय आसान कैच लेने के वह अपने दोनों हाथों को अपनी जेब में रखे खड़ा चुपचाप देखता रहा और बॉल उसके सामने गिर गयी। वह हमारा स्टार खिलाड़ी था और हम हैरानी के भाव से देख रहे थे। सबक? एक शानदार इंसान जो टीम को पहले नहीं रखता है पूरी टीम को बर्बाद कर सकता है।

ज़ाहिर है, क्रिकेट से कोई चाहे तो अनेक सबक और सिद्धान्त ग्रहण कर सकता है, लेकिन मेरे लिए जो तीसरा है वह नेतृत्व के लिहाज से बेहद महत्त्वपूर्ण है। पीछे देखने पर, मुझे एक मैच याद आता है जिसमें विपक्षी खिलाड़ी मेरी ऑफ़ स्पिन गेंदबाजी की जम कर धुनाई कर रहे थे। मैं बहुत साधारण गेंदें फेंक रहा था। मेरी टीम के कप्तान ने तब मुझे यह दिखा दिया था कि असली नेतृत्व का क्या मतलब होता है। जब मेरा ओवर ख़त्म हुआ तो वह मेरी जगह खुद गेंदबाजी करने आ गया जबकि वह गेंदबाज के बजाय बहुत अच्छा बल्लेबाज था। उसने तुरन्त विकेट ले लिया—बल्लेबाज आउट हो गया। साधारणतया इतनी अच्छी तरह से विकेट लेने के बाद उसके पक्ष में यह बात कही जाती कि वह आगे भी गेंदबाजी करे। लेकिन उसने मुझे वापस गेंद थमा दी और मैंने सात विकेट लिये। उसने ऐसा क्यों

किया? मैं समझ गया कि वह चाहता था कि मुझे मेरा आत्मविश्वास वापस मिल जाये। वह सत्र की शुरुआत का समय था और वह चाहता था कि मैं पूरे साल प्रभावी बना रहूँ। वह एक जबरदस्त कप्तान था और वह इस बात को जानता था कि अगर मेरा आत्मविश्वास चला गया तो उसको वापस ला पाना मुश्किल होता। यही नेतृत्व का मतलब होता है। इसका मतलब होता है सभी से उनका सर्वश्रेष्ठ प्रदर्शन करवाना। वह एक सूक्ष्म, महत्त्वपूर्ण सबक था कि कब हस्तक्षेप करना चाहिए, कब किसी व्यक्ति का और कब किसी टीम का आत्मविश्वास बढ़ाना चाहिए। मुझे लगता है कि किसी भी नेतृत्वकर्ता को सबसे पहले यही काम करना चाहिए : आप जिन लोगों का नेतृत्व कर रहे हो उनका आत्मविश्वास बढ़ा देना। वह टीम कप्तान बहुत सालों तक प्रतिष्ठित रणजी ट्रॉफी मुकाबलों में खेलता रहा और उसने मुझे बहुत मूल्यवान सबक सिखाया।

क्रिकेट में मिले आरम्भिक सबक ने मेरी नेतृत्व शैली को रूप दिया, पति, पिता, युवा माइक्रोसॉफ़्ट इंजीनियर के रूप में इस अनुभव के कारण मुझे कम्पनी को आगे बढ़ाने सम्बन्धी सोच से बहुत ख़ुशी होती थी और बाद में जब मैं अधिकारी बना तो नये-नये व्यवसाय बनाने के लिए हमेशा तैयार रहता था। मेरा रुख कभी ऐसा नहीं रहा कि जो चल रहा है उसको उसी रूप में चलने दिया जाये। बल्कि मेरा ज़ोर संस्कृति पर और जो सम्भव हो सकता है उसकी कल्पना पर होता है। इस तरह के अनुभवों ने उस रूपान्तरण के लिए कच्ची सामग्री का काम किया जो आज हो रहा है—उद्देश्य, नवोन्मेष तथा संवेदना की कीमियागिरी पर आधारित सिद्धान्त।

—

1996 में हमारे बेटे ज़ैन का जन्म मेरे और अनु के जीवन में बहुत बड़े बदलाव का पल साबित हुआ। उसकी इन यूटरो अस्फिक्सिया बीमारी होने के कारण हमारा जीवन इस तरह से बदल गया जिसकी हमने कल्पना भी नहीं की थी। हमें यह बात समझ में आयी कि ज़िन्दगी की समस्याओं का हल उसी तरह से नहीं होता जिस तरह से हम चाहते हैं। बल्कि हमें उसके साथ संगति बैठाना सीखना होता है। जब ज़ैन सघन चिकित्सा कक्ष (आई.

सी.यू.) से निकल कर घर आया तो अनु ने तत्काल इस बात को समझ लिया। रोज़ उसके कई तरह के इलाज़ होते थे, यह बताने की ज़रूरत नहीं है कि उनमें कई बार ऑपरेशन भी होते थे और आई.सी.यू. में तनाव भरे समय को बिताने के बाद उसकी बड़ी मेहनत से देखभाल करनी होती थी। इन सारे अपरिहार्य कामों को अनु बड़े प्यार से करती थी, उसको कार में बच्चे वाली सीट में बिठा कर रोज़ कोई न कोई चिकित्सक के पास ले कर जाती थी, कभी सुबह-सुबह। सिएटल के चिल्ड्रेन्स अस्पताल का आई.सी.यू. हमारे परिवार के लिए दूसरा घर ही बन गया जबकि ज़ैन की मेडिकल फ़ाइल एक फीट ऊँची हो गयी। हम आज भी चिल्ड्रेन्स अस्पताल के कर्मचारियों के इतने शुक्रगुज़ार हैं कि उन्होंने ज़ैन के बचपन से उसके बड़े होने तक उसका इतना ध्यान रखा।

सी.ई.ओ. की नयी भूमिका में आने के बाद एक बार मै आई.सी.यू. गया तो मैंने ज़ैन के कमरे में इधर-उधर देखा, वहाँ मेडिकल उपकरणों की हल्की-हल्की आवाज़ें आ रही थीं और मैंने उनको अलग तरह से देखा। मैंने यह ध्यान दिया कि इनमें से कितने ऐसे उपकरण थे जो विण्डोज़ पर चल रहे थे और उनमें से कितने क्लाउड से जुड़े हुए थे, यानी बड़ी मात्रा में डेटा स्टोर करने वाला नेटवर्क और कम्प्युटेशनल शक्ति जो आज तकनीकी उपयोग के बुनियादी अवयव हैं और जिनके ऊपर हम ध्यान नहीं देते। यह इस बात की ठोस चेतवानी थी कि माइक्रोसॉफ़्ट में हमारा काम व्यवसाय से बढ़ कर था, जिसके कारण एक नन्हे बच्चे के लिए भी ज़िन्दगी सम्भव थी। दफ़्तर में क्लाउड और विण्डोज़ 10 को अपग्रेड करने को ले कर हमारा फ़ैसला ठहरा हुआ था, इसको देख कर मैंने उसके बारे में फिर से गम्भीरता से सोचना शुरू किया। हमें इसको ठीक कर लेना चाहिए। मैंने मन ही मन सोचते हुए कहा।

मेरे बेटे की जो हालत है वह रोज़ विचार और संवेदना के लिए उसी जुनून की मांग करती है जो मैंने अपने माता-पिता से सीखा। और यह मैं अपने घर में और दफ़्तर में अपनाता हूँ। चाहे मैं लैटिन अमेरिका में लोगों के साथ मुलाक़ात कर रहा होता हूँ, या मध्य पूर्व देश में या अमेरिका के भीतरी शहरों में, मैं हमेशा लोगों की सोच, भावनाओं, विचारों को समझने की

कोशिश में लगा रहता हूँ। सहानुभूति रखने वाला पिता होना और यह जानने की इच्छा कि सतह के नीचे क्या है, यानी आत्मा, मुझे बेहतर नेता बनाती है।

लेकिन यह असम्भव होता है कि आप सारे दिन कम्प्यूटर स्क्रीन के पीछे बैठ कर सहानुभूति रखने वाले नेता बने रहें। एक ऐसा नेतृत्वकर्ता जो संवेदनशील हो उसके लिए यह ज़रूरी होता है कि वह बाहर निकले, लोगों से वहाँ जा कर मिले जहाँ वे रहते हैं और यह देखे कि हम जो तकनीक बनाते हैं वह उनके दैनिक जीवन को किस तरह से प्रभावित करती है। दुनिया भर में बहुत सारे लोग हैं जो बिना जाने मोबाइल और क्लाउड तकनीक पर निर्भर हैं। अस्पताल, स्कूल, व्यवसाय और शोधकर्ता उसके ऊपर निर्भर होते हैं जिसको 'सार्वजनिक क्लाउड' कहा जाता है—बड़ी तादाद में प्राइवेसी प्रोटेक्टेड कम्प्यूटर्स तथा डाटा सेवाएँ जो सार्वजनिक नेटवर्क के माध्यम से सुलभ होती हैं। क्लाउड कम्प्यूटिंग इस बात को सम्भव बनाता है कि बड़ी तादाद में डाटा का विश्लेषण करके विशिष्ट दृष्टि तथा बुद्धि को पैदा करे और अनुमान को भविष्य की सच्चाई में परिवर्तित करे। इसमें यह शक्ति होती है कि यह जीवन, कम्पनियों और समाज को रूपान्तरित कर दे।

दुनिया भर में सी.ई.ओ. के रूप में सफ़र करते हुए मैंने संवेदना और तकनीक के बीच आदान-प्रदान के अनेक उदाहरण देखे हैं।

मैं जिस राज्य में पैदा हुआ और जिस राज्य में मैं अब रहता हूँ, वहां स्कूल द्वारा क्लाउड कम्प्यूटिंग के उपयोग के माध्यम से बड़े पैमाने पर डाटा का विश्लेषण किया जाता है जिससे इसके सम्बन्ध में अन्तर्दृष्टि पायी जा सके ताकि स्कूल छोड़ने वालों की संख्या में कमी आये। भारत में आन्ध्र प्रदेश में और वाशिंगटन में तकोमा में बहुत सारे बच्चे स्कूल की पढ़ाई छोड़ देते हैं। इसका कारण साधन की कमी है, महत्त्वाकांक्षा की कमी नहीं। क्लाउड तकनीक और डाटा के कारण बच्चों और उनके परिवारों के लिए इस सम्बन्ध में बेहतर नतीजे आने लगे हैं। इसका कारण यह है कि क्लाउड डाटा से प्राप्त जानकारी के अनुसार इस बात की भविष्यवाणी की जा सकती है कि किस बच्चे के स्कूल छोड़ने की आशंका अधिक है। इसके बाद उन बच्चों के ऊपर ध्यान देते हुए उन्हें ज़रूरी मदद दी जा सकती है।

मोबाइल और क्लाउड तकनीक के कारण केन्या में एक कम्पनी शुरू हुई जिसने एक सौर ग्रिड बनाया जिससे दो डॉलर प्रति दिन से कम कमाने वाले लोगों को सस्ती बिजली और खाना पकाने का कारगर स्टोव मिल सके, जिससे प्रदूषण पैदा करने वाले ख़तरनाक केरोसिन से मुक्ति मिल गयी। यह बहुत होशियारी से बनायी गयी योजना है, जो इस सेवा के उपयोगकर्ताओं की साख को भी बढ़ाती है और इसके कारण केन्या में हाशिये के लोगों की पहुँच भी पूँजी तक हो गयी है। नवोन्मेषी मोबाइल फ़ोन भुगतान व्यवस्था केन्या के विशाल झोपड़पट्टी में रहने वाले लोगों को समर्थ बना है कि वे अपनी सौर बिजली के लिए रोजाना 40 सेंट का भुगतान कर सकें, जो बदले में डाटा पैदा करती है जो कि क्रेडिट रेटिंग का आधार बनता है जिसके माध्यम से अन्य आवश्यकताओं के लिए धन मुहैया करवाया जा सकता है।

ग्रीस में एक यूनिवर्सिटी क्लाउड डाटा के उपयोग के माध्यम से उस देश में अग्निशमन कर्ताओं के साथ काम कर रहा है ताकि बड़े पैमाने पर लगने वाली वैसी आग का पूर्वानुमान लगाया जा सके और मुक़ाबला किया जा सके जैसी आग 2007 में लगी थी जिसमें 84 लोगों की जान गयी थी और 670,000 एकड़ इलाका जल कर ख़ाक हो गया था। अब अग्निशमन कर्ताओं के पास आग की रफ़्तार, उसकी सघनता, उसके आगे बढ़ने के बारे में, वहाँ पानी पहुँचाने की क्या सम्भावना है आदि की जानकारी रहती है, रिमोट सेन्सर्स के माध्यम से वे बहुत अलग तरह के मौसमी इलाके के मौसम के बारे में भविष्यवाणी कर सकते हैं, जो उनको इसमें समर्थ बनाता है कि वे आग की जानकारी जल्दी पा लें और जिसके माध्यम से जान-माल की रक्षा करते हैं।

स्वीडन में शोधकर्ता क्लाउड तकनीक का प्रयोग इस बात को सुनिश्चित करने के लिए कर रहे हैं कि पहले से अधिक सटीक तरीके से बच्चों में इस बात का पता लगाया जा सके कि उनको डिस्लेक्सिया—यह एक पढ़ाई सम्बन्धी विकार है जिससे लाखों बच्चों की पढ़ाई प्रभावित होती है—तो नहीं है। आज स्कूलों में आँखों की गति के डाटा को इकट्ठा करके उसकी तुलना तीस साल पहले के उन बच्चों के डाटा से की जा सकती है जिनको डिस्लेक्सिया हुआ हो। परीक्षण के सही होने की दर 70 प्रतिशत

से बढ़ कर 95 प्रतिशत हो गयी है। इसका पता लगने में पहले तीन साल लगते थे जबकि अब तीन मिनट लगने लगे हैं। इसका मतलब यह हुआ कि विद्यार्थी, अभिभावक और स्कूल पहले से तैयार रहते हैं और उनको कम संघर्ष करना पड़ता है।

जापान भर में सैकड़ों सेन्सर्स के माध्यम से क्राउडसोर्स्ड डाटा जमा किये जाते हैं ताकि लोगों को फुकुशिमा परमाणु ऊर्जा संयन्त्र से होने वाले विकिरण के ख़तरों के बारे में बताया जा सके तथा भोजन की गुणवत्ता एवं आवागमन में होने वाले ख़तरों को कम किया जा सके। वहाँ पाँच सौ रिमोट सेन्सर्स के माध्यम से एक करोड़ तीस लाख पैमाईशों द्वारा हीट मैप तैयार किया गया जिसमें सम्बन्धित अधिकारियों को स्थानीय चावल उत्पादन से सम्बन्धित ख़तरों से आगाह किया गया।

अप्रैल 2015 में नेपाल में आये भयानक भूकम्प के बाद संयुक्त राष्ट्र के आपदा राहत कर्मचारियों ने सार्वजनिक क्लाउड के माध्यम से बड़ी मात्रा में स्कूलों, अस्पतालों तथा घरों से सम्बन्धित डाटा जुटा कर उनका विश्लेषण किया, ताकि आपदा राहत, राहत पैकेज तथा अन्य प्रकार की सहायता प्रदान करने में तेज़ी आ सके।

आज ऐसे उपकरणों की कल्पना कर पाना मुश्किल है जो क्लाउड से जुड़े हुए नहीं हैं। उपभोक्ता साधन जैसे ऑफिस-365, लिंक्डइन, ऊबर और फ़ेसबुक, सभी क्लाउड के माध्यम से हमेशा लाइव बने रहते हैं। सिल्वेस्टर स्टालॉन की रॉकी सिरीज की नयी फ़िल्म *क्रीड* में एक बहुत अच्छा दृश्य है। एक चैम्पियन अपने शिष्य के लिए काग़ज़ के एक टुकड़े पर उसकी कसरत का खाका तैयार करता है, जो जल्दी से उस काग़ज़ की तस्वीर अपने कैमरे में खींच लेता है। जब वह लड़का दौड़ना शुरू करता है तो रॉकी चिल्ला पड़ता है, "तुमको काग़ज़ नहीं चाहिए?"

"वह मेरे पास है, वह पहले ही ऊपर क्लाउड में पहुँच चुका है," लड़का जवाब देता है।

बूढ़ा रॉकी आकाश की तरफ़ देखता है। "कौन-सा क्लाउड?" हो सकता है रॉकी को क्लाउड के बारे में पता नहीं हो लेकिन लाखों दूसरे लोग हैं जो उसके ऊपर भरोसा करते हैं।

खेल को बदल कर रख देने क्लाउड आधारित तकनीकों में आज माइक्रोसॉफ़्ट अगुआ है। लेकिन महज कुछ साल पहले इस बात को ले कर सन्देह था कि इस तरह के नतीजे आयेंगे।

2008 तक माइक्रोसॉफ़्ट के ऊपर ख़तरे के बादल मँडराने लगे थे। पी.सी. की बिक्री, जो माइक्रोसॉफ़्ट का आर्थिक आधार रही है, स्थिर हो गयी थी। जबकि एप्पल और गूगल के स्मार्टफ़ोन तथा टैबलेट्स की बिक्री बढ़ती जा रही थी और इसके कारण सर्च और ऑनलाइन विज्ञापन से होने वाली कमाई बढ़ती जा रही थी और माइक्रोसॉफ़्ट इस मुक़ाबले में कहीं नहीं था। इस बीच ॲमेज़ॉन ने चुपचाप ॲमेज़ॉन वेब सर्विस की शुरुआत की और इसके साथ उसने आने वाले सालों के लिए आकर्षक, तेज़ी से बढ़ रही क्लाउड सेवा के व्यवसाय में खुद को अगुआ के रूप में स्थापित कर लिया।

क्लाउड के आगमन के पीछे तर्क यह दिया जाता था कि यह सरल और बेरोकटोक होता है। 1980 के दशक में माइक्रोसॉफ़्ट, इण्टेल, एप्पल तथा अन्य कम्पनियों के माध्यम से जो पी.सी. क्रान्ति आयी थी उसने दुनिया भर के घरों तथा दफ़्तरों में कम्प्यूटिंग को पहुँचा दिया। 1990 के दशक में क्लाइंट/सर्वर युग की शुरुआत उन लाखों लोगों की ज़रूरतों को पूरा करने के लिए हुई जो फ़्लॉपी डिस्क के बजाय नेटवर्क के माध्यम से डाटा साझा करना चाहते थे। लेकिन डाटा के लगातार बढ़ते समुद्र के कारण सर्वर के रखरखाव का खर्चा—तथा ॲमेज़ॉन, ऑफ़िस 365, गूगल और फ़ेसबुक जैसे व्यवसायों की शुरुआत ने सर्वर को इस मामले में काफी पीछे छोड़ दिया कि केवल वे ही डाटा स्टोर कर सकते हैं। क्लाउड सेवाओं के उदय के बाद कम्प्यूटिंग का अर्थशास्त्र बुनियादी रूप से बदल गया। इसने कम्प्यूटिंग के मानक बना दिये और उनको एक स्थान पर अपनी क्षमता के आधार पर अपनी सेवाओं को कम-अधिक करने की सुविधा दे दी। क्लाउड सेवा देने वालों ने दुनिया भर के डाटा संग्रहित करने वाले बड़े केन्द्रों में निवेश

किया और फिर उसको प्रति उपभोक्ता कम दरों पर किराये पर देना शुरू कर दिया। यह क्लाउड क्रान्ति थी।

ॲमेज़ॉन, ॲमेज़ॉन वेब सर्विस के माध्यम से सबसे पहले इस क्षेत्र में आया। उसने सबसे पहले इस बात को समझा और बहुत जल्दी दूसरे व्यवसायों या नयी कम्पनियों (स्टार्ट अप्स) को उससे भी कम कीमत पर अपने क्लाउड पर जगह देना शुरू किया, जितना खर्चा उस कम्पनी को अपना क्लाउड बनाने में आता। इसके लिए उन्होंने उसी क्लाउड ढाँचे का उपयोग किया जिसके माध्यम से वे किताबें, फ़िल्में तथा अन्य उपभोक्ता सामग्री बेचने का काम करते थे। जून 2008 तक ॲमेज़ॉन के पास 180,000 डेवलपर एप्लिकेशन बना रहे थे और उनके क्लाउड के लिए सेवाएँ दे रहे थे। माइक्रोसॉफ़्ट के पास अभी तक व्यावसायिक रूप से लाभ देने वाला क्लाउड प्लेटफ़ॉर्म भी नहीं था।

2008 की बड़ी मन्दी से पहले ही इन सब कारणों से माइक्रोसॉफ़्ट संकट में था। हमारे स्टॉक नीचे की तरफ़ लुढ़कने लगे। लम्बी सुनियोजित योजना के तहत बिल गेट्स ने उसी साल बिल एण्ड मेलिन्डा गेट्स फ़ाउण्डेशन पर ध्यान केन्द्रित करने के लिए कम्पनी छोड़ दी। बल्कि और लोग भी छोड़ रहे थे, उनमें केविन जॉनसन, अध्यक्ष विण्डोज़ तथा ऑनलाइन सेवा व्यवसाय, ने यह घोषणा की कि वह वहाँ नौकरी छोड़ कर जूनिपर नेटवर्क्स के सी.ई.ओ. बनने जा रहे थे। शेयरधारकों के नाम चिट्ठी में बिल गेट्स तथा स्टीव बाल्मर ने यह लिखा कि रे ओज़ी, लोटस नोट्स के निर्माता को कम्पनी का नया चीफ़ सॉफ़्टवेयर आर्किटेक्ट बनाया गया था (बिल का पुराना पद)। यह इस बात को सामने ला रहा था कि ऑनलाइन विज्ञापन तथा ऑनलाइन सर्च के क्षेत्र में नये-नये नेतृत्वकर्ता सामने आ रहे थे।

शेयरधारकों के नाम उस साल की चिट्ठी में क्लाउड का कोई उल्लेख नहीं था लेकिन इस बात का श्रेय स्टीव को जाता है कि उनकी एक योजना थी और उसका दायरा बहुत विस्तृत था। स्टीव को हमेशा एक साहसी और उत्साही नेता के रूप में जाना जाता है। एक दिन उन्होंने मुझे बुला कर कहा कि उनके पास एक विचार है। वह यह चाहते थे कि मैं ऑनलाइन सर्च तथा ऑनलाइन विज्ञापन व्यवसाय का इंजीनियरिंग प्रमुख बन जाऊँ जिसे

बाद में बिंग के नाम से फिर से शुरू किया जायेगा। यह क्लाउड के क्षेत्र में माइक्रोसॉफ़्ट के आरम्भिक व्यवसायों में से एक था।

सन्दर्भ के लिए, सर्च इंजन आय के लिए एक प्रकार के विज्ञापन का प्रयोग करता है जिसको ऑक्शन (नीलामी) कहा जाता है। विज्ञापनदाता सर्च किये जाने वाले की-वर्ड के ऊपर बोली लगाते हैं जो उनके उत्पाद या सेवा से मेल खाता है; इसमें जो जीतता है उसको यह मौका मिलता है कि वह अपना विज्ञापन सर्च परिणाम वाले पन्ने पर लगाये। कार या कार डीलरशिप के लिए सर्च करने पर उनको इसके लिए भुगतान करना होता है कि उनका विज्ञापन आपके सर्च परिणाम वाले पन्ने पर आये। खरीदारी के इस अनुभव को उपलब्ध कराना, उपभोक्ता और विज्ञापनदाता दोनों के स्तरों पर, जटिल होता है तथा इसमें कम्प्यूटेशनल संसाधनों का बहुत अधिक उपयोग होता है। और जब माइक्रोसॉफ़्ट सर्च के मामले में बाज़ार में कम हिस्से के साथ संघर्ष कर रहा था तब स्टीव ने इसमें निवेश किया क्योंकि कम्पनी के लिए यह ज़रूरी था कि विण्डोज़ और ऑफ़िस से आगे इस क्षेत्र में प्रतिस्पर्धा में रहे और बढ़िया तकनीक बनाये—उनको इसमें हमारे उद्योग जगत का भविष्य दिखाई देता था। माइक्रोसॉफ़्ट के ऊपर इस बात का बहुत दबाव था कि वह अँमेज़ॉन के बढ़ते क्लाउड व्यवसाय का जवाब दे। यही वह व्यवसाय था जिसमें वे मुझे काम करने के लिए आमन्त्रित कर रहे थे।

"हालाँकि, तुम्हें इस बारे में अच्छे से सोच लेना चाहिए," स्टीव ने कहा, "हो सकता है कि यह माइक्रोसॉफ़्ट में तुम्हारी आख़िरी नौकरी हो, क्योंकि अगर तुम असफल हुए तो बचाव का कोई रास्ता नहीं मिलने वाला। हो सकता है कि तुम इसी के साथ बर्बाद हो जाओ।" उस समय मैं यह सोच रहा था कि उन्होंने यह बात मज़ाक में कही थी या सीधे तौर पर चेतावनी की भाषा में। मैं अभी भी पक्के तौर पर यह नहीं कह सकता कि यह क्या था।

चेतावनी के बावजूद यह काम लुभावना लग रहा था। मैं माइक्रोसॉफ़्ट के अपने ढाँचे के अन्दर एक नये उभरते हुए व्यवसाय को सँभालने जा रहा था। मैंने डग बर्गम से ज़िम्मेदारी की जगह ली, जो बाद में उत्तरी डकोटा के गवर्नर बने। डग एक प्रेरक नेतृत्वकर्ता थे और उन्होंने मुझे सम्पूर्ण

नेतृत्वकर्ता बनने में परामर्श दिया। वे व्यवसाय को इस तरह नहीं देखते थे जैवे वह कोई पृथक् इकाई हो, बल्कि उसे व्यापक सामाजिक माहौल और हमारे जीवन के प्रमुख हिस्से के रूप में देखते थे। आज नेतृत्वकर्ता के रूप में मैं जो कुछ भी हूँ, इसमें डग से सीखे गये कुछ महत्त्वपूर्ण सबक हैं। उस "डायनेमिक्स" की टीम का नेतृत्व करना एक ऐसा काम था जो सपना पूरा होने जैसा था। पहली बार मुझे मौका मिल रहा था कि मैं किसी व्यवसाय को पूरी तरह से चलाऊँ। इस काम के लिए मैंने करीब पाँच साल तक तैयारी की थी। माइक्रोसॉफ़्ट के अन्दर और बाहर मेरे हर तरह के रिश्ते थे, जिससे मैं डायनेमिक्स के इस व्यवसाय को आगे ले जा सकूँ। लेकिन स्टीव का यह प्रस्ताव मुझे मेरी अपनी जानी-पहचानी दुनिया से बाहर निकलने के लिए कह रहा था। मैंने कभी ऐसे व्यवसाय के लिए काम नहीं किया था जिसमें उपभोक्ताओं का सामना करना पड़ता हो और माइक्रोसॉफ़्ट के सर्च इंजन सम्बन्धी प्रयासों और क्लाउड का आधार तैयार करने सम्बन्धित हमारे आरम्भिक प्रयासों के ऊपर मैंने नज़र नहीं रखी थी। इसलिए एक रात, दिन भर काम करने के बाद मैंने यह तय किया कि गाड़ी चला कर बिल्डिंग 88 जाऊँ, जहाँ इण्टरनेट सर्च इंजीनियरिंग टीम काम कर रही थी। मैं गलियारे में टहलते हुए यह देखना चाहता था कि ये कौन लोग थे मुझे जिसका नेतृत्व करने के लिए कहा गया था । किस तरह उस टीम के साथ भावनात्मकता स्थापित की जाये? रात के करीब 9 बज रहे थे, लेकिन पार्किंग में गाड़ियाँ भरी हुई थीं। मुझे ऐसी उम्मीद थी कि कुछ ऐसे भी होंगे जो अपना काम खत्म करके जाने की तैयारी में होंगे, लेकिन नहीं, पूरी टीम अपनी-अपनी मेज़ पर काम में लगी हुई थी और बाहर से मँगवाया हुआ खाना खा रही थी। मैंने किसी से कोई बात नहीं की। लेकिन जो मैंने देखा उससे मुझे बेहद हैरानी हुई : लोग इस तरह से किस कारण काम करते हैं? बिल्डिंग 88 में ज़रूर कोई महत्त्वपूर्ण बात हो रही है।

उस रात उस टीम को देख कर, उनके समर्पण, उनकी निष्ठा को देख कर मैं बहुत प्रभावित हुआ। मैंने स्टीव से कहा, "ठीक है, मैं तैयार हूँ। मुझे आगे बढ़ना ही था। और कोई चारा नहीं था।"

मैं एक नयी दुनिया में प्रवेश कर रहा था और यह कदम अप्रत्याशित साबित हुआ। मुझे इस बारे में कुछ नहीं पता था कि यह मुझे भविष्य के नेतृत्वकर्ता के रूप में साबित करने वाला कदम होगा और कम्पनी के भविष्य के लिए भी।

बहुत जल्दी मुझे यह बात समझ में आ गयी कि हमें इसके लिए ज़रूरी कौशल चाहिए जिससे हम ऑनलाइन क्लाउड आधारित व्यवसाय खड़ा कर सकें जिसकी मुख्य रूप से फ़ोन के माध्यम से पहुँच हो न कि डेस्कटॉप कम्प्यूटर के माध्यम से।

पहले, मुझे लगा कि मुझे डिस्ट्रिब्यूटेड कम्प्यूटिंग सिस्टम के बारे में बहुत कुछ पता था, लेकिन अचानक मुझे यह समझ में आया कि क्लाउड के कारण मुझे इन सिस्टम्स के बारे में फिर से सीखने की ज़रूरत थी। डिस्ट्रिब्यूटेड सिस्टम को अगर सामान्य भाषा में कहें तो यह सॉफ़्टवेयर सम्प्रेषण का रूप है और नेटवर्क के माध्यम से जुड़े कम्प्यूटर के बीच संवाद स्थापित करने का काम करता है। कल्पना कीजिये कि सैकड़ों-हज़ारों लोग एक ही समय में इण्टरनेट पर सर्च के लिए अपने सवाल एक समय में ही टाइप कर रहे हैं। अगर वे सारे सवाल वेस्ट कोस्ट के किसी कमरे में एक ही सर्वर में आ जायें तो उससे सर्वर पस्त हो जायेगा। लेकिन अब कल्पना कीजिये कि उन सवालों को अनेक सर्वर्स के नेटवर्क में बराबर रूप से बाँट दिया जाये। कम्प्यूटिंग की विस्तृत शक्ति के कारण उपभोक्ता तक उसकी मनचाही जानकारी तत्काल पहुँच सकती है। और, अगर ट्रैफ़िक और अधिक है, तो कुछ और सर्वर जोड़ दीजिये। यह लचीलापन क्लाउड कम्प्यूटिंग संरचना का आधार है।

दूसरे, हमें उपभोक्ता उत्पाद का एक बड़ा केन्द्र बनना था। हमें पता था कि हमें इसके लिए बहुत उन्नत तकनीक चाहिए । ऐसी, जिसके साथ आप बार-बार जुड़ना चाहें। पारम्परिक सॉफ़्टवेयर डिज़ाइन में जो रूप तैयार किया गया था उसके बारे में डेवलपर्स ने यह सोचा था कि उत्पाद एक साल बाद कैसा लगेगा जब वह बाज़ार में आयेगा। आधुनिक सॉफ़्टवेयर डिज़ाइन में लगातार प्रयोगों के माध्यम से उत्पाद का ऑनलाइन नवीकरण होता रहता है। डिज़ाइनर वेब पेज को अलग रूप दे रहे थे ताकि कुछ सर्च

में बिंग का पुराना रूप जाये जबकि जिस नये रूप का परीक्षण नहीं हुआ था वह दूसरे लोगों तक पहुँचे। उपयोगकर्ताओं के डाटा के आधार पर यह तय होता कि कौन-सा प्रारूप अधिक प्रभावी है। कई बार थोड़े से फ़र्क का भी बहुत असर होता है। टाइप किये जाने वाले फॉण्ट के रंग या आकार से भी यह तय हो जाता है कि उपयोगकर्ता उससे जुड़ना चाहेगा या नहीं, इससे उसके व्यवहार में आये अन्तर से राजस्व में सैंकड़ों-करोड़ तक का फ़र्क पड़ सकता है। अब माइक्रोसॉफ़्ट को अपने उत्पाद के डिज़ाइन में इस नये नज़रिये को सिद्ध करना था।

तीसरे, हमें दोतरफ़ा बाज़ार बनाने के लिए उसकी गहरी समझ होनी चाहिए थी—नये ऑनलाइन व्यवसाय के अर्थशास्त्र की समझ होनी चाहिए थी। एक तरफ़ उपभोक्ता हैं जो ऑनलाइन सर्च का परिणाम पाना चाहते हैं और दूसरी तरफ़ विज्ञापनदाता हैं जो चाहते हैं कि उनका व्यवसाय दिखाई दे। ज़रूरी यह है कि दोनों सफल हों। यह नीलामी का ऐसा प्रभाव पैदा करता है जिसके बारे में मैं पहले बता रहा था। व्यवसाय के दोनों पहलू उतने ही मायने रखते हैं और दोनों के लिए उनके मुताबिक़ डिज़ाइन बनाना महत्त्वपूर्ण होता है। सर्च का जितना अधिक प्रयोग होगा, स्वाभाविक रूप से उतने ही अधिक विज्ञापनदाता आयेंगे। प्रासंगिक परिणाम दिखने के लिए सही विज्ञापन दिखाना भी महत्त्वपूर्ण है। ऑनलाइन नीलामी को तरतीब देना और सर्च के परिणामों को बेहतर बनाना बहुत बड़ी चुनौती होने वाली थी।

अन्ततः, हमें अप्लाइड मशीन लर्निंग में पारंगत होना था। मशीन लर्निंग डाटा विश्लेषण का एक समृद्ध रूप है जो ए.आई. पर आधारित है। हमें इस बारे में अच्छी समझ बनाने की ज़रूरत थी कि किस तरह से दो चीज़ों को एक साथ किया जाये—कोई क्या सर्च कर रहा है इसके प्रयोजन को पहले से समझ लेना और उसके प्रयोजन के मुताबिक वेब से सही जानकारी, रोचक समझ वाली सूचनाओं को जुटा कर उनका मिलान कर देना।

अन्ततः, बिंग बड़े स्तर पर क्लाउड फर्स्ट सेवा के निर्माण के लिए बढ़िया प्रशिक्षण स्थल के रूप में काम आया, जो आज माइक्रोसॉफ़्ट की पैठ बढ़ा रहा है। हम सिर्फ़ बिंग नहीं बना रहे थे, हम उन तकनीकों का आधार तैयार कर रहे थे जो माइक्रोसॉफ़्ट के भविष्य के लिए ईंधन का काम करतीं।

बिंग के निर्माण से हमें मात्रा व प्रयोग आधारित डिज़ाइन, अप्लाइड मशीन लर्निंग तथा नीलामी आधारित कीमतों के बारे में समझ आयी। ये कौशल सिर्फ़ हमारी कम्पनी के लिए ही महत्त्वपूर्ण नहीं थे बल्कि आज के तकनीकी जगत में इनकी बेहद मांग है।

लेकिन हमने सर्च के क्षेत्र में बहुत देर से कदम उठाया; हमने अभी तक ऐसा कोई भी उत्पाद नहीं जारी किया था जो गूगल का मुकाबला कर सके। इसलिए मैंने लोगों से मिलना-जुलना शुरू किया। मैं फ़ेसबुक, ॲमेज़ॉन, याहू और एप्पल के अधिकारियों से मिला ताकि अपने आने वाले सर्च इंजन के बारे में जानकारी अर्जित कर सकूँ। मैं उनके साथ सौदा करना चाहता था, लेकिन मैं इस बारे में भी अधिक से अधिक जानना चाहता था कि वे अपने उत्पादों को किस प्रकार से बनाते हैं कि जिससे वे हमेशा ताज़ा रहें। मैंने यह पाया कि उसके पीछे एक शब्द था चुस्ती, चुस्ती, चुस्ती। हमें गति, चुस्ती और फुर्ती को विकसित करने की ज़रूरत थी जिससे कि उपभोक्ताओं के अनुभवों को सही तरह से परख सकें, केवल एक बार नहीं बल्कि प्रतिदिन। हमें कम अवधि के लिए लक्ष्य निर्धारित करके उनको हासिल करने की ज़रूरत थी और आधुनिक तथा तेज़ गति से कोड भेजे जाने की ज़रूरत थी।

इस लक्ष्य को प्राप्त करने के लिए हमारे लिए यह ज़रूरी था कि निर्णय लेने की प्रक्रिया से जुड़े सभी लोग समय-समय पर युद्ध कक्ष जैसी मन्त्रणा करें। सितम्बर 2008 में मैंने सर्च से जुड़े इंजीनियरों को इस तरह की पहली बैठक में बुलाया, जिसको हमने बोलचाल में सर्च चेकप्वाइंट #1 का नाम दिया (शायद हमें नामों को ले कर अधिक रचनात्मक होने की ज़रूरत थी क्योंकि यही हमें सूझा और अब तक हम सैकड़ों बार चेकप्वाइंट की बैठक कर चुके हैं।) हमने जून 2009 में बिंग की शुरुआत की घोषणा की—यह एक नया सर्च इंजन था और जिसका ब्राण्ड भी नया था। मैंने चुस्ती-फुर्ती पैदा करने तथा अलग-अलग कौशल से युक्त नेतृत्वकर्ताओं को उस एक साझा लक्ष्य की दिशा में प्रेरित करने के बारे में काफ़ी कुछ सीखा जो माइक्रोसॉफ़्ट के लिए एकदम नया क्षेत्र था। मुझे यह बात समझ में आ गयी कि एक सफल कम्पनी में यह महत्त्वपूर्ण होता है कि कुछ पुरानी आदतों को भूल जाया जाये और नये कौशलों को सीखा जाये।

इस दौर में मेरे सीखने की रफ़्तार में तब तेज़ी आयी जब डॉ. की लू को माइक्रोसॉफ़्ट की ऑनलाइन सेवाओं के लिए बुलाया गया। की याहू में अधिकारी थे और पूरी सिलिकन वैली में उन्होंने काफ़ी सघन रूप से काम किया था। स्टीव, हैरी शुम, जो आज ए.आई. और शोध के प्रमुख हैं और मैं, बे एरिया में की के साथ एक दोपहर-वार्ता के लिए गये। जब हम हवाई जहाज से वापस लौट रहे थे तब स्टीव ने मुझसे कहा, "हमें इसको ले लेना चाहिए, लेकिन अगर तुम इसके साथ काम नहीं करना चाहते हो तो यह मुश्किल हो जायेगी।" मैं तब की से मिला ही था और मैं यह समझ गया था कि वह ऐसा आदमी था जिससे मैं बहुत कुछ सीख सकता था और इससे माइक्रोसॉफ़्ट को लाभ होता। इसलिए मैं इस बात का समर्थन करने में नहीं हिचका कि हमें की को माइक्रोसॉफ़्ट में काम देना चाहिए, हालाँकि कुछ अर्थ में उसके कारण मेरी अपनी पदोन्नति ही रुक जाने वाली थी। मुझे यह बात समझ में आ गयी कि मेरा अपना पेशेवर विकास ऑनलाइन व्यवसाय के मेरे अपने दौर में की के साथ काम करने और उससे सीखने से ही हो सकता था। बाद में जब मैं सी.ई.ओ. बना तो पहले कुछ सालों के दौरान की मेरे वरिष्ठ नेतृत्वकर्ताओं की टीम के अहम सदस्य बन गये। बाद में की ने कम्पनी छोड़ दी लेकिन वह विश्वस्त दोस्त और सलाहकार बने रहे।

समय के साथ याहू ने बिंग को अपने सर्च इंजन के रूप में अपना लिया और हम दोनों मिल कर अमेरिका में की जाने वाली एक चौथाई सर्च के लिए साधन उपलब्ध कराने लगे। जिस सर्च इंजन के बारे में, उसके शुरुआती संघर्ष के दिनों में, बहुत लोगों ने कहा था कि इसको बन्द कर दिया जाना चाहिए, बाज़ार में उसका हिस्सा बढ़ता जा रहा था और आज वह माइक्रोसॉफ़्ट के लिए अरबों डॉलर का लाभदायक व्यवसाय बन चुका है। हालाँकि, यह भी महत्त्वपूर्ण है कि इसने क्लाउड के क्षेत्र में हमें आगे बढ़ने में बहुत मदद की।

जैसा कि माइक्रोसॉफ़्ट के साथ अक्सर होता था, इसी तरह के प्रयोग कम्पनी में अन्य जगह पर भी हो रहे थे और उनके साथ भी यही मुश्किल आ रही थी, जिसके कारण आन्तरिक प्रतिस्पर्धा आ गयी और यहाँ तक कि ऐसा लगा जैसे यह उनकी जागीर हो। 2008 से रे ओज़ी बहुत गुप्त

तरीके से क्लाउड संरचना तैयार करने में लगे हुए थे जिसका कोड नेम रखा गया था रेड डॉग। माइक्रोसॉफ़्ट के बारे में लम्बे समय से लिखने वाले संवाददाता मेरी जो फ़ोली की नज़र एक विज्ञापन पर पड़ी जो रेड डॉग के लिए इंजीनियर की नियुक्ति के सम्बन्ध में थी और उन्होंने इसके आधार पर अनुमान लगाते हुए एक लेख लिख दिया कि हो सकता है यह परियोजना ॲमेज़ॉन की वेब सर्विस पर माइक्रोसॉफ़्ट का जवाब हो।

जब मैं बिंग में काम कर रहा था तब मैं रेड डॉग टीम के लोगों से मिला था और उनसे यह चर्चा की थी कि हम किस तरह से साथ-साथ काम कर सकते थे। लेकिन मुझे जल्दी ही यह बात समझ में आ गयी कि माइक्रोसॉफ़्ट का स्टोरीड सर्वर एण्ड टूल्स बिज़नेस (एस.टी.बी.), जहाँ विण्डोज़ सर्वर एवं एस.क्यू.एल. जैसे उत्पादों का आविष्कार हुआ था और जहाँ रेड डॉग अवस्थित था, बिंग से बहुत अलग था। ऑफ़िस और विण्डोज़ के बाद माइक्रोसॉफ़्ट की सबसे अधिक कमाई एस.टी.बी से ही होती थी। वहाँ डिस्ट्रिब्यूटेड सिस्टम्स के बड़े-बड़े विशेषज्ञ काम करते थे। लेकिन जब मैंने बिंग के साथ एस.टी.बी. की तुलना की तो कुछ चीज़ें साफ़ नज़र आयीं। मुझे यह समझ में आ गया कि स्थानीय उपभोक्ताओं का जो उनका स्थानीय आधार था वे उसी को अधिकतम सेवाएँ देने में लगे हुए थे और वे क्लाउड सेवा की नयी दुनिया के बारे में तेज़ी से सीख नहीं रहे थे। और रेड डॉग उनकी एक सहायक इकाई थी जिसको एस.टी.बी. नेतृत्वकर्ताओं की मुख्यधारा और कम्पनी ने नज़रअन्दाज किया।

2010 के उत्तरार्ध में रे ओज़ी ने इण्टरनेट पर एक लम्बा पत्र जारी किया जिसमें उन्होंने कहा कि वे माइक्रोसॉफ़्ट छोड़ रहे हैं। उन्होंने अपने विदा ई-मेल में लिखा, "यह अकाट्य सत्य है कि किसी भी बड़ी संस्था में रूपान्तरण की प्रक्रिया अन्दर से होनी चाहिए।" रेड डॉग अपनी आरम्भिक अवस्था में ही था और उसने अधिक कमाई नहीं की थी, लेकिन उनकी यह बात सही थी कि माइक्रोसॉफ़्ट के रूपान्तरण की प्रक्रिया अन्दर से होनी चाहिए। स्टीव ने पहले ही इस बात की घोषणा कर दी थी कि कम्पनी क्लाउड के व्यवसाय के लिए तैयारी कर रही थी। कम्पनी ने शोध और विकास के ऊपर 8.7 बिलियन डॉलर खर्च किया था, जिसमें से अधिकतर

क्लाउड तकनीक पर ही हुआ था। लेकिन इसके बावजूद कि इंजीनियर क्लाउड से जुड़ी तकनीकों के ऊपर काम कर रहे थे, माइक्रोसॉफ़्ट का क्लाउड आधारित प्लेटफ़ॉर्म अभी बना नहीं था—कहने का मतलब है वह कमाई का जरिया नहीं बन पाया था।

उन्हीं दिनों की बात है जब स्टीव ने मुझसे एस.टी.बी. का प्रमुख बनने के लिए कहा, जो आज माइक्रोसॉफ़्ट का क्लाउड एवं उपक्रम का व्यवसाय है। मुझे इस नई भूमिका के बारे में जानकारी मेरे द्वारा इस नये काम को शुरू करने के एक सप्ताह से भी कम समय पहले दी गयी। स्टीव को ऐसा लग रहा था कि हमें क्लाउड सेवा से जुड़े व्यवसाय में तेज़ी से आगे बढ़ने की ज़रूरत थी। उन्होंने निजी तौर पर और बहुत आक्रामक ढंग से हमारे ऑफ़िस के व्यवसाय को क्लाउड व्यवसाय में रूपान्तरित करने की प्रक्रिया शुरू की। जब क्लाउड से जुड़े संसाधनों की बात आती थी तो वे चाहते थे कि हम भी उतने ही साहसी बनें। मैंने जब जनवरी 2011 में क्लाउड के नये व्यवसाय का ज़िम्मा उठाया उस समय विश्लेषकों ने पहले से ही यह आकलन कर लिया था कि क्लाउड का व्यवसाय उस समय तक कई अरब डॉलर का हो चुका था और ॲमेज़ॉन उसमें अग्रणी था और माइक्रोसॉफ़्ट कहीं था ही नहीं। इस बीच, हमारी अपनी क्लाउड सेवाओं से कमाई अरबों में न सही तो करोड़ों में हो सकती थी। हालाँकि उन दिनों ॲमेज़ॉन के लोग ॲमेज़ॉन वेब सर्विस से होने वाली कमाई के बारे में बताता नहीं था लेकिन वे स्पष्ट रूप से उस व्यवसाय में अग्रणी थे, वे एक बड़ा व्यवसाय खड़ा कर रहे थे और माइक्रोसॉफ़्ट की तरफ़ से उनको किसी तरह की चुनौती नहीं मिल रही थी। अप्रैल 2011 में, जब मैंने अपनी नई भूमिका में काम करना शुरू ही किया था, ॲमेज़ॉन के सी.ई.ओ. जेफ़ बेज़ोस ने शेयरधारकों के नाम सालाना पत्र में प्रसन्नतापूर्वक कम्प्यूटर विज्ञान और अर्थशास्त्र में कम अवधि के कोर्स का प्रस्ताव दिया जो उनके नव विकसित क्लाउड के व्यवसाय में अन्तर्निहित था। उन्होंने बायेसियन आकलन, मशीन लर्निंग, पैटर्न रिकॉग्नीशन और सम्भाव्य निर्णय क्षमता के बारे में लिखा। "डाटा प्रबन्धन के क्षेत्र में ॲमेज़ॉन के इंजीनियरों ने जो प्रगति दर्ज़ की है वह ॲमेज़ॉन द्वारा दी जाने वाली ॲमेज़ॉन वेब सर्विस के डाटा प्रबन्धन तथा

स्टोरेज की सेवा के ढाँचे का प्रस्थान बिन्दु है।" उन्होंने लिखा कि ॲमेज़ॉन क्रान्ति का अग्रदूत बना हुआ है जबकि हमने अभी तक अपनी फ़ौज भी नहीं खड़ी की है। सालों पहले मैंने सन माइक्रोसिस्टम्स की नौकरी इसलिए छोड़ी थी ताकि मैं उपक्रम के बाज़ार में माइक्रोसॉफ़्ट को अग्रणी बनाने में मदद करूँ। और यहाँ हम एक बार फिर बहुत पीछे थे।

एक कम्पनी के रूप में हम स्पष्ट रूप से मोबाइल क्रान्ति में कहीं नहीं थे, लेकिन हम क्लाउड के व्यवसाय में पिछड़ नहीं सकते थे। मुझे बिंग के उद्यम में अपने साथ काम करने वाले सहकर्मियों की कमी खल रही थी, लेकिन मैं इस बात को ले कर उत्साहित था क्योंकि मैं समझ गया था कि मैं माइक्रोसॉफ़्ट के सबसे बड़े रूपान्तरण के दौर—क्लाउड के हमारे सफ़र का नेतृत्व कर रहा था। मैंने 2008 से 2011 के बीच तीन साल क्लाउड सीखने में लगाये थे—इसके दबाव परीक्षण, इसके ससाधन, इसके कामकाज और अर्थशास्त्र के बारे में—लेकिन क्लाउड के एक उपयोगकर्ता के रूप में ही न कि उसके सेवा प्रदाता के रूप में। इस अनुभव ने मुझे इस लायक बनाया कि मैं नयी भूमिका में तेज़ी से आगे बढ़ूँ।

लेकिन यह आसान नहीं होने वाला था। सर्वर और टूल्स का व्यवसाय व्यावसायिक सफलता के चरम पर था और तब भी उसका कोई भविष्य नहीं दिखाई दे रहा था। क्लाउड व्यवसाय के महत्त्व को ले कर हमारी संस्था बुरी तरह से बँटी हुई थी। दोनों पक्षों में लगातार तनाव बना रहता था। एक तरफ़ दूसरी शाखा के प्रमुख यह कहते, "हाँ, यह क्लाउड अच्छा है," और "हाँ, हमें इसकी शुरुआत करनी चाहिए," लेकिन दूसरी तरफ़ वे तुरन्त चेतवानी देने लगते, "याद रखिये, हमें अपने सर्वर व्यवसाय के ऊपर ही ध्यान रखना चाहिए।" सर्वर के व्यवसाय ने, एस.टी.बी. ने माइक्रोसॉफ़्ट के अन्दर और बाहर उद्योग जगत में एक मजबूत उपस्थिति बनायी थी, जिनके नाम हैं विण्डोज़ सर्वर और एस.क्यू.एल. सर्वर, जो उनको रोक रहे थे, उनको कुछ नया करने, समय के साथ आगे बढ़ने से, हतोत्साहित कर रहे थे।

मेरे नये काम से जुड़ते ही कम्पनी ने एक नोटिस जारी किया : "नडेला और उनकी टीम को यह ज़िम्मेदारी दी गयी है कि वे माइक्रोसॉफ़्ट के उद्यम के क्लाउड में रूपान्तरण का नेतृत्व करें और कम्प्यूटिंग के व्यवसाय के

भविष्य का खाका तैयार करें।" स्टीव ने कहा था कि रूपान्तरण रातोंरात नहीं होता लेकिन हमारे पास समय कम पड़ता जा रहा था।

मेरे पास इसका बहुत अच्छा विचार था कि हमें क्या करने की ज़रूरत थी, लेकिन मुझे यह बात समझ में आ गयी कि मेरा असली काम था कि मैं एस.टी.बी. के नेतृत्वकर्ताओं को इसके लिए प्रेरित करूँ कि वे मेरा साथ दें। निश्चित रूप से मेरा अपना एक दृष्टिकोण था, लेकिन मुझे यह बात समझ में आ गयी कि यह जो टीम थी अपने उद्यम के बारे में—उन उपभोक्ताओं की जो कम्प्यूटिंग की गूढ़ ज़रूरतों के लिए उनके पास आते थे—यह बहुत गहराई से चिन्ता करती थी। मैं चाहता था कि उनका जो संस्थानिक ज्ञान था मैं उसके आधार पर इसे खड़ा करूँ, इसलिए मैंने यह तय किया कि पहले मैं उस टीम से सीखूँ जिसका मुझे नेतृत्व करना था और शायद उस टीम का सम्मान अर्जित कर पाऊँ। तभी हम साहस के साथ नयी और बेहतर जगह पर जा सकते थे।

नेतृत्व का मतलब होता है कुछ चुनाव करना और उन चुनावों के आसपास अपनी टीम को लगाये रखना। मेरे पिता वरिष्ठ आई.ए.एस. अधिकारी थे और उनके अनुभव से मैंने एक बात सीखी थी कि कुछ काम ऐसे होते हैं जो टिकाऊ संस्था बनाने से भी अधिक मुश्किल होते हैं। विरोध के बीच सहमति बना कर नेतृत्व करना झूठ होता है। किसी भी संस्थान को खड़ा करने के लिए स्पष्ट दृष्टि और संस्कृति का होना आवश्यक होता है जो ऊपर से नीचे तक लोगों को आगे बढ़ने के लिए प्रेरित करे।

जब मैं बिज़नेस स्कूल में पढ़ता था तो मैंने नार्मन मैक्लीन की किताब *यंग मेन एण्ड फायर* पढ़ी थी (इस लेखक को *ए रिवर रन्स थ्रू इट* के लिए सबसे अधिक जाना जाता है)। इसमें जंगल में लगी आग की एक त्रासद कहानी कही गयी है, 1949 में जिसमें तेरह "स्मोक जम्पर्स" (पैराशूट से कूद कर आग बुझाने वाले) की मौत हो गयी थी और उसके बाद उसकी जाँच हुई थी, किताब में यही कहानी कही गयी है। मुझे उसका सबक याद है जो उपेक्षित रह गया : जल्दी से जल्दी अपनी टीम के साथ साझे सन्दर्भ, विश्वास और विश्वसनीयता कायम कर लेनी चाहिए। जो उस अग्निशमन दल का नेता था और आख़िरकार उस आग से बच गया था, उसे इस बात

की जानकारी थी कि बड़ी आग से बचने के लिए छोटी आग लगानी पड़ती है। लेकिन किसी ने उसका अनुसरण नहीं किया। उसके अन्दर यह कौशल था कि वह अपने लोगों को उस नुकसान से बचा ले, लेकिन उसने अपने नेतृत्व को अधिक प्रभावी बनाने के लिए साझे सन्दर्भों का निर्माण नहीं किया था। उसकी टीम को इसकी सबसे बड़ी कीमत चुकानी पड़ी।

मैं यह तय कर चुका था मैं यही गलती नहीं दोहराऊँ।

अग्निशमन दल के नेतृत्वकर्ता की तरह मुझे अपनी टीम को इसके लिए तैयार करना था कि वह विपरीत रणनीति अपना ले—बड़े सर्वर और टूल्स के व्यवसाय से ध्यान हटा ले जिससे हम लोगों का वेतन आता था और इस छोटे से क्लाउड व्यवसाय के ऊपर ध्यान लगाये जिससे लगभग कोई कमाई नहीं हो रही थी। उनका समर्थन हासिल करने के लिए मुझे साझे सन्दर्भों का निर्माण करना था। मैंने यह तय किया कि मैं बिंग की अपनी पुरानी टीम को अपने साथ नहीं लाऊँगा। महत्त्वपूर्ण यह था कि रूपान्तरण अन्दर से हो, जो उसका अन्दरूनी हिस्सा है वहाँ से। तभी बदलाव टिकाऊ हो सकता है।

मुझे जो टीम मिली वह एक तरह के कुछ अलग-अलग लोगों का समूह था। कवि जॉन डन ने लिखा है, "कोई आदमी द्वीप नहीं होता," लेकिन अगर वे हमारी बैठक का हिस्सा बने होते तो उनको कुछ और ही महसूस हुआ होता। संक्षेप में कहूँ तो उस समूह का हर नेतृत्वकर्ता अपने कामकाज का सी.ई.ओ. जैसा ही था। सब अपने आप में काम करते थे और उनमें से बहुत सारे लोग तो ऐसे थे जो बहुत दिनों से ऐसा कर रहे थे। मेरी जो जगह थी उसको वह केन्द्रीय नहीं समझते थे और सबसे बुरी बात यह थी कि उनमें से बहुतों को ऐसा लगता था कि मेरी जगह उनको होना चाहिए था। उनके इस बर्ताव से मुझे निराशा होती थी—वे सब पैसा कमा रहे थे और अब यह छोटी-सी चरमराती हुई-सी चीज़ क्लाउड आ गयी थी और वे इसकी परवाह नहीं करना चाहते थे।

इस गतिरोध को ख़त्म करने के लिए मैं एस.टी.बी. के नेतृत्वकर्ताओं के दल के सभी सदस्यों से अलग-अलग मिला, उनको भाँपने की कोशिश की, उनसे सवाल पूछे और उनको सुना। हम सभी को साथ मिल कर

क्लाउड को अपनी रणनीति का हिस्सा बनाना था, ध्रुव तारे की तरह अटल हिस्सा। हमारे सारे उत्पादों, सारी तकनीकों को क्लाउड के लिए उपयुक्त बनाना था, केवल अपने दफ़्तर के परिसर के निजी सर्वर्स के लिए ही नहीं। वैसे तो हमारा ज़ोर क्लाउड पर था, लेकिन हमारे सर्वर्स की ताकत हमें ऐसी कम्पनी के रूप में सबसे अलग कर देती थी जो ऐसे उपभोक्ताओं को मिश्रित समाधान दे सकती थी, जो निजी सर्वर और क्लाउड की सेवाएँ, दोनों ले सकते थे।

नये तरह के ढाँचे ने तर्क को नये सिरे से गढ़ने में मदद की। इसके कारण क्लाउड का जो विरोध हो रहा था वह कम हुआ। मेरा ध्यान इस बात पर गया कि नये-नये प्रयोगों को ले कर एक तरह का खुलापन आ गया और हमारे उपभोक्ताओं की ज़रूरतों को पूरा करने के लिए नये रचनात्मक तरीकों की खोज की जाने लगी।

दुर्भाग्य से, रेड डॉग जिसका नाम अब विण्डोज़ एज़्योर हो गया था, अभी भी संघर्ष कर रहा था। वे एक नये नज़रिये के साथ क्लाउड कम्प्यूटिंग में छलाँग लगाना चाहते थे। लेकिन बाज़ार से उनको जो जानकारी मिल रही थी वह यह थी कि उनको पहले अपनी वर्तमान ज़रूरतों को पूरा करने की आवश्यकता थी। मार्क रूसिनोविच, जो पहले रेड डॉग टीम के सदस्य थे और फिलहाल विण्डोज़ एज़्योर के सी.टी.ओ. थे, के दिमाग़ में स्पष्ट नक्शा था कि किस तरह से एज़्योर को आगे ले जाना है। हमें उस टीम के लिए और संसाधन झोंकने की ज़रूरत थी ताकि टीम अपने बनाये नक़्शे पर आगे बढ़ सके।

समय आ गया था कि एज़्योर को अलग-थलग रखने के बजाय एस.टी.बी. की मुख्यधारा से जोड़ा जाये। किसी भी उद्यम की सबसे बड़ी ताकत इंसान ही होते हैं इसलिए मैंने सही टीम बनाने की कवायद शुरू की। इसकी शुरुआत स्कॉट गथरी से हुई, जो माइक्रोसॉफ़्ट के बहुत सक्षम इंजीनियर थे। उन्होंने डेवलपर से जुड़ी कम्पनी की कई तकनीकों को सफलतापूर्वक आगे बढ़ाया था। मैंने उनको एज़्योर के प्रमुख इंजीनियर के रूप में अपने साथ जोड़ा जो माइक्रोसॉफ़्ट के क्लाउड प्लेटफ़ॉर्म बनने की राह में था, यानी ॲमेज़ॉन वेब सर्विस को हमारा जवाब।

समय के साथ, कम्पनी के बाहर और अन्दर के लोग हमारे इस प्रयास से जुड़े। जैसन ज़ैंडर, जो एक और प्रमुख नेतृत्वकर्ता थे और जिन्होंने .नेट तथा विजुअल स्टूडियो का निर्माण किया था, वे एज़्योर के संसाधन के प्रमुख के रूप में जुड़ गये। हमने बेहद सम्मानित डाटा शोधकर्ता रघु रामकृष्णन को अपने यहाँ रखा जो याहू में थे और जेम्स फिलिप्स को जोड़ा जो डाटाबेस कम्पनी काउचबेस के सह संस्थापक थे। हम जॉय चिक और ब्रैड एन्डरसन की विशेषज्ञता के ऊपर इस बात के लिए बहुत निर्भर थे कि वे डिवाइस मैनेजमेंट से जुड़े मुद्दों को मोबाइल की दुनिया के लिए उपयुक्त बनायें। उनके नेतृत्व में हमने उपभोक्ताओं को ऐसी तकनीक देने की दिशा में पहला बड़ा कदम उठाया जिसको वे विण्डोज़, आई.ओ.एस. तथा एण्ड्रायड उपकरणों में सुरक्षित तरीके से चला सकते थे। जूलिया लुइसों ने विजुअल स्टूडियो डेवलपर टूल का काम सँभाला और उसको ऐसे टूल के रूप में तैयार करने का काम किया जिससे वह किसी भी प्लेटफ़ॉर्म या ऐप्प में एकसमान भाव से चले।

इन विश्वस्तरीय इंजीनियरों की मदद से विश्वस्तरीय व्यवसाय की योजना और निर्माण का काम होने लगा। ताकेशी नुमोतो ऑफ़िस की टीम से एस.टी.बी. की टीम का हिस्सा बन गये। ताकेशी उस टीम के महत्त्वपूर्ण सदस्य थे जिसने रणनीति बना कर माइक्रोसॉफ़्ट ऑफ़िस के उत्पादों को क्लाउड आधारित सदस्यता के प्रारूप में रूपान्तरित किया था। और एस.टी.बी. के व्यवसाय प्रमुख की नई भूमिका में वे एक नये व्यावसायिक प्रारूप को तैयार करने में लग गये जिसके माध्यम से क्लाउड सेवा के उपभोग को मापा जा सकता था और अपने उत्पादों को उपभोक्ताओं के लिए नये-नयें तरीके से पैकेज बनाने के काम में लग गये।

सबसे पहले जो निर्णय मैंने लिए उनमें एक यह भी था कि एज़्योर को डाटा तथा ए.आई. की क्षमताओं से अलग किया जाये। रघु और उसकी टीम ने ऐसे डाटा प्लेटफ़ॉर्म का निर्माण किया और उसको तैयार किया जिसके माध्यम से एक्ज़ाबाईट स्तर तक डाटा स्टोर किया जा सकता था और उनको प्रोसेस भी किया जा सकता था। माइक्रोसॉफ़्ट हमारे उत्पादों जैसे बिंग, एक्सबॉक्स, किनेक्ट और स्काइप ट्रांसलेटर के लिए मशीन लर्निंग

तथा ए.आई. क्षमता के विकास में लगा हुआ था। मैं यह चाहता था कि हम इन साधनों को एज़्योर के सहयोगी के रूप में बाहर के डेवलपर्स को भी उपलब्ध करवायें।

एज़्योर के लिए एक महत्त्वपूर्ण नियुक्ति जोसेफ़ सिरोह की थी, जिनको मैं ॲमेज़ॉन से ले कर आया। जोसेफ़ अपने पूरे पेशेवर कैरियर के दौरान जुनून के साथ एम.एल. (मशीन लर्निंग) के लिए काम कर रहे थे और वे माइक्रोसॉफ़्ट में अपनी नयी भूमिका में वही जुनून ले कर आये। अब हमारा क्लाउड बड़ी मात्रा में डाटा को केवल स्टोर और कम्प्यूट ही नहीं कर सकता था बल्कि वह डाटा का विश्लेषण भी कर सकता था और उनसे सीख भी सकता था।

एम.एल. की व्यावहारिक उपयोगिता बहुत अधिक है तथा वह असाधारण रूप से परिवर्तनकारी होता है। उदाहरण के लिए माइक्रोसॉफ़्ट के उपभोक्ता थाईसेनक्रूप को लें, जो स्वचालित सीढ़ियों का उत्पादन करते हैं। अब वे एज़्योर और एज़्योर एम.एल. के उपयोग के माध्यम से पहले से ही इस बात की भविष्यवाणी कर सकते थे कि कब उनके द्वारा बनायी गयी स्वचालित सीढ़ियों को रखरखाव की ज़रूरत है और एक तरह से इससे उनके उत्पादों का काम कभी नहीं रुकता और इससे वे अपने उपभोक्ताओं को एक और बड़ी सुविधा दे सकते हैं। इसी तरह से मेटलाइफ़ जैसी जीवन बीमा कम्पनी हमारे क्लाउड और एम.एल. की सुविधा के उपयोग के माध्यम से रात भर में बीमा के डाटा का विश्लेषण करके सुबह होते ही उसके महत्त्वपूर्ण सवालों के जवाब भी दे सकता है जिससे कम्पनी के लिए यह आसान हो जाता है कि वह बीमा की दुनिया में तेज़ी से नाटकीय तरीके से अपनी रणनीति में बदलाव कर सकती है—जैसे अप्रत्याशित रूप से आने वाली फ़्लू की आपदा, सामान्य से अधिक हिंसक तूफ़ान की जानकारी के कारण।

चाहे आप इथियोपिया में हों या इवान्स्टन में, या ओहायो में, डाटा विज्ञान में आपके पास पी-एच.डी. हो या नहीं, लेकिन सभी लोगों में यह क्षमता आ जानी चाहिए कि वे डाटा को समझ सकें। एज़्योर के साथ

माइक्रोसॉफ़्ट ने मशीन लर्निंग को उसी तरह से आम बना दिया जिस तरह से उसने 1980 के दशक में पर्सनल कम्प्यूटर के क्षेत्र में किया था।

मेरे लिए उपभोक्ताओं से मिलना और उनकी कही अनकही ज़रूरतों को समझना किसी भी उत्पाद के नवोन्मेष के लिए सबसे ज़रूरी है। जब उपभोक्ताओं के साथ मेरी बैठक होती है तो मैं अपने साथ अक्सर दूसरे इंजीनियरों और नेतृत्वकर्ताओं को ले कर जाता हूँ ताकि हम साथ-साथ सीख सकें। एक बार बे एरिया की एक यात्रा में हम कई स्टार्ट अप से मिले, जिसमें यह बात साफ़ हुई कि हमें लिनक्स ऑपरेटिंग सिस्टम को भी सहयोग देने की ज़रूरत थी और हमने उस दिशा में एज़्योर में कुछ बुनियादी कदम भी उठाये भी थे। लेकिन जब स्कॉट गथरी और टीम के बाकी सदस्य उन बैठकों से बाहर निकले तो यह बात तय हो चुकी थी कि हमें लिनक्स ऑपरेटिंग सिस्टम के लिए आला दर्जे की सुविधाएँ एज़्योर में जुटानी थीं। जब तक हम पार्किंग तक पहुँचे तब तक हम फ़ैसला ले चुके थे।

हो सकता है कि यह बिलकुल तकनीकी उलझन लग रही हो लेकिन यह अपने आप में बहुत बड़ी सांस्कृतिक चुनौती भी थी। माइक्रोसॉफ़्ट में बहुत दिनों से यह हठधर्मिता बनी हुई थी कि लिनक्स जैसे ओपन सोर्स वाले सॉफ़्टवेयर हमारे दुश्मन थे। हम इस रुख को और बनाये नहीं रख सकते थे। हमें उपभोक्ताओं के पास वहाँ पहुँचना था जहाँ वे थे, सबसे महत्त्वपूर्ण बात यह थी कि हमें इस बात को सुनिश्चित करना था कि हम अपने अवसर को पीछे देखने वाले आईने में न देखें, बल्कि भविष्य के नज़रिये से देखें। हमने उत्पाद का नाम बदल कर विण्डोज़ एज़्योर से माइक्रोसॉफ़्ट एज़्योर कर दिया ताकि यह बात स्पष्ट हो सके कि हमारा क्लाउड केवल विण्डोज़ के लिए नहीं था।

अपने क्लाउड व्यवसाय को आगे बढ़ाने के लिए हमें केवल सही तकनीक बनाने की ही ज़रूरत नहीं थी बल्कि हमारे लिए इस बात की ज़रूरत भी थी कि हम ऐसी सेवा प्रदान करें जो दुनिया की सबसे बड़ी उपभोक्ता संख्या की ज़रूरत को पूरा कर सके। हम पहले से बिंग, माइक्रोसॉफ़्ट ऑफ़िस 365 और एक्सबॉक्स लाइव के लिए बेहतर पैमाने की सेवाएँ दे

रहे थे। लेकिन एज़्योर के साथ हम प्रत्येक दिन प्रत्येक पल हज़ारों अन्य व्यवसायों को सशक्त बना रहे थे।

हमारी टीम को सबसे पहले लाइव साइट को प्राथमिक मानने की संस्कृति को अपनाने की ज़रूरत थी। तकनीक के क्षेत्र में आगे की दिशा में महत्त्वपूर्ण काम करने के लिए सबसे ज़रूरी था उसको संचालित करने वाली संस्कृति का होना। हमें एक स्काइप फ़ोन पर दर्ज़नों इंजीनियर, साथ में उपभोक्ताओं का सामना करने वाली बाहरी टीम के लोगों को बनाये रखने की ज़रूरत थी ताकि वे एक साथ मिल कर किसी समस्या का सामना कर सकें। और ऐसी हर घटना के बाद मेहनत करके उस मूल कारण को समझें ताकि हम लगातार सीखते रहें और खुद को बेहतर बनाते रहें। समय-समय पर मैं भी इस तरह के फ़ोन कॉल से जुड़ जाता था ताकि देख सकूँ कि इंजीनियर किस तरह से काम कर रहे थे। महत्त्वपूर्ण बात यह है कि जो प्रमुख नेतृत्वकर्ता हों वे डर या घबराहट का माहौल न बनायें बल्कि ऐसी कार्रवाई में मदद करें जिससे समस्या ख़त्म हो जाये और उससे कुछ सीखने को भी मिले।

आज माइक्रोसॉफ़्ट का क्लाउड व्यवसाय 20 अरब डॉलर का होने वाला है। हम पैकेज उत्पादों से भी आगे की तरफ़ देख रहे हैं जिसने माइक्रोसॉफ़्ट को दुनिया की सबसे उपयोगी कम्पनियों में से एक बना दिया। हम क्लाउड प्लेटफ़ॉर्म में अधिक सम्भावनाओं को देखते हैं, एज़्योर और ऑफ़िस 365 क्लाउड सेवाओं में, जो हमारे बेहद लोकप्रिय माइक्रोसॉफ़्ट ऑफ़िस का ऑनलाइन संस्करण है। हम इन नये उत्पादों में निवेश कर रहे हैं और उनको बेहतर बना रहे हैं, सेवा प्रदाता के रूप में नयी ताकत जुटा रहे हैं, तथा लिनक्स एवं अन्य ओपन सोर्स के सॉफ़्टवेयर के लिए जगह बना रहे हैं और यह सब करते हुए उपभोक्ताओं के ऊपर ध्यान बनाये हुए हैं।

क्लाउड के व्यवसाय से मैंने कई सबक सीखे जो आने वाले सालों में मेरे साथ बने रहेंगे। शायद उनमें सबसे महत्त्वपूर्ण यह है कि एक नेतृत्वकर्ता को बाहरी सम्भावनाओं के साथ-साथ आन्तरिक क्षमताओं और संस्कृति को भी देखना चाहिए—तथा उनके बीच के सम्पर्कों को—और इससे पहले उनके बारे में प्रतिक्रिया देनी चाहिए जब वे पारम्परिक मेधा का स्वाभाविक

हिस्सा बन जायें। यह कला का रूप है विज्ञान नहीं। और कोई नेतृत्वकर्ता हमेशा इसमें सही नहीं हो पायेगा। लेकिन कोई नेतृत्वकर्ता किस बैटिंग औसत के साथ इसको सम्भव करता है इससे यह तय हो जाता है कि इस व्यवसाय में उसकी उम्र कितनी होने वाली है। जब मुझे सी.ई.ओ. बना कर और बड़ी चुनौती दी गयी, तो यह एक ऐसा सबक था जिसने मुझे अच्छी तरह काम करने का जज़्बा दिया।

—

अध्याय 3

नया मिशन, नयी चाल

माइक्रोसॉफ़्ट के मर्म की तलाश

2014 में 4 फ़रवरी की सुबह पहली बार औपचारिक रूप से सी.ई.ओ. के रूप में मेरा परिचय करवाया गया। मैं उस दिन जल्दी गाड़ी चला कर परिसर में पहुँचा, मैं बार-बार उस सन्देश को दोहरा रहा था जिसे मैं पहले दिन कर्मचारियों को देना चाहता था। धन्यवाद ज्ञापन के अवकाश के दौरान मैंने कम्पनी के निदेशक मण्डल द्वारा खोज की प्रक्रिया के दौरान पूछे गये अनेक सवालों के जवाब में दस पन्नों की एक टिप्पणी तैयार की। उसके बाद मैंने टेक्सास में डेल कम्पनी की अपनी यात्रा के दौरान तथा सिलिकन वैली में ह्यूलेट पैकर्ड की यात्रा के दौरान उसको कुछ और ठीक-ठाक किया। वे सवाल मुझसे बहुत आत्मनिरीक्षण की मांग करते थे। मेरी स्वप्न दृष्टि क्या है? उसको हासिल करने के सम्बन्ध में मेरी रणनीति क्या है? सफलता की क्या सम्भावना लगती है और शुरुआत कहाँ से की जानी चाहिए? अब, कुछ महीने के बाद मैंने इसके बारे में सोचा कि मैंने लिखा क्या था और वह प्रक्रिया क्या थी जो उस दिन तक ले कर गयी।

अगले सी.ई.ओ. की खोज की यात्रा बहुत लम्बी थी। स्टीव ने अगस्त में बड़े पैमाने पर कम्पनी के पुनर्गठन के बाद, जिस शाम फिनलैंड की स्मार्टफ़ोन बनाने वाली कम्पनी नोकिया के साथ 7.2 अरब डॉलर का सौदा हुआ था, जब इस बात की घोषणा की कि वे सेवानिवृत्त हो रहे हैं तो सब

हैरान रह गये थे। उस साल पतझड़ के मौसम के दौरान पत्रकार सामान्य तौर पर इस बात का अनुमान लगाते रहे कि उनके स्थान पर अगला सी.ई.ओ. कौन बनेगा। क्या कोई बाहरी आदमी आयेगा जैसे फोर्ड मोटर कम्पनी के सी.ई.ओ. एलेन मुल्लाली? या माइक्रोसॉफ़्ट से जुड़ी किसी कम्पनी का कोई अधिकारी, जैसे स्काइप के टोनी बेट्स या नोकिया के स्टीफेन इलोप? हम में से बहुत सारे लोगों से यह कहा गया था कि हम काग़ज़ पर अपने विचार लिख लें जो निदेशक मण्डल के लिए एक तरह से आरम्भिक परीक्षण की तरह होगा।

निदेशक मण्डल के लिए मैंने जो टिप्पणी लिखी थी उसमें मैंने इस बात की चर्चा की थी कि कम्पनी के अन्दर मुझे 20 साल काम करने का अनुभव था, लेकिन मैंने कुछ ऐसी बातों की चर्चा भी की थी जिनके बारे में सेवानिवृत्त हो रहे सी.ई.ओ. स्टीव बाल्मर ने मुझसे कहा था। उन्होंने मुझे इसके लिए उत्साहित किया था कि मैं अपने व्यक्तित्व को उभार लूँ। दूसरे शब्दों में, बिल गेट्स या किसी और को खुश करने की कोशिश न करूँ। 'साहसी बनो, सही बनो,' उन्होंने मुझे कहा था। बिल और पॉल एलेन ने माइक्रोसॉफ़्ट की स्थापना की थी। बिल और स्टीव ने माइक्रोसॉफ़्ट को बनाया, उसे खड़ा किया। यह जानी-मानी बात है कि संस्थापक के रूप में बिल ने 1980 में स्टीव को पहले बिज़नेस मैनेजर के रूप में नियुक्त किया था, जब वे स्टैनफोर्ड बिज़नेस स्कूल में थे। स्टीव बेहद जोशीले नेतृत्वकर्ता, बेचने में माहिर और बाज़ार पर नज़र रखने वाले व्यक्ति थे और बिल तकनीकी स्वप्नद्रष्टा थे और जिनके बेहद पढ़ाकू होने और 'चिन्तन सप्ताहों' ने माइक्रोसॉफ़्ट को अपने ईर्ष्यालु प्रतिद्वन्द्वियों से आगे बनाये रखा—दोनों साथ मिल कर व्यवसाय में ऐसे सहयोगी के रूप में सामने आये जिसका इतिहास में भी कोई सानी नहीं है। वे कम्प्यूटिंग के पुरोधा के रूप में सामने आये और जिसके कारण माइक्रोसॉफ़्ट दुनिया की सबसे मूल्यवान कम्पनी बन कर उभरी। उन्होंने न केवल बहुत बढ़िया उत्पाद तैयार किये बल्कि उन्होंने सैकड़ों ऐसे कर्मचारी तैयार किये जो वैश्विक स्तर पर व्यवसाय चला रहे हैं, जिनमें मैं भी हूँ। उन्होंने मुझे इन सालों में अधिक से अधिक ज़िम्मेदारियाँ सौंपी और मुझे यह सिखाया कि हमारे सॉफ़्टवेयर का प्रभाव

केवल कम्प्यूटर के शौकीनों के ऊपर ही नहीं पड़ेगा बल्कि पूरे समाज और अर्थव्यवस्था के ऊपर पड़ेगा।

उन्होंने जो बनाया था उसके प्रति मेरे पूर्ण समर्पण के बावजूद स्टीव यह नहीं चाहते थे कि मैं किसी तरह के ऊहापोह में रहूँ। वे मुझे इसके लिए आमन्त्रित कर रहे थे कि मैं रूढ़िवाद से मुक्त हो जाऊँ। वे किसी से भी अधिक इस बात को जानते थे कि कम्पनी को बदलाव चाहिए और इसीलिए उन्होंने अपना स्वार्थ छोड़कर सी.ई.ओ. का पद छोड़ दिया ताकि इस बात को सुनिश्चित किया जा सके कि बदलाव गहराई से घटित हो। चूँकि मैं हर तरह से अन्दरूनी व्यक्ति था इसलिए मुझसे यह कहा गया कि मैं नये सिरे से शुरुआत करूँ, ब्राउज़र का रिफ्रेश बटन दबाऊँ और एक नया पन्ना उसमें लोड करूँ—माइक्रोसॉफ़्ट के इतिहास में एक और नया पन्ना। इसलिए मैंने निदेशक मण्डल के लिए जो टिप्पणी तैयार की थी उसका शीर्षक था 'माइक्रोसॉफ़्ट का पुनर्नवीकरण'। इसके लिए ज़रूरत थी सर्वव्यापक कम्प्यूटिंग तथा व्यापक बुद्धि को अपनाने की। जिसका मतलब हुआ कि मनुष्य जिन अनुभवों से गुज़रेगा वह असंख्य डिवाइस तथा संवेदनों में विस्तृत होगा। इन समस्त अनुभवों को ताकत दी जायेगी क्लाउड में मौजूद बुद्धि से तथा उस लाभदायक स्थिति से जिसमे डाटा भी पैदा किये जायेंगे और लोगों के साथ संवाद भी सम्भव होता रहेगा। लेकिन मैंने यह लिखा कि यह पुनर्नवीकरण तभी सम्भव हो पायेगा अगर हम कम्पनी की संस्कृति की प्राथमिकता को तय करें तथा कम्पनी के अन्दर और बाहर आत्मविश्वास का भाव पैदा करें। यह बहुत आसान होगा कि हम अपनी अतीत की सफलताओं पर जीते रहें। हम राजा जैसे थे, हालाँकि अब हमारा राज्य ख़तरे में था। इस व्यवसाय में कमाई की सम्भावना तथा कम समय में लाभ कमाने के जरिये थे, लेकिन मेरा यह मानना था कि हम अपनी पहचान तथा अपने नवोन्मेष के प्रति ईमानदार रहते हुए दीर्घ अवधि के लिए खुद को मूल्यवान साबित कर सकते थे।

मैंने स्टूडियो डी की पार्किंग में कार रोकी, जो हमारी एक्सबॉक्स विकास टीम का केन्द्र है। 1992 में मैंने जब माइक्रोसॉफ़्ट में काम करना शुरू किया था तब परिसर में यह हिस्सा था भी नहीं और अब उस इलाके में

जहाँ भी नज़र जाती थी वहाँ तक दफ़्तर की छोटी-छोटी इमारतें नज़र आती थीं। अगले एक घण्टे में स्टूडियो डी की शीशे वाली इमारत कर्मचारियों से भर गयी जो वहाँ पूरी कम्पनी की बैठक तथा वेबकास्ट के लिए बुलाये गये थे। मुझे पता था कि उनको उम्मीद थी लेकिन शंका भी थी। उद्योग से जुड़े डाटा देख कर यह समझा जा सकता कि क्यों। दुनिया भर में पी.सी. के क्षेत्र में दो दशकों तक स्थिर विकास हुआ था और पी.सी. की बिक्री बहुत बढ़ गयी थी लेकिन अब उसमें कमी आ रही थी। एक तिमाही में पी.सी. की बिक्री सात करोड़ थी जबकि मोबाइल फ़ोन की बिक्री 35 करोड़ हो चुकी थी। माइक्रोसॉफ़्ट के लिए यह बुरी ख़बर थी। एक-एक पी.सी. बिकने का मतलब था कि उसकी रॉयल्टी का भुगतान माइक्रोसॉफ़्ट को किया जाता था। बुरी बात यह थी कि पी.सी. की बिक्री ही कम नहीं हुई थी बल्कि कम्पनी ने 18 महीने पहले विण्डोज़ 8 को बाज़ार में उतारा था लेकिन उसमें भी लोगों की रुचि कम हो रही थी। इस बीच एन्ड्रॉयड और एप्पल के ऑपरेटिंग सिस्टम का बाज़ार बढ़ रहा था, यह स्मार्टफ़ोन के विस्फोट का नतीजा था, माइक्रोसॉफ़्ट जिसका नेतृत्व कर पाने में असफल रहा था और किसी तरह से उसमें बस हिस्सा ले पा रहा था। जिसका नतीजा यह था कि शेयर बाज़ार में माइक्रोसॉफ़्ट के जिन शेयरों को निवेश के लिए सबसे सुरक्षित माना जाता था उनमें सालों से उतार-चढ़ाव आ रहा था।

मज़ेदार बात यह है कि कहानी भी उतनी ही भयानक थी। उस साल हमारे यहाँ कर्मचारियों का सालाना सर्वेक्षण हुआ जिसमें अधिकतर कर्मचारियों को ऐसा नहीं लगता था कि हम सही दिशा में आगे बढ़ रहे थे और उन्होंने नयी खोज कर पाने की हमारी क्षमता के ऊपर ही सवाल उठा दिया था। इसे दूर करने के लिए जिल ट्रेसी निकोल्स, जो उस समय मेरे चीफ़ ऑफ़ स्टाफ थे, ने कम्पनी के सैकड़ों कर्मचारियों की राय को साझा किया जिसे नये दृष्टिकोण समूह ने जुटाया था। जिससे बदलाव के इस दौर में कम्पनी के वास्तविक नज़रिये के बारे में पता चल सके। कम्पनी बीमार थी। कर्मचारी थके हुए थे। वे बहुत हताश थे। बड़ी-बड़ी योजनाओं और बड़े-बड़े विचारों के बावजूद हारने और पिछड़ जाने के कारण वे दुखी थे। वे बड़े-बड़े सपनों को ले कर माइक्रोसॉफ़्ट में आये थे लेकिन ऐसा महसूस होता था कि

वे असल में कर यह रहे थे कि अपने अधिकारियों के साथ बस काम कर रहे थे, थकाऊ प्रक्रिया को अंजाम दे रहे थे और बैठकों में लड़ाई करते थे। उनका ऐसा मानना था कि कोई बाहरी व्यक्ति ही कम्पनी को सही रास्ते पर ला सकता था। आन्तरिक लोगों में सी.ई.ओ. के लिए जिन लोगों के नाम चल रहे थे उनमें से कोई भी नाम ऐसा नहीं था जिससे उनको उम्मीद रही हो—जिनमें मेरा नाम भी था।

घोषणा होने के दो दिन पहले जिल और मैंने इस बात के ऊपर खूब मगजमारी की कि उन बेहतरीन लोगों को किस प्रकार से प्रेरित किया जाये जो उत्साहहीन हो चुके थे। एक तरह से मैं इस बात से चिढ़ा हुआ था क्योंकि मुझे ऐसा लग रहा था कि कोई अपनी ज़िम्मेदारी को महसूस नहीं कर रहा था और एक-दूसरे के ऊपर उँगली उठाये जा रहे थे। उसने मुझे यह कहते हुए बीच में रोक दिया, "तुम समझ नहीं पा रहे, उनके अन्दर असल में और करने की भूख है, लेकिन उनकी राह में बाधाएँ आ जा रही हैं।" सबसे पहला काम यह था कि उम्मीद जगायी जाये। यह हमारे रूपान्तरण का पहला दिन था—मैं यह जानता था कि इसकी शुरुआत अन्दर से ही होनी चाहिए।

कुछ मिनट बाद, मैं स्टेज़ पर फोटो खिंचवाने के लिए खड़ा हुआ, जो तुरन्त फैल जाने वाला था। उस तस्वीर में बिल गेट्स, स्टीव बाल्मर और मेरे मुस्कुराते हुए चेहरे थे, माइक्रोसॉफ़्ट के 44 साल के इतिहास में बने तीनों सी.ई.ओ.। हालाँकि, वह तस्वीर मुझे साफ़ तौर पर आज भी याद है, सामने बैठे माइक्रोसॉफ़्ट के सैकड़ों कर्मचारी मेरे द्वारा दी जाने वाली प्रस्तुति का इन्तज़ार कर रहे थे, उनके चेहरे पर उम्मीद थी, उत्साह और ऊर्जा थी और साथ में चिन्ता और थोड़ी हताशा भी। मेरी ही तरह वे भी माइक्रोसॉफ़्ट में दुनिया को बदलने के इरादे से आये थे, लेकिन अब हमारी कम्पनी के विकास के रुक जाने से वे निराश थे। उनको हमारी प्रतिद्वन्द्वी कम्पनियों द्वारा लालच दिया जा रहा था। सबसे दुःख की बात यह थी कि बहुत सारे लोगों को ऐसा लगता था कि कम्पनी अपना मर्म खो रही थी।

स्टीव ने प्रेरित करने वाला भाषण दिया और सारी आशंकाओं को पीछे छोड़ दिया। उसके बाद बिल ने बोला, उनका मज़ाकिया स्वभाव जो सूख चुका था अचानक जग गया। उन्होंने कमरे का मुआयना किया और

झूठमूठ में हैरानी जताते हुए कहा कि इस कमरे में विण्डोज़ फ़ोन के बाज़ार का कितना बड़ा हिस्सा है। उसके बाद वे काम की बात करने लगे। बिल ने सारगर्भित तरीके से सामने पड़ी चुनौती और अवसर के बारे में बात की। "माइक्रोसॉफ़्ट की स्थापना सॉफ़्टवेयर के जादू के विश्वास के आधार पर हुई। और मैं यह कहना चाहूँगा कि आज वह मौका पहले से भी कहीं अधिक है। वह जादू कि हम सॉफ़्टवेयर के माध्यम से लोगों के दफ़्तर और घर के लिए क्या कर सकते हैं, आज पूरी तरह से हमारे सामने है। विण्डोज़ के प्लेटफ़ॉर्म के कारण हमारे सामने एक आश्चर्यजनक ताकत है, जो हम क्लाउड में कर रहे हैं, माइक्रोसॉफ़्ट ऑफ़िस के माध्यम से कर रहे हैं। और हमारे सामने कुछ चुनौतियाँ हैं। बहुत सारे लोग क्लाउड के माध्यम से बहुत रोचक काम कर रहे हैं। मोबाइल के क्षेत्र में बहुत तरह की गतिविधियाँ हो रही हैं, उसमें कुछ हिस्सा हमारा भी है लेकिन वह उतना अधिक नहीं है जितना होना चाहिए।" उसके बाद उन्होंने मुझे आगे बुलाया।

जब तालियों की आवाज़ कम हुई तब मैंने बिना समय गँवाये अपने सहकर्मियों और अपनी टीम के सदस्यों से कहा कि वे कुछ करें। "हमारे उद्योग में परम्परा को सम्मान नहीं दिया जाता। बल्कि नवोन्मेष को सम्मान दिया जाता है। यह हमारी सामूहिक ज़िम्मेदारी है कि हम माइक्रोसॉफ़्ट को मोबाइल-प्रथम और क्लाउड-प्रथम (मोबाइल फर्स्ट, क्लाउड फर्स्ट) दुनिया में आगे ले कर जायें।" अगर मैं उस दिन किसी एक बात के ऊपर ज़ोर देना चाहता था तो यह कि हमें खोज करनी चाहिए कि अगर माइक्रोसॉफ़्ट गायब हो जाये तो दुनिया में क्या गायब हो जायेगा। इस बात का जवाब हमें खुद को देना था कि कम्पनी का उद्देश्य क्या है? हम क्यों हैं? मैंने उनसे यह कहा कि समय आ गया है कि हम अपने मर्म की फिर से खोज करें—क्या बात है जो हमें सबसे अलग बनाती है।

मेरी पसन्दीदा किताबों में एक किताब है ट्रेसी किडर की किताब 'द सोल ऑफ़ अ न्यू मशीन', जो तकनीक से जुड़ी 70 के दशक की एक कम्पनी 'डाटा जनरल' को ले कर है। इस किताब में किडर हमें यह शिक्षा देते हैं कि तकनीक उन लोगों की सामूहिक आत्माओं से बढ़ कर नहीं होती जो लोग उसे बनाते हैं। तकनीक आकर्षक होती है लेकिन उससे भी अधिक

आकर्षक होता है उसे बनाने वालों का जुनून। और इसलिए इस सन्दर्भ में कम्पनी का मर्म क्या है? मर्म या 'आत्मा' से मेरा मतलब किसी धार्मिक अर्थ में नहीं है। यह स्वाभाविक रूप से आता है। यह अन्दर की आवाज़ होती है। यह आपको अन्दर से अपनी क्षमताओं को आज़माने के लिए प्रेरित करता है। एक कम्पनी के रूप में हमारी ख़ास संवेदना क्या है? माइक्रोसॉफ़्ट के लिए वह मर्म है लोगों को सशक्त बनाना और केवल व्यक्तियों को ही नहीं, बल्कि उन संस्थाओं को भी जिनको वे बनाते हैं—स्कूल, अस्पताल, व्यवसाय, सरकारी संस्थाएँ और गैरसरकारी संस्थान।

स्टीव जॉब्स समझ गये थे कि किसी कम्पनी का मर्म क्या होता है। उन्होंने एक बार कहा कि "रूपरेखा मानव-निर्मित रचना का बुनियादी मर्म है जो खुद को बार-बार उत्पाद या सेवा के बाहरी आवरण में अभिव्यक्त करना है।" मैं मानता हूँ। एप्पल अपने मर्म के प्रति सच्ची बनी रहेगी जब तक कि उपभोक्ता उत्पाद के निर्माण के लिए उसकी अन्तरात्मा, उसकी प्रेरणा बने रहेंगे। हमारी कम्पनी का मर्म भिन्न प्रकार का है। मुझे पता है कि माइक्रोसॉफ़्ट को एक ऐसी कम्पनी के रूप में अपने मर्म को पुनः पाने की ज़रूरत है जो शक्तिशाली तकनीक को हर व्यक्ति तथा हर संस्थान के लिए सुलभ करवाये—तकनीक का जनतन्त्रीकरण करते हुए। जब मैंने पहली बार माइक्रोसॉफ़्ट के होलोग्राफ़िक कम्प्यूटर होलोलेंस का प्रयोग किया तो मैंने यह सोचा कि बड़े संस्थान तथा स्कूल और अस्पताल किसी तरह के निर्माण में इसका किस प्रकार से प्रयोग करेंगे, न कि केवल यह कि माइनक्राफ़्ट खेलने में कितना मज़ा आयेगा।

ऐसा नहीं है कि हम अपने मर्म को खो चुके थे, बल्कि हमें अपने आपको फिर से नया करने की ज़रूरत थी, हमें ज़रूरत थी एक पुनर्जागरण की। 1970 के दशक में बिल गेट्स और पॉल एलेन ने माइक्रोसॉफ़्ट की शुरुआत इस लक्ष्य के साथ की थी कि हर मेज़ और हर घर में कम्प्यूटर को पहुँचाया जाये। वह एक साहसी, प्रेरणादायी और दुस्साहसी निर्णय था, जिसे उन्होंने करके दिखा दिया। तकनीक का जनतन्त्रीकरण किया और उसे सब के लिए निजी बना दिया। कितनी संस्थाएँ ऐसी हैं जो यह कह सकती हैं कि उन्होंने उस लक्ष्य को पूरा कर लिया जिस लक्ष्य के साथ उनकी स्थापना हुई थी?

मैं किसी भी तरह से फार्च्यून 500 कम्पनी में से एक कम्पनी का सी.ई.ओ. नहीं बन सकता था अगर दुनिया भर में माइक्रोसॉफ़्ट के जनतन्त्रीकरण की ताकत नहीं होती। लेकिन दुनिया बदल चुकी है और हमारे लिए यह समय है दुनिया को ले कर अपना नज़रिया बदलने का।

विश्वदृष्टि एक मज़ेदार शब्द है, इसकी जड़ें संज्ञानात्मक दर्शन में है। साधारण शब्दों में कहें तो इसका मतलब है कि कोई आदमी राजनीतिक, सामाजिक और आर्थिक सीमाओं से परे किस तरह से विस्तृत संसार को देखता है। किस तरह के सामान्य अनुभवों को हम साझा करते हैं? सी.ई.ओ. बनने से पहले मैं जो सवाल पूछता रहता था—हम क्यों हैं?—उसी सवाल ने मुझे अपनी तकनीक-विश्वदृष्टि को बदलने के लिए मजबूर कर दिया और उसी तरह माइक्रोसॉफ़्ट का हर नेतृत्वकर्ता अपनी दृष्टि बदल रहा था। हम अब पी.सी. केन्द्रित संसार में नहीं रहते हैं। कम्प्यूटिंग अब सर्वव्यापक होती जा रही थी। बुद्धि हर कहीं व्याप्त होती जा रही थी, मतलब यह कि कम्प्यूटर अवलोकन कर सकते थे, डाटा जुटा सकते थे और उनसे प्राप्त जानकारियों के आधार पर ज्ञान पैदा कर सकते थे। हम अपने जीवन, व्यवसाय तथा अपने जीवन के अधिक विस्तृत सन्दर्भ में ऐसा डिजिटलीकरण होते देख रहे थे जैसा पहले नहीं देखा था। यह सम्भव हुआ था निरन्तर बढ़ते इण्टरनेट से जुड़े यन्त्रों के कारण, क्लाउड से कम्प्यूटिंग की बढ़ी क्षमता के कारण, बड़े डाटा से मिली सूझबूझ के कारण तथा मशीन लर्निंग से प्राप्त बुद्धि के कारण। मैंने इस सबको सहज बनाया और माइक्रोसॉफ़्ट को इसके लिए प्रोत्साहित किया कि 'मोबाइल-प्रथम और क्लाउड-प्रथम' बन जाया जाये। न कि पी.सी.-प्रथम या यहाँ तक कि फ़ोन-प्रथम। हमें एक ऐसी दुनिया की कल्पना करनी थी जिसमें जो बात मायने रखती थी वह यह कि मानव अनुभवों की गतिशीलता सभी उपकरणों तक हो और क्लाउड ने इस गतिशीलता को सम्भव बना दिया था, नयी पीढ़ी के इंटेलिजेंट एक्सपेरियंसेज को सम्भव बना कर। हम अपने व्यवसाय से जुड़े सभी पक्षों का जो रूपान्तरण करने वाले थे वह माइक्रोसॉफ़्ट तथा हमारे उपभोक्ताओं को नयी दुनिया में ले जाने वाला था।

अगर यह हो सकता कि ईर्ष्या के माध्यम से बदलाव के लिए प्रेरित हुआ जाये तो हम एप्पल से ईर्ष्या कर सकते थे कि उसने आईफ़ोन एवं आईपैड की सुविधाओं के माध्यम से जो कुछ निर्मित किया था, या गूगल ने कम खर्च वाले एन्ड्रॉयड फ़ोन तथा टैबलेट के माध्यम से हासिल किया था। लेकिन ईर्ष्या नकारात्मक होती है और वह बाह्य संचालित होती है, वह अन्दर से संचालित नहीं होती है और मैं यह जानता था कि सच्चे पुनर्नवीकरण की राह में यह हमें बहुत दूर तक नहीं ले जा सकती।

हम प्रतिस्पर्धा के उत्साह के माध्यम से भी खुद को प्रेरित कर सकते थे। माइक्रोसॉफ़्ट को इसके लिए जाना जाता था कि वह प्रतिस्पर्धा के जोश पर अपने कर्मियों को एकजुट कर लेता है। प्रेस को यह अच्छा लगता है, लेकिन मुझे नहीं। मेरा दृष्टिकोण यह है हम जो कर रहे हैं उसके ऊपर गर्व का भाव जताते हुए एक उद्देश्य के साथ नेतृत्व किया जाये, न कि ईर्ष्या या युद्ध की भावना से।

हमारे वरिष्ठ नेतृत्वकर्ताओं के दल ने इस बात को पहचाना कि प्रतिस्पर्धा के क्षेत्र में एक ऐसा खाली स्थान था जिसको भरने की अनूठी स्थिति में माइक्रोसॉफ़्ट था। देखिये, जहाँ अन्य प्रतिस्पर्धी कम्पनियाँ अपने उत्पादों को मोबाइल के रूप में परिभाषित करती थीं, हम मानवीय अनुभवो की गतिशीलता के बारे में बात कर सकते थे। उन अनुभवों के बारे में जिनको हमारी क्लाउड की तकनीक द्वारा सम्भव बनाया जाता। मोबाइल और क्लाउड, ये दोनों प्रवृत्तियाँ एक साथ मिल कर, हमारे रूपान्तरण के लिए बुनियादी पहलू थे। असल में हमारे मार्केटिंग विभाग के प्रमुख क्रिस कैपोसेला ने माइक्रोसॉफ़्ट क्लाउड के लिए एक विज्ञापन तैयार किया जो इस विषय पर मेरे द्वारा दिये गये भाषण पर आधारित था। इस विज्ञापन में स्पेन की रियल मेड्रिड फुटबाल टीम को आक्रमण करते हुए दिखाया गया, गोल की तरफ़ तेज़ी से भागते हुए और ग्रैमी पुरस्कार के विजेता हिप-हॉप के कलाकार कॉमन दर्शकों से कहते हैं, "हम मोबाइल तकनीक के ज़माने में रहते हैं, लेकिन आपका उपकरण नहीं आप मोबाइल हैं। आप।"

यह विज्ञापन वैसे तो हमारे विस्तृत दर्शकों के लिए था लेकिन इसने हमें हमारे उस मूल तत्व की याद दिला दी, उस मर्म की जिसे हम लगभग

खो चुके थे। माइक्रोसॉफ़्ट ने बड़ी मात्रा में किफायती दरों पर कम्प्यूटिंग से जुड़े उपकरण उपलब्ध करवा कर पी.सी. क्रान्ति का नेतृत्व किया था। लेकिन गूगल ने अपने मुफ़्त एण्ड्रायड ऑपरेटिंग सिस्टम के माध्यम से एक ऐसा रास्ता बनाया जिससे वह विण्डोज़ को काट दे। यह एक ऐसी घटना थी जिसके प्रति हमने जल्दी कोई प्रतिक्रिया नहीं दिखाई। 2008 में लिनक्स आधारित एन्ड्रॉयड स्मार्टफ़ोन ने बाज़ार में बड़ा हिस्सा बना लिया और आज इसके माध्यम से 1 अरब से अधिक सक्रिय उपकरण काम कर रहे हैं।

पीछे मुड़ कर देखने पर याद आता है कि नोकिया के साथ सौदे की घोषणा सितम्बर 2013 में हुई थी। मेरे सी.ई.ओ. बनने से पाँच महीने पहले। यह सौदा भी हमारे घाटे का एक दर्द भरा उदाहरण बन गया। मोबाइल तकनीक के उभार में पीछे रह जाने के बाद हम उसमें आगे बढ़ने के लिए बेचैन थे। नोकिया ने 1990 के दशक में सबसे बड़े फ़ोन निर्माता के रूप में मोटोरोला को पीछे छोड़ दिया था लेकिन उसने एप्पल के आईफ़ोन तथा गूगल के एण्ड्रायड फ़ोन के सामने अपनी ज़मीन खो दी। नोकिया बाज़ार के सबसे बड़े खिलाड़ी से नीचे गिर कर तीसरे नम्बर पर आ गया। 2012 आते-आते उसने अपनी खोई हुई ज़मीन को वापस पाने के लिए एक ख़तरनाक कदम उठाया, नोकिया के सी.ई.ओ. स्टीफेन एलोप ने घोषणा की कि नोकिया के स्मार्टफ़ोन के लिए वे विण्डोज़ को प्राथमिक ऑपरेटिंग सिस्टम बनायेंगे। कुछ यूरोपीय देशों में नोकिया और माइक्रोसॉफ़्ट ने बाज़ार में अपनी जगह दो अंकों में बना ली लेकिन हम अभी भी बहुत पीछे तीसरे स्थान पर थे। इस साझे व्यवसाय से यह उम्मीद थी कि नोकिया की इंजीनियरिंग और निर्माण करने वाली टीम और माइक्रोसॉफ़्ट की सॉफ़्टवेयर विकास करने वाली टीम के एक हो जाने से विण्डोज़ फ़ोन के माध्यम से हमारी वृद्धि तेज़ होगी तथा इसके कारण हमारा उपकरणों से जुड़ाव और मजबूत होगा। दोनों कम्पनियों का एक हो जाना बहुत बड़ा नाटकीय कदम हो सकता था। विण्डोज़ को ज़रूरत थी कि वह मोबाइल में आई.ओ.एस. और एण्ड्रायड को टक्कर दे सके।

प्रेस ने इस विचार की आलोचना की तथा माइक्रोसॉफ़्ट का निदेशक मण्डल भी हिचक रहा था। गर्मियों के दौरान जब नोकिया को खरीदने की

सौदेबाजी चल रही थी तो स्टीव बाल्मर ने अपने नेतृत्व मण्डल के सदस्यों से कहा कि वे इस सौदे के बारे में सीधे तौर पर हाँ या न में बतायें। वे सार्वजनिक तौर पर मतदान करवाना चाहते थे ताकि वे देख सकें कि इस बारे में उनकी टीम की क्या राय थी, मैंने "न" में मतदान दिया। वैसे तो मैं स्टीव का सम्मान करता था और एक विश्वसनीय तीसरा तन्त्र बना कर बाज़ार में अपने हिस्से को बढ़ाने के तर्क को भी मैं समझ रहा था। लेकिन मुझे यह बात नहीं समझ में आ रही थी कि दुनिया को फ़ोन में विण्डोज़ क्यों चाहिए, जब तक कि हमने उसके नियमों को ही नहीं बदल दिया हो।

कुछ महीने के बाद मैं सी.ई.ओ. बन गया और नोकिया का सौदा तय हो गया। और हमारी टीमों ने विण्डोज़ फ़ोन को नये उपकरण तथा नये ऑपरेटिंग सिस्टम के माध्यम से फिर से शुरू करने के लिए काम करना शुरू कर दिया जो एक नये तरह के अनुभव के साथ आया। लेकिन हमने जिस ज़मीन को खो दिया था उसे वापस पाने के लिहाज से बहुत देर हो चुकी थी। हम अपनी प्रतिस्पर्धी कम्पनियों के पीछे भाग रहे थे। महीनों बाद मैं इस सौदे के पूरी तरह से ख़त्म हो जाने और करीब 18 हज़ार नौकरियों के ख़त्म हो जाने के बारे में घोषणा करने वाला था, जिनमें से अधिकतर नौकरियाँ नोकिया के उपकरणों और सेवाओं का सौदा होने की वजह से खत्म हो रही थीं। यह जान कर बहुत तकलीफ़ हो रही थी कि इतने सारे प्रतिभाशाली लोग जिन्होंने हमें अपना इतना सब कुछ दिया उनको अपनी नौकरी खोनी पड़ रही थी।

नोकिया के अधिग्रहण से कोई नेतृत्वकर्ता कई सबक सीख सकता है। ऐसी कम्पनी को खरीदना जिसका बाज़ार कमज़ोर हो हमेशा ख़तरनाक होता है। हमें मोबाइल कम्प्यूटिंग के लिए एक ताज़े और अलग तरह के नज़रिये की ज़रूरत थी। हमने यह गलती की, कि शुरू में हम इस बात को समझ नहीं पाये कि हमारी सबसे बड़ी ताकत पहले से ही हमारी कम्पनी के मर्म का हिस्सा था—विण्डोज़ के लिए नये हार्डवेयर का आविष्कार, कम्प्यूटिंग को और अधिक निजी बनाना तथा ऐसी क्लाउड सेवा जो किसी भी उपकरण में काम करे और अलग-अलग प्लेटफ़ॉर्म पर भी काम करे। हमें फ़ोन के

व्यवसाय के क्षेत्र में तभी जाना चाहिए था जब हमारे पास कुछ ऐसा हो जो सच में सब से अलग हो।

हमने आख़िरकार इन महत्त्वपूर्ण बिन्दुओं को ध्यान में रखते हुए आगे बढ़ना शुरू किया। हमने संगठनों को ध्यान में रखते हुए विण्डोज़ फ़ोन का निर्माण शुरू किया। उदाहरण के लिए, व्यवसाय से जुड़े ऐसे उपभोक्ता के लिए कॉन्टीन्युअम, एक फीचर जिससे फ़ोन पी.सी. को प्रतिस्थापित कर सकता है। मोबाइल में और भागीदारी के लिए हमने माइक्रोसॉफ़्ट ऑफ़िस के ऐसे संस्करण बनाये जिनको सभी उपकरणों पर चलाया जा सके। पीछे मुड़ कर देखने पर, मुझे जिस बात का अफ़सोस होता है वह यह है इस तरह से नौकरी जाने से हमारे फ़ोन विभाग में बहुत काबिल और जुनूनी लोग प्रभावित हुए।

जब मैं अपनी भूमिका में नया था तो बिल गेट्स और मैं एक बिल्डिंग से चल कर दूसरी बिल्डिंग में वैनिटी फेयर के रिपोर्टर से मिलने के लिए गये। बिल ने यह फ़ैसला किया था कि वे निदेशक मण्डल में तो बने रहेंगे लेकिन वे अध्यक्ष के पद से इस्तीफ़ा दे देंगे। अपनी पत्नी मेलिण्डा के साथ उन्होंने जो फ़ाउण्डेशन बनाया था अब वे मुख्य रूप से उसी में ध्यान लगाना चाहते थे, लेकिन सॉफ़्टवेयर और माइक्रोसॉफ़्ट के लिए उनके अन्दर अभी भी जुनून था। जब हम टहलते हुए जा रहे थे तो वे बड़े उत्साह के साथ एक नये उत्पाद के बारे में बता रहे थे जो वेबसाइट और किसी दस्तावेज़ के बीच की सीमा को मिटा कर रख देने वाला था। हम लोग इसके बारे में बातें करते रहे कि किस प्रकार से एक ऐसी संरचना विकसित की जाय जिसमें एक रिपोर्ट लिखने की हर प्रकार की क्षमता हो लेकिन बजाय इसके कि वह सिर्फ़ एक पेज हो उसमें एक ऐसे वेबसाइट के सारे लक्षण हो जिसके माध्यम से संवाद किया जा सकता हो। हम जल्द ही उसके बारे में चर्चाओं का आदान-प्रदान करने लगे और इस बारे में बात करने लगे कि डाटा की संरचना (डाटा स्ट्रक्चर) तथा उनको संरक्षित रखने (स्टोरेज सिस्टम) का क्या ज़रिया हो।

एक समय ऐसा आया जब बिल ने मेरी तरफ़ देखा, मुस्कुराये और बोले सॉफ़्टवेयर इंजीनियरिंग के बारे में बात करना अच्छा लगा।

मुझे पता था कि कम्पनी के मर्म को फिर से खोजने के हिस्से के रूप में बिल को वापस लाना ज़रूरी था और उनको गहराई के साथ अपने उत्पादों की तकनीकी स्वप्न-दृष्टि और सेवाओं से जोड़ा जाना ज़रूरी था। बिल के साथ किसी सॉफ़्टवेयर उत्पाद की समीक्षा करने की बात को माइक्रोसॉफ़्ट में पुराकथा की तरह सुनाया जाता है। 1994 में लिखे गये एक हास्य उपन्यास "माइक्रोसर्फ़्स" में लेखक डगलस कूपलैंड ने माइक्रोसॉफ़्ट के एक प्रोग्रामर के ऊपर बिल के प्रभाव का मज़ाकिया खाका प्रस्तुत किया है। माइकल नाम का एक डेवलपर अपने आप को सुबह 11 बजे तब दफ़्तर में बन्द कर लेता है जब उसे बिल का एक मेल प्राप्त होता है। बिल ने उसके कुछ कोड की समीक्षा की थी। वह जिस मसले पर काम करता था उस मसले पर किसी को भी बिल का निजी मेल नहीं आया था। "इस घटना से उसका भाव बढ़ गया और हम लोग ईर्ष्यालु हो गये।" सुबह के ढाई बज गये तब माइकल के बारे में चिन्तित हो कर उसके लिए ऐसा खाना मँगवाया गया जिसको दरवाजे के नीचे से सरका कर अन्दर पहुँचाया जा सकता हो। वैसे यह अतिरंजित कहानी ठीक तरह से उस संस्कृति को नहीं दर्शा पाती है जिसकी मुझे उम्मीद थी। मैं यह जानता था कि अपने संस्थापक को उत्पाद के विकास के सम्बन्धित विभाग से जोड़ने से हमारे काम करने वाले लोगों को प्रेरणा मिलती और हमारा काम बेहतर हो जाता।

कार्यभार सँभालने के पहले कुछ महीनों के दौरान मैंने बहुत सारा समय हर तरह के लोगों को सुनने में लगाया। निदेशक मण्डल को धन्यवाद ज्ञापन का पत्र जो मैंने लिखा था उसमें मैंने यही वादा भी किया था। मैं सभी नेतृत्वकर्ताओं से मिला और मैंने इस बात को सुनिश्चित किया कि हमेशा की तरह बाहर जा कर सहयोगियों और उपभोक्ताओं से मिलूँ। दो सवाल ऐसे थे जिनके जवाब देने की मैं कोशिश कर रहा था। पहला सवाल था कि हम यहाँ क्यों हैं? इस सवाल का जवाब देने के दौरान आने वाले सालों में कम्पनी को परिभाषित करना सबसे मुख्य बात होती। दूसरा सवाल था कि हम आगे क्या करने वाले हैं? द कैंडिडेट फ़िल्म का आख़िरी दृश्य बहुत

शानदार है, जिसमें रॉबर्ट रेडफोर्ड आख़िरकार जब चुनाव जीत जाता है तो अपने सहायकों को एक कमरे में बुला कर पूछता है, "अब हम क्या करें?" शुरुआत में मैंने सुनने का फ़ैसला किया।

उसी वक़्त से मैंने हर स्तर के सैकड़ों कर्मचारियों की बातें सुनीं। उनका सम्बन्ध कम्पनी के हर विभाग से था। हमने फ़ोकस समूह बनाये ताकि लोग गुप्त रूप से भी अपनी राय रख सकें। सुनना सबसे महत्त्वपूर्ण काम था जिसे मैंने हर दिन किया क्योंकि आने वाले सालों में यह मेरे नेतृत्व के आधार को तैयार करने वाला था। मेरे पहले सवाल कि माइक्रोसॉफ़्ट क्यों है का जवाब बहुत साफ़ था कि हम इसलिए हैं ताकि हम ऐसे उत्पाद बना सकें जिससे दूसरों को सशक्त बनाया जा सके। इसका मतलब यह है कि हम सब अपने काम में खुद को झोंक देना चाहते हैं। मैंने दूसरी तरह की बातें भी सुनी। कर्मचारी ऐसा सी.ई.ओ. चाहते थे जो महत्त्वपूर्ण बदलाव लाये, लेकिन जो माइक्रोसॉफ़्ट के मूल विचार का सम्मान भी करे, जो हमेशा से दुनिया को बदलने का था। वे चाहते थे कि स्पष्ट और प्रेरक दृष्टिकोण रहे। वे पारदर्शी और सहज तरीके से प्रगति के बारे में और भी जल्दी-जल्दी सुनना चाहते थे। इंजीनियर फिर से नेतृत्व करना चाहते थे, वे अनुसरण करना नहीं चाहते थे। वे चाहते थे कि उनका काम शिखर पर जाये। हमारे पास वह तकनीक थी जिसके बारे में सिलिकन वैली में प्रेस अटकलबाजी किया करता था, जैसे आला दर्जे की ए.आई., लेकिन हम उसका दिखावा नहीं कर रहे थे। असल में उनकी यह मांग थी कि एक ऐसा खाका बनाया जाये जिससे जड़ता टूटे। उदाहरण के लिए, गूगल अपने ए.आई. सम्बन्धी प्रयोगों के कारण सुर्ख़ियों में थी, जबकि हमारे पास विश्वस्तरीय वाक् और दृष्टि पहचान सम्बन्धी तकनीक थी तथा बहुत उन्नत मशीन लर्निंग तकनीक भी थी लेकिन उसे हमने ठण्डे बस्ते में डाल रखा था। हालाँकि मैं सबसे अधिक जिस चुनौती का सामना कर रहा था वह यह थी कि हम अपनी तकनीकों के आधार पर ऐसा क्या करें जो हमारी पहचान से मेल खाये और हमारे उपभोक्ताओं के लिए भी वह ख़ास हो?

मेरा दूसरा सवाल था कि यहाँ से हमें कहाँ जाना है, इसके जवाब में मुझे पक्का विश्वास था कि माइक्रोसॉफ़्ट के सी.ई.ओ. को, अपने पहले साल में ही बहुत अच्छी तरह से कुछ काम तत्काल करने थे।

- स्पष्ट और नियमित तौर पर अपने मिशन, विश्वदृष्टि, व्यवसाय एवं नवोन्मेष सम्बन्धी महत्त्वाकांक्षाओं के बारे में संवाद करना।
- ऊपर से नीचे तक संस्कृति में बदलाव लाना और सही जगह पर सही टीम को रखना।
- नयी और आश्चर्यजनक साझेदारी करना जिससे हमारा हिस्सा भी बढ़े और उपभोक्ताओं को भी ख़ुशी हो।
- नवोन्मेष के अगले दौर तथा तकनीकी बदलाव के लिए तैयार रहना, मोबाइल-प्रथम एवं क्लाउड प्रथम की दुनिया के लिए अपने अवसरों को फिर से रूप देना और उसको प्राथमिकता के स्तर पर अंजाम देना।
- समयातीत मूल्यों के लिए खड़े रहना, उत्पादकता को फिर से बढ़ाना तथा सभी के लिए आर्थिक विकास को दिशा देना।

यह सूची सफल होने का कोई नुस्खा नहीं सुझाती क्योंकि आज भी माइक्रोसॉफ़्ट बहुत अधिक बदलावों के दौर से गुज़र रही है। हमें कुछ समय तक यह नहीं पता चल पायेगा कि हमारे दृष्टिकोण का अन्तिम प्रभाव क्या पड़ा।

2014 से 2015 की गर्मियों के बीच हमने ज़ोर-शोर से बदलावों को दिशा दी। पहले कुछ महीनों के दौरान बेहद ध्यान और उत्सुकता से सुनने के बाद अब समय आ गया था—आत्मविश्वास तथा भरोसे के साथ कुछ करने का। माइक्रोसॉफ़्ट में मेरा पहला खिताब "मत प्रचारक" (इवेंजलिस्ट) था। तकनीक की दुनिया में यह एक सामान्य शब्द है जिसका प्रयोग उस व्यक्ति के लिए किया जाता है जो किसी महत्त्वपूर्ण काम को पूरा करने के लिए किसी तरह के मानक या उत्पाद का सहारा लेता है। यहाँ मैं इस अर्थ में इवेंजलिस्ट था कि हमें अपने मर्म को फिर से खोजने की ज़रूरत थी।

अनेक अर्थों में किसी कम्पनी का मिशन उसके मर्म के बारे में उसका कथन होता है और सबसे पहले मैं वहीं गया।

एक ऐसे संगठन में जहाँ एक लाख से अधिक लोग काम करते हों और जो 190 से अधिक देशों में काम कर रहा हो, वहाँ चीज़ों को वास्तविक बनाने के लिए तथा विश्वसनीयता को प्रचारित करने के लिए हमने अपने मिशन और अपनी संस्कृति के बीच स्पष्ट रूप से सम्बन्ध का विकास किया। हमने अपने मिशन, विश्वदृष्टि, महत्त्वाकांक्षा को एक पृष्ठ में परिभाषित किया— यह उस कम्पनी के लिए बहुत बड़ी बात थी जिसमें बड़ी-बड़ी पावरप्वाइंट प्रस्तुतियों को पसन्द किया जाता है। यह अपेक्षाकृत आसान हिस्सा था। इसका मुश्किल हिस्सा यह था कि यह बदले नहीं—इसे कायम रखा जा सके। मैं इधर या उधर एक दो शब्दों को सम्पादित कर देता, एक अनुच्छेद जोड़ देता और हर बार भाषण देने से पहले उसे अच्छी तरह देख लेता। मैं फिर याद दिलाता "उत्तम होने से अच्छा स्थिर होना होता है।"

अपनी नयी भूमिका में काम शुरू करने से पहले हमारी कार्यकारी टीम ने विशाल कम्पनी और उसकी रणनीति को समझाने में काफ़ी समय लगाया था। हमें साझी समझदारी विकसित करने की ज़रूरत थी। जो सबसे साधारण ढाँचा हम ले कर आये वह यह था कि लोगों को इसके लिए प्रेरित किया जाय कि वे इन विचारों को अपने जीवन में अपनायें।

मेरे कार्यकाल के पहले कुछ सालों में जो काम था वह बदलाव के इस पहिये को चलाते रहने का था। निश्चित रूप से इसके लिए नियमित संवाद की ज़रूरत थी, लेकिन इसके लिए मेरी और वरिष्ठ नेतृत्वकर्ताओं की टीम की तरफ़ से अनुशासन और निरन्तरता की भी ज़रूरत थी। हमें ज़रूरत थी कि हम प्रेरित करें और बदलाव को दिशा दें। हमने अपने आप को चुनौती दी, "अगले साल के अन्त में अगर हमारे ऊपर अदालत में मुकदमा चला और हमारे ऊपर आरोप यह लगाया गया कि हम अपने मिशन को पूरा करने में असफल रहे तो क्या हमारे ख़िलाफ़ इतने सबूत होंगे कि हमें सजा दी जा सके?" दिलचस्प बातों को कहना ही काफ़ी नहीं था। मुझे और हम सब को उन्हें करना भी था और हमारे कर्मचारियों को यह देखना था कि हमने अपने मिशन, महत्त्वकांक्षा और संस्कृति के ऊपर फिर से बल देने के लिए

किस तरह से सब कुछ किया है, और उसके बाद उनको भी वही सब करने की शुरुआत करने की ज़रूरत थी।

हमारी तीन महत्त्वाकांक्षाओं ने इस बात को परिभाषित किया कि हमने किस प्रकार से टीमों को संगठित किया और उनके परिणामों के बारे में जानकारी हासिल की। हमारा मिशन यह निर्देशित करता था कि मुझे कहाँ जाना था और वहाँ रहते हुए मुझे किन से मिलना था। मेरे सफ़र की शुरुआत अक्सर समुदाय से जुड़े स्कूल या अस्पताल की यात्रा से होती थी। मुझे ख़ास तौर पर कोलम्बिया और न्यूजीलैंड में आदिवासी लोगों के साथ उत्सव मनाने में मज़ा आया। यह जानने में कि किस तरह से माइक्रोसॉफ़्ट की तकनीक का इस्तेमाल करके उन्होंने पीढ़ियों की अपनी परम्परा और इतिहास को संजोये रखा और विकास के बारे में वे क्या सोचते हैं। इसके अलावा हम लोग रुके हुए उत्पादों और परियोजनाओं को हरी बत्ती दिखा रहे थे, प्रतिस्पर्धियों के साथ नयी साझेदारियों को आमन्त्रित कर रहे थे, आश्चर्यजनक स्थानों पर दिखाई दे रहे थे। अपने उत्पादों को निर्मित करने के प्रयासों में प्रथम श्रेणी के नागरिकों के लिए सुलभ बन रहे थे और अपने लोगों, सहयोगियों और उपभोक्ताओं से विचार-विमर्श के लिए दुनियाभर में यात्राएँ कर रहे थे।

10 जुलाई 2014 को, जब माइक्रोसॉफ़्ट के नये वित्त वर्ष की शुरुआत हुए महज कुछ दिन ही हुए थे, मैंने सुबह 6:02 मिनट पर पूरी कम्पनी को एक ई-मेल भेजा, जो एक तरह से घोषणा-पत्र की तरह था और इतनी सुबह मैंने इसलिए भेजा था ताकि अमेरिका भर में दिन की शुरुआत होते ही सबको वह ई-मेल मिल जाये और दुनियाभर के कर्मचारियों को सप्ताहान्त से पहले मिल जाये। हम एक वैश्विक कम्पनी हैं और यह ज़रूरी था कि हम उसी तरह से सोचें। "अपने नवोन्मेष को तेज़ करने के लिए हमें अपने मर्म की फिर से खोज करने की ज़रूरत है—अपनी विशिष्ट आत्मा की। हमें इस बात को समझ कर आत्मसात कर लेना चाहिए कि वह क्या है जिसे केवल माइक्रोसॉफ़्ट ही दुनिया को दे सकती है और हम किस प्रकार दुनिया को एक बार फिर बदल सकते हैं। मैं मानता हूँ कि हमारे सामने यह काम है कि हम उससे अधिक साहसी और महत्त्वाकांक्षी बनें जितने कि पहले कभी न

रहे हों। माइक्रोसॉफ़्ट मोबाइल-प्रथम, क्लाउड-प्रथम दुनिया में उत्पादकता और प्लेटफ़ॉर्म उपलब्ध करवाने वाली कम्पनी है। हम लोग उत्पादकता का फिर से आविष्कार करेंगे ताकि इस धरती के हर व्यक्ति और हर संस्था को इतना सशक्त बनायें कि वे और अधिक काम करें तथा उन्नति करें।"

मैंने यह लिखा कि हमारे लिए उत्पादकता, डॉक्युमेंट्स, स्प्रेडशीट्स और स्लाइड से बहुत आगे की चीज़ है। हम उन लोगों की सहायता करेंगे जो उपकरणों, ऐप्प, डाटा और सोशल नेटवर्क के बढ़ते समुद्र में तैर रहे हैं। हम अधिक प्रीडिक्टिव, निजी और मददगार सॉफ़्टवेयर का निर्माण करेंगे। हम उपभोक्ताओं के बारे में यह सोचेंगे कि वे "दोहरे उपभोक्ता" हैं, वे लोग जो अपने काम, अपने स्कूल के लिए तकनीक का इस्तेमाल करते हैं और अपने निजी डिजिटल जीवन के लिए भी। इस ई-मेल में मैंने एक लक्ष्य निर्धारक की तस्वीर डाली जिसके बीचोंबीच लिखा हुआ था "डिजिटल कार्य और जीवन अनुभव," उसके चारों तरफ़ हमारे क्लाउड से जुड़े प्लेटफ़ॉर्म तथा कम्प्यूटर उपकरण थे। जल्दी ही 3 अरब लोग इण्टरनेट, सेन्सर्स और इण्टरनेट ऑफ़ थिंग्स से जुड़ जायेंगे। पी.सी. की बिक्री कम हो रही थी और हमें नीत्शे के इस वाक्य "वास्तविकता के सामने साहस" को "अवसर के सामने साहस" में बदलने की ज़रूरत थी। हमें उन करोड़ों उपकरणों को जीत लेने की ज़रूरत थी जो इण्टरनेट के माध्यम से जुड़े हुए थे, न कि इस बात से चिन्तित होने की ज़रूरत थी कि बाज़ार कम होता जा रहा है।

कर्मचारियों ने तुरन्त प्रतिक्रिया दी। पहले 24 घण्टे के दौरान मैंने कम्पनी के हर हिस्से तथा दुनिया के हर हिस्से से सैकड़ों कर्मचारियों को सुना। उन्होंने कहा कि धरती पर सभी को सशक्त और उन्नत बनाने की बात ने उनको निजी तौर पर प्रेरित किया और उन्होंने इसके बारे में सोचा कि अपने दैनिक कार्यों में इसको किस प्रकार से अपनाया जाये। चाहे वे कोडिंग से जुड़े लोग रहे हों, डिज़ाइनर, बाज़ार से जुड़े लोग या कम्प्यूटर से मदद देने वाले तकनीकी लोग। बहुत लोगों ने उपयोगी सुझाव तथा विचार दिये। उनमें मेरा पसन्दीदा था परम्परागत सोच को और अधिक चुनौती देना। एक्स बॉक्स क्यों है, क्योंकि परम्परागत टी.वी. और केबल के बॉक्स ख़त्म हो रहे हैं? कितना अच्छा हो कि वीडियो गेम और रोबोटिक्स में गति को

समझने वाली हमारी तकनीक किनेक्ट पंखों और पहियों के साथ आजमाई जाये जिससे वह खोई हुई चाभी या बटुए को खोज कर ले आये। कई लोगों ने मुझे लिख कर कहा कि सालों की हताशा के बाद उनको नयी ऊर्जा महसूस हो रही है। मैंने यह निश्चय कर लिया था कि मैं पीछे नहीं हटूँगा।

जो पत्रकार माइक्रोसॉफ़्ट की गतिविधियों के ऊपर नज़र रखते थे उनको ई-मेल की प्रतियाँ दी गयीं और उनसे तत्काल यह भी कहा जाने लगा कि मेरे नेतृत्व में माइक्रोसॉफ़्ट का भविष्य क्या होने वाला था। न्यूयार्क टाइम्स ने सांस्कृतिक बदलाव के बारे में लिखा। द वाशिंगटन पोस्ट इस बात से खुश था कि मैं अपनी पंक्तियों के बीच में साहित्य के सन्दर्भ देता था। ब्लूमबर्ग ने यह चेतावनी दी कि अगर माइक्रोसॉफ़्ट कॉर्पोरेट तथा उपभोक्ता बाज़ार में अपनी उत्पादकता के माध्यम से सफल होना चाहता था तो उसे कुछ ऐसे उत्पाद बनाने होंगे जो उसकी बड़ी-बड़ी बातों के अनुरूप हों। उनका कहना सही था। हम यह चाहते थे कि उपभोक्ता न केवल हमारे उत्पादों को अपनायें बल्कि वे उन्हें प्यार करें।

अपने मुख्य उद्देश्यों तथा व्यावसायिक महत्त्वाकांक्षाओं के बारे में बोलना अच्छा आरम्भिक कदम था, लेकिन मुझे इस बात की ज़रूरत भी थी कि इन बदलावों का नेतृत्व करने के लिए मेरे साथ सही लोग हों। कुछ समय बाद मैंने इस बात की घोषणा की कि पेगी जॉनसन, जो बहुत समय से क्वालकॉम में काम कर रही थीं, वे हमारे यहाँ व्यवसाय विकास के प्रमुख के रूप में काम करेंगी, नये-नये उत्पादों और सेवाओं के साथ साझेदारी या उनके विलय को ले कर सौदे करेंगी। कुछ सप्ताह के अन्दर हमने एक लोकप्रिय ऑनलाइन गेम माइनक्राफ़्ट को खरीद लिया, हमें यह पता था कि इससे हमारे क्लाउड तथा अन्य उपकरणों के साथ अधिक लोग जुड़ जायेंगे। उसके कुछ सप्ताह बाद मैंने घोषणा की कि कैथलीन होगान, जो हमारे वैश्विक परामर्श और सहयोग व्यवसाय की प्रमुख थीं और जिनका मैकेंजी और ओरेकल जैसी कम्पनियों में काम करने का अनुभव था, हमारी मुख्य जन अधिकारी होंगी और आने वाले सांस्कृतिक रूपान्तरण में मेरी सहयोगी भी। मैंने कर्ट देल्बेन को प्रेरित किया, जो पहले माइक्रोसॉफ़्ट ऑफ़िस विभाग के प्रमुख रह चुके थे, कि वे मुख्य रणनीति अधिकारी के रूप

में वापस आ जायें। राष्ट्रपति ओबामा के प्रशासन ने पहले देश की स्वास्थ्य बीमा वेबसाइट हेल्थकेयर डॉट ओआरजी को सुचारू बनाने के लिए सेवाएँ ली थीं। हमारे यहाँ दो लोग मार्केटिंग का काम देख रहे थे और मैंने वह भूमिका पूरी तरह से क्रिस कपोसेला को दे दी। स्कॉट गथरी, जो क्लाउड का व्यवसाय तैयार करने में मेरे इंजीनियरिंग सहयोगी थे, को क्लाउड और उद्यम व्यवसाय का प्रमुख बनने के लिए चुना, जो हमारा सबसे तेज़ी से बढ़ता हुआ व्यवसाय था।

समय के साथ इन बदलावों के कारण यह हुआ कि कुछ अधिकारी छोड़ कर चले गये। वे सब बहुत प्रतिभाशाली लोग थे, लेकिन जो वरिष्ठ नेतृत्वकर्ताओं की टीम थी उसको आपस में बेहद जुड़ाव वाली टीम बनाने की ज़रूरत थी जिसमें एक समान विश्वदृष्टि वाले लोग हों। कोई बहुत बड़ी घटना हो—बहुत बड़ा कोई सॉफ़्टवेयर, नयी तरह का हार्डवेयर या एक सुचारू रूप से चलने वाले संस्थान का निर्माण—उसके लिए या तो एक बहुत बड़े दिमाग़ की ज़रूरत होती है या बहुत से सहमत दिमाग़ों की। मुझे हाँ में हाँ मिलाने वाले स्त्री या पुरुष अच्छे नहीं लगते। बहस-तर्क-वितर्क ज़रूरी होते हैं। एक-दूसरे के विचारों को बेहतर बनाते रहना ज़रूरी होता है। मैं चाहता था कि लोग बोलें। "उपभोक्ताओं के अलग-अलग वर्ग के बारे में यह मेरा अनुभव है।" "कीमत को ले कर जो यह नीति है इस विचार के विरुद्ध है।" कॉलेज के जमाने की तरह से बहस करना अच्छा लगता है। लेकिन बहुत अच्छी सहमति होने की भी ज़रूरत होती है। हमें उच्च स्तर पर एक ऐसी टीम की ज़रूरत थी जो एक-दूसरे की समस्याओं को समझे, बातचीत को बढ़ावा दे और प्रभावी रहे। हम यह चाहते थे कि एस.एल.टी. को सब अपनी पहली टीम के रूप में देखें, न कि इस रूप में देखें जैसे एक और बैठक में गये हों। हमें मिशन, रणनीति और संस्कृति को ले कर एक होने की ज़रूरत थी।

मैं एस.एल.टी. को सुपर हीरोज़ के एक दल के रूप में देखना चाहता था, जिस में किसी एक लक्ष्य को हासिल करने के लिए हर नायक किसी विशेष शक्ति के साथ सामने आता है। एमी हमारी अन्तरात्मा की तरह है, जो हमें बौद्धिक रूप से ईमानदार बनाये रखती है, जो करने के लिए हम

वचनबद्ध होते हैं उसको करने के लिए ज़िम्मेदार बनाता है। कर्ट हमें बताते रहते हैं कि हम अपनी रणनीति और काम के लिए मेहनत करते रहें। उत्पाद नेतृत्वकर्ता जैसे टेरी, स्कॉट, हैरी और हाल ही में शामिल हुए राजेश झा तथा केविन स्कोट उत्पाद की योजनाओं को समयबद्ध बनाने के लिए प्रयास करते रहते हैं। सभी अच्छी तरह जानते हैं कि नेतृत्व के स्तर पर रणनीति तैयार करने में अगर हम अचूक हो जायें तो, हमारे उत्पाद को, उसे सम्भव कर दिखाने में हम मीलों आगे निकल जाते हैं। ब्रैड हमें कानूनी और नीति से जुड़े अन्य पहलुओं को समझने में मदद करते हैं। महत्त्वपूर्ण वैश्विक तथा घरेलू मुद्दों को ले कर हमेशा सही की तलाश में लगे रहते हैं। कैथलीन हमेशा हमारे कर्मचारियों की आवाज़ को जगह देती रहती हैं। पेगी यही काम हमारे सहयोगियों के लिए करते हैं और क्रिस, जॉ-फिलिप कॉर्टाइस और जडसन ऑल्टहॉफ हमारे उपभोक्ताओं के लिए। हमारे यहाँ घटित हो रहे रूपान्तरण के वे सच्चे नायक हैं।

एक बात को ले कर हम सब स्पष्ट थे कि एस.एल.टी. के अलावा हमें विस्तृत तौर पर ऐसे नेताओं की ज़रूरत थी जो मिशन को तैयार करें तथा उस संस्कृति का निर्माण करें जो हमें चाहिए। जहाँ तक मुझे याद आता है, हर साल 150 के करीब प्रमुख अधिकारी एक जगह पर जुटते हैं। हम अपने दफ़्तरों से निकल कर अपने मुख्यालय से दो घण्टे की दूरी पर स्थित पहाड़ी इलाके में चले जाते हैं जहाँ हम एक शान्त, आरामदेह होटल में इस पर काम करते हैं कि रणनीति के स्तर पर हम सभी एक समान हो जायें। इस तरह से साथ मिलने का विचार बहुत अच्छा है। प्रत्येक टीम अपने उत्पाद की योजनाओं को साझा करती है और दुनिया द्वारा उसके अनुभव से बहुत पहले नयी से नयी तकनीकी खोजों का प्रदर्शन करती है और सभी को यह अच्छा लगता है कि समय निकाल कर अपने सहकर्मियों के साथ फिर से मिलें और उनके साथ आग के पास बैठ कर खाना खायें। लेकिन इस तरह से मिलने-जुलने के दौरान मुझे एक बात परेशान करती थी कि यहाँ हम अपनी सारी प्रतिभाओं, सारी योजनाओं, समस्त बुद्धिकौशल के साथ घने जंगल में बैठ कर एक साथ केवल बातें करते हैं और खुल कर कहूँ तो मुझे ऐसा लगता था कि सारी बातचीत एक-दूसरे के विचारों में कमी दिखाने को

ले कर होती थी। बहुत हुआ। मुझे ऐसा लगा कि यह समय था रिफ़्रेश बटन दबा कर प्रयोग करने का। उस साल, हमने ऐसे बहुत सारे काम किये जिससे बदलाव दिखाई दे तथा प्रमुख नेतृत्वकर्ताओं को पूरी तरह से तैयार किया जाये। मैं चाहता था कि वे इस बारे में सोचें कि हम कहाँ जा रहे हैं और मैं यह चाहता था कि वे वहाँ पहुँचने में हमारी मदद करें।

रिट्रीट में पहला बदलाव यह था कि हमने उन कम्पनियों के संस्थापकों को बुलाया जिनकी कम्पनियों का हमने एक साल पहले अधिग्रहण किया था। माइक्रोसॉफ़्ट के ये नये नेतृत्वकर्ता मिशन बना कर काम करने वाले थे, नयी-नयी सोच वाले थे, मोबाइल-प्रथम क्लाउड-प्रथम दुनिया में पैदा हुए थे। मुझे पता था कि हम उनके ताज़े, बाहरी दृष्टिकोण से काफ़ी कुछ सीख सकते थे। केवल एक समस्या थी कि इनमें से अधिकतर नेतृत्वकर्ता आधिकारिक रूप से उस यात्रा में जाने के लायक नहीं थे क्योंकि वहाँ जिस दर्जे के अधिकारियों को ले जाया जाता था इनको कम्पनी में निजी रूप से वह दर्जा नहीं मिला था। इससे भी बुरी बात यह थी कि न तो मैनेजर, न ही उनके मैनेजर के मैनेजर उस दर्जे के लायक थे। याद रखने की बात यह है कि इस रिट्रीट में केवल बहुत आला अधिकारियों को ही बुलाया जाता था। उनको आमन्त्रित करना मेरे सबसे लोकप्रिय फ़ैसलों में नहीं था। लेकिन उन्होंने हमें रौशनी दिखाई, उनको इस बारे में बिलकुल पता नहीं था कि वे कौन-सा इतिहास तोड़ रहे थे। उन्होंने सवाल पूछे, उन्होंने अपनी यात्रा को साझा किया, उन्होंने हमें बेहतर करने के लिए उकसाया।

एक और फ़ैसला जिसको बहुत पसन्द नहीं किया गया, यह था कि रिट्रीट के दौरान उपभोक्ताओं को आमन्त्रित किया जाना। इसको ले कर काफ़ी कुछ कहा-सुनी हुई। हमें रिट्रीट में उपभोक्ताओं से क्यों मिलना है? हम सामान्य तौर पर तो उनसे मिलते ही हैं। क्या आपको ऐसा लगता है कि हम यह नहीं जानते कि हमारे उपभोक्ता वास्तव में क्या चाहते हैं। लेकिन इस नकारात्मकता से निकलते हुए उस रिट्रीट में हम पहली सुबह सम्मेलन कक्ष में मिले। हम करीब दर्जन भर टीमों में बँट गये और वैन में बैठ गये। हर वैन में एक घबराया हुआ अकाउण्ट मैनेजर था जो उस सफ़र की मेजबानी कर रहा था और उसके साथ उस सफ़र में वरिष्ठ शोधकर्ता, इंजीनियर,

सेल्स-मार्केटिंग, वित्त विभाग के वरिष्ठ अधिकारी गण, एच.आर. विभाग के लोग, तथा कामकाज से जुड़े हुए लोग, सब एक-दूसरे के साथ काम करने के लिहाज से नये थे। सभी वैन प्यूनेत साउंड क्षेत्र के अलग-अलग दिशाओं में हमारे उपभोक्ताओं से मिलने के लिए निकल गयी—स्कूल, विश्वविद्यालय, बड़ी संस्थाओं, गैर सरकारी संगठन, नयी-नयी कम्पनियों, अस्पताल, छोटे व्यवसाय और इसी तरह के अन्य संस्थान। एक्सेक्यूटिव्स सुन रहे थे। वे साथ-साथ सीख रहे थे। एक-दूसरे के साथ उन्होंने एक तरह से नया रिश्ता बनाया। उन्होंने शब्दों के बाण रख दिये और नये रास्तों की तलाश की जिसके माध्यम से माइक्रोसॉफ़्ट दुनिया में अपने मिशन को पूरा कर सकती थी। वे इस शक्ति का अनुभव कर रहे थे कि कम्पनी की अलग-अलग टीमों के लोग किस तरह से साथ मिल कर उपभोक्ताओं की समस्याओं का समाधान कर रहे थे।

शायद इस प्रयोगात्मक रिट्रीट के दौरान हमने जो सबसे महत्त्वपूर्ण काम किया वह यह था कि हमने अधिकारियों को अधिक खुली और ईमानदार बातचीत में शामिल किया। कैथलीन होगान, जो हमारी कम्पनी की मुख्य जन अधिकारी हैं और इस कोशिश में मेरी सहयोगी भी, इस बात को जानती थी कि हमें इन समूहों से उनके अनुभव के बारे में जानना था। दिन भर उपभोक्ताओं से सिएटल के इलाके में मिलने और वापस पहाड़ पर लौटने के बाद लोग एक बार फिर से अलग-अलग सत्रह समूहों में बँट गये और हर समूह में दस लोग थे। उनको इशारे से डिनर टेबल की तरफ़ ले जाया गया और उनको यह कार्य सौंपा गया कि वे इस बारे में अपने विचारों को साझा करें कि कम्पनी की संस्कृति कहाँ है और उसको बनाने के सम्बन्ध में अपने विचारों को साझा करें। हम में से कुछ लोगों का ऐसा अनुमान था कि यह कवायद बेकार जाने वाली थी—नेतृत्वकर्ताओं को बहस में शामिल करने के लिए एक प्यारा-सा फन्दा। हमने यह महसूस किया कि ये नेतृत्वकर्ता थक चुके होंगे। वे अहंकार में होंगे। हो सकता है कि वे अपने दोस्तों से इस बारे में चर्चा करना चाहते हों। हो सकता था कि वे यह कह दें कि संस्कृति उनका काम नहीं वह तो एच.आर. के लोगों का काम है।

हम बिलकुल गलत थे। उस शाम लम्बी बहस हुई क्योंकि उच्च अधिकारियों की टीम की एक सामान्य समझ इस बात को ले कर बनी कि दूसरी टीमों को अपनी-अपनी टीमों का नेतृत्व करते हुए किस तरह के अनुभव हुए थे और वे सभी इस बात के ऊपर चर्चा करते रहे कि किस तरह से उस संस्कृति को बनाया जाये जो वे सब चाहते थे।

अगली सुबह कैथलीन और हर टेबल के नेतृत्वकर्ता नाश्ता करने मेरे पास आये। यह बताने के लिए कि उन्होंने क्या सीखा और पिछली रात की चर्चा से उभरे विचारों को बताने के लिए। वे बेहद जोश में थे, मदद करने के लिए बेचैन और उनकी ऊर्जा संक्रामक थी। आख़िरकार, मैं उस रिट्रीट से उन विचारों से प्रेरित हो कर निकला, लेकिन सबसे बढ़ कर मुझे प्रेरणा मिली इस बात से कि नेतृत्वकर्ताओं ने कितनी गहराई और समर्पण से वहाँ काम किया। हम यह बात जानते थे कि हमें इस गतिविधि को बनाये रखना था इसलिए टेबल चर्चा के जो नेतृत्वकर्ता थे उनको एक तरह से एक सांस्कृतिक समिति के रूप में नामांकित किया गया—विश्वस्त सलाहकारों और वरिष्ठ नेतृत्वकर्ताओं का समूह जो कम्पनी के हर हिस्से में सांस्कृतिक बदलाव के लिए मदद कर रहा था। यह बदलाव अन्दर से आ रहा था।

2015 की गर्मियों तक हमारे नेतृत्वकर्ताओं की टीम सचमुच में संघटित हो रही थी और कम्पनी में गति दिखाई देने लगी थी। विण्डोज़ 10, जो हमारा अब तक का सबसे महत्त्वकांक्षी संस्करण होने वाला था, बाज़ार में आने वाला था। सरफ़ेस प्रो 3 के आने से यह साबित होने वाला था कि उपभोक्ता और व्यवसायी दोनों ऐसा टैबलेट चाहते थे जो उनके लैपटॉप की जगह ले ले। हमने सभी उपकरणों के लिए ऑफ़िस बनाया, आईफ़ोन के लिए भी तथा हमारे क्लाउड आधारित ऑफ़िस 365 के करीब एक करोड़ उपभोक्ता हमसे जुड़े। एज़्योर, जो माइक्रोसॉफ़्ट का क्लाउड प्लेटफ़ॉर्म है, जो ॲमेज़ॉन से प्रतिस्पर्धा करता है, धीरे-धीरे बढ़ रहा था। मैंने अपने कर्मचारियों को जब ई-मेल किया था उसके बाद के महीनों में हमारे नेतृत्वकर्ताओं के दल ने उस पत्र की बातों को और भी बेहतर बनाया और यह फ़ैसला किया कि हम लोग सकारात्मक रूप से कम्पनी के मिशन कथन

को बदल कर रख देंगे। हमारे रूपान्तरण की प्रक्रिया चल रही थी, हालाँकि हमें अभी भी बहुत आगे जाना था।

जब मैं कम्पनी के अधिकारियों के साथ रिट्रीट से लौट कर आया तो उसके बाद मुझे एक सप्ताह के लिए एशिया की यात्रा पर जाना था जिसकी शुरुआत चीन में एक महत्त्वपूर्ण सम्मेलन से होने वाली थी। हर सप्ताहान्त में मैं अपनी माँ को फ़ोन करके उनसे बात करता। चूँकि उस शनिवार मैं यात्रा कर रहा था इसलिए मैंने यह फ़ैसला किया कि इस बार हवाई जहाज में चढ़ने से पहले मैं उनको फ़ोन करूँ। वह दिन उगाडी का था, उस दिन भारत में हमारे क्षेत्र में नये साल का दिन मनाया जाता है। मुझे ध्यान नहीं था, इसलिए मेरी माँ ने मुझे याद दिलाया और मुझे नये साल की मुबारकबाद दी। उस दिन बातचीत कम हुई क्योंकि मुझे एयरपोर्ट पर जाने में देर हो रही थी और हमने सप्ताह के बारे में थोड़ी बहुत बात की और इस बारे में भी कि क्या कुछ चल रहा था। हमेशा की तरह फ़ोन रखने से पहले माँ ने पूछा कि मैं जो कर रहा हूँ क्या उससे खुश हूँ और मैंने उनको भरोसा दिलाया कि मैं खुश हूँ। यह उनका आखिरी आशीर्वाद था, क्योंकि जहाज के उतरने से दो घण्टे पहले मुझे एक दुखद ई-मेल मिला, अनु ने मेल करके पूछा था कि क्या मेरा जहाज उतर गया। मुझे लगा कि कुछ गड़बड़ है और कुछ देर की बातचीत के बाद मुझे यह पता चल गया कि मेरी माँ का अचानक देहान्त हो गया। मैं बुरी तरह से हिल गया, मैंने अपनी यात्रा रद्द की और जल्दी से हैदराबाद के लिए चला गया। समय के साथ मुझे यह बात समझ में आ गयी कि माता-पिता की मृत्यु तकलीफ़देह तो होती है लेकिन मेरी माँ हमेशा मेरी चेतना में बनी रही। वह हमेशा वहाँ रहेंगी। उनका शान्त स्वभाव और उनकी बुद्धि आज भी अपने आस-पास के लोगों और दुनिया के साथ मेरे रिश्तों को बनाती रहती है।

उस साल मैं इस बारे में सोचता रहा कि मेरी ज़िन्दगी में उनकी भूमिका क्या थी और वह लगातार इस बात के ऊपर ज़ोर देती रहती थी कि मैं जो भी करूँ उसमें सन्तुष्टि और अर्थ पाने की चेष्टा करूँ। यह बात उस साल वसन्त के दौरान मेरे साथ बनी रही जबकि मैं, हमारे नये मिशन और संस्कृति को विश्व भर में अपने कर्मचारियों के साथ साझा करने की तैयारी कर रहा

था। उस साल जुलाई में मैं जहाज में बैठ कर ओरलैंडो, फ़्लोरिडा के लिए उड़ा तो एक नयी तरह की उम्मीद से भरा हुआ था। हर साल जुलाई में माइक्रोसॉफ़्ट के करीब 15 हज़ार ऐसे कर्मचारी जो उपभोक्ताओं का सामना करते थे वैश्विक सम्मेलन के लिए जुटते थे जहाँ वे नयी-नयी रणनीतियों और नये प्रयासों के बारे में सुनते थे, और तकनीक के जिन नये उत्पादों के ऊपर काम चल रहा होता था उसका प्रदर्शन देखते थे।

हज़ारों सहकर्मियों की ऊर्जा से हॉल भरा हुआ था जबकि मैं स्टेज के पीछे रिहर्सल कर रहा था कि किस तरह मैं अपने लोगों को नये मिशन के बारे में बताऊँगा और संस्कृति के रूपान्तरण के बारे में उनको क्या बताऊँगा। माइक्रोसॉफ़्ट के लोग इसके लिए कुख्यात हैं कि जब वे बोलते हैं तो टन भर पावरप्वाइंट स्लाइड दिखाते हैं, लेकिन मुझे स्लाइड या लिखे हुए नोट के ऊपर अधिक भरोसा नहीं है। इसलिए मैं मुक्त था कि जो मन में हो उसको खुल कर कहूँ। हर मेज़ पर और हर घर में कम्प्यूटर हो, बिल और पॉल ने 40 साल पहले कम्पनी के मिशन के रूप में इसको निर्धारित किया था, जो एक तरह से लक्ष्य था—जो अपने समय में प्रेरित करने वाला था। जितना ही मैंने इस बारे में सोचा उतना ही मेरे मन में यह सवाल उठा कि किस बात से प्रेरित हो कर उन्होंने पर्सनल कम्प्यूटर बनाने के बारे में सोचा होगा। उसके पीछे क्या प्रेरणा रही होगी जो आदि कम्प्यूटर अल्तेयर के लिए बुनियादी कोड लिखा गया होगा? वह था लोगों को सशक्त बनाना। और वही आज भी हमारे सारे प्रयासों के पीछे प्रेरणा बनी हुई थी : इस धरती पर सभी लोगों और सभी संस्थाओं को इतना सशक्त बनाया जाये कि वे और अधिक हासिल कर सकें, हम सशक्तिकरण के व्यवसाय में हैं, जब मैं मंच पर आया तो मैंने कहा, और केवल अमेरिका के पश्चिमी किनारों की नयी-नयी शुरू की गयी कम्पनियों या तकनीक उपभोक्ताओं को ही नहीं बल्कि इस धरती पर हर किसी को, लोगों और संस्थाओं को और अधिक हासिल करने के लिए मदद करना हमारा उद्देश्य है। यही हमारे फ़ैसलों का कारण होता है और हमारे जुनून को प्रेरित करता है; यही हमें अन्य कम्पनियों से अलग बनाता है। हम जो चीज़ बनाते हैं वह दूसरे लोगों को चीज़ों को बनाने में मदद करता है और उनको सम्भव बनाता है।

यह हमारे मिशन का सार है, लेकिन हमारे कर्मचारी, हमारे व्यवसाय सहयोगी, एक्सेंचर से बेस्ट बाई तक, ह्यूलेट पैकर्ड से ले कर डेल तक, सब और भी सुनना चाहते थे। वे हमारी व्यावसायिक प्राथमिकताओं के बारे में जानना चाहते थे, वे यह जानना चाहते थे कि सशक्तिकरण के इस वादे को पूरा करने के लिए हम क्या कर रहे थे, मैंने कहा कि हम अपने सभी संसाधनों को आपस में जुड़ी तीन महत्त्वाकांक्षाओं के इर्द-गिर्द जुटायेंगे।

सबसे पहले, हमें उत्पादकता और व्यवसाय प्रक्रिया को फिर से आविष्कृत करना होगा। हमें व्यक्तिगत उत्पादकता टूल बनाने से आगे बढ़ कर चार सिद्धान्तों पर आधारित कम्प्यूटिंग के लिए एक बौद्धिक तार का निर्माण करना होगा—गठजोड़, गतिशीलता, बुद्धि और विश्वास। लोग महत्त्वपूर्ण काम निजी तौर पर तो करते हैं लेकिन गठजोड़ नया मानक है, इसलिए हम इस तरह के टूल्स बनायेंगे जो टीम को सशक्त बनाये। हम चाहते हैं कि सबको उत्पादक बनायें, चाहे वे कहीं हों, चाहे वे जिस उपकरण का उपयोग कर रहे हैं, डाटा, ऐप्प्स और सेटिंग—सभी विषय—को कम्प्यूटिंग अनुभव में साझा बनना चाहिए। बुद्धि आश्चर्यजनक रूप से ताकत को कई गुना कर देती है। डाटा का जिस तरह से विस्फोट हो रहा है ऐसे में लोगों को विश्लेषण करने वाले टूल, सेवाएँ और ऐसे एजेंट चाहिए जो बुद्धि का उपयोग करते हुए उनकी इसमें मदद करें कि वे अपने सबसे दुर्लभ संसाधन—समय—की बचत कर सकें। अन्ततः विश्वास वह आधार है जिसके ऊपर हम जो भी करते हैं वह बनता है। इसी वजह से सुरक्षा और और सम्मति के ऊपर हमने बहुत अधिक निवेश किया है जिससे किसी भी उपक्रम का मानक निर्धारित हो सके।

दूसरे, हम एक इंटेलीजेंट क्लाउड प्लेटफ़ॉर्म बनायेंगे, एक महत्त्वाकांक्षी प्लेटफ़ॉर्म, जो गहरे रूप से पहली महत्त्वाकांक्षा से जुड़ा हुआ है। आज हर संस्थान यह चाहता है कि नयी क्लाउड आधारित संरचना और उससे जुड़े एप्लीकेशन हों जो बड़े पैमाने पर डाटा को एडवांस्ड एनालिटिक्स, मशीन लर्निंग और ए.आई. के बल पर अनुमानसूचक (प्रीडिक्टिव) और विश्लेषणपरक रूप में बदल सके। संसाधन के दृष्टिकोण से हम वैश्विक उम्मीदों के मुताबिक़ बहुत उन्नत स्तर का क्लाउड प्लेटफ़ॉर्म देने वाले

हैं जिसके दुनिया भर में दर्जन भर विशेष डेटा केन्द्र होंगे। हम आने वाले सालों में अरबों डॉलर का निवेश हर साल करेंगे ताकि अधिक से अधिक संसाधन बना सकें ताकि हमारे उपभोक्ता क्लाउड प्लेटफ़ॉर्म की क्षमता की चिन्ता के बगैर या पारदर्शिता, विश्वसनीयता, सुरक्षा, निजता और सम्मति की चिन्ता किये बगैर अपनी समस्याओं का समाधान करते रहें। हमारा क्लाउड ओपन होगा और वह विकल्प देने वाला होगा ताकि हम विस्तृत प्रकार के एप्लीकेशन प्लेटफ़ॉर्म और डेवलपर टूल्स के लिए उपयोगी बन सकें। हम अपने सर्वर उत्पाद को अपने क्लाउड का हथियार बनायेंगे, जो सच्चे रूप में मिश्रित कम्प्यूटिंग को समर्थन देने वाला होगा। और ऐसा नहीं है कि केवल संसाधन के माध्यम से यह वृद्धि होगी, बल्कि हम एप्लीकेशन में बुद्धि भी डालेंगे। हम देखने, बोलने, लिखने, अनुशंसा तथा चेहरे और भावों को पकड़ने के लिए संज्ञानात्मक सेवाओं की शुरुआत करेंगे। डेवलपर अपने एप्लीकेशन में सिर्फ़ ए.पी.आई. डालेंगे और उपयोगकर्ता के अनुभवों को देख कर, सुन कर, उनके आसपास के संसार की व्याख्या करके उनको समाधान दे पायेंगे। हमारा यह ए.आई. वाला क्लाउड इन क्षमताओं को नयी-नयी कम्पनियों, छोटे व्यवसायों और उपक्रमों के लिए आम कर देगा।

तीसरे, हम चाहते हैं कि लोग और अधिक निजी कम्प्यूटिंग करते हुए विण्डोज़ की ज़रूरत महसूस करने से आगे बढ़ते हुए विण्डोज़ का चयन करें और विण्डोज़ को प्यार करने के दौर में पहुँचें। जिस तरह हम व्यवसाय और समाज को क्लाउड कम्प्यूटिंग के माध्यम से रूपान्तरित कर रहे हैं उसी तरह से ज़रूरी है कि कार्यस्थल में क्रान्ति करते हुए संगठनों और लोगों को अधिक उत्पादक बनायें। हमने एक नये विचार के साथ विण्डोज़ 10 को जारी किया—ताकि विण्डोज़ को एक सेवा के रूप में बनाया जा सके, हमारे समस्त उत्पादों में निरन्तर मूल्यवर्धन करता रहे। हमने विण्डोज़ 10 को इस तरह से बनाया है कि वह उपकरणों के साथ अधिक स्वाभाविक ढंग से और नवोन्मेषी तरीके से संवाद कायम करे—बोल कर सवाल पूछें, या कलम से लिख कर, अपनी सबसे ज़रूरी चीज़ को मुस्कान या हलकी-सी छुअन से सुरक्षित कर लें। इस तरह के अनुभव उपयोगकर्ताओं को केन्द्र में रखते हैं जिससे वह हर तरह के उपकरण में आराम से आवाज़ाही कर

सकते हैं—पी.सी. से ले कर, एक्सबॉक्स, फ़ोन, सरफ़ेस हब, माइक्रोसॉफ़्ट होलोलेंस और विण्डोज़ मिक्स्ड रियलिटी तक।

हमें आगे रूपान्तरण के लिए कर्मचारी और सहयोगियों का एका चाहिए और हमें अपने साथ वाल स्ट्रीट का भी साथ चाहिए। हमारी सी.एफ़.ओ. एमी हुड को यह समझ में आ गया कि हमें किस तरह के सांस्कृतिक बदलाव की ज़रूरत थी। अपने व्यवसाय में मात्रा के ऊपर बेहद सूक्ष्म रूप से ध्यान रखे जाने की ज़रूरत थी जिसमें वह महत्त्वपूर्ण सहयोगी बन गयी थीं। उनका काम विचारों को व्यावहारिक रूप देने का था। वित्त विश्लेषकों के साथ जब मेरी पहली बैठक थी उससे पहले एमी ने मिशन और महत्त्वाकांक्षा को भाषा और लक्ष्य में इस तरह से रूपान्तरित कर दिया जिस तरह से निवेशक सुनना चाहते थे। उदाहरण के लिए, उसने 20 अरब के क्लाउड व्यवसाय के लक्ष्य को रूप देने में मदद की, यह ऐसा था जिसके ऊपर निवेशक टूट पड़ते और हर तिमाही उसके ऊपर नज़र रखते। पी.सी. और फ़ोन के बाज़ार में पिछड़ने के कारण हम जिस तरह से बचाव की मुद्रा में रहते थे, इसके कारण अब हम आक्रामक मानसिकता में आ गये। हम सतह से उठ कर अपने भविष्य के मालिकाना हक़ की तरफ़ बढ़े।

अपने मर्म की पुनः खोज, अपने मिशन को पुनर्परिभाषित करते हुए व्यवसाय की महत्त्वाकांक्षा को रेखांकित करना ताकि निवेशकों और उपभोक्ताओं को हमारी कम्पनी को बढ़ाने में मदद मिले—जब मुझे पहली बार यह पता चला कि मुझे सी.ई.ओ. बनाया जाने वाला है तभी से यह मेरी प्राथमिकता बन चुकी थी। शुरुआत से ही मेरी कोशिश यह थी कि हमारी रणनीति सही रहे। लेकिन जैसा कि मैनेजमेंट गुरु पीटर ड्रकर ने एक बार कहा था, "संस्कृति रणनीति को नाश्ते में खा जाती है।" ओरलैंडो में उस सुबह जब मैंने अपना भाषण ख़त्म किया तो मैंने इस बात के ऊपर ध्यान लगाया जो हमारा सबसे बड़ा उद्यम था, सबसे बड़ी बाधा—माइक्रोसॉफ़्ट की संस्कृति को रूपान्तरित करना।

—

यह हैरान करने वाली बात होती है कि कोई जगह पूरी तरह से भरी हुई हो और 15 हज़ार लोग खामोश रहें। यह बात भी परेशान करने वाली होती है जब स्टेज की चौंधियाने वाली रौशनी के कारण कुछ भी दिखाई नहीं देता। जब मैं ओरलैंडो में स्टेज पर खड़ा था तो मुझे ऐसा ही महसूस हुआ। मुझे महसूस हुआ कि मेरा गला थोड़ा-सा भर आया है। मैं एक ऐसे विषय के बारे में बोलने ही वाला था जो माइक्रोसॉफ़्ट को तत्काल ठीक करने के लिए बेहद महत्त्वपूर्ण था, बल्कि मेरे लिए बेहद निजी भी था।

"मैं संस्कृति के बारे में चर्चा करके अपनी बात को समाप्त करूँगा। मेरे लिए यह सब कुछ है।" मैंने कहा।

साल दर साल बिल और स्टीव ने कर्मचारियों को कई बार सालाना व्याख्यान दिया था। बिल हमेशा भविष्य की बातें करते थे, इस बात का पूर्व अनुमान करते थे कि तकनीक की प्रवृत्ति किस प्रकार रहेगी और माइक्रोसॉफ़्ट किस प्रकार से नेतृत्व करेगा। स्टीव सभी कर्मचारियों को जोश से भर देते थे। मैंने अपने भाषण के पहले हिस्से में नये मिशन की घोषणा की, जिसकी जड़ थी कम्पनी के मर्म की पुनः खोज। मैंने नयी व्यवसाय श्रृंखलाओं के बारे में बताया। लेकिन जैसा कि मैंने निदेशक मण्डल को लिखे धन्यवाद पत्र में पहले ही बताया था, वास्तविक बदलाव संस्कृति के बदलाव पर निर्भर करता था।

संस्कृति अस्पष्ट और अनियत शब्द हो सकता है। ज्ञान से भरपूर अपनी पुस्तक 'कल्चर' में साहित्य सिद्धान्त के विद्वान टेरी इगलटन ने लिखा है कि संस्कृति का विचार बहुरूपी होता है, "एक तरह की सामाजिक अचेतनता।" बहुत सूक्ष्मता से उन्होंने संस्कृति के चार अलग-अलग अर्थ बताये हैं, लेकिन किसी संगठन के लिए जो सबसे महत्त्वपूर्ण है वह है मूल्य, आचार-विचार, मान्यताएँ और वह प्रतीकात्मक व्यवहार जिसमें स्त्री-पुरुष साँस लेते हों, जीते हों। संस्कृति ऐसे व्यवहारों से बनती है जो आदत का हिस्सा बन जाते हैं और जो कुछ सुसंगत और सार्थक की दिशा में होता है। इगलटन, जो आयरलैंड में रहते हैं, इस बात को दर्ज करते हैं कि उनके देश में एक पत्र पेटी सभ्यता का प्रमाण है, लेकिन यह बात कि उन सबको हरे रंग से रंगा गया है संस्कृति का प्रमाण है। मैं संस्कृति को एक जटिल

व्यवस्था के रूप में देखता हूँ जो अलग-अलग व्यक्तियों की सोच से बनती है—उनके सोच से जो हमारे सामने होते हैं। संस्कृति का मतलब होता है कि कोई संस्थान किस तरह से सोचता और व्यवहार करता है, लेकिन उसको लोग बनाते हैं।

मेरे अपने जीवन में, भारत में मेरे माता-पिता की भाषा, उनकी दिनचर्या और उनकी सोच और यहाँ सिएटल में मेरे परिवार की सोच ने मुझे मूर्त रूप दिया और वह आज भी मुझे दिशा दिखाता है। हैदराबाद में अलग-अलग पृष्ठभूमियों के सहपाठी जिनके साथ मैंने सीखने की मानसिकता विकसित की, जिसने उन सभी को सरकार, व्यवसाय, खेलकूद और मनोरंजन के क्षेत्र में नेतृत्व के लिए आगे बढ़ाया, इन सभी तरह के अनुभवों ने मुझे इसके लिए प्रेरित किया कि मैं अपनी उत्सुकता का अनुसरण करूँ और अपनी क्षमताओं की सीमाओं से आगे बढ़ूँ, और अब मैं यह देखने लगा था कि यह दृष्टिकोण माइक्रोसॉफ़्ट के लिए महत्त्वपूर्ण होगा कि वह अतीत की सफलता के बोझ का सामना करे।

उसी साल अनु ने मुझे डॉ. केरोल ड्वेक की किताब 'माइण्डसेट: द न्यू साइकोलॉजी ऑफ़ सक्सेस' की एक प्रति दी थी। डॉ. केरोल ड्वेक ने इस पर शोध किया है कि अपने ऊपर विश्वास के माध्यम से असफलता से निकला जा सकता है। "आप अपने बारे में जो नज़रिया बनाते हैं वह आप जो जीवन जीते हैं उसको बहुत हद तक प्रभावित करता है।" वह दुनिया को सीखने वालों और न सीखने वालों में बाँट कर देखती हैं, जिसके आधार पर वह यह दिखाती हैं कि ठहरा हुआ दिमाग़ आपको सीमित बना देगा जबकि विकास करने वाला दिमाग़ आपको आगे ले जायेगा। जब आपके हाथ में पत्ते आते हैं तो वहाँ से महज शुरुआत होती है। जुनून, मेहनत और प्रशिक्षण आपको आगे ले जाने में मदद कर सकता है। उन्होंने काफ़ी प्रेरक तरीके से इस बारे में लिखा है जिसको वह 'सी.ई.ओ. रोग' कहती हैं, जो व्यवसाय के उन नेतृत्वकर्ताओं को होता है जिनका दिमाग़ विकसित होने वाला नहीं होता।

जब मेरी पत्नी ने मुझे वह किताब दी तो वह मेरी सफलता के बारे में नहीं सोच रही थी, वह हमारी एक बेटी की सफलता के बारे में सोच रही थी

जिसे पढ़ने-लिखने में परेशानी होती है। उसकी जाँच हमें उसकी मदद की यात्रा पर ले गयी। पहली यात्रा अन्दरूनी थी, उसके लिए चिन्ता थी लेकिन हमें खुद को भी शिक्षित करने की ज़रूरत थी। उसके बाद कुछ करने का समय आया। हमें वैंकूवर, कैनाडा में एक स्कूल मिला, जिसकी विशेषज्ञता उसके जैसे अलग तरह के बच्चों को सिखाने में है। हमने अपने जीवन के पाँच साल वैंकूवर और सिएटल के बीच परिवार और समय को बाँटते हुए बिताए ताकि उसको नियमित स्कूली शिक्षा मिल सके और सिएटल में ज़ैन की भी नियमित देखभाल होती रहे।

इस सबका मतलब था कई स्तरों पर अलगाव : पति और पत्नी, पिता और बेटी, माँ और बेटा। हम दो देशों में दो जीवन जी रहे थे। अनु चाहे बारिश हो या बर्फ़बारी या अँधेरा सिएटल और वैंकूवर के बीच हज़ारों मील की यात्रा करती थी, इसी तरह मैं भी हर दूसरे सप्ताह पाँच साल तक यात्रा करता रहा। वह मुश्किल समय था, लेकिन अनु और मेरी बिटिया ने कनाडा में कुछ असाधारण दोस्त बनाये। एक परिवार के रूप में हमने यह सीखा कि इस तरह के हालात हर जगह थे। कैलिफोर्निया, ऑस्ट्रेलिया, फिलिस्तीन और न्यूजीलैंड से परिवार वैंकूवर के उस स्कूल में आये थे, सबके साथ कुछ मुद्दे थे, कुछ चुनौतियाँ थीं। मैंने यह पाया कि इस तरह की सार्वभौम स्थितियों की पहचान से सार्वभौम संवेदना का जन्म होता है—बच्चों, वयस्कों, माता-पिताओं और अध्यापकों के लिए संवेदना। हमने यह भी सीखा कि संवेदना अविभाज्य होती है और यह सार्वभौम मूल्य होता है। और हमने यह सीखा कि हर कहीं की समस्या से निपटने के लिए संवेदना ज़रूरी होती है, चाहे वह माइक्रोसॉफ़्ट हो या घर हो या फिर चाहे वह अमेरिका में हो या वैश्विक स्तर पर। यह एक मानसिकता है, संस्कृति है।

जब मैं वैश्विक सेल्स सम्मेलन में बोल रहा था तो मुझे अपने बच्चों के प्रति संवेदना महसूस हुई, वहाँ सुन रहे लोगों के लिए संवेदना महसूस हुई। वे मेरे दिमाग़ और भावनाओं में थे।

"हम हर तरह की साहसी महत्त्वाकांक्षा पाल सकते हैं। हम हर तरह के साहसिक लक्ष्य निर्धारित कर सकते हैं। हम नये मिशन की आकांक्षा पाल सकते हैं। लेकिन यह तभी सम्भव है जब हम अपनी संस्कृति को जियें, अगर

हम अपनी संस्कृति का शिक्षण दें। और मेरे लिए संस्कृति का प्रतिरूप स्थिर नहीं होता। यह द्वन्द्वात्मक शिक्षण संस्कृति है। असल में, अपनी उभरती हुई संस्कृति को बताने के लिए हम 'विकास मानसिकता' मुहावरे का प्रयोग करते हैं, क्योंकि हर व्यक्ति में, हम में से हरेक में यह प्रवृत्ति है—यह मानसिकता है—किसी भी तरह की सीमाओं को पार कर जायें, किसी भी चुनौती का सामना करने के लिए तैयार हो जायें, अपने लिए यह सम्भव बना लें कि हम आगे बढ़ जायें, इस तरह से कम्पनी को आगे बढ़ायें।"

मैंने अपने सहकर्मियों से कहा कि मैं कम्पनी की बिक्री या उसकी परिसम्पत्तियों में वृद्धि की बात नहीं कर रहा था। मैं व्यक्तिगत वृद्धि की बात कर रहा था। अगर सभी व्यक्तिगत तौर पर अपनी-अपनी भूमिकाओं में विकास करेंगे और अपने जीवन में विकास करेंगे तो एक कम्पनी के रूप में हमारा विकास होगा। मेरे और मेरी पत्नी अनु के बहुत प्यारे बच्चे है और हमें उनकी विशेष ज़रूरतों को सीखना था जिसने हमारे लिए सब कुछ बदल दिया। "यह मुझे दूसरों के प्रति अधिक संवेदना की विकास यात्रा पर ले गया। और मुझे जिस बात में गहरा अर्थ दिखाई देता है वह है नये विचारों को अपनाने की क्षमता और लोगों के प्रति संवेदना; दोनों को एक करने के नतीजे ज़बरदस्त होते हैं। इससे मुझे सबसे अधिक सन्तुष्टि मिलती है। इसी कारण मैं माइक्रोसॉफ़्ट के लिए काम करता हूँ। और मैं आप लोगों से भी यही चाहता हूँ कि यहाँ काम करते हुए आप ऐसा ही करें।"

हमारी संस्कृति को आवश्यकता थी अपने निजी जुनून को सम्भव बनाने की, और उस जुनून को पूरा करने के लिए माइक्रोसॉफ़्ट के प्लेटफ़ॉर्म के उपयोग की। मुझे सबसे अधिक सन्तुष्टि इस बात से मिलती है कि मेरा यह जुनून सच हो जाये कि विशेष क्षमता से युक्त लोगों के लिए तकनीक अधिक सुगम हो और असंख्य तरीके से उनके जीवन को बेहतर बनाये।

जैसा कि मेरे पूर्ववर्ती स्टीव बाल्मर इस तरह के वार्षिक आयोजनों में करते थे, मैंने अपने व्याख्यान का अन्त कार्रवाई करने के आह्वान के साथ किया, लेकिन अलग तरह की मन:स्थिति और उद्देश्य के साथ। मैंने कर्मचारियों से आवश्यक रूप से कहा कि वे अपने भीतर के जुनून को पहचानें और उसको किसी न किसी रूप में हमारे नये मिशन और संस्कृति

के साथ जोड़ें। ऐसा करते हुए हम अपनी कम्पनी को रूपान्तरित कर देंगे और दुनिया को बदल कर रख देंगे। जब आप सी.ई.ओ. होते हैं तो लक्ष्यों की कल्पना करना आसान होता है, लेकिन एक कर्मचारी की दुनिया छोटी होती है—मलेशिया में एक बाज़ार से जुड़ा व्यक्ति या टेक्सास में तकनीकी सहयोग देने वाला कोई व्यक्ति—तो इस तरह का मिशन बहुत दूर और न प्राप्त किये जाने योग्य लगता है। अपने भाषण में मैंने जो चुनौतियाँ प्रस्तुत कीं, हो सकता है कि वे मुश्किल हों। इसलिए मैं यह सोच रहा था कि वहाँ मौजूद सुनने वालों तक मेरी बात पहुँची या वे उससे अप्रभावित रह गये।

मैंने महसूस किया कि मेरी भावनाएँ मेरे ऊपर हावी हो रही थीं। मैंने अन्तिम स्लाइड को रहने दिया और जल्दी से प्लेटफ़ॉर्म से नीचे उतर गया। जिल ने सभागार के दरवाज़े की तरफ़ इशारा किया, मेरे निजी ग्रीन रूम की तरफ़ नहीं। 'इसे देखें।' एक वीडियो का प्रदर्शन शुरू हुआ जिसमें सिर्फ़ साल भर की प्रगति का लेखा-जोखा नहीं था बल्कि मिशन आधारित आगे की सम्भावनाओं के बारे में भी उसमें बात थी। मैं बगल के एक दरवाज़े से वापस सभागार में आ गया। सभागार के अँधेरे में किसी ने भी नहीं देखा। सबकी आँखें परदे पर टिकी हुई थीं, लेकिन मैं उनको देख रहा था, कमरे में भावना को माप रहा था। सब एकटक देख रहे थे जबकि कुछ चुपचाप आँसू पोंछ रहे थे। मैं जान गया था कि हम कुछ कर गुजरने वाले थे।

—

अध्याय 4

एक सांस्कृतिक पुनर्जागरण

सब कुछ जानने से सब कुछ सीखने तक

कुछ दिन बाद मैं नानयुकी, केन्या, में था, सौर ऊर्जा से संचालित शिपिंग कंटेनर में जिसे इण्टरनेट कैफ़े की तरह भी चलाया जाता था। हमारे एक सहयोगी मविन्गु (क्लाउड के लिए यह स्वाहिली भाषा का शब्द है) नेटवर्क्स द्वारा इन ग्रामीण समुदायों को कम दरों पर इण्टरनेट की सुविधा दी जाती थी, जिसके कारण स्कूल जाने वाले बच्चों और उनके अभिभावकों दोनों की ज्ञान तक पहुँच हो गयी थी। असल में, महज एक साल में ही परीक्षाओं के परिणाम बेहतर हो गये थे।

कैफ़े के अन्दर मैं क्रिस बराका से बातचीत करने के लिए रुक गया, जो यहाँ इण्टरनेट का उपयोग करते हुए लेखक और अध्यापक के रूप में जीविका चला रहे थे। मैंने देखा कि किसान बाहरी काम करके यहाँ रुक कर फसल की कीमतें देख रहे थे। केवल दर्जन भर लोग वहाँ मौजूद थे, किसी को यह नहीं पता था कि मैं वहाँ विण्डोज़ 10 के वैश्विक रूप से जारी किये जाने का जश्न मना रहा था, यह माइक्रोसॉफ़्ट का एक उत्पाद है जो हमारी रणनीति का मूल हिस्सा है।

दो दशक पहले विण्डोज़ 95 को जब जारी किया गया था तब रोलिंग स्टोन्स ने उसका थीम सांग गाया था, 'स्टार्ट मी अप', आधी रात में रीटेल पार्टी हुई थी, मीडिया पगला-सी गयी थी, उसने सॉफ़्टवेयर जारी किये जाने

के मौके पर बड़ी-बड़ी पार्टियों की शुरुआत की। प्रतिस्पर्धी कम्पनियाँ एक-दूसरे से शानदार तरीके से अपने सॉफ़्टवेयर को जारी करने लगी कि इससे प्रभावित हो कर उपभोक्ता उनके उत्पादों को खरीद लें। लेकिन वह तब की बात थी, यह अब की बात है। यह नये सिरे से उत्पाद को जारी किये जाने की रणनीति थी, ऐसी रणनीति जिसमें हमारे नये मिशन और संस्कृति की झलक थी। पहले हमारे सम्प्रेषण विभाग के प्रमुख फ़्रैंक शॉ ने उसको जारी किये जाने से सम्बन्धित एक बेहतर योजना प्रस्तुत की थी, जिसमें शानदार दृश्य प्रस्तुतियाँ होने वाली थीं, जैसे सिडनी ओपेरा हाउस को विण्डोज़ के ब्राण्ड वाली रंगीन रोशनियों से रोशन किया जाना था। उनको ऐसा लगता था कि जिस तरह की हम उम्मीद करते थे उस तरह से खबरों की सुर्खियाँ बनने के लिए उत्पाद को पेरिस, न्यूयॉर्क, टोक्यो और हर कहीं प्रेरक और आशाजनक रूप से मीडिया के ध्यानाकर्षण की ज़रूरत है। लेकिन यह रुख अच्छा नहीं लग रहा था। मुझे ऐसा लगा कि यह ऐसे पलों में से एक था जब माइक्रोसॉफ़्ट के अलग रूप को दिखाया जा सकता था। हम इस बात को ले कर बहस कर रहे थे कि क्या किया जाना चाहिए, मैंने तब बैठक से उठ कर कॉफ़ी पीने के लिए ब्रेक लिया। इसी ब्रेक के दौरान मुझे अपने टीम के किसी सहयोगी की बातचीत सुनाई दी। “हमें विण्डोज़ 10 को केन्या में जारी करना चाहिए।” केन्या एक ऐसा देश है जहाँ हमारे उपभोक्ता हैं, सहयोगी हैं और कर्मचारी भी हैं। यह एक ऐसा देश है जहाँ बहुत सम्भावना है, जहाँ अगर संसाधन और कौशल मिल जायें तो डिजिटल रूपान्तरण बहुत तेज़ी से हो सकता है।

विण्डोज़ 10 का लाँच या उसको जारी किया जाना एक उत्पाद के बारे में ही नहीं था; यह हमारे मिशन के बारे में था। अगर हम यह चाहते थे कि इस धरती पर हर व्यक्ति को सशक्त बनायें तो क्यों न इस ग्रह के दूसरी तरफ़ जा कर इसको वास्तविक रूप दिया जाये? मैं हॉल से चलते हुए फ़्रैंक के दफ़्तर में गया। “आओ एक मौका ले कर देखते हैं।” मुझे पता था कि हमने एक कम लागत वाली तेज़ गति की इण्टरनेट कनेक्टिविटी का माध्यम तैयार किया था जो एक नयी तरह की तकनीक के सहारे चलती थी जिसको ‘टीवी व्हाइट स्पेस’ कहा जाता था—यह बहुत अलग तरह का

ब्रॉडबैण्ड स्पेक्ट्रम था जो टीवी चैनलों के बीच में मौजूद रहता था और केन्या के नानयुकी जैसे ग्रामीण, गरीब इलाकों को इण्टरनेट से जोड़ता था। हम केवल विण्डोज़ 10 को जारी नहीं कर सकते थे बल्कि यह भी प्रदर्शित कर सकते थे कि इसकी प्रासंगिकता सबके लिए है, भले ही वह धरती के किसी भी हिस्से के रहने वाले हों या जो भी उनकी सामाजिक आर्थिक हैसियत हो। फ्रैंक ने एक मिनट इसके बारे में सोचा और फिर मान गया। अपने नये मिशन और उभरती हुई संस्कृति के प्रदर्शन के लिए इससे अच्छा क्या हो सकता था कि पूर्वी अफ्रीका के एक देश में जाया जाये, जो तकनीक के लिए चुनौती और अवसर दोनों उपलब्ध करवाता था, कि वह उस इलाके को रूपान्तरित कर दे और आर्थिक विकास के अवसर पैदा करे? हो सकता था कि वहाँ हमें वे सारे टीवी चैनल न मिलें जो हमें मिलते थे, लेकिन हम इस बात का प्रदर्शन कर पायेंगे कि हम हर उपभोक्ता की ज़रूरत को समझते हैं, यहाँ तक कि दूरस्थ अफ्रीकी गाँव के एक किसान की भी, जिसके लिए तकनीक उसकी विकट गरीबी और उम्मीद के बीच का अन्तर हो सकती है। इस नयी सांस्कृतिक मानसिकता को अपनाने से हम सुनने, सीखने अधिक लगेंगे और बातें कम करेंगे।

तो इस विकास केन्द्रित मानसिकता ने किस बात का खुलासा किया? एक सबक जो हमने सीखा वह यह कि केन्या जैसे देश को विकासशील कहना और अमेरिका को विकसित देश कहना बहुत सरलीकरण है। दोनों देशों में शिक्षित, तकनीक प्रेमी उपभोक्ता हैं जो हमारे नवीनतम उत्पादों का उपयोग कर रहे हैं, दोनों देशों में ऐसे सम्भावित उपभोक्ता हैं जिनको थोड़ा बहुत या कोई कौशल प्राप्त नहीं है। निश्चित रूप से दोनों देशों में किसी न किसी चीज़ की अधिकता है, लेकिन यह झूठा अन्तर है कि किसी एक देश को विकसित माना जाये और किसी को विकासशील। केन्या में विण्डोज़ 10 को जारी किये जाने से कम्पनी के लिए वैश्विक स्तर पर अधिक माहौल बना और इसने हमें कुछ मूल्यवान सबक भी सिखाये।

मैं यह सोचना चाहता हूँ कि सी.ई.ओ. शब्द का 'सी' जो है वह कल्चर यानी संस्कृति के लिए बना है। सी.ई.ओ. कम्पनी की संस्कृति को बनाता है। मैंने ओरलैंडो में अपने कर्मचारियों से कहा था कि कम्पनी के लिए कुछ भी

सम्भव हो सकता है अगर उसकी संस्कृति सुनने, सीखने और अपने जुनून और प्रतिभा को कम्पनी के मिशन के लिए आजमाने की हो जाये। सी.ई.ओ. होने के कारण ऐसी संस्कृति का निर्माण मेरा मुख्य काम है। और इसलिए चाहे वह विण्डोज़ 10 के लाँच जैसा सार्वजनिक आयोजन हो या भाषणों, ई-मेल, ट्वीट, आन्तरिक पत्र, या हर महीने कर्मचारियों के प्रश्नोत्तर सत्र, मैंने अपनी टीम को इसके लिए उत्साहित करने के हर तरह के अवसर के उपयोग की योजना बनायी कि वे डायनमिक लर्निंग की संस्कृति को जियें।

ज़ाहिर है सी.ई.ओ. द्वारा किया गया प्रयास वास्तविक सांस्कृतिक बदलाव की दिशा में बहुत थोड़ा होता है, ख़ास कर माइक्रोसॉफ़्ट जैसी बड़ी और बेहद सफल संस्था में। किसी संस्था की संस्कृति ऐसी नहीं होती कि जिसे जब चाहें आदर्श तरीके से लागू किया जा सके या बदला जा सके। इसके लिए मेहनत करनी पड़ती है और इसको ले कर विशिष्ट विचारों की ज़रूरत होती है कि संस्कृति को कैसा होना चाहिए। इसके लिए नाटकीय, ठोस कार्रवाई की ज़रूरत होती है जो टीम के सदस्यों का ध्यान अपनी तरफ़ खींचे और उनको अपनी जानी-पहचानी यथास्थिति से बाहर निकाले।

हमारी संस्कृति कठोर थी। हर कर्मचारी को सबके सामने यह साबित करना पड़ता था कि वह सबकुछ जानता है और कमरे में सबसे होशियार व्यक्ति है। ज़िम्मेदारी—समय पर काम पूरा करना और संख्या में वृद्धि करना—सब कुछ मान लिया जाता था। बैठकें औपचारिक होती थीं। बैठक से पहले सारी योजना अच्छी तरह से बना ली जाती थी। और बैठक में न जाना बहुत मुश्किल होता था। अगर कोई बड़ा अधिकारी यह चाहता कि वह संगठन में किसी नीचे के अधिकारी की ऊर्जा या रचनात्मकता को काम में लाये तो उसे उस व्यक्ति के बॉस को बुलाना पड़ता था और अन्य इसी तरह की बातें होती थी। कम्पनी में सोपानक्रम यानी ऊँच-नीच का भेद था और इसकी वजह से सहजता और रचनात्मकता का नुकसान हो रहा था।

मैं संस्कृति में जिस बदलाव को चाहता था वह उस समय के माइक्रोसॉफ़्ट में था जिसमें मैंने काम करना शुरू किया था। वह मानसिकता थी दिन में तीन बार अलग-अलग तरीकों से विकास केन्द्रित बर्ताव को आज़माने की।

सबसे पहले हमें अपने उपभोक्ताओं के बारे में सोचना पड़ता था। हमारे व्यवसाय के केन्द्र में बेहतर तकनीक के साथ किसी उपभोक्ता की अनकही आवश्यकता को पूरा करने की उत्सुकता और इच्छा होनी चाहिए। जब तक हम गहरी दृष्टि और संवेदना के साथ इसके ऊपर विचार नहीं करते कि उनकी आवश्यकता क्या है, तब तक किसी भी तरीके से ऐसा कर पाना सम्भव नहीं है। मेरे लिए यह कोई अमूर्त बात नहीं थी, बल्कि यह एक ऐसी बात थी जिसका अभ्यास हमें हर दिन करना चाहिए। जब हम उपभोक्ताओं से बात करते हैं तो हमें सुनने की ज़रूरत होती है। यह फ़िजूल का काम नहीं होता। हमें ऐसी बातों के बारे में पहले से बताना होता है जिनको उपभोक्ता पसन्द करेंगे। इसी को विकास केन्द्रित मानसिकता कहते हैं। हम अपने उपभोक्ताओं और उनके व्यवसाय के बारे में शुरुआत से सीखते हैं और फिर उनको ऐसे समाधान सुझाते हैं जो उनकी ज़रूरतों को पूरा करने वाला हो। हममें बाहर से सीखने की इच्छा प्रबल होनी चाहिए और उस शिक्षण को माइक्रोसॉफ़्ट में ले कर आना चाहिए, जो अभी भी नये-नये काम करके हमारे उपयोगकर्ताओं को हैरान और खुश कर देता है।

दूसरे, हम अपने सर्वश्रेष्ठ रूप में तब होते हैं जब हम सक्रिय रूप से विविधता और ग्रहणशीलता की चाह रखते हैं। अगर हम अपने मिशन के रूप में किसी ग्रह की सेवा के लिए जा रहे हों तो हमें उस ग्रह के बारे में पहले सोचने की ज़रूरत है। हमारे यहाँ काम करने वालों की विविधता में वृद्धि होती रहनी चाहिए और यह ज़रूरी है कि हम अपने सोचने और निर्णय लेने की प्रक्रिया में अलग-अलग तरह के मतों और दृष्टिकोणों को शामिल करें। हर बैठक में केवल सुनें नहीं—यह स्थिति पैदा करें कि सब बोलें ताकि सभी के विचार सामने आयें। इस प्रकार की ग्रहणशीलता हमें अपने पूर्वाग्रहों के बारे में जानने में मदद करेगी और इससे हमारे व्यवहार में बदलाव आयेगा जिससे हम कम्पनी में सभी की सामूहिक शक्ति को प्रयोग में ला सकें। हमें मतभेदों को न केवल महत्त्व देने की ज़रूरत है बल्कि सक्रिय रूप से उनको दूर करने की ज़रूरत भी है और उनको अपने साथ शामिल करने की भी। जिसका नतीजा यह होगा कि हमारे विचार बेहतर होंगे, हमारे उत्पाद बेहतर होंगे और हमारे उपभोक्ताओं को बेहतर सेवा मिल पायेगी। आखिरकार हम

एक कम्पनी हैं, एक माइक्रोसॉफ़्ट। यह अलग-अलग जागीरों का संघ नहीं है। नवोन्मेष तथा प्रतिस्पर्धा हमारे गुप्त ठिकानों, हमारी सीमाओं को नहीं मानते, इसलिए हमें यह सीखना है कि इन सीमाओं को कैसे पार किया जा सके। हम अलग-अलग व्यक्तियों का परिवार हैं जिनको एक साझा मिशन एकजुट करता है। यह ऐसा नहीं है कि अपनी कम्पनी में हम वह करें जो हमें सहज लगे, इसका मतलब है कि हम अपनी यथास्थिति से बाहर निकलें, आगे बढ़कर वह काम करें जो हमारे उपभोक्ताओं के लिए सबसे ज़रूरी हों। कुछ कम्पनियों में यह बहुत स्वाभाविक होता है। उदाहरण के लिए तकनीक से जुड़ी उन कम्पनियों में जिनका जन्म ओपन सोर्स की मानसिकता के साथ हुआ हो। हो सकता है एक समूह ने कोड तथा बौद्धिक सम्पदा का निर्माण किया हो लेकिन वह कम्पनी के अन्दर और बाहर के समूहों द्वारा देखने तथा उसको बेहतर बनाने के लिए उपलब्ध होता है। मैं अपने सहकर्मियों से कहता हूँ कि उनको उपभोक्ता परिदृश्य को अपना बनाना चाहिए, न कि किसी कोड को। हो सकता है किसी छोटे व्यवसाय के लिए हमारे कोड को एक खास तरह से बनाये जाने की ज़रूरत हो तथा सार्वजनिक क्षेत्र के उपभोक्ताओं के लिए दूसरी तरह से। यह साथ काम करने की हमारी योग्यता होती है जो हमें अपने सपनों में यकीन करना और अन्ततः उन्हें हासिल करना सिखाती है। हमें इस बात को सीखना चाहिए कि हम दूसरे के विचारों के ऊपर विचार करें तथा सीमाओं से परे जा कर मिल कर काम करें जिससे उपभोक्ताओं को माइक्रोसॉफ़्ट की सर्वश्रेष्ठ सेवा मिले।

जब हम उपभोक्ताओं के प्रति जुनून से भर कर, विविधता पूर्ण हो कर और ग्रहणशील हो कर विकास केन्द्रित मानसिकता का उपयोग करते हुए एक माइक्रोसॉफ़्ट की तरह काम करते हैं तब हम अपने मिशन को जीने लगते हैं और दुनिया में बदलाव लाते हैं। इनको एक साथ देखने पर ये सिद्धान्त उस संस्कृति का विकास करने लगते हैं जो मैं माइक्रोसॉफ़्ट में लाना चाहता हूँ। मुझे जब भी मौका मिला मैंने इन विचारों के बारे में बात की। और मैं विकास केन्द्रित मानसिकता को वास्तविक बनाने के लिए उन मौकों की तलाश में रहता था जिससे हमारे व्यवहार को बदला जा सके। संस्कृति में बदलाव के हिस्से के रूप में लोगों को जगह की ज़रूरत थी

जिससे बातचीत में वे अपने अनुभव और विचार प्रकट कर सकें। मैं अपने सहकर्मियों से यह कभी नहीं चाहता था कि वे संस्कृति को सत्य द्वारा लायी गयी संस्कृति के रूप में देखें। मैं यह चाहता था कि वे इसे अपनी संस्कृति समझें, माइक्रोसॉफ़्ट की संस्कृति समझें।

सीखने की इस संस्कृति की तरफ़ झुकाव को बढ़ावा देने के लिए सालाना एक सप्ताह तक मनाये जाने वाले हैकथॉन ने हर साल सॉफ़्टवेयर विकास से जुड़े लोगों को एक-दूसरे से मिलने-जुलने, एक-दूसरे के काम के बारे में जानने, प्रेरणा लेने और साझेदारी करने की भावना को बढ़ावा दिया। विकास केन्द्रित मानसिकता के विचार को हैक शब्द द्वारा अच्छी तरह से समझा जा सकता है। कम्प्यूटर प्रोग्रामर्स की उपसंस्कृति में हैकिंग एक समयसिद्ध परम्परा रही है जिसमें सीमाओं को दूर करने के लिए काम किया जाता है तथा रचनात्मक ढंग से मुश्किल समस्याओं या अवसरों को सुलझाया जाता है। पहले साल 83 देशों के 13 हज़ार कर्मचारियों ने 3 हज़ार से अधिक हैकिंग सम्बन्धी कार्य किये जिनमें वीडियो गेम में लैंगिक भेदभाव को दूर करने से ले कर कम्प्यूटर को अक्षम या विशेष योग्यता सम्पन्न लोगों के लिए अधिक सुलभ बनाने तक तथा औद्योगिक आपूर्ति व्यवस्था को बेहतर बनाने जैसे काम शामिल थे।

हमारी टीम में माइक्रोसॉफ़्ट के अलग-अलग समूहों के लोग शामिल थे। उनकी दिलचस्पी ऐसे बच्चों के लिए शिक्षण के बेहतर नतीजों को सामने लाने में थी जो डिस्लेक्सिया से प्रभावित थे। माइक्रोसॉफ़्ट हैकथॉन ऐसे लोगों के लिए एक अच्छा केन्द्र बन गया जिनमें कुछ कर गुज़रने का जुनून था। वन नोट और विण्डोज़ जैसे उत्पाद समूहों से जुड़े लोगों के साथ-साथ शोध से जुड़े लोगों ने भी साथ आ कर इस आन्दोलन की शुरुआत की। उन्होंने डिस्लेक्सिया से जुड़े विज्ञान के ऊपर शोध किया और फिर यह फ़ैसला किया कि उस समस्या को दूर किया जाये जिसको विज़ुअल क्राऊडिंग कहा जाता है। हमारे एक सॉफ़्टवेयर इंजीनियर के नेतृत्व में टीम ने कुछ ऐसा किया कि अक्षरों के बीच में अधिक स्थान बनाया जा सके जिससे शब्द पढ़ने में अधिक स्पष्ट हो जायें। लेकिन वे वहीं नहीं रुके। उन्होंने पढ़ने के लिए पाठ को चिह्नित करके उनको ज़ोर-ज़ोर से पढ़ने के लिए बड़े-बड़े अक्षर बनाये,

आगे व्याख्याओं को पढ़ने के लिए सुविधा बनायी। उन्होंने एक ऐसा टूल बनाया जिससे शब्दों को उच्चारण के हिसाब से टुकड़ों में तोड़ दिया जाये और क्रियाओं और उससे जुड़े पहलुओं को उजागर किया जाये। उन्होंने अध्यापकों और विद्यार्थियों से उनकी राय ली। असल में, एक अध्यापिका ने लिख कर हमें बताया कि उसको कक्षा में किस तरह के फ़ायदे महसूस हुए, जिसमें एक लड़का भी था जिसको डिस्लेक्सिया था और जो एक मिनट में महज छः शब्द ही पढ़ पाता था। अगर वह जल्दी से पढ़ने भी लगता था तो वह उसको जारी नहीं रख पाता था। जब उसने उस टूल का इस्तेमाल करना शुरू किया जो हमारी टीम द्वारा बनाया गया था तो उसको तुरन्त ही फ़ायदा महसूस हुआ। वह असाइनमेंट बनाने के लिए अधिक तत्पर रहता था और उसकी पढ़ने की गति भी तेज़ हो गयी थी। जहाँ पहले वह एक मिनट में छः शब्द पढ़ पाता था महज कुछ हफ़्तों में ही अब वह एक मिनट में 27 शब्द पढ़ने लगा। एक अन्य विद्यार्थी में इतना सुधार हो गया कि वह उच्चतर कक्षा में पढ़ाई के लिए चला गया। हैकथॉन परियोजना के रूप में जो कार्य शुरू हुआ था आज वह हमारे सबसे महत्त्वपूर्ण उत्पादों में एक बन गया है, जिसमें वर्ड, आउटलुक तथा एज ब्राउज़र शामिल हैं।

अब सालाना ग्रोथ हैक माइक्रोसॉफ़्ट की परम्परा बन चुकी है। हर साल कर्मचारी—इंजीनियर, बाज़ार से जुड़े लोग, सभी पेशेवर—अपने-अपने देश में एक सप्ताह के ग्रोथ हैक के लिए वैसी ही तैयारी करते हैं जिस तरह से विद्यार्थी विज्ञान मेले के लिए करते हैं, टीम के साथ मिल कर उस तरह की समस्या पर काम करते हैं जिसके लिए उनके अन्दर जुनून होता है और अपने सहकर्मियों के लिए मत हासिल करते हैं। वे विशेष रूप से बनाये गये तम्बुओं में जुटते हैं जिनके नाम हैकन्दो और कोडपलूज़ा जैसे होते हैं, वे हजारों पाउण्ड खर्च करके डोनट, चिकेन, गाजर, चॉकलेट और समन्दर किनारे बियर का मज़ा लेते रहते हैं ताकि अपनी रचनात्मकता को ईंधन दे सकें। प्रोग्रामिंग करने वाले और कम्प्यूटर विश्लेषक मेले में ध्यान खींचने वाले लोगों जैसे बन जाते हैं और जो भी उनको सुनने के लिए तैयार हो जाये उसको अपने विचारों से अवगत करवाने लगेंगे। सवाल-जवाब से बात शुरू हो कर जोश भरी बहसों के माध्यम से चुनौती में बदल जाती है। अन्त में

स्मार्टफ़ोन के माध्यम से भेजे गये वोट का मिलान किया जाता है, परियोजना का मूल्यांकन किया जाता है, उसके बाद जीतने वाले का जश्न मनाया जाता है। कुछ परियोजनाओं को नये व्यावसायिक प्रयासों के रूप में धन भी मुहैया करवाया जाता है।

चूँकि मैंने माइक्रोसॉफ़्ट की संस्कृति में बदलाव को इतनी अधिक प्राथमिकता दी है, सो लोग मुझसे अक्सर पूछते हैं कि कैसा चल रहा है। मेरे ख़याल से मेरा जवाब काफ़ी अधिक पूर्वी शैली का होता है : हम काफ़ी प्रगति कर रहे हैं लेकिन इसे कभी पूरा नहीं होना चाहिए। यह कोई ऐसा कार्यक्रम नहीं है जिसके शुरुआत और अन्त की कोई निश्चित तारीख हो। यह जीने का ढंग है। साफ़-साफ़ कहूँ तो मैं इस ढंग से बँधा हुआ हूँ। जब मुझे किसी कमी के बारे में पता चला तो मैं जोश में आ गया। जिस आदमी ने उस तरफ़ मेरा ध्यान खींचा उसने मुझे अन्तर्दृष्टि का उपहार दिया है। यह खुद से हर दिन सवाल पूछने जैसा होता है कि आज मैंने कहाँ-कहाँ ठहरी हुई मानसिकता का प्रदर्शन किया? कहाँ-कहाँ विकास केन्द्रित मानसिकता का परिचय दिया?

सी.ई.ओ. होने के कारण मैं खुद से इस तरह के सवाल पूछने से बच नहीं जाता। व्यवसाय से जुड़े मेरे हर फ़ैसले को इस नज़रिये से परखा जा सकता है कि इसने माइक्रोसॉफ़्ट की उस विकास केन्द्रित मानसिकता को पाने में मदद की या नहीं जो हम चाहते हैं।

स्थिर मानसिकता से लिये गये फ़ैसले वे होते हैं जो उस प्रवृत्ति के ऊपर बल देते हैं कि जो हम करते रहे हैं वही करते रहें। पारम्परिक रूप से, जब हमने विण्डोज़ का नया संस्करण जारी किया तो विण्डोज़ के जो पुराने उपयोगकर्ता होते हैं वे अपने संस्करण को अपग्रेड करने के लिए हमें भुगतान करते हैं। टेरी मायरसन, जो हमारे विण्डोज़ और उपकरण विभाग के प्रमुख हैं, ने विकास केन्द्रित मानसिकता के कारण उपभोक्ताओं को एक बार मुफ़्त में अपग्रेड की सुविधा दी और उससे होने वाली कमाई को जाने दिया। एक साल से कुछ ही अधिक समय में वह विण्डोज़ का सबसे लोकप्रिय अपग्रेड बन गया और लाखों-करोड़ों उपयोगकर्ता अभी भी बढ़ते जा रहे हैं। हम यह

चाहते थे कि उपभोक्ता विण्डोज़ को पसन्द करें, उसका इस्तेमाल करें और सबसे निजी और सुरक्षित उपकरण अपनायें।

सोचने पर पाता हूँ कि हमने नोकिया से काफ़ी कुछ सीखा, बावजूद इसके कि हमें बेहद दुःख के साथ उसकी परिसम्पत्तियों को हटाना पड़ा। फिनलैंड की स्मार्टफ़ोन कम्पनी का अधिग्रहण करने के कारण लोगों और राजस्व के अर्थ में काफ़ी वृद्धि हुई, लेकिन अन्ततः हम बेहद प्रतिस्पर्धी मोबाइल फ़ोन के बाज़ार में कुछ नया कर पाने में असफल रहे। हालाँकि यह बात महत्त्वपूर्ण रही कि हमने इससे काफ़ी कुछ सीखा कि हार्डवेयर के डिज़ाइन और उसके उत्पादन का क्या मतलब होता है।

स्वीडन आधारित कम्पनी मोजांग और उसके वीडियो गेम माइनक्राफ़्ट का जब हमने अधिग्रहण किया तो वह भी विकास केन्द्रित मानसिकता का परिचायक था क्योंकि उसने हमारे मोबाइल और क्लाउड तकनीकों को ले कर एक नयी ऊर्जा का संचार किया, लोगों को नये सिरे से उससे जोड़ा और उसने शिक्षा सॉफ़्टवेयर के क्षेत्र में नये अवसर पैदा किये।

माइनक्राफ़्ट के अधिग्रहण की कहानी विकास केन्द्रित मानसिकता के कुछ महत्त्वपूर्ण गुणों के बारे में बताती है, जिसमें ऐसे व्यक्तियों से सशक्तिकरण सीखना भी शामिल है जिनके पास अन्तर्दृष्टि और जुनून हो जिसे संस्थान के बाक़ी लोगों को भी सीखने की ज़रूरत हो। इस मामले में वह व्यक्ति थे फ़िल स्पेंसर, जो एक्सबॉक्स के प्रमुख हैं। फ़िल इस बात को समझ गये थे कि वीडियो गेम की दुनिया में हमें सबसे आकर्षक प्लेटफ़ॉर्म बनाने की ज़रूरत थी और उनको यह पता था कि माइनक्राफ़्ट के पास समर्पित खिलाड़ियों की विशाल संख्या है जिन्होंने इन लेगो-समान वीडियो गेम में नयी दुनिया का आविष्कार किया और बनाया भी।

यह उन दुर्लभ वीडियो गेमों में से है जिनको कक्षा में आमन्त्रित किया गया, न केवल आमन्त्रित किया गया बल्कि जिसकी चाह की गयी। इसमें जिस तरह से निर्माण किया जाता है, साझेदारी की जाती है और खोज की जाती है उसको अध्यापक बहुत पसन्द करते हैं। यह एक तरह से 3D सैंडबॉक्स की तरह है। अगर कक्षा में पढ़ाये जाने वाले पाठ्यक्रम की ज़रूरत यह है कि दलदल से नदी के लिए ईकोसिस्टम का निर्माण किया

जाये तो माइनक्राफ़्ट यह कर सकता है। अगर नदी को बहने की ज़रूरत है तो माइनक्राफ़्ट अपने लॉजिक फंक्शन से उसको सम्भव कर सकता है। यह डिजिटल नागरिकता सिखाता है क्योंकि इसे कई खिलाड़ी मिल कर खेलते हैं। किसी कक्षा में 12 विद्यार्थियों को यह कहा जा सकता है कि वे जा कर एक घर बनायें और मिनटों के अन्दर वे टीम बना कर काम में लग सकते हैं—यह एक तरह से भविष्य के ऑफ़िस का प्रारूप है।

फ़िल और उनकी टीम ने स्वीडिश गेम स्टूडियो के साथ बहुत अच्छा सम्बन्ध कायम किया और माइनक्राफ़्ट का विस्तार अलग-अलग तरह के उपकरणों तक किया जिनमें मोबाइल और दूसरे तरह के उपकरण भी शामिल थे। मेरे सी.ई.ओ. बनने से पहले माइक्रोसॉफ़्ट का मोजांग के साथ जो सम्बन्ध था उसमें फ़िल ने माइनक्राफ़्ट को खरीदने का एक अवसर दिया लेकिन उस समय फ़िल के बॉस ने आगे नहीं बढ़ने का फ़ैसला किया। कोई और होता तो इस तरह साफ़-साफ़ मना कर दिये जाने से हतोत्साहित हो जाता लेकिन फ़िल ने हार नहीं मानी। वह जानता था कि उसका पसन्दीदा खेल ऐसी जगह पर था जहाँ से वह ऊपर ही जा सकता था और प्रगति कर सकता था। वह इस बात को भी जानता था कि माइक्रोसॉफ़्ट ने माइनक्राफ़्ट को अपना हिस्सा बना लिया तो इससे अगली पीढ़ी के वीडियो गेम खेलने वाले उसके साथ गहराई से जुड़ सकते थे। वह जानता था कि हमारा क्लाउड उसको धरती के हर कोने तक ले जा सकता था।

फ़िल ने मोजांग के साथ बेहतर रिश्ते बनाये रखे, उसके साथ विश्वास का रिश्ता कायम रखा और एक दिन फ़िल को मैसेज आया कि कम्पनी फिर से बिक्री के लिए तैयार थी। वे सौदे के लिए हमारी किसी भी प्रतिस्पर्धी कम्पनी के पास जा सकते थे लेकिन वे हमारे पास वापस आये। फ़िल हाल में ही एक्सबॉक्स का प्रमुख बना था और मैं नया-नया सी.ई.ओ. बना था। वह सौदे को मेरे पास पुनर्विचार के लिए लाया। मुझे यह महसूस हुआ कि माइक्रोसॉफ़्ट की जो अन्तर्निहित ताकत थी वह उस उत्पाद को दे सकते थे जबकि उसका विकास करने वाले छोटे-से समूह की रचनात्मकता और निष्ठा को भी बचाये रख सकते थे। हमने 2.5 अरब डॉलर में सौदा कर लिया। आज माइनक्राफ़्ट पी.सी., एक्सबॉक्स और मोबाइल में सबसे अधिक बिकने

वाले गेमों में एक है। गेम खेलने वालों के ऊपर इसका प्रभाव बहुत अधिक और गहरा है। जब यह सौदा पेश किया गया था तो बिल और स्टीव बाल्मर निदेशक मण्डल में थे, बाद में हँसते हुए उन्होंने कहा कि शुरू में वे अपना सर खुजा रहे थे क्योंकि उनको यह समझ में नहीं आ रहा था कि इस कदम में ऐसी क्या बुद्धिमानी थी। अब हम सभी समझ गये।

यह विकास केन्द्रित मानसिकता है और यह व्यक्ति के सशक्तिकरण को उजागर करता है—विरोध के बावजूद एक आदमी और एक टीम क्या कर सकती है।

हालाँकि जब बाहर के लोग यह सवाल पूछते हैं कि सांस्कृतिक बदलाव की प्रक्रिया किस तरह से चल रही है तो मेरा जवाब दोनों तरह का होता है, लेकिन यह देखना आसान है कि माइक्रोसॉफ़्ट के अन्दर साफ़ तौर पर बदलाव हो रहा है। अगर आप किसी सॉफ़्टवेयर कम्पनी की संस्कृति को समझना चाहते हैं तो आपको उस बैठक में जाना चाहिए जहाँ कम्पनी के अलग-अलग विभागों के इंजीनियर शामिल होते हैं। वे बहुत होशियार लोग होते हैं और उनके अन्दर बड़े उत्पाद तैयार करने का जुनून होता है। लेकिन क्या उनको इस बारे में पता होता है कि उपभोक्ताओं की ज़रूरत क्या है और वे क्या चाहते हैं? जब वे कोड का निर्माण कर रहे होते हैं तो क्या वे अलग-अलग मतों और क्षमताओं को उसका हिस्सा बनाते हैं? इस तरह के सवालों के जवाब इसके लिए एक तरह से बैरोमीटर की तरह होते हैं कि हम किस तरह की संस्कृति चाहते हैं। विकास केन्द्रित मानसिकता का प्रदर्शन। उपभोक्ता केन्द्रित दृष्टिकोण। विविध और समावेशी। एक कम्पनी।

मुझे याद है कि 2012 में माइक्रोसॉफ़्ट के सारे बड़े इंजीनियरों की बैठक आयोजित की गयी। यह विण्डोज़ की उच्च स्तरीय बैठक थी जिसके पीछे यह दृष्टि थी कि उत्पाद को बेहतर बनाया जाये और पूरे कोड के आधार के साथ साझेदारी करते हुए समस्याओं को सुलझाया जाये। यह बहुत बड़ी ज़िम्मेदारी और गर्व की बात थी। लेकिन मुझे तकलीफ़ हुई कि बैठक शिकायत के सत्र में बदल गयी। एक डेवलपर ने यह कहा कि उसने विण्डोज़ के कोड आधार में कुछ ऐसी समस्या को ठीक किया जिससे उपभोक्ताओं को विण्डोज़ पर चलाने वाले एप्लीकेशन में आने वाली समस्या का निवारण

हो गया। हालाँकि उसने ठीक तो कर दिया था लेकिन विण्डोज़ के डेवलपर उसको स्वीकार नहीं कर रहे थे या उसके कोड को विण्डोज़ का हिस्सा नहीं बना रहे थे। यह चर्चा जल्दी ही बहस में बदल गयी और फिर नाम ले-लेकर आरोप-प्रत्यारोप लगाये जाने लगे। हम इस तरह की संस्कृति नहीं चाह रहे थे।

कुछ साल के बाद जब मैं ऐसी ही एक और बैठक (व्हिप्स) में गया, तो मुझे अलग ही तरह की चर्चा सुनाई दी। एक डेवलपर ने इस बात की घोषणा की कि उसने एक तरीका पाया है जिसके द्वारा किसी हिलती-डुलती छवि का भी स्क्रीन शॉट लिया जा सकता था—हमारा जो प्रचलित 'स्निपिंग' टूल था उसमें यह बहुत बड़ा सुधार था, जो केवल स्थिर छवियों के स्क्रीन शॉट ही ले सकता था। एक छोटा-सा कोड जो डिज़ाइनर या एडिटर के लिए बहुत बड़ा फ़र्क़ ला सकता था। 2012 में उसने जो ठीक किया था उसको विण्डोज़ कोड का अब तक हिस्सा ही नहीं बनाया गया था। विकास केन्द्रित मानसिकता का यह एक महत्त्वपूर्ण स्पष्टीकरण था।

इससे पहले कि बहस शुरू होती विण्डोज़ के प्रमुख टेरी मायरसन ने बातचीत के बीच में कूदते हुए कहा, "तुमने जो सुधार किया है उसको भेज दो हम उसको ध्यान में रखेंगे।"

2012 में भी सांस्कृतिक बदलाव की ऊर्जा थी लेकिन हमें उसके लिए माहौल तैयार करने की ज़रूरत थी। हमें बाँध तोड़ कर बहाव को राह दिखाने की ज़रूरत थी। अब वह होने लगा है।

सांस्कृतिक बदलाव के मूल में व्यक्ति का सशक्तिकरण होता है। कई बार हम इस बात को नज़रअन्दाज़ कर देते हैं कि हालात को बदलने के लिए हम में से हर कोई क्या कुछ कर सकता है और इस बात का बढ़ा-चढ़ा कर आंकलन करते हैं कि किसी और को हमारे लिए क्या करना चाहिए। हमें इस सोच से निकलने की ज़रूरत थी जिसमें हम यह मान लेते हैं कि दूसरे हमसे अधिक ताकतवर हैं। एक बार कर्मचारियों के सवाल-जवाब के सत्र में मैं इस बात से चिढ़ गया जब किसी ने मुझसे पूछा, "मैं अपने मोबाइल फ़ोन से कोई दस्तावेज़ क्यों नहीं प्रिंट कर सकता?" मैंने बड़ी विनम्रता से कहा, "करके दिखाइए। आपको पूरे अधिकार हैं।"

आन्तरिक बातचीत के लिए हमारी कम्पनी का चैट अनुप्रयोग है 'यामर', जहाँ कुछ सदस्यों ने यह शिकायत की कि लोग दूध के आधे इस्तेमाल किये गये कार्टन ऑफ़िस के रेफ्रिजरेटर में छोड़ देते थे। ज़ाहिर तौर पर लोग दूध का आठ औंस का कंटेनर खोल कर चाय या कॉफ़ी में डाल लेते थे और उसको काउण्टर पर यह सोच कर छोड़ देते थे कि कोई और इस्तेमाल कर लेगा। लेकिन किसी और द्वारा इस्तेमाल किये गये कंटेनर का इस्तेमाल कोई नहीं करना चाहता था जो खट्टा होने लगता। यैमर पर यह बात होने लगी, मैंने अपना एक वीडियो मैसेज कर्मचारियों के लिए जारी किया ताकि वे इस बात के ऊपर हँसें कि यह स्थिर मानसिकता का एक मज़ाकिया उदाहरण है।

संस्कृति में बदलाव मुश्किल होता है। यह दर्द भरा हो सकता है। बदलाव का विरोध इस कारण होता है क्योंकि अनजाने का डर होता है। यह सच में बड़ा सवाल है जिसका कोई निश्चित जवाब नहीं होता है और इस कारण इससे डर लग सकता है।

एक सवाल है जो हम अपने आप से निरन्तर पूछते रहते हैं : भविष्य में कम्प्यूटिंग का प्लेटफ़ॉर्म क्या होगा? विण्डोज़ पी.सी. का दशकों से प्लेटफ़ॉर्म रहा है, लेकिन अब हम एक नये दौर की कल्पना कर रहे हैं। क्लाउड और उसके साथ विविध सेंसर और विविध उपकरणों का दौर आयेगा जो मानवीय उपस्थिति को समझ लेगा और हर व्यक्ति की प्राथमिकता के अनुसार कार्य करेगा। हम कड़ी मेहनत करके कम्प्यूटिंग के बेहतर अनुभव का निर्माण करने में लगे हुए हैं, जो मिक्स्ड रियलिटी, ए.आई. और क्वाण्टम कम्प्यूटिंग को मिला देगा। 2050 में यह कम्प्यूटिंग की दुनिया पर हावी रहेगा—या कोई नयी खोज होगी जो आज कल्पना से परे है?

कोई अगर यह कहता है कि वह तकनीक का भविष्य बता सकता है तो उसके ऊपर यकीन नहीं किया जा सकता। हालाँकि, विकास केन्द्रित मानसिकता आपको इस योग्य बनाती है कि आप बेहतर तरीके से अनुमान लगा सकें और अनिश्चितता के प्रति अपनी प्रतिक्रिया दे सकें। अनजाने का भय आपको असंख्य दिशाओं में ले जा सकता है और कई बार यह जड़ता में पहुँचकर ख़त्म होता है। एक नेतृत्वकर्ता के पास इसकी योजना होनी चाहिए कि क्या करना है—जड़ता और भय का मुकाबला नवोन्मेष के माध्यम से

करें। हमें अनिश्चितता का सामना करने के लिए तैयार रहना चाहिए, ख़तरे उठाने चाहिए और जब हमसे गलती हो तो तुरन्त आगे बढ़ जाना चाहिए, इस बात को समझना चाहिए कि जब हम कुछ करने की दिशा में आगे बढ़ते हैं तो गलतियाँ हो ही जाती हैं। कई बार ऐसा लगता है जैसे कोई चिड़िया उड़ना सीख रही हो। आप कुछ देर इधर-उधर डोलते हैं और फिर दौड़ने लगते हैं। उड़ना सीखना सुन्दर नहीं होता बल्कि उड़ना बहुत खूबसूरत होता है।

अगर आप यह देखना चाहते हैं कि इधर-उधर डोलना कैसा लगता है तो मेरे नाम का और कर्म का सर्च करें। फीनिक्स, एरिज़ोना, में शरद ऋतु का दिन है और मैं कम्प्यूटिंग में महिलाओं के ग्रेस हॉपर उत्सव में हूँ, जो दुनिया में महिला तकनीकविदों का सबसे बड़ा सम्मेलन है। हम जो संस्कृति चाहते हैं उसकी मूल रणनीति है विविधता और समावेशन, लेकिन एक कम्पनी और एक उद्योग के रूप में हम कुछ पिछड़ गये हैं। एक रिपोर्ट के अनुसार, अमेरिका में 2015 में कामकाजी लोगों में महिलाएँ 57 प्रतिशत थीं लेकिन केवल 25 प्रतिशत कम्प्यूटिंग पेशेवर थीं। यह बहुत बड़ी समस्या है और अगर कुछ नहीं किया गया तो यह और भी बिगड़ती जायेगी क्योंकि कम्प्यूटर के क्षेत्र में अवसर बढ़ते जा रहे हैं। एक कम्पनी के प्रमुख होने के नाते, एक पति और दो लड़कियों का पिता होने के नाते मैं इसे असफलता मानता हूँ कि महिलाएँ कम्प्यूटिंग के क्षेत्र में नहीं आ रही हैं और यह गलत है। जिसके कारण उस दिन फीनिक्स में मुझे बहुत उलझन महसूस हो रही थी, बल्कि शर्मिन्दगी महसूस हो रही थी। जब मैंने यह कहा कि मैं इसके लिए कोई बहाना नहीं बना सकता तो खूब तालियाँ बजने लगीं। असल बात यह है कि किस तरह अधिक से अधिक महिलाओं को कम्पनी के अन्दर लाया जाये। जब प्लेटफ़ॉर्म पर मेरी बातचीत समाप्त होने को थी तो डॉ. मारिया क्लाव, जो एक कम्प्यूटर वैज्ञानिक हैं, हार्वी मड कॉलेज की अध्यक्ष हैं और माइक्रोसॉफ़्ट के निदेशक मण्डल में रह चुकी हैं, ने मुझसे पूछा कि ऐसी महिलाओं के लिए मेरा क्या सुझाव है जो वेतन में वृद्धि चाहती हैं, लेकिन कहने में सहज महसूस नहीं कर पा रही हों। यह बहुत बढ़िया सवाल है क्योंकि हम जानते हैं कि महिलाएँ इस उद्योग को इसलिए छोड़ देती हैं क्योंकि उनकी ठीक से पहचान नहीं हो पाती और न ही उनको अच्छी तरह

से पारितोषिक दिया जाता है। मैं यही दुआ कर सकता था कि मेरा जवाब भी बढ़िया हो। मैं जवाब नहीं दे पा रहा था। कुछ पल के लिए मैं रुका और मुझे याद आया कि माइक्रोसॉफ़्ट के एक आरम्भिक अध्यक्ष ने एक बार मुझसे यह कहा था कि मानव संसाधन व्यवस्थाएँ दीर्घ अवधि में तो कुशल होती हैं लेकिन कम अवधि के लिए अकुशल। दूसरे शब्दों में, समय के साथ आपको अपने अच्छे कामों के लिए पहचान मिलती है और पारितोषिक भी लेकिन हमेशा उस समय नहीं मिलता जब आप कर रहे होते हैं। "यह असल में वेतन वृद्धि के लिए कहने की बात नहीं है बल्कि विश्वास बनाये रखने की बात है कि अगर आप बने रहें, काम करते रहें तो व्यवस्था आपको सही पारितोषिक देगी।" मैंने जवाब दिया। "और यह हो सकता है कि जो महिलाएँ वेतन में वृद्धि की मांग नहीं करती हैं वह अधिक शक्तिशाली हों, क्योंकि यह अच्छा कर्म है। यह वापस आयेगा। लम्बे समय की कार्यकुशलता इसको हल कर देती है। डॉ. क्लाव, जिनका मैं बेहद सम्मान करता हूँ, ने विनम्रता से मुझे झटका दिया। "यह उन कुछ बातों में एक है जिनको ले कर मैं आपसे सहमत नहीं हूँ," यह सुन कर दर्शकों ने खूब तालियाँ बजायीं। उन्होंने इसको अध्यापन की तरह लिया, उन्होंने अपनी टिप्पणी दर्शकों में बैठी महिलाओं की तरफ़ से की लेकिन साफ़ तौर पर मुझे एक ऐसा सबक सिखाया जिसको मैं कभी नहीं भूल सकता। उन्होंने मुझे एक कहानी सुनाई कि एक बार जब उनसे यह पूछा गया कि कितना वेतन पर्याप्त होगा तो उन्होंने जवाब दिया कि जो उचित हो। लेकिन अपने लिए नहीं मांगने के कारण उनको वह नहीं मिला जो उचित होता। खुद सबक सीखने के कारण उन्होंने दर्शकों में मौजूद महिलाओं से कहा कि वे अच्छी तरह से शोध करें और पता लगायें कि उनके पद का उचित वेतन क्या हो सकता है। उसके बाद हम गले मिले और तालियों की गड़गड़ाहट के बीच मंच से नीचे उतर गये। लेकिन नुकसान हो चुका था। सोशल मीडिया, अन्तर्राष्ट्रीय रेडियो, टी.वी., अख़बारों में इसके बारे में जो ख़बर आयी उसमें खूब आलोचना की गयी। मेरे चीफ ऑफ़ स्टाफ ने बड़े सन्तुष्ट भाव से मुझे एक ट्वीट पढ़ कर सुनाया जो उस पल को अच्छी तरह से बयान करने वाला था, "काश सत्य की मीडिया अधिकारी कोई महिला होती और उसने उसी समय वेतन वृद्धि की मांग की होती।"

सच कहूँ तो उस सम्मेलन से मैं बहुत प्रेरित और उत्साहित हो कर आया, लेकिन मैं पागल था जो इतने महत्त्वपूर्ण मौके पर गलती कर गया कि मैं यह नहीं बता पाया कि मेरा अपना और माइक्रोसॉफ़्ट का संकल्प है कि हम हर स्तर पर महिलाओं की भर्ती बड़ी तादाद में करें और अपने उद्योग में उनकी संख्या में वृद्धि करें। मैं बहुत हताश हुआ, लेकिन मैं इस बात के लिए संकल्पबद्ध भी हुआ कि इस घटना का उपयोग यह बताने के लिए करूँ कि विकास केन्द्रित मानसिकता दबाव में किस तरह लगती है। कुछ घण्टे के बाद मैंने कम्पनी में सभी लोगों को एक ई-मेल भेजा। मैंने इसके लिए उनको प्रोत्साहित किया कि वे वीडियो को देखें और मैंने तुरन्त यह भी बताया कि मैंने सवाल का जवाब बिलकुल गलत दिया था। “बिलाशक मैं खुले दिल से माइक्रोसॉफ़्ट और इस उद्योग में ऐसे कार्यक्रमों का स्वागत करता हूँ जो तकनीक के क्षेत्र गें अधिक गहिलाओं को ले कर आये और वेतन के बीच जो दूरी है वह कम हो। मेरा यह मानना है कि एक जैसे काम के लिए महिलाओं और पुरुषों को एक जैसा वेतन मिलना चाहिए। और जहाँ तक इस सम्बन्ध में कैरियर की सलाह देने की बात है कि कब वेतन वृद्धि की मांग करनी चाहिए तो जवाब यह है कि जब आपको लगता है कि आप उसके हकदार हैं। मारिया की सलाह सही सलाह थी। “अगर आपको यह लगता है कि आप वेतन वृद्धि के हकदार हैं तो आपको उसके लिए बोलना चाहिए।” कुछ दिन के बाद जब सभी कर्मचारियों के साथ नियमित रूप से सवाल-जवाब का सत्र हो रहा था तो मैंने माफ़ी मांग ली और यह बताया कि मुझे यह सलाह अपने गुरु से मिली थी और मैंने वही कहा। लेकिन यह सलाह भेदभाव और बहिष्करण को कम करके आँकती है भले जाने अनजाने में ही सही। कोई भी ऐसी सलाह जो सुप्त रूप से भेदभाव को बढ़ावा देती है तो वह गलत है। नेतृत्वकर्ताओं को आगे बढ़ कर इस प्रकार से काम करना चाहिए जो भेदभाव को ख़त्म करने वाला हो और एक ऐसा माहौल तैयार करना चाहिए जिसमें सभी प्रभावी तरीके से अपने बारे में बोल सकें। मैं फ़ीनिक्स कुछ सीखने के लिए गया था और निश्चित रूप से मैंने कुछ सीखा। लेकिन जो बात सीखी वह शायद यह कि मुझे ऐसी महिलाओं से उनकी कहानियाँ ज़रूर सुननी चाहिए जिनकी मैं बेहद इज्जत करता हूँ और जिनको अपने पेशेवर जीवन

के आरम्भ में भेदभाव का सामना करना पड़ा: जिनको यह कहा गया कि वे अधिक मुस्कुराया करें, या जिनको अच्छे पुराने लोगों की संगति में जाने से रोका गया, या जिनको बच्चे होने के बाद उसके लिए समय निकालने और अपने पेशे में आगे बढ़ने में मुश्किल पेश आयी—जिनको तकलीफ़ पहुँची थी उन शक्तिशाली महिलाओं ने अपने पिछले अनुभवों को मेरे साथ साझा किया। इस दौरान मैं इस बारे में भी सोचता रहा कि मेरी माँ ने मेरे लिए किस तरह का त्याग किया या अनु ने कितना चुनौतीपूर्ण फ़ैसला लिया जब उसने अपना बढ़िया कैरियर छोड़ दिया और दो दशकों से भी अधिक समय से पूरी तरह ज़ैन और हमारी दो बेटियों की देखभाल में लग गयी। उसने इस बात को सम्भव बनाया कि माइक्रोसॉफ़्ट में मैं अपने पेशे में आगे बढ़ सकूँ।

ग्रेस हॉपर में मेरे बयान के बाद से माइक्रोसॉफ़्ट ने यह संकल्प लिया कि वह इस क्षेत्र में असल बदलाव के लिए काम करेगी—कर्मियों की विविध क्षेत्र में प्रगति से उनको मिलने वाले पारितोषिक को जोड़ा जाये, विविधता के कार्यक्रमों में निवेश किया जाये और लैंगिक, नस्लीय और संजातीय अल्पसंख्यकों के वेतन में समानता के डाटा को सार्वजनिक रूप से साझा किया जाये। एक तरह से मैं इस बात से खुश हूँ कि मैं ऐसे सार्वजनिक मंच पर गड़बड़ा गया क्योंकि इसके कारण मैंने अपने अचेतन भेदभाव का सामना किया जिसके बारे में मुझे पता नहीं था कि वह मेरे अन्दर था और उसके कारण अपने जीवन और अपनी कम्पनी की महान महिलाओं के प्रति मेरे अन्दर एक नयी तरह की संवेदना का विकास हुआ।

इस घटना के कारण मैं यह सोचने लगा कि जब मैं एक अप्रवासी के रूप में आया था तो मेरे अपने अनुभव क्या थे। अमेरिका में रहते हुए भारतीयों को ले कर जब नस्लीय टिप्पणियाँ की जाती थीं तो मुझे उससे कोई परेशानी नहीं होती थी, मैं उसको हवा में उड़ा देता था—यह एक ऐसे आदमी के लिए आसान था जो भारत में बहुसंख्यक तबके में पला-बढ़ा और सुख-सुविधाओं के बीच रहा। यहाँ तक कि जब कुछ बड़े शक्तिशाली लोगों ने ऐसी टिप्पणी की कि तकनीक के क्षेत्र में बहुत सारे भारतीय सी.ई.ओ. हैं तो मैंने उनके इस अज्ञान को नज़रअन्दाज कर दिया। लेकिन जब मैं बड़ा हुआ और मैंने दूसरी पीढ़ी के भारतीयों को देखा—मेरे बच्चे और उनके

दोस्तों को—जो अमेरिका में अल्पसंख्यक के रूप में बड़े हो रहे थे, तो मैं यह सोचने से खुद को रोक नहीं पाया कि हमारे अनुभव किस तरह से अलग होते हैं। मुझे यह सोच कर गुस्सा आता है कि उनको नस्लीय टिप्पणियाँ और जहालत का सामना करना पड़ता है।

जब मैं माइक्रोसॉफ़्ट में आया तो भारतीय इंजीनियरों और प्रोग्रामर्स के बीच एक तरह से छिपी हुई भावना थी। हम इस बात को जानते थे कि बावजूद इसके कि हमारा योगदान था, किसी को कम्पनी में उपाध्यक्ष के पद पर पदोन्नत नहीं किया गया था, ऐसे पद पर जिसको कम्पनी में बड़े अधिकारी के रूप में देखा जाता था। हम एक स्तर तक ही पहुँच सकते थे लेकिन उससे ऊपर नहीं। असल में, एक वरिष्ठ अधिकारी ने, जो बहुत पहले इस कम्पनी से जा चुके हैं, एक बार एक और भारतीय सहकर्मी से कहा था कि ऐसा हमारे बोलने के लहजे के कारण था—यह विचार जितना अपमानजनक है उतना ही पुराना भी। यह 1990 के दशक की बात है और इतनी बड़ी कम्पनी में ऐसे भेदभाव की बात सुन कर मैं हैरान रह गया था, ख़ास कर जिस कम्पनी की स्थापना और जिसका नेतृत्व इतने खुले दिमाग़ वाले नेतृत्वकर्ताओं ने किया था। फिर भी, जब मैं आसपास देखता तो निश्चित रूप से कोई भारतीय उपाध्यक्ष के पद पर नहीं था, जबकि सबसे अच्छा काम करने वालों में इतने सारे भारतीय इंजीनियर और मैनेजर थे। 2000 में जाके मुझे और कुछ अन्य भारतीयों को अधिकारी के पद पर पदोन्नत किया गया।

अब चाहे यह सांस्कृतिक सोच रही हो या हमें यह लगा हो कि अगर हम मेहनत के साथ सर झुका कर काम करते रहे तो आख़िरकार कुछ अच्छा होगा। उस समय मेरे एक सहयोगी थे संजय पार्थसारथी, जिनका मेरे जीवन और मेरे कैरियर पर बहुत प्रभाव रहा है। हालाँकि हम भारत में एक-दूसरे से परिचित नहीं थे लेकिन संजय मेरे स्कूल की क्रिकेट टीम के कप्तान के साथ U-19 साउथ ज़ोन के लिए खेले थे। माइक्रोसॉफ़्ट में हमारे बीच तुरन्त दोस्ती हो गयी। क्रिकेट तकनीक का यह ऐसा मेल था जिससे हमारे बीच बातचीत के लिए विषय की कभी कमी नहीं पड़ती थी। संजय ने मुझसे कहा कि मुझे मन में यह बात बिठा लेनी चाहिए कोई सीमा नहीं है। मुझे मेहनत से

काम करते रहना चाहिए—पेशे में ऊपर जाने के लिए नहीं बल्कि महत्त्वपूर्ण काम करने के लिए। दूरदर्शिता का लाभ यह हुआ कि मुझे लगता है कि जो भी खुद को बाहरी की तरह महसूस करता है वह सफल हो सकता है लेकिन इसके लिए समझ-बूझ कर काम करना चाहिए और समर्पित कर्मचारी बने रहना चाहिए। कोई मैनेजर बहुत अपेक्षा रख सकता है लेकिन उसके अन्दर इस बात की संवेदना भी होनी चाहिए कि कर्मचारी को कौन-सी बात प्रेरित करेगी। इसी तरह, कर्मचारी के लिए यह सही है कि वह सर झुका कर काम करता रहे लेकिन उसका यह अधिकार है कि वह उस रास्ते की उम्मीद करे जिससे उसे बड़ी ज़िम्मेदारियाँ और पहचान मिले।

अपने अनुभव और अपने सहकर्मियों से मुझे जो सीख मिली उससे मुझे यह पता चला कि ऐसी कम्पनी में काम मिल पाना कितना मुश्किल होता है जो आपको अपनी जैसी नहीं लगती है और ऐसे समुदाय में रह पाना कितना मुश्किल होता है जहाँ आपके अधिकतर पड़ोसी आपको अपने जैसे नहीं लगते। आप ऐसे आदर्श का चुनाव कैसे करें जिसके साथ आप अपने आपको जोड़ सकें? ऐसे गुरु, सिखाने वाले, आगे बढ़ाने वाले किस तरह से खोजे जायें जो आपको बिना अपनी असलियत को छिपाये सफल होने में आपकी मदद करें? तकनीक का उद्योग, जिसमें माइक्रोसॉफ़्ट भी है, उतना विविधतापूर्ण नहीं है, जितना कि हमें होना चाहिए। और काम के बाहर अल्पसंख्यक खुद को अलग-थलग पाते हैं। उदाहरण के लिए वाशिंगटन राज्य में किंग काउंटी है, जिसमे सिएटल, रेडमंड, बेलेव्यू क्षेत्र शामिल हैं; वहाँ 70 प्रतिशत लोग गोरे हैं। अफ्रीकी अमेरिकी 7 प्रतिशत से भी कम हैं और लैटिन तथा हिस्पानिक करीब 10 प्रतिशत हैं। अपनी जैसी पृष्ठभूमि के लोगों के साथ जुड़ने में मदद के लिए कम्पनी में यह लम्बी परम्परा रही है कि जिन समुदायों का प्रतिनिधित्व कम है वे अपने आपको अलग-अलग कर्मचारी समूह में संगठित कर लें, जैसे ब्लैक्स@माइक्रोसॉफ़्ट या वुमेन@ माइक्रोसॉफ़्ट। कुल मिला कर सात ऐसे बड़े समूह हैं तथा चालीस और भी विशिष्ट प्रकार के समूह हैं। वे ऑनलाइन चर्चा करते हैं, आपस में बैठक करते हैं, सलाह देते हैं और पेशेवर विकास में मदद करते हैं, समुदाय के लोगों से मिलवाते हैं और कम्पनी के अन्दर और बाहर समुदाय के लोगों के साथ

जोड़ते हैं। 2016 के दौरान हमारे अफ्रीकी अमेरिकी सहकर्मी अमेरिका में उनके समुदाय के साथ घटी त्रासद घटनाओं और उनमें निर्दोषों के मारे जाने की घटनाओं के कारण परेशान थे, तब ब्लैक्स@माइक्रोसॉफ़्ट समुदाय ने उनको जोड़ने और मदद देने का काम किया। ओरलैंडो के नाइटक्लब में जब नरसंहार हुआ था तब माइक्रोसॉफ़्ट एल.जी.बी.टी.क्यू. समुदाय के ई-मेल चर्चा समूह ग्लीम के सदस्यों को अपने डर और चिन्ताओं को अभिव्यक्त करने का सुरक्षित मौका दिया था। हम सब एक ऐसी संस्कृति चाहते हैं जिसमें हमें सुना जाये और हमें मदद मिले।

मैंने पहले कहा था कि संस्कृति एक अमूर्त और आकारहीन शब्द हो सकता है। इसलिए हम जिस तरह की संस्कृति चाहते थे उसको परिभाषित करने के लिए बेहद सावधानी से काम किया। और इसी वजह से हमने हर चीज़ का आकलन किया। जब इंसानों की बात आती है तो डाटा सही नहीं होते, इसलिए जिसका हम आकलन नहीं कर सकते हैं उसकी निगरानी भी नहीं कर सकते हैं। इसलिए हम नियमित तौर पर कर्मचारियों का सर्वेक्षण करते रहते हैं ताकि उनकी नब्ज़ जान सकें।

संस्कृति निर्माण के लिए तीन साल गहराई से काम करने के बाद हमें कुछ उत्साहवर्धक नतीजे मिलने लगे। कर्मचारियों ने हमें बताया कि उनको ऐसा लग रहा था कि कम्पनी सही दिशा में जा रही थी। उनको ऐसा महसूस हो रहा था कि दीर्घ अवधि की सफलता के लिए हम सही विकल्पों का चुनाव कर रहे थे और उनको यह दिखाई दे रहा था कि कम्पनी में अलग-अलग समूह अधिक साथ-साथ मिल कर काम करने लगे थे। यही वह बात थी जिसकी हम उम्मीद कर रहे थे।

लेकिन हमने कुछ ऐसी प्रवृत्तियाँ भी देखीं जो उत्साहवर्धक नहीं थीं। जब यह पूछा गया कि क्या उनके उपाध्यक्ष या उनके विभाग के प्रमुख प्रतिभा को आगे बढ़ाने और उसके विकास को प्राथमिकता दे रहे थे तो इसके नतीजे उससे भी बुरे थे जो संस्कृति निर्माण प्रक्रिया के शुरू होने से पहले थे। बहुत सकारात्मक कर्मचारी भी ऐसी हालत में हतोत्साहित हो

जायेगा अगर उनको विकास के मौके न दिये जायें। मैंने एक स्पष्ट लक्ष्य निर्धारित किया था और सशक्तिकरण की संस्कृति की कल्पना की थी। कर्मचारी और वरिष्ठ अधिकारी एक ही जहाज पर थे लेकिन उनके बीच का सूत्र नहीं था—बीच के स्तर का प्रबन्धन नहीं था।

यह उत्साह को तोड़ने वाली बात थी, लेकिन पीछे मुड़ कर देखने पर इस बात को पूरी तरह समझा जा सकता था। मुझे याद है कि मैंने ओरलैंडो के अँधेरे हॉल में बैठे उन सहकर्मियों को रौशनी में लाने के लिए क्या कहा था। मध्य स्तर के अधिकारी अपने रोज़-रोज़ के काम के बीच संस्थान की संस्कृति को अधिक बेहतर तरीके से देख सकते थे जबकि सी.ई.ओ. उनको सम्पूर्णता में देख पाता। हार्वर्ड बिज़नेस रिव्यू के एक सर्वेक्षण में यह पाया गया था कि किसी कम्पनी में जो वरिष्ठ अधिकारी होते हैं वे उच्च क्षमता वाले नेतृत्वकर्ताओं के विकास में 10 प्रतिशत से भी कम समय लगाते हैं। अगर बड़े अधिकारी भी कर्मचारियों की सम्भावनाओं के द्वार खोलने में समय नहीं लगाते हैं तो कॉर्पोरेट टीम के अधिकतर सदस्यों के विकास के रास्ते काफ़ी ठहरे हुए-से लगने लगते हैं।

नतीजों का परीक्षण करने के बाद मैंने करीब 150 वरिष्ठ नेतृत्वकर्ताओं के साथ होने वाली आगामी बैठक का फ़ायदा उठाते हुए उनको कुछ कहानियाँ सुनाने का फ़ैसला किया ताकि मैं उनको यह बता सकूँ कि उनसे मेरी उम्मीदें क्या थीं। सबसे पहले मैंने उनको एक गुमनाम मैनेजर के बारे में बताया जो हाल ही में मेरे पास आया और बोला कि उसको विकास सम्बन्धी यह नयी मानसिकता कितनी पसन्द थी और वह कितना अधिक चाहता था कि इस दिशा में और काम हो लेकिन उसने इस तरफ़ इशारा करते हुए कहा, "सत्य, मैं पाँच ऐसे लोगों को जानता हूँ जिनकी मानसिकता विकास की नहीं है।" उस आदमी ने विकास सम्बन्धी मानसिकता का सहारा लेते हुए दूसरों के बारे में शिकायत करने का एक नया रास्ता निकाला। हमने ऐसा नहीं सोचा था।

मैंने इन बेहद सम्भावनाशील नेतृत्वकर्ताओं से कहा कि जब आप उपाध्यक्ष हो जाते हैं, इस अभियान में सहयोगी बन जाते हैं तो शिकायतों से आप ऊपर उठ जाते हैं। आप यह नहीं कह सकते हैं कि यहाँ जो कॉफ़ी

मिलती है वह ख़राब है, या यहाँ अच्छे लोग कम हैं, या मुझे बोनस नहीं मिला।

"इस कम्पनी का नेतृत्वकर्ता होने के लिए आपका काम है गन्दगी में से गुलाब की पत्तियाँ निकाल लेना।"

हो सकता है कि यह कविता की अच्छी पंक्ति न हो, लेकिन मैं यह चाहता था कि ये लोग उन सब चीज़ों को देखना छोड़ दें जो मुश्किल थी और अच्छी-अच्छी चीज़ों को देखना शुरू करें और दूसरों को भी उनको देखने में मदद करें। बाधाएँ होती हैं और हमेशा हमारे साथ रहेंगी लेकिन जो नेतृत्वकर्ता होते हैं वे बाधाओं को पार करना जानते हैं। वे चीज़ों को सम्भव बनाते हैं। हर कम्पनी इसको अलग-अलग तरह से कहेगी, लेकिन मेरे लिए तीन उम्मीदें हैं—नेतृत्व के तीन सिद्धान्त—ऐसे किसी भी व्यक्ति के लिए जो माइक्रोसॉफ़्ट में दूसरों का नेतृत्व कर रहा हो।

सबसे पहली बात यह कि आप जिनके साथ काम करते हैं उनके साथ स्पष्टता बनाये रखें। यह एक बुनियादी काम है जो नेतृत्वकर्ता हर दिन हर पल करते हैं। स्पष्टता बनाने के लिए आपको जटिलताओं को कम करना होता है। नेतृत्वकर्ता अन्दर और बाहर की बातों को सुनते हैं और उनमें से एक सन्देश निकाल लेते हैं, शोर-शराबे के बीच वास्तविक संकेत को पहचान लेते हैं। मैं यह नहीं सुनना चाहता हूँ कि कमरे में कोई सबसे होशियार है। मैं उनसे यह सुनना चाहता हूँ कि वे अपनी बुद्धि का इस्तेमाल करते हुए अपनी टीम के बीच में साझी समझ को विकसित करें और काम करने की दिशा को तय करें।

दूसरे, जो नेतृत्वकर्ता होते हैं वे ऊर्जा का संचार करते हैं, केवल अपनी टीम में ही नहीं बल्कि पूरी कम्पनी में। केवल अपनी टीम के ऊपर ही ध्यान बनाये रखना पर्याप्त नहीं है। जो नेतृत्वकर्ता होते हैं उनके लिए यह ज़रूरी होता है कि वे सकारात्मकता, रचनात्मकता, साझे संकल्प तथा अच्छे और बुरे समय में विकास को प्रेरित करें। उनको एक ऐसा माहौल तैयार करना चाहिए जिसमें सभी अपना सर्वश्रेष्ठ काम करें। लेकिन उनको ऐसा संगठन और ऐसे समूह बनाने चाहिए जो आज से भी अधिक कल मजबूत लगें।

तीसरा और अन्तिम, चीज़ों को सम्भव बनाने के लिए सफलता के रास्ते तलाश करने चाहिए। इसका मतलब यह है कि ऐसे नवोन्मेष करें जिससे लोगों को काम करने में मज़ा आये और वे काम करने के लिए प्रेरित हों; दीर्घ अवधि की सफलता और कम अवधि की विजयों के बीच सन्तुलन स्थापित करें; और समाधान की तलाश में असीम रहें और वैश्विक दृष्टि को अपनायें।

मुझे नेतृत्व के ये तीन सिद्धान्त पसन्द हैं। मेरे सन्देश का मूल है : माइक्रोसॉफ़्ट की संस्कृति को बदलना मेरे ऊपर निर्भर नहीं करता, या उन चुनिन्दा नेतृत्वकर्ताओं के ऊपर निर्भर नहीं करता जो मेरे बेहद करीबी के रूप से काम करते हैं। यह इस कम्पनी में सभी के ऊपर निर्भर करता है—जिसमें मध्यवर्ती स्तर के अधिकारियों की बड़ी तादाद शामिल है जिनको खुद को इस काम के लिए समर्पित कर लेना चाहिए कि वे जिसके साथ भी काम करते हैं उनको दिन-ब-दिन बेहतर बनायें।

मैं दूसरे नेतृत्वकर्ताओं के साथ पूरी संवेदना रखता हूँ और यह मानता हूँ कि यह मेरा काम है कि उनके काम को और बेहतर बनाने में मदद करूँ। नेतृत्व करना एकान्तिक काम हो सकता है। यह शोर-शराबे वाली जगह भी हो सकती है। जब कोई नेतृत्वकर्ता इस क्षेत्र में आता है, ख़ास कर सोशल मीडिया के शोर-शराबे वाली दुनिया में, तो वह ऐसे काम करने के लोभ में पड़ जाता है जिससे उसे तत्काल ख़ुशी मिले। लेकिन हमें तात्कालिकता से परे जा कर देखना है, इससे परे जा कर कि उस समय कोई ट्वीट में क्या लिखेगा या कल के समाचार में क्या आयेगा। तार्किक निर्णय और अन्तरात्मा के आधार पर काम मैं खुद से और अपने आसपास के नेतृत्वकर्ताओं से चाहता हूँ। आगे बढ़िये, लेकिन सहमति की उम्मीद मत रखिये।

आन्तरिक तौर पर हमारे बीच अच्छी साझेदारी होनी चाहिए—कम्पनी के नेतृत्वकर्ताओं में और अलग-अलग टीमों के बीच। लेकिन बाहरी तौर पर भी विकास सम्बन्धी उसी मानसिकता की ज़रूरत है। प्रतिस्पर्धी माहौल पिछले दशक के ऊपर से भूकम्प की तरह गुजर कर जा चुका है और अब दोस्तों तथा पूर्व दुश्मनों के साथ नयी और हैरान करने वाली साझेदारियों की ज़रूरत थी।

अध्याय 5

मित्र या मित्र-शत्रु?

ज़रूरत से पहले ही साझेदारी बनायें

जब मैंने अपने सूट के जैकेट में हाथ डाल कर आईफ़ोन निकाला तो ऑडिटोरियम में खुसफुसाहट और मुँह दबा कर हँसने की आवाज़ें सुनाई देने लगीं। हाल-फिलहाल में किसी ने भी माइक्रोसॉफ़्ट के सी.ई.ओ. को एप्पल के उत्पाद के साथ नहीं देखा था। ख़ास कर प्रतिस्पर्धी के सेल्स सम्मेलन में।

"यह आईफ़ोन बेहद ख़ास है," मैंने जब सेल्सफ़ोर्स के वार्षिक मार्केटिंग आयोजन में यह कहा तो वहाँ मौजूद लोग चुप हो गये। ऑनलाइन सेवा में सेल्सफ़ोर्स माइक्रोसॉफ़्ट के साथ प्रतिस्पर्धा भी करता है और उसका साझेदार भी है। "मैं इसको आईफ़ोन प्रो कहना चाहता हूँ क्योंकि इसमें माइक्रोसॉफ़्ट के सभी सॉफ़्टवेयर और एप्लीकेशन हैं।"

मेरे पीछे लगे बड़े परदे पर फ़ोन का एक क्लोज़-अप आया। एक-एक करके उसके ऐप्प के आइकॉन दिखाई देने लगे—माइक्रोसॉफ़्ट आउटलुक, वर्ड, एक्सेल और पावरप्वाइंट के आईफ़ोन संस्करण के साथ-साथ मोबाइल के नये-नये एप्लीकेशन जैसे डायनेमिक्स, वन नोट, वन ड्राइव, स्वे और पावर बी.आई.। तालियों की गड़गड़ाहट गूँज उठी।

माइक्रोसॉफ़्ट के सॉफ़्टवेयर का आईफ़ोन पर प्रदर्शन, जिसको एप्पल ने बनाया था, जो माइक्रोसॉफ़्ट का सबसे पुराना और सबसे तगड़ा प्रतिस्पर्धी था, अपने आप में हैरान कर देने वाला था और साथ ही ताज़गी से भर देने वाला भी। माइक्रोसॉफ़्ट बनाम एप्पल की प्रतिद्वन्द्विता इतनी बड़ी और इतनी विवादग्रस्त थी कि लोग यह भूल ही गये थे कि हम 1982 से मैक के लिए सॉफ़्टवेयर बनाते रहे हैं। आज मेरी सबसे बड़ी प्राथमिकताओं में एक यह है कि इस बात को निश्चित किया जा सके कि हमारे एक अरब उपभोक्ताओं की ज़रूरतें पूरी होती रहें, जिससे हम लगातार विकास करते रहें, इससे फ़र्क नहीं पड़ता कि वे उपयोग के लिए किस प्लेटफ़ॉर्म का इस्तेमाल करते हैं या किस फ़ोन का इस्तेमाल करते हैं। ऐसा करने के लिए कई बार हमें अपने पुराने प्रतिद्वन्द्वियों के साथ अपने मतभेदों को भुलाना पड़ता है, आश्चर्य में डाल देने वाली नयी साझेदारियाँ करनी पड़ती हैं और पुराने सम्बन्धों को फिर से नया बनाना होता है। कई सालों में हमने यह परिपक्वता हासिल की है कि उपभोक्ताओं की ज़रूरतों को ले कर हम अधिक से अधिक सजग होते गये हैं और इसके लिए हमने साथ चलना और प्रतिस्पर्धा भी करना सीखा है।

पिछले अध्याय में मैंने सही संस्कृति निर्माण के महत्त्व के बारे में लिखा था। स्वस्थ साझेदारियाँ—अक्सर मुश्किल होती हैं लेकिन इसका फ़ायदा दोनों को होता है—स्वाभाविक हैं और उस संस्कृति का बेहद आवश्यक उत्पाद हैं जिसका हम निर्माण कर रहे हैं। स्टीव बाल्मर ने मुझे अंग्रेजी वर्णमाला के 'सी' अक्षर से शुरू होने वाले तीन शब्दों के माध्यम से इस बात को गहराई से समझने में मदद की। तीन संकेन्द्रित वलयों के माध्यम से किसी लक्ष्य की कल्पना करो। बाहर वाला वलय कांसेप्ट या सिद्धान्त होता है। माइक्रोसॉफ़्ट, एप्पल या ॲमेज़ॉन के पास किसी बेहद रोमांचक उत्पाद का विचार हो सकता है, लेकिन क्या यही काफ़ी है? किसी कम्पनी के पास सैद्धान्तिक विचार हो सकता है—नयी दृष्टि, नये तरीकों से भरपूर कोई कल्पना या स्वप्न, लेकिन क्या उनके पास वह है जो दूसरे वाले वलय में होता है : कैपेबिलिटी या क्षमता? क्या उनके पास वह इंजीनियरिंग या निर्माण कौशल है जो उस सिद्धान्त को रूप देने के लिए चाहिए? और अन्ततः,

लक्ष्य, वह संस्कृति या कल्चर जो नये विचारों और नयी क्षमताओं को जगह दे न कि उनका दम घोंट दे। नयी तरह के उत्पादों, और उपभोक्ताओं को खुश कर देने वाले उत्पादों, के निर्माण के लिए इसी की ज़रूरत होती है— चतुराई के साथ की गयी साझेदारियाँ। जब संस्कृति साझेदार को मेज़ पर आमन्त्रित करती है तो सिद्धान्त बेहतर होते हैं और क्षमताएँ अधिक विस्तृत। दो या उससे अधिक सिर सचमुच में एक से बेहतर होते हैं।

कुछ साल पहले एप्पल के पास एक विचार था जिसके लिए उनको लगा कि हमारी क्षमताओं और संस्कृति के साथ फिर से साझेदारी करने से उनको लाभ होगा। सी.ई.ओ. बनने के कुछ समय बाद ही मैंने यह फ़ैसला किया कि हमें ऑफ़िस सॉफ़्टवेयर को हर जगह ले जाने की ज़रूरत है, एप्पल के प्लेटफ़ॉर्म आईओएस और एन्ड्रॉयड पर भी। हम इन संस्करणों के ऊपर कुछ समय से काम कर रहे थे, बस इनको जारी करने के लिए सही समय का इन्तज़ार था। मैं बिना किसी लाग-लपेट के इसकी घोषणा करना चाहता था, अन्दर और बाहर दोनों जगह, लेकिन हमारी रणनीति यह थी कि अपने नवोन्मेष के एजेंडा को उपयोगकर्ताओं की आवश्यकताओं के इर्द-गिर्द रखा जाये न कि केवल उनके उपकरण के इर्द-गिर्द। हमने यह घोषणा की कि हम एप्पल के प्लेटफ़ॉर्म आईओएस के लिए माइक्रोसॉफ़्ट ऑफ़िस मार्च 2014 में ले कर आयेंगे, जब मुझे अपनी नयी भूमिका में आये दो महीने हो चुके होंगे।

जल्दी ही एप्पल ने एक गुप्त नोट हमारी कम्पनी में ऑफ़िस सॉफ़्टवेयर से जुड़ी टीम को भेजा और कहा कि हमारे एक इंजीनियर खुलासा न करने सम्बन्धी समझौते पर हस्ताक्षर करने और मीटिंग के लिए कूपरटिनो आ जायें। हमारे उद्योग में यह आम चलन है जिसमें बौद्धिक सम्पदा की रक्षा अवश्य होनी चाहिए। कुछ बैठकों के बाद यह बात साफ़ हो गयी कि एप्पल यह चाहता था कि माइक्रोसॉफ़्ट उनके साथ उनके नये आईपैड प्रो के लिए ऑफ़िस 365 को उपयोग में लाने लायक बनाये। एप्पल ने हमें यह बताया कि उनको ऐसा महसूस हुआ कि माइक्रोसॉफ़्ट में नयी तरह का खुलापन दिखाई देने लगा था। उन्होंने हमारे ऊपर विश्वास जताया और वे चाहते थे कि हम उनके द्वारा इसे जारी किये जाने के आयोजन का हिस्सा बनें।

अन्दरूनी तौर पर इस बात को ले कर खूब भावुक बहसें हुई कि यह अच्छा विचार था या नहीं। शुरू में उत्पाद से जुड़े कुछ अधिकारी इस बात को ले कर असहज थे कि अपने प्रतिस्पर्धी के साथ साझेदारी की जाये या नहीं; बन्द दरवाज़ों के पीछे मुझे निश्चित रूप से कुछ विरोध महसूस हो रहा था। इस तर्क को समझाने का एक तरीका यह था कि खेल सिद्धान्त की तरफ़ जाया जाये, जिसमें गणित के नमूनों के माध्यम से सहयोग और संघर्ष को दिखाया जाता है। साझेदारी को अक्सर ज़ीरो-सम खेल की तरह देखा जाता है—जिसमें एक प्रतिभागी को जो लाभ होता दूसरे के द्वारा उसको खो दिया जाता है। मैं इसको इस तरह से नहीं देखता। जब साझेदारी अच्छी तरह से की जाती है तो साझेदारी का लाभ सभी को होता है—उपभोक्ताओं को तो होता ही है, सभी साझेदारों को भी होता है। अन्ततः इस बात के ऊपर आम राय बनी कि एप्पल के साथ इस साझेदारी से इस बात को सुनिश्चित करने में मदद मिलेगी कि एप्पल सभी के लिए उपलब्ध हो और एप्पल इस बात के लिए प्रतिबद्ध था। आईओएस के लिए ऑफ़िस बड़ी-बड़ी चीज़ें कर सकता था, जिससे एप्पल के प्रमुख डेवलपर के रूप में आगे चल कर माइक्रोसॉफ़्ट की स्थिति और मजबूत होगी।

प्रमोचन के दिन एप्पल के वैश्विक मार्केटिंग के वरिष्ठ उपाध्यक्ष फ़िल शिलर ने आईपैड प्रो के लाँच का अगला डेमो देते समय चुटकी लेते हुए कहा, "हम खुशकिस्मत हैं कि कुछ डेवलपर पेशेवर उत्पादकता के लिए हमारे साथ काम करने के लिए आये। माइक्रोसॉफ़्ट से अधिक उत्पादकता को और कौन जानता है?"

कमरे में घबराहट भरी हँसी फ़ैल गयी।

"हाँ, ये लोग उत्पादकता को जानते हैं।"

माइक्रोसॉफ़्ट ऑफ़िस के मार्केटिंग के प्रमुख कर्क कोइनिग्सबावर ने मंच पर आ कर यह दावा किया कि हम आईपैड के लिए पहले से भी अधिक बड़ा काम कर रहे हैं।

लेकिन पुराने प्रतिद्वन्द्वी के साथ काम करने का प्रचार मूल्य मेरी प्रेरणाओं की सूची में बहुत नीचे था। निश्चित रूप से जब प्रतिद्वन्द्वी साथ

काम करते हैं तो लोगों को सुनना अच्छा लगता है। लेकिन अगर केवल प्रचार ही एकमात्र उद्देश्य हो तो बड़ी व्यावसायिक साझेदारी बना पाना बहुत मुश्किल होता है। मेरे लिए साझेदारी का उद्देश्य, खास कर प्रतिस्पर्धी के साथ, कम्पनी के मूल व्यवसाय को मजबूत बनाना है, जो कि आख़िरकार इस पर केन्द्रित होता है कि उपभोक्ताओं के लिए अतिरिक्त मूल्य का निर्माण किया जाये। एक ऐसी कम्पनी के लिए जो सॉफ़्टवेयर को प्लेटफ़ॉर्म प्रदान करता है उसके लिए प्रतिस्पर्धी कम्पनी के साथ नये-नये काम करने का मतलब होता है किसी एक प्लेटफ़ॉर्म पर उसके मूल्य में वृद्धि की जाये।

कई बार इसका मतलब होता है पुराने प्रतिस्पर्धी के साथ काम करना और कई बार इसका मतलब होता है आश्चर्यजनक रूप से नयी-नयी साझेदारी करना। उदाहरण के लिए, हम गूगल के साथ काम करते हैं ताकि यह सम्भव बनाया जा सके कि ऑफ़िस सॉफ़्टवेयर एन्ड्रॉयड के प्लेटफ़ॉर्म पर काम कर सके। हमने फ़ेसबुक के साथ साझेदारी की ताकि उनके सभी एप्लीकेशन विण्डोज़ के सभी उत्पादों पर समान रूप से काम कर सकें और इसी तरह इसमें मदद करने के लिए कि माइनक्राफ़्ट गेम ऑक्युलस रिफ़्ट पर काम कर सके जो हमारे अपने वर्चुअल रियलिटी उपकरण होलोलेंस के मुकाबले में है। इसी तरह हम एप्पल के साथ इस पर काम कर रहे हैं कि उपभोक्ता अपनी कम्पनी के अन्दर बेहतर तरीके से आईफ़ोन का संचालन कर सकें। और हमलोग रेड हैट लिनक्स के साथ भी काम कर रहे हैं जो हमारे सॉफ़्टवेयर विण्डोज़ का प्रतिस्पर्धी है। उनके साथ हम इस पर काम कर रहे हैं कि रेड हैट के माध्यम से खड़े किये गये व्यवसाय हमारे एज़्योर क्लाउड का इस्तमाल करके वैश्विक स्तर पर अपना प्रसार कर सकें और हमारे द्वारा दुनिया भर में तैयार किये गये स्थानीय डेटा केन्द्रों की मदद ले सकें। रेड हैट के साथ हमारी साझेदारी हो सकता है उतनी हैरान करने वाली नहीं हो जितनी एप्पल और गूगल के साथ हमारा काम करना, लेकिन जब मैं मंच पर खड़ा हुआ तो मेरे कन्धे के पीछे स्लाइड पर लिखा हुआ था "माइक्रोसॉफ़्ट और लिनक्स" तो एक विश्लेषक ने टिप्पणी की कि यह कभी नहीं हो पायेगा।

इस तरह की साझेदारियाँ चल सकती हैं, कई बार असहज रूप से, किसी ख़ास उत्पाद या सेवा के क्षेत्र में प्रतिस्पर्धा करते हुए। हम ॲमेज़ॉन के साथ क्लाउड बाज़ार में जम कर प्रतिस्पर्धा करते हैं, इस सम्बन्ध में दो राय नहीं है। लेकिन माइक्रोसॉफ़्ट और ॲमेज़ॉन अन्य क्षेत्रों में साझेदार क्यों नहीं बन सकते। उदाहरण के लिए ॲमेज़ॉन फ़ायर टेबलेट्स में सर्च की सुविधा बिंग के द्वारा प्रदान करती है।

हमें यथार्थ का सामना करना चाहिए। जब हमारे पास, बिंग, ऑफ़िस या कोर्टाना जैसे बड़े उत्पाद हैं लेकिन किसी और ने अपनी सेवा या उपकरण के माध्यम से बड़ा बाज़ार बना लिया हो तो हम किनारे बैठे नहीं रह सकते। हमें होशियारी के साथ साझेदारी का रास्ता निकालना होगा ताकि हमारे उत्पाद हर दूसरे लोकप्रिय प्लेटफ़ॉमों पर उपलब्ध हो सकें।

आज डिजिटल रूपान्तरण का युग है, जिसमें हर संस्था और हर उद्योग सम्भावित साझेदार है। टैक्सी और मनोरंजन उद्योग के बारे में विचार करें। टैक्सी से चलने वाले 37 प्रतिशत लोगों की तुलना में ऊबर की सेवा का इस्तेमाल करने वाले 90 प्रतिशत लोगों को ड्राइवर के लिए दस से भी कम मिनट का इन्तज़ार करना पड़ता है। पुराना ब्लॉकबस्टर वीडियो रेंटल का जो प्रारूप है उसमें दर्शकों को मनोरंजन के लिए प्रति घण्टे 1.61 डॉलर खर्च करने पड़ते थे जबकि नेटफ़्लिक्स पर 0.2 डॉलर खर्च करने पड़ते हैं। यह डिजिटल रूपान्तरण के कुछ अधिक दिखाई देने वाले उदाहरण हैं लेकिन यह हर उद्योग में हो रहा है। हमारा आकलन है कि आने वाले दशक में इस रूपान्तरण का मूल्य कभी 2 खरब डॉलर होगा।

कम्पनियों का ध्यान इस बात को सुनिश्चित करने के ऊपर टिका हुआ है कि वे इन रूपान्तरणों को अपना कर प्रासंगिक और प्रतिस्पर्धी बने रहें। और हम माइक्रोसॉफ़्ट को उनका साझेदार बनाना चाहते हैं। ऐसा करने के लिए प्रत्येक कम्पनी को प्राथमिकता के आधार पर चार कदम उठाने चाहिए। पहला, अपने उपभोक्ताओं के अनुभव को बेहतर बनाने के लिए उपलब्ध डाटा को प्रयोग में लाना। दूसरा, डिजिटल कामकाज की दुनिया में बड़े पैमाने पर मोबाइल उत्पादकता और सहयोग के ज़रिए अपने कर्मचारियों को और अधिक मजबूत और सशक्त बनाना होगा। तीसरे, बिक्री,

कामकाज़ और वित्त के क्षेत्र को ऑटोमैटिक बनाते हुए अपने कामकाज़ को बेहतर बनाना होगा। चौथे, उनको अपने उत्पादों, सेवाओं तथा व्यवसाय के प्रतिरूपों को बदल लेना चाहिए।

हर कम्पनी डिजिटल कम्पनी बन रही है और यह प्रक्रिया शुरू होती है उनके उत्पादों में इण्टेलिजेंस या बुद्धि पैदा करने से। विशेषज्ञों का आकलन है कि 2020 तक नेटवर्क्स से जुड़े उपकरण 20 से 50 अरब हो जायेंगे जो कम्पनियों के लिए इस बात का महत्त्वपूर्ण अवसर है कि वे अपने डिजिटल रूपान्तरण की प्रक्रिया शुरू कर सकें। जी.ई. ने अपना प्रेडिक्स नामक प्लेटफ़ॉर्म बनाया और पूरी तरह से एक डिजिटल कम्पनी बन चुकी है, माइक्रोसॉफ़्ट के साथ उसकी साझेदारी औद्योगिक उपकरणों को जोड़ने, उन मशीनों से प्राप्त डाटा का विश्लेषण करने तथा कम समय में सुझाव देने के लिए है। टोयोटा कम्पनी ऑटो डिवीज़न के साथ नेटवर्क के माध्यम से जुड़ी हुई है जिसने उनके कारों और ट्रकों को अगली पीढ़ी के डिजिटल युग वाहनों में बदल दिया है—चलते-फिरते डिजिटल प्लेटफ़ॉर्म में जो कार को दूसरी कारों या शहर के संसाधनों से सम्प्रेषण करने योग्य बनाता है। रोल्स रॉयस कम्पनी अपने इंजनों को बिग डाटा प्लेटफ़ॉर्म के रूप में बना रही है ताकि इंजन के ख़राब होने के बारे में पहले से बताया जा सके और उसके ख़राब होने के अवसरों को कम से कम किया जा सके।

राजनीतिक साझेदारी के ऊपर हमारा ज़ोर वास्तव में नया नहीं है। असल में यह इस बात का एक और उदाहरण है कि हम माइक्रोसॉफ़्ट के मर्म की तलाश किस प्रकार से कर रहे हैं। जब मैं हमारे संस्थापकों की तरफ़ देखता हूँ तो पॉल एलेन ने स्पष्ट रूप से नये कम्प्यूटरों की ताकत को पहचाना था तथा बिल गेट्स ने सॉफ़्टवेयर की ताकत को पहचाना। दोनों ने साथ मिल कर जादू पैदा कर दिया और सबसे बढ़ कर कम्प्यूटिंग को आम लोगों तक पहुँचा दिया। कई बार मैं यह सोचता हूँ कि अगर बिल और पॉल माइक्रोसॉफ़्ट के साथ सफल नहीं हुए होते तो दुनिया कैसी लगती? क्या तब स्वतन्त्र हार्डवेयर निर्माता, स्वतन्त्र सॉफ़्टवेयर देने वाले, मशीन बनाने वाले और अन्य तरह की सुविधाएँ देने वाले होते? हमारा जो मौलिक व्यावसायिक मॉडल है वह साझेदारी के आधार पर बना है—अडोबी और ऑटोडेस्क जैसे

स्वतन्त्र सॉफ़्टवेयर निर्माता; ई.ए. स्पोर्ट्स जैसे वीडियो गेम बनाने वाले; डेल, एच.पी., लेनेवो जैसे हार्डवेयर निर्माता तथा बेस्टबाइ जैसे विक्रेता की तरह। मुझे नहीं लगता कि पी.सी. ब्राउज़र के बिना गूगल अस्तित्व में भी होता। माइक्रोसॉफ़्ट ने गूगल को हमारे इण्टरनेट एक्स्प्लोरर के लिए टूल बार बनाने में समर्थ बनाया, जिसके कारण गूगल की सेवाएँ सहज रूप से पहुँच में हो गयीं। इनके तथा अन्य साझेदारियों के परिणामस्वरूप माइक्रोसॉफ़्ट तथा पी.सी. ने अरबों डॉलर की अनेक कम्पनियों को आगे बढ़ने का मौका दिया है—और इस क्रम में माइक्रोसॉफ़्ट ने लाखों अन्य उपभोगताओं को अपनी तरफ़ आकर्षित किया है।

जब मैं सी.ई.ओ. बना तो मुझे ऐसा महसूस हुआ कि हम साझेदारी बनाने की अपनी उस प्रतिभा को भूल गये थे जिसके कारण हम इतने बड़े बने। यह हर बड़ी कम्पनी में होता है। सफलता मिलने पर लोग सबसे पहले उन्हीं आदतों को भूल जाते हैं जिनके कारण वे सफल हुए होते हैं। हम यह जानते थे कि हमें अपने साझेदारी के तरीके फिर से सीखने की ज़रूरत थी। हमें अपने उद्योग जगत की ओर नये सिरे से देखने की ज़रूरत थी और ऐसे तरीके तलाश करने की ज़रूरत थी जिससे हमारे उपभोक्ताओं को और अधिक फ़ायदा हो सके चाहे उनके पास एप्पल का उपकरण हो, चाहे वे लिनक्स के प्लेटफ़ॉर्म पर हों या वे अडोबी का उत्पाद प्रयोग कर रहे हों।

सौभाग्य से यह प्रवृत्ति मेरे डी.एन.ए. का हिस्सा है। 1992 में माइक्रोसॉफ़्ट में मेरी पहली नौकरी साझेदारी करने की ही थी। हम विण्डोज़ एनटी का निर्माण कर रहे थे जो 32 बिट ऑपरेटिंग सिस्टम था। लेकिन इसको उपयोगी बनाने के लिए हमें जो एप्लिकेशन चाहिए थे वे यूनिक्स आधारित माइक्रो कम्प्यूटर के लिए बनाये गये थे, विण्डोज़ के लिए नहीं। इसलिए विण्डोज़ एनटी के तकनीकी कार्यकर्ता के रूप में मेरा काम था उन एप्लिकेशन को पी.सी. के ढाँचे में डालना। एक गम्भीर कम्पनी के रूप में अपनी विश्वसनीयता को नहीं बना पाने के कारण माइक्रोसॉफ़्ट को इस क्षेत्र में अपनी जगह स्थापित करने के लिए बहुत अधिक मेहनत करनी पड़ रही थी। हमने अपने पी.सी. के लिए उन एप्लीकेशन का प्रोटोटाइप तैयार किया और उसे ले कर हम निर्माण, खुदरा और स्वास्थ्य सेवा के उद्योग से जुड़े

उपभोगताओं के पास गये और उनको यह दिखाया कि उनके भारी भरकम मिनी कम्प्यूटर ऐप्प्स वास्तव में पी.सी. पर भी अच्छी तरह चल सकते थे—शायद उससे भी बेहतर ढंग से। वे यह देख कर हैरान थे कि उनके इतने महत्त्वपूर्ण ऐप्प्स वह भी ग्राफिकल यूज़र इण्टरफ़ेस के साथ ऐसे उपकरण पर चल सकते थे जिनको वे खिलौना समझ रहे थे।

मुझे अच्छी तरह से याद है जब हमारे द्वारा तैयार किये गये आरम्भिक डिज़ाइन को सफलता मिली थी। खुदरा क्षेत्र में माल बेचने से जुड़े उपकरण सर्वत्र होते हैं और तकनीक के लिए यह बहुत लुभावना बाज़ार है। लेकिन कोई ऐसा सॉफ़्टवेयर मानक नहीं था जो नगद रजिस्टर, स्कैनर तथा खुदरा बिक्री से जुड़ी सभी चीज़ों को एकाउण्टिंग तथा उसके सिस्टम से जोड़ सके। इसलिए मैंने और मेरे सहकर्मियों ने इसका एक मानक और आधार तैयार किया जिसके कारण विण्डोज़ प्वाइंट ऑफ़ सेल के बाज़ार में प्रवेश कर गया। हमने शून्य से शुरू किया था लेकिन बहुत बड़ा व्यावसायिक उद्यम खड़ा किया।

निश्चित ही साझेदारी की अपनी चुनौतियाँ होती हैं, यहाँ तक कि बहुत लम्बे समय के साझेदारों के साथ भी। कई बार हमें पुराने सम्बन्धों को फिर से नया बनाना पड़ता है। उदाहरण के लिए डेल कम्पनी को लिया जा सकता है जिसने कई सालों में सैकड़ों लाखों विण्डोज़ कम्प्यूटर बनाये और बेचे। 2012 में जब माइक्रोसॉफ़्ट ने पहली बार अपने हार्डवेयर निर्माण का फ़ैसला किया जिसका नाम सरफ़ेस सिरीज था, तब हम विशुद्ध साझेदार से सन्देहास्पद साझेदार में बदल गये—साझेदार के साथ-साथ स्पष्ट प्रतिस्पर्धी में। उसके बाद इसमें और उलझन पैदा करते हुए डेल ने माइक्रोसॉफ़्ट के सबसे पसन्दीदा व्यवसाय के ऊपर निशाना साधते हुए ईएमसी को खरीद लिया जो क्लाउड तकनीक का एक प्रमुख उत्पादक है। यह इतिहास के सबसे बड़े तकनीकी अधिग्रहणों में से एक है। इस सबके बावजूद डेल और माइक्रोसॉफ़्ट उन क्षेत्रों में साझेदार बने हुए हैं जिनमें दोनों को लाभ है—डेल अपने लैपटॉप में विण्डोज़ को अपनाता है तथा दुनिया भर में फैली अपनी विस्तृत वितरण व्यवस्था के माध्यम से माइक्रोसॉफ़्ट सरफ़ेस के उत्पादों को बेचता भी है। असल में डेल, एचपी तथा अन्य कम्पनियों ने जब सरफ़ेस

की लोकप्रियता देखी तो उन्होंने अपने नये टू इन वन कम्प्यूटर की दिशा में प्रयोग करने शुरू कर दिये।

लेकिन व्यावसायिक पत्रकारिता इस बात के ऊपर आश्चर्य व्यक्त कर रही थी कि क्या हम दोनों कम्पनियों के बीच जीवनपर्यन्त की साझेदारी ख़तरे में थी। सी.ई.ओ. बनने के कुछ दिन बाद मैं ऑस्टिन टेक्सास में माइकल डेल के साथ शामिल हुआ, वह उनका वार्षिक रणनीति दिवस था जो प्रेस तथा स्टॉक के विश्लेषकों द्वारा पूछे जाने वाले सवालों को समर्पित था। 2015 में ईएमसी के विलय के ठीक बाद ब्लूमबर्ग न्यूज़ की एमिली चांग ने मुझसे और माइकल से हमारे रिश्ते के बारे में बताने के लिए कहा—"क्या आप दोस्त हैं? क्या आप मित्र-शत्रु हैं?" यह एक साधारण सवाल है और मैंने इसका आसान जवाब दिया—"हम लोग बहुत पुराने दोस्त हैं जो बहुत सारे साझा उपभोक्ताओं को सेवा देने के लिए आपस में प्रतिस्पर्धा करते हैं।" लेकिन इसका वास्तविक जवाब और अधिक गहराई से वर्णन की मांग करता है।

1990 के दशक में अगर इस बात को सहजता से कहा जाय तो, माइक्रोसॉफ़्ट ने मुश्किल साझेदार के रूप में प्रतिष्ठा अर्जित कर ली थी। अमेरिका के न्याय विभाग में माइक्रोसॉफ़्ट के खिलाफ़ चल रहे एंटी ट्रस्ट के मुक़दमे में जिस तरह के दस्तावेज़ और साक्ष्य प्रस्तुत किये जा रहे थे बताने की ज़रूरत नहीं है, समाचार-पत्र में छपने वाली स्टोरीज़ और किताबें। उसमें अक्सर ऐसी बदनाम करने वाली बातें होती थीं कि कम्पनी तेज़ी से आगे बढ़ने के लिए, प्रतिस्पर्धा में कुछ भी कर रही थी, और अपने साझेदारों को भी परेशान कर रही थी। सरकार ने कार्रवाई की, प्रतिस्पर्धी माहौल बदला और अब हमारा लक्ष्य तथा हमारी संस्कृति बहुत अलग है। एक कम्पनी जिसको एक समय में ऐसी कम्पनी के रूप में देखा जाता था जो अपने प्रतिस्पर्धियों को बर्बाद कर देती थी, अब उसका ध्यान इस धरती पर सभी को सशक्त बनाते हुए व्यावसायिक विकास करने में है।

1990 के दशक में माइक्रोसॉफ़्ट के बेहद आक्रामक दौर में मैं भी उसका हिस्सा था। लेकिन निजी तौर पर मैं एंटी ट्रस्ट मामले का हिस्सा नहीं था। असल में, तब मैं उपभोक्ताओं और साझेदारों से यह भीख मांग रहा था

कि वे हमारे नये सर्वर के व्यवसाय से जुड़ें। यह एक ऐसा काम था जो विनम्र रुख की मांग करता था न कि अभिमानी रुख की। एंटी ट्रस्ट के इस मामले से जो एक सबक मैंने सीखा (कई सबक थे) वह था कि जम कर प्रतिस्पर्धा करनी चाहिए लेकिन उसी तरह से उन अवसरों का भी जश्न मनाना चाहिए जो हम सबके लिए बना रहे थे। यह कोई ज़ीरो सम खेल नहीं था।

मैंने इस बात को दिल से लगा लिया। आज गूगल हमारे उद्योग जगत में एक प्रमुख कम्पनी है। बरसों से हम बाज़ार में प्रतिस्पर्धा करते रहे हैं तथा अमेरिका सहित अन्य देशों में सरकारी संस्थाओं को की जाने वाली शिकायतों से भी निपटते रहे हैं। सी.ई.ओ. होने के बाद मैंने यह फ़ैसला किया कि इस रणनीति को बदल दिया जाये, इसका कारण यह था कि अब समय आ गया था कि विनियामक लड़ाइयों को समाप्त क़रके अपनी ऊर्जा को क्लाउड के व्यवसाय में उपभोक्ता बनाने में लगाया जाये। सुन्दर पिचाई, जो गूगल के सी.ई.ओ. हैं और दोस्त भी हैं, कई उत्पादक चर्चाओं के बाद और दोनों कम्पनियों के बीच सुविचारित मंत्रणा के बाद, जिसका नेतृत्व माइक्रोसॉफ़्ट के अध्यक्ष और मुख्य कानूनी अधिकारी ब्रैड स्मिथ ने किया था, सुन्दर और मैंने संयुक्त बयान जारी करके उन लोगों को हैरान कर दिया जो हमारे बीच की प्रतिस्पर्धा को देख रहे थे : "हमारी कम्पनियाँ जम कर प्रतिस्पर्धा करती हैं, लेकिन हम ऐसा उत्पाद की गुणवत्ता के आधार पर करना चाहते हैं न कि कानूनी लड़ाई के माध्यम से।"

रुख में इस बदलाव पर बल देते हुए मुझे इस साधारण बात से मदद मिली क्योंकि मैं नया चेहंरा था, नया ख़ून। इतिहास के बोझ को उतार देने के कारण मेरे लिए अविश्वास की पुरानी दीवार को गिराना आसान हो गया। लेकिन क्या यह काफ़ी होगा?

सी.ई.ओ. के अपने कार्यकाल के आरम्भिक दिनों में मैंने यह फ़ैसला किया कि मुझे पेगी जॉनसन से बात करनी चाहिए, जो क्वालकॉम नामक कम्पनी में साझेदारी और व्यवसाय विकास का काम बहुत शानदार तरीके से कर रही थीं। यह कम्पनी सैनडियागो में स्थित है और सेमी-कण्डक्टर तथा

वायरलेस टेलीकॉम के क्षेत्र में काम करती है। शनिवार की एक दोपहर मैंने उनको फ़ोन किया तब वह सैनडियागो में अपने घर में थीं और मैंने पूछा कि क्या वह माइक्रोसॉफ़्ट के लिए काम करना पसन्द करेंगी। मैं यह कह सकता था कि वह सन्देह में लग रही थीं और उनको इस तरह से बातचीत करते हुए ऐसा भी लग रहा था जैसे वह गद्दारी कर रही हों। मैं पेगी को इसके लिए तैयार कर पाने में सफल हो गया कि वह सिलिकन वैली में मुझसे डिनर पर मिलें।

जब मैं उनसे मिलने के लिए फोर सीजंस होटल में जा रहा था तो कुछ लोगों ने मुझे पहचान लिया और वे मुझे कुछ ज़्यादा ही उत्सुकता से देखने लगे। हम एक शान्त से मेज़ पर बैठ गये और हमने पाया कि हम बड़े उत्साह के साथ एम्बिएण्ट इण्टेलिजेंस के बारे में बातें कर रहे थे—इस विचार के बारे में कि हमारे घरों, दफ़्तरों तथा अन्य स्थानों पर अधिक से अधिक वस्तुएँ हमारी मौजूदगी को पहचान कर हमारी ज़रूरत के हिसाब से प्रतिक्रिया करें। माइक्रोसॉफ़्ट के लिए डिजिटल रूपान्तरण का सफलतापूर्वक नेतृत्व करने के लिए नयी, अपरम्परागत, आश्चर्यजनक साझेदारियाँ, निवेश और अधिग्रहण करने की ज़रूरत थी। मुझे यह बात समझ में आ गयी कि पेगी भी इस विचार से बहुत प्रभावित थीं। बाद में मुझे पता चला कि उसने भोजन के तत्काल बाद अपने पति को फ़ोन किया और उन्हें इस बात के लिए समझाया कि वे रेडमण्ड वाशिंगटन को अपना भविष्य बना लें। उसने नौकरी स्वीकार कर ली और इस निर्देश को भी मान लिया कि सिलिकन वैली को हमारा सबसे अच्छा दोस्त बनाने में मदद करेंगी।

पेगी की सहजता, विनम्रता और तकनीक के लिए उसके जुनून ने मुझे प्रभावित किया। ये कुछ ऐसे गुण थे जो मैं चाहता था कि माइक्रोसॉफ़्ट अपने सम्भावित व्यावसायिक साझेदारों तक प्रेषित करे। तब मुझे नहीं पता था कि जल्दी ही इन गुणों को आज़माना पड़ेगा।

हमारा एक बड़ा साझेदारी लक्ष्य था प्रतिस्पर्धी प्लेटफ़ॉमों जैसे गूगल एन्ड्रॉयड ऑपरेटिंग सिस्टम तथा एप्पल आईओएस के लिए माइक्रोसॉफ़्ट एप्लीकेशन तैयार करना। हम यह चाहते थे कि अलग-अलग ऑपरेटिंग

सिस्टमों से चलने वाले फ़ोनों में हमारे ऐप्प्स पहले से मौजूद रहें ताकि जब उपभोक्ता फ़ोन खरीदें तो माइक्रोसॉफ़्ट उसमें हो।

इस दिशा में जिस एक महत्त्वपूर्ण साझेदार के साथ हमें काम करने की ज़रूरत थी वह कम्पनी सैमसंग थी, यह कोरिया की कम्पनी है जो दुनिया में सबसे अधिक लोकप्रिय एन्ड्रॉयड स्मार्टफ़ोन की निर्माता है। सैमसंग के साथ हमारी साझेदारी तीस से भी अधिक साल पुरानी थी। लेकिन 2014 की गर्मियों में जब पेगी रेडमण्ड आने की तैयारी कर रही थीं सैमसंग के साथ माइक्रोसॉफ़्ट का रिश्ता ख़त्म होने को था। कई साल पहले सैमसंग ने माइक्रोसॉफ़्ट की बहुत-सी बौद्धिक सम्पदा के उपयोग के लिए समझौता किया था। लेकिन उसके बाद से कम्पनी के स्मार्टफ़ोन की बिक्री कई गुणा बढ़ गयी और इसके एन्ड्रॉयड फ़ोन दुनिया में सबसे अधिक बिक रहे थे। जब माइक्रोसॉफ़्ट ने इस बात की घोषणा की कि वह नोकिया के उपकरण और सेवा विभाग को खरीदने वाला है तो सैमसंग ने हमें यह सूचित किया कि उन्होंने जो समझौता किया था वे अब उसे नहीं मानेंगे। सैमसंग के अध्यक्ष जोंग क्यूं शीन इतने दुखी हो गये कि उन्होंने माइक्रोसॉफ़्ट के किसी भी व्यक्ति से मिलने से भी इनकार कर दिया। यह समझौता तेज़ी से मुकदमेबाज़ी की तरफ़ बढ़ रहा था। हमने पेगी को इसके लिए तैयार किया कि वह सैमसंग के साथ रिश्तों को ले कर काम करें। उसने दोनों तरफ़ के दस्तावेज़ पढ़े, अच्छे सवाल किये और इस सम्बन्ध में रचनात्मक सुझाव दिये कि हम किस तरह से अपने मतभेदों को सुलझा सकते थे। यह हमारे लिए सौभाग्य की बात थी कि पेगी ने जोंग क्यूं के साथ अच्छे रिश्ते बना लिये थे। वह उससे मिलने के लिए तैयार हो गये। वह और उनके साथ व्यवसाय विभाग तथा कानूनी विभाग की टीम सोल में उनके दफ़्तर पहुँची। वहाँ उन्होंने पाया कि कमरे में ऐसे लोग भरे हुए थे जो मोलभाव की सख़्त शैली के लिए जाने जाते थे। पेगी और उसके साथ गयी टीम ने पूरी मीटिंग के दौरान सम्मान बनाये रखा। बजाय कुछ मांगने के उसने सुनने का निर्णय लिया, अपनी तरफ़ से कुछ कहने के बजाय उसने सैमसंग के नज़रिये के प्रति सहानुभूति जतायी।

वह और टीम जब रेडमण्ड लौटी तो एकतरफ़ा वकालत करने के लिए नहीं बल्कि सभी इसके लिए प्रेरित थे कि बीच का कोई रास्ता निकाला जाय। पेगी वैसे तो कम्पनी के लिए नयी थी लेकिन उसने पहले से ही उस संस्कृति को अपना लिया था जिसका हम निर्माण करना चाहते थे। उसने यह देख लिया था कि विकास सम्बन्धी मानसिकता रखने से क्या कुछ हो सकता था, न कि ऐसी मानसिकता से जिसमें एक-दूसरे पर उँगलियाँ उठायी जायें और दोषारोपण किये जायें। उसने और उसकी टीम ने सभी को एक साथ बिठाया, उनको यह दिखाया कि अलग-अलग होने और एक साथ होने में क्या अन्तर था। उसने हमें यह दिखाया कि रेडमण्ड के अपने मुख्यालय से बाहर निकलने का क्या महत्त्व था—अपनी एकाकी तथा आरामदेह दुनिया से अपने साझेदारों तथा उपभोक्ताओं की दुनिया में।

अन्त में, हमें अपने कुछ मुद्दे अदालत द्वारा सुलझाये जाने की ज़रूरत थी लेकिन हम फिर भी सम्मान जताते रहे। "माइक्रोसॉफ़्ट अपने साझेदारों को महत्त्व और सम्मान देता है," हमने अपने बयान में लिखा। "दुर्भाग्य से कई बार साझेदार भी असहमत हो जाते हैं।"

आज माइक्रोसॉफ़्ट के ऐप्प्स सैमसंग के स्मार्टफ़ोन में लोकप्रिय हैं, विण्डोज़ 10 सैमसंग के टेबलेट और इण्टरनेट ऑफ़ थिंग्स को दूर-दूर तक पहुँचाने की इसकी महत्त्वाकांक्षा को भी बल देता है।

उन्हीं दिनों हमारा याहू के साथ मतभेद शुरू हो गया, वह अपने विशिष्ट खोज सहयोगी के रूप में बिंग सर्च इंजन का उपयोग करता था। बिंग द्वारा जो सर्च किया जाता था उससे होने वाली कमाई को माइक्रोसॉफ़्ट और याहू बाँट लेते थे। लेकिन जैसा कि सैमसंग के साथ हुआ था, याहू के साथ हमारा रिश्ता बिगड़ता जा रहा था क्योंकि याहू का जो व्यवसाय मॉडल था वह दबाव में आ गया था और कानूनी कारवाई की धमकियाँ दी जा रही थीं। याहू समझौते को तोड़ना चाहता था।

हम इस रिश्ते को सुधारने के लिए मांगों की सूची प्रस्तुत करने के बजाय साझेदार की बातों को सुनने, उनके साथ संवेदना दिखाने और विचारों के आदान-प्रदान पर काम कर रहे थे। अन्त में, हमने याहू के सर्च पार्टनर के रूप में बिंग की विशिष्टता की मांग को छोड़ने का निर्णय किया।

इसके कारण बिलावजह दोनों कम्पनियों के बीच तनाव बढ़ रहा था और हमें पूरा आत्मविश्वास था कि हमारी तकनीक और हमारी साझेदारी चलती रहेगी। हमने खर्चीली कानूनी लड़ाई को रहने दिया और आज बिंग याहू के माध्यम से होने वाले अधिकतर सर्च सँभालता है।

इन अनुभवों ने हमें बहुत कुछ सिखाया और साझेदार के रूप में हमारी भावना को तरोताज़ा बनाया। माइक्रोसॉफ़्ट के पास पहले से ही दुनियाभर में साझेदारों की बड़ी जमात है। दुनियाभर में सैकड़ों हज़ारों कम्पनियाँ ऐसे समाधान बनाती और बेचती हैं जो हमारे उत्पादों और सेवाओं के लिए होते हैं। इसके अलावा हर क्षेत्र में लाखों उपभोक्ताओं ने माइक्रोसॉफ़्ट की तकनीकों का उपयोग करते हुए अपने व्यवसाय और संगठन खड़े किये हैं। मेरा सबसे बड़ा लक्ष्य है सबसे बड़ा प्लेटफ़ॉर्म प्रोवाइडर बनना जो इन सारे उद्यमों की ऊर्जा के साथ-साथ चलता रहे, साथ ही दूसरों के लिए आर्थिक अवसर बनाने पर भी हमारा ध्यान बना रहे।

लेकिन अगर हम दुनिया भर में लाखों नयी कम्पनियों को इसके लिए तैयार करना चाहते हैं कि वे हमारे प्लेटफ़ॉर्म के लिए दाँव लगायें तो हमें इसकी शुरुआत उनके विश्वास को जीतने से करनी होगी। अध्याय 7 में मैं इस पर विस्तार से चर्चा करूँगा कि समय के साथ एक समान बर्ताव करने से विश्वास बनता है। यह इस बात को ले कर स्पष्ट रहने से बनता है कि वे कौन-से ऐसे क्षेत्र हैं जिनमें हम सर्वश्रेष्ठ होने के लिए प्रतिस्पर्धा कर सकते हैं और ऐसे कौन-से क्षेत्र हैं जहाँ हम एक-दूसरे के उपभोक्ताओं को बेहतर सेवा देने के लिए मिल कर काम कर सकते हैं।

विश्वास के और भी कई पहलू होते हैं—सम्मान, दूसरे को सुनना, पारदर्शिता, एकाग्र रहना और जब भी आवश्यकता पड़े अपने रुख से आगे पीछे होने के लिए हमेशा तैयार रहना। हमें इसे सिद्धान्त के रूप में अपना लेना चाहिए।

साझेदारियाँ एक-दूसरे को समझने की यात्राएँ होती हैं, इसलिए हमें अप्रत्याशित तालमेल और नयी-नयी तरह से साझेदारी करने के लिए तैयार रहना चाहिए। खुलापन सम्मान के साथ शुरू होता है—सम्मान सामने मेज़ पर बैठे आदमी का और उस अनुभव का जो वे अपने साथ ले कर आते

हैं, दूसरी कम्पनी और उसके लक्ष्य का सम्मान। क्या हम हमेशा सहमत रहते हैं? ज़ाहिर है, नहीं। लेकिन हम हमेशा ध्यान से सुनते हैं, केवल उन शब्दों को समझने की कोशिश करते हुए ही नहीं बल्कि उसमें अन्तर्निहित संकेतकों को भी। मैं पूरी कोशिश करता हूँ कि बेवजह इतिहास को बीच में ले कर न आऊँ और मैं अतीत की सीमाओं को भविष्य के कगारों के ऊपर हावी नहीं होने देता।

सालों के दौरान मैंने यह देखा है कि किसी भी काम को करवाने के लिए और इस बात को पक्का करने के लिए कि सभी लोग नतीजों से अच्छा महसूस करें, खुलापन सबसे बढ़िया होता है। ऐसे संसार में जिसमें नवोन्मेष निरन्तर और तेज़ी से हो रहा है किसी के भी पास व्यर्थ गँवाने के लिए न तो समय है न ही प्रयास। एक-दूसरे से स्पष्ट रहने से ही कम समय में ऐसा नतीजा निकल सकता है जिससे दोनों पक्ष राज़ी हों।

जब जटिलता के कारण साझेदारी बनाने में गतिरोध का ख़तरा हो जाता है, तो यह दीर्घ अवधि के लक्ष्यों के ऊपर ध्यान केन्द्रित करने में मदद करता है। बजाय इसके कि साझेदारी के अनन्त अवसरों को ले कर ध्यान बँटाया जाये या बहुत सारे सवाल पूछे जायें, मैं एक या दो क्षेत्रों पर ही केन्द्रित करके बातचीत शुरू करता हूँ। एक बार जब कम्पनियाँ सफलतापूर्वक साथ काम कर सकती हैं तो वे अलग तरह के विचारों एवं चुनौतियों से निपट सकती हैं।

अन्त में, बीच में अल्प विराम लेने से डरना नहीं चाहिए। तब भी जब दोनों सहयोगियों के इरादे भी अच्छे हों कई बार काम पीछे चला जाता है और यहाँ तक कि ठहर भी सकता है। कई बार यह महत्त्वपूर्ण होता है कि पहले से चले आ रहे रिश्ते को एक बार नये सिरे से देखा जाये। हो सकता है कि जो रणनीति अतीत में असफल हो गयी हो वह भविष्य में काम कर जाये। तकनीक बदल जाती है। व्यवसाय का माहौल बदल जाता है। लोग बदल जाते हैं। किसी भी रिश्ते को ख़त्म मान लेना गलती होती है। अगला दिन नये मौकों को बनाने के अवसर से शुरू होता है।

इस नज़रिये के कारण रचनात्मक दुनिया में हमें साझेदारी बनाने में सफलता मिली—अडोबी जो फ़ोटोशॉप, इलस्ट्रेटर, एक्रोबैट, फ़्लैश तथा

अन्य कई तरह के उत्पादों और फॉण्ट के निर्माता और उनका विकास करने वाले के रूप में एक पुरोधा कम्पनी रही है, जिसको कलाकार तथा डिज़ाइनर लोगों के द्वारा काफ़ी पसन्द किया जाता है। अडोबी विण्डोज़ के ऊपर बनाया गया था लेकिन हमने डॉक्यूमेंट स्टैण्डर्ड को ले कर प्रतिस्पर्धा की, लेकिन कुछ सालों में, इसके बावजूद कि हमारे बीच बहुत सारे साझा उपभोक्ता थे, हम अलग हो गये। हैदराबाद पब्लिक स्कूल के दिनों के मेरे दोस्त शान्तनु नारायण अडोबी के सी.ई.ओ. बन गये और जब मुझे माइक्रोसॉफ़्ट का सी.ई.ओ. बनाया गया तो दोनों कम्पनियों ने अपने-अपने पक्षों को छोड़ना शुरू किया। हम ऐसे क्षेत्रों में अभी भी प्रतिस्पर्धी हैं, लेकिन ऐसे मामलों में हमारी गहरी समझदारी भरी साझेदारी है जिनमें अडोबी के रचनात्मक सॉफ़्टवेयर माइक्रोसॉफ़्ट के उपकरणों जैसे सरफ़ेस स्टूडियो हब से प्रेरित हैं। हम दोनों मिल कर इस पहलू को रूपान्तरित कर रहे हैं जो कलाकार अपने कम्प्यूटर के साथ कर सकते हैं। और हमने अपना विस्तार रचनात्मक क्लाउड से आगे बढ़कर अडोबी ने मार्केटिंग क्लाउड में कर लिया है, जिसका निर्माण हमारे एज़्योर प्लेटफ़ॉर्म पर हुआ है।

मुझसे अक्सर पूछा जाता है, "अधिग्रहण के बजाय साझेदारी कब उपयुक्त होती है?" इसका सबसे अच्छा उत्तर एक और सवाल के रूप में है, "क्या हम साथ आ कर उपभोक्ताओं के लिए अधिक उपयोगी हो सकते हैं या अलग-अलग रह कर?" मेरा अनुभव यह है कि चाहे बड़े अधिग्रहण हों, जैसे हमने सोशल नेटवर्क लिंक्डइन को खरीदने का किया था या छोटे अधिग्रहण जैसे ऐप्प्स विकसित करने वाली कम्पनियाँ ज़मारिन, अकोम्प्ली और माइलआईक्यू के साथ, अधिग्रहण सफल तभी होते हैं जब वे साझेदारी के रास्ते आये हों जिसमें ध्यान से उपभोक्ताओं की ज़रूरतों की परख की गयी हो। यही मामला लिंक्डइन के साथ था, जिसका माइक्रोसॉफ़्ट ने 2016 में 26 बिलियन डॉलर में अधिग्रहण किया, जो इतिहास के सबसे बड़े सौदों में एक है। वैसे भी, माइक्रोसॉफ़्ट और लिंक्डइन छह से भी अधिक सालों से एक साथ मिल कर इसके ऊपर काम कर रही थीं कि हमारे एक अरब उपभोक्ताओं और उनके करीब आधा अरब उपभोक्ताओं—हमारे उपभोक्ताओं का वेन डायाग्राम उनके सदस्यों के वेन डायाग्राम को

शत-प्रतिशत अतिव्यापित करती—अपने कौनटैक्ट्स सिंक्रोनाइज़ कर सकें ताकि माइक्रोसॉफ़्ट ऑफ़िस पर उनके कौनटैक्ट्स लिंक्डइन पर भी उपलब्ध रहें, और लिंक्डइन पर उनके कौनटैक्ट्स माइक्रोसॉफ़्ट ऑफ़िस पर। माइक्रोसॉफ़्ट ने अपनी तकनीक उपलब्ध करवाई ताकि लिंक्डइन एक सुन्दर ऐप्प विण्डोज़ के लिए बना सके और हम सोशल कनेक्टर में सहयोगी बनें जिससे दोनों प्लेटफ़ॉमों पर अच्छे सम्पर्क बन गये। और अधिक एकीकरण के लिए तथा उपभोक्ताओं के लिए और भी अधिक उपयोगिता पैदा करने के लिए हमें एक होना पड़ा।

साथ मिल कर हमने न केवल अच्छा काम किया, बल्कि एक जैसे दृष्टिकोण और एक-दूसरे के प्रति विश्वास भी साझा किये। इसीलिए जिस दिन हमने अधिग्रहण की घोषणा की लिंक्डइन के सी.ई.ओ. जेफ़ वेंअर ने तकनीकी संवाददाता कारा स्विशर को इस सौदे के बारे में बताते हुए कहा, "आप यह देखिये कि माइक्रोसॉफ़्ट अब कितनी तेज़ गति से काम करने लगी है, कितने नये-नये तरीकों से, कितनी खुली हो गयी है, कितनी उद्देश्यपूर्ण हो गयी है और इस अधिग्रहण में इस बात ने एक बड़ी भूमिका निभायी।"

जब मैं इंजीनियर था तब मैं निम्नलिखित रूप से अपने दिमाग़ में तैयारी करके अपने समय का प्रबन्धन करता था :

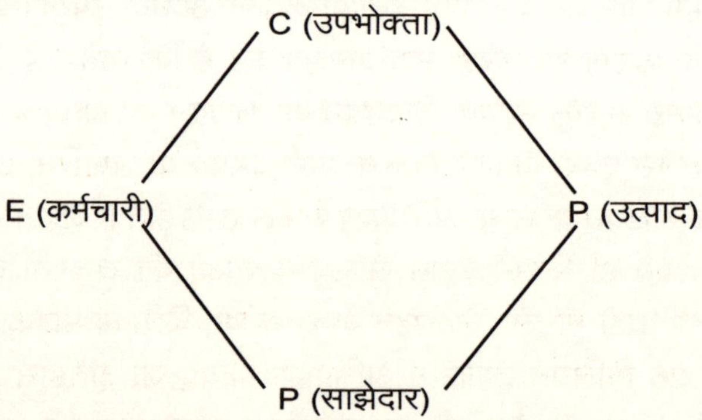

कर्मचारी, उपभोक्ता, उत्पाद, साझेदार। अगर मुझे उस काम को बढ़िया करना है जिसके लिए मैं ज़िम्मेदार हूँ तो इन सभी तत्वों को समय, ध्यान और निर्मग्नता चाहिए। सभी चारों के चारों मायने रखते हैं और बिना अनुशासन के अच्छे से अच्छा मैनेजर भी इनमें से किसी न किसी को

नज़रअन्दाज़ कर सकता है। कर्मचारी और उत्पाद रोज ध्यान खींच लेते हैं और वे हमारे सबसे नज़दीक होते हैं; उपभोक्ता हमें वह संसाधन देते हैं जो हमें किसी भी चीज़ को करने के लिए चाहिए। इसलिए वे भी ऊर्जा लेते हैं। लेकिन साझेदार हमें वह जीवन देते हैं जो हमें ऊँचा उठने के लिए चाहिए। वे हमें चारों तरफ़ देखने में मदद करते हैं, उन अवसरों को देखने में हमारी मदद करते हैं जिसे हो सकता है हम अकेले न देख पाते हों। सी.ई.ओ. बनने के बाद अब मुझे यह बात समझ में आयी है कि इस नक्षत्र में बहुत सारे पहलू होते हैं। सरकार और समुदाय भी महत्त्वपूर्ण होते हैं। एक अनुशासित नज़रिया होना चाहिए जिसमें इससे जुड़े ये सारे लोग कम्पनी की उपयोगिता को देख सकें, इसके उत्पादों को और इसकी सेवाओं की उपयोगिता को। अधिक उपयोगिता अधिक भलाई से और इससे जुड़े सभी पहलुओं की जीवन्तता से आती है।

—

अध्याय 6

क्लाउड से आगे की दुनिया

अवस्था में तीन बदलाव : मिक्स्ड रियलिटी, आर्टीफ़िशियल इंटेलिजेंस और क्वाण्टम कम्प्यूटिंग

मूल रूप से मैंने इस किताब के बारे में यह सोचा था कि इसमें रूपान्तरण की प्रक्रिया के दौरान एक सी.ई.ओ. का चिन्तन हो। एक ऐसे आदमी का जो कॉरपोरेट रूपान्तरण को दिशा भी दे रहा हो और रूपान्तरकारी तकनीकों का निर्माण भी कर रहा हो। मेरा लक्ष्य यह था कि काम करते हुए इन अनुभवों को साझा किया जाये, बजाय इसके कि सालों बाद इनको पीछे मुड़ कर देखा जाये। माइक्रोसॉफ़्ट के रूपान्तरण की प्रक्रिया, ज़ाहिर है, चल रही है। वैश्विक आर्थिक और तकनीकी अनिश्चितता को देखते हुए हम अपने लक्ष्य को फिर निर्धारित करते रहते हैं, अपनी संस्कृति की प्राथमिकताओं को पुनः तय करते हैं और रणनीतिक साझेदारी को बनाते रहते हैं ताकि अपने व्यवसाय के आधार को मजबूत बनाया जा सके। हमें अपने नवोन्मेष की भावना को भी तेज़ करने की ज़रूरत थी और नये, साहसी दाँव खेलने की भी ज़रूरत थी। इसी वजह से माइक्रोसॉफ़्ट तकनीक के क्षेत्र में 40 से भी अधिक सालों से एक विश्वसनीय ब्राण्ड बना रहा है।

क्लाउड के बाज़ार में सफल होने के लिए हमने पी.सी. और सर्वर से आगे की तरफ़ देखना शुरू किया। लेकिन हमें क्लाउड से भी आगे देखना

था। तकनीक की आने वाली प्रवृत्तियों की भविष्यवाणी करना ख़तरनाक हो सकता है। यह कहा जाता है कि हम कम समय में कितना हासिल कर सकते हैं इसका आकलन हमने अधिक कर लिया, लेकिन हमने इसका आकलन कम किया कि दीर्घ अवधि में क्या हासिल किया जा सकता है। लेकिन हम उन तीन तकनीकों में नेतृत्व करने के लिए निवेश कर रहे हैं जो आने वाले सालों में हमारे उद्योग जगत और अन्य उद्योगों को आकार देगा—मिक्स्ड रियलिटी, ए.आई. और क्वाण्टम कम्प्यूटिंग। ये तकनीक निश्चित रूप से हमारी अर्थव्यवस्था और समाज में बड़ा बदलाव लायेंगी। किताब के अन्तिम तीन अध्याय में मैं उन उपयोगिताओं, नैतिकताओं, नीतियों और अर्थशास्त्र के बारे में चर्चा करूँगा, अगली लहर के लिए तैयारी करते हुए हमें जिनके बारे में सोचने की ज़रूरत है।

इन आने वाले तकनीकी बदलावों के अभिसरण के बारे में सोचने का एक तरीका यह हो सकता है। मिक्स्ड रियलिटी के माध्यम से हम बेहतरीन कम्प्यूटिंग अनुभव तैयार कर रहे हैं, जिसमें आपका दृष्टि क्षेत्र कम्प्यूटिंग सतह या सरफ़ेस बन जाता है और आपकी डिजिटल दुनिया और आपकी वास्तविक दुनिया एक हो जाती है। डाटा, ऐप्प और यहाँ तक कि आपके सहकर्मी और आपके मित्र जिनके बारे में आप सोचते हैं कि वे आपके फ़ोन या टैबलेट पर उपलब्ध हैं उनसे आप किसी भी माध्यम से सम्पर्क कर सकते हैं—जब आप अपने दफ़्तर में काम कर रहे हों, किसी उपभोक्ता से मिलने जा रहे हों, या किसी सम्मेलन कक्ष में सहकर्मियों के साथ विचार कर रहे हों। ए.आई. हर अनुभव को शक्ति प्रदान करती है, इंसान की क्षमताओं को सूझ और अनुमान लगाने की क्षमता के साथ बढ़ा देती है जिसको अपने बूते हासिल कर पाना असम्भव होता। अन्ततः, क्वाण्टम कम्प्यूटिंग मूर्स नियम से भी आगे जाने की अनुमति दे देगा—यह आकलन कि कम्प्यूटर चिप में ट्रांजिस्टरों की संख्या करीब दो सालों में दोगुनी हो जाती है—आज कम्प्यूटिंग को हम जिस रूप में जानते हैं वह उसकी भौतिकी को ही बदल कर रख देगी, दुनिया की सबसे बड़ी और जटिल समस्याओं को सुलझाने के लिए वह कम्प्युटेशनल शक्ति प्रदान करके ऐसा करेगी। मिक्स्ड रियलिटी,

ए.आई. और क्वाण्टम कम्प्यूटिंग आज स्वतन्त्र इकाई हो सकते हैं, लेकिन वे साथ आने वाले हैं। हम इसके ऊपर दाँव लगा रहे हैं।

कोई तकनीकी कम्पनी जो इस तरह की विविध धाराओं को नहीं पकड़ पाती है तो वह निश्चित रूप से पिछड़ जायेगी। साथ ही, ज़ाहिर है, वर्तमान व्यवसाय के मूल रूप को नज़रअन्दाज़ करते हुए भविष्य की ऐसी तकनीकों के पीछे भागना जिनको अभी आजमाया ही न गया हो ख़तरनाक भी है। यह शास्त्रीय तरीके से नयी-नयी चीज़ों पर काम करने वाले व्यक्ति का उहापोह है—मौजूदा सफलता को ख़तरे में डालते हुए नये अवसरों के पीछे भागना।

ऐतिहासिक रूप से, कई बार इस सन्तुलन को सही रखने के लिए माइक्रोसॉफ़्ट को संघर्ष करना पड़ जाता है। असल में आईपैड से पहले हमारे पास एक टैबलेट था और किण्डल से पहले हम ई-बुक रीडर बनाने की राह पर थे। लेकिन सफलता के लिए जो मुख्य पहलू चाहिए थे, कई मामलों में हमारे सॉफ़्टवेयर उससे आगे थे, जैसे टचस्क्रीन हार्डवेयर या ब्रॉड्बैण्ड कनेक्शन। कई दूसरे मामलों में, हम बाज़ार के मुताबिक़ डिज़ाइन बनाने में पिछड़ गये। हम इस बात को ले कर थोड़ा अतिआत्मविश्वास में भी आ गये कि हम अपने प्रतिस्पर्धी का पीछा बहुत तेज़ी से कर लेंगे, हम इस बात को भूल गये कि इस तरह की रणनीति में अन्तर्निहित ख़तरा होता है। हम अपने बेहद सफल व्यवसाय मॉडल को बदलने में थोड़ा संकोच कर गये। हमने इन सबसे बहुत सीखा। भविष्य की खोज करने का कोई फ़ॉर्मूला नहीं है। एक कम्पनी के पास इस बात का पूरा नज़रिया होना चाहिए कि वह अलग तरीके से क्या कर सकती है, फिर उसको सम्भव करने के लिए पूरे संकल्प और क्षमता के साथ जुट जाना चाहिए।

सी.ई.ओ. बनने से पहले मैंने यह फ़ैसला किया कि हम नई तकनीकों और नये बाज़ार को बनाने के लिए अधिक केन्द्रित और आक्रामक तरीके से निवेश करेंगे—लेकिन केवल तभी जब हम सन्तोषजनक तरीके से अंग्रेजी के अक्षर "सी" से शुरू होने वाले तीन पहलुओं पर खरे उतरते हों—क्या हमारे पास कोई सिद्धान्त है, क्या हमारे पास सफल होने की क्षमता है और हमारे यहाँ ऐसी संस्कृति है जो नये विचारों और नयी शैली को अपना सके?

नवोन्मेष करने वाले के उलझन में फँसने से बचने के लिए—और हमेशा आज के बारे में सोचने और महत्त्वपूर्ण कामों को कल के लिए छोड़ देने से बचने के लिए—हमने यह फ़ैसला किया कि हम विकास की सम्भावनाओं को देखते हुए निवेश की रणनीति तैयार करेंगे : सबसे पहले, आज जो मूल व्यवसाय और तकनीक है उसमें वृद्धि करना; दूसरे, भविष्य के लिए नये विचारों और तकनीकों के ऊपर काम करना और तीसरे, दीर्घ अवधि के लिए महत्त्वपूर्ण खोज में निवेश करना। पहले क्षेत्र में, हमारे उपभोक्ता और साझेदार तिमाही दर तिमाही, साल दर साल हमारे सभी व्यवसायों में नवोन्मेष देखते रहेंगे। दूसरे क्षेत्र में, हमने पहले से ही ऐसे प्लेटफ़ॉर्म या मंचों के बदलाव में निवेश करना शुरू कर दिया है, जैसे बोलने और डिजिटल इंक के साथ नये यूज़र इण्टरफ़ेस में, निजी सहायता के लिए नये एप्लीकेशन में निवेश और इण्टरनेट के माध्यम से फ़ैक्टरी से ले कर, कार से ले कर, घरेलू उपयोग की सामग्रियों तक के अनुभव को बेहतर बनाने में। तीसरे क्षेत्र में, माइक्रोसॉफ़्ट उन क्षेत्रों के ऊपर एकाग्र रूप से केन्द्रित है जो कुछ साल पहले तक बहुत दूर की कौड़ी लगते थे, लेकिन आज वे नई-नई खोजों के सीमान्त हैं जैसे मिक्स्ड रियलिटी, ए.आई. और क्वाण्टम कम्प्यूटिंग। औषधि, शिक्षा और निर्माण के क्षेत्र में मिक्स्ड रियलिटी एक महत्त्वपूर्ण उपकरण बन जायेगा। ए.आई. जिससे आपदा जैसे संकटों की भविष्यवाणी में मदद मिलेगी और जो काम सबसे महत्त्वपूर्ण हैं उनके ऊपर ध्यान केन्द्रित करने में हमारी मदद करेगी। क्वाण्टम कम्प्यूटिंग हमें कैंसर से लड़ने और वैश्विक ताप से प्रभावशाली ढंग से निपटने की ताकत देगी।

कम्प्यूटर ने किस तरह से मानव बुद्धि को बढ़ाया और सामूहिक ए.आई. का निर्माण किया, इसका बौद्धिक इतिहास मुझे हमेशा आकर्षित करता रहा है। डग इन्गेलबार्ट ने 1960 के दशक में एक ऐसा प्रदर्शन किया था जिसको 'मदर ऑफ़ ऑल डेमोज़' कहा जाता है, जिसमें उन्होंने माउस, हायपरटेक्स्ट, और शेयर्ड स्क्रीन टेलीकांफ़्रेंसिंग को दिखाया था। इन्गेलबर्ट के नियम में यह कहा गया है कि इंसान के प्रदर्शन में घातीय वृद्धि होती है; जबकि तकनीक हमारी क्षमताओं को बढ़ा सकती है, उस बढ़त से भी आगे बढ़ जाने की क्षमता इंसान का ख़ास उद्यम है। उन्होंने ही मनुष्य-कम्प्यूटर

संवाद के क्षेत्र की स्थापना की। बहुत सारे अन्य द्रष्टा भी हैं जिन्होंने मुझे और इस उद्योग जगत को प्रभावित किया। लेकिन जब 1992 में मैंने माइक्रोसॉफ़्ट में नौकरी शुरू की थी तब पूरे कैम्पस में दो भविष्यवादी उपन्यास थे जिनको इंजीनियर बड़ी बेताबी से पढ़ते थे। नील स्टीफेंसन के उपन्यास *स्नो क्रैश* ने 'मेटावर्स' शब्द को लोकप्रिय बनाया, जिसमें उन्होंने सामूहिक आभासी (वर्चुअल) और साझे स्थल की कल्पना की थी। डेविड जेलेर्न्टर ने *मिरर वर्ल्ड्स* उपन्यास लिखा, जिसमें उन्होंने ऐसे सॉफ़्टवेयर की कल्पना की जो कम्प्यूटिंग के जगत में क्रान्ति ले आयेगा और यथार्थ के स्थान पर डिजिटल प्रतिलिपि को ले कर आयेगा। ये विचार अब सम्भव लगने लगे हैं।

तब बहुत जादुई अनुभव होता है, कम से कम मेरे लिए, जब पहली बार आप किसी अत्यन्त विस्तृत तकनीक का अनुभव करते हैं। 1980 के दशक में जब मैंने अपने जेड80 कम्प्यूटर पर, जो मेरे पापा मेरे लिए ले कर आये थे, बुनियादी कोड की कुछ लाइन लिखना सीखा था, मेरे लिए यह बहुत अद्भुत अनुभव था। अचानक मैं मशीन के साथ संवाद कर रहा था। मैंने कुछ लिखा तो उसने कुछ दिखाया, जवाब दिया। मैं उसका प्रोग्राम बदलता और तत्काल उसका जवाब भी बदल जाता था। मुझे यह समझ में आया कि इंसान ने सॉफ़्टवेयर के रूप में सबसे आसानी से प्रभावित होने वाले संसाधन का निर्माण किया था। यह कुछ ऐसा था जैसे बोतल में बिजली की चमक हो। जब पहली बार मैंने स्प्रेडशीट का सामना किया था तो उस समय मुझे कितना रोमांच हुआ था मुझे अभी भी अच्छी तरह याद है। पिवट टेबल जैसे डाटा स्ट्रक्चर ने संख्याओं को लेकर हमारे सोचने के तरीके को बदल दिया।

हमारा उद्योग जगत ऐसी अचानक खोजों के पलों से भरपूर है। मेरे लिए सबसे रोमांचक पल आया, आश्चर्यजनक रूप से, मंगल ग्रह की सतह पर—जब मैं माइक्रोसॉफ़्ट की इमारत 92 के तहख़ाने में खड़ा था।

वहीं मैंने पहली बार एक होलोलेंस उपकरण का इस्तेमाल किया, एक छोटा-सा हेड-माउण्टेड कम्प्यूटर जो पूरी तरह से आत्मनिर्भर था। अचानक

होलोलेंस मुझे—ज़ाहिर है आभासी रूप से—लाल ग्रह की सतह पर ले कर चला गया, 250 मिलियन मील दूर, जो नासा के मंगल यान क्यूरिओसिटी से आये एक संकेत के कारण हुआ। होलोलेंस के माध्यम से मैं अपने दो जूतों को बहुत निश्चिन्त तरीके से और चक्कर में डालने वाले ढंग से मंगल की सतह पर चलते हुए देख रहा था, जो मुझे उस मंगल यान के पास ले कर गया। होलोलेंस ने मेरे लिए यह सम्भव कर दिया कि मैं अपने वास्तविक कमरे में भी टहल सकूँ—मेज़ को देख सकूँ और अपने आसपास के लोगों के साथ संवाद कर सकूँ—और मंगल की सतह की चट्टानों को भी देख सकूँ। यह उसका आश्चर्यजनक, अप्रत्याशित रूप था जिसको हम मिक्स्ड रियलिटी कहते हैं। यह अनुभव इतना प्रेरक था, दिल को इतना छू लेने वाला था कि मेरे नेतृत्वकर्ता दल का एक सहयोगी इस आभासी यात्रा के दौरान रोने लगा।

उस दिन जो मैंने देखा और जो अनुभव किया वह माइक्रोसॉफ़्ट के भविष्य की एक झाँकी थी। शायद इस विशेष पल को मिक्स्ड रियलिटी क्रान्ति के आगमन के पल के रूप में याद किया जायेगा, ऐसे पल के रूप में जिसमें सभी एक तल्लीन माहौल में खेलते हैं और काम करते हैं जो कि वास्तविक और आभासी संसार को मिला देता है। जिस तरह आज हम लोग जिनको हमेशा ही इण्टरनेट उपलब्ध रहा, डिजिटल को आत्मसात कर चुके हैं, क्या किसी दिन वे नौजवान जो कम्प्यूटर से सम्बन्धित अपने सभी अनुभवों को यथार्थ और आभासी जगत के मिश्रण से सराबोर होने की अपेक्षा करते हैं, मिक्स्ड रियलिटी को आत्मसात कर लेंगे?

आज कम्पनियाँ मॉनिटर वाले कम्प्यूटर को ले कर अलग-अलग रुख अपना रही हैं। विण्डोज़ 10 एमआर उपकरण या फ़ेसबुक के आक्युलस रिफ़्ट के द्वारा जो वर्चुअल रियलिटी उपलब्ध करवाया जाता है वह एक तरह से वास्तविक संसार को बाधित कर देता है, उपयोगकर्ता को डिजिटल संसार में पूरी तरह से तल्लीन कर देता है। उदाहरण के लिए गूगल ग्लास आपके चश्मे के ऊपर सूचनाओं को उपलब्ध करवा देता है। स्नैपचैट का चश्मा प्रासंगिक विषय को देखने और उसमें से अपने पसन्द के विषय को छाँटने में आपकी मदद करता है। होलोलेंस मिक्स्ड रियलिटी का अनुभव

करवाता है, जिसमें उपयोगकर्ता अपने वर्तमान स्थल यानी अपने कमरे में लोगों से बातचीत कर सकता है और दूरस्थ किसी स्थल पर भी रह सकता है जबकि होलोग्राम तथा अन्य डिजिटल वस्तुओं के साथ काम भी कर सकता है। तकनीक के शोध से जुड़ी संस्था गार्टनर इंक ने जीवन चक्र की तरह तकनीक के चक्र का टूल बनाया है—हाइप साइकल और उसके अध्ययन के आधार पर यह पूरा चक्र दिखाया कि नयी तकनीक आविष्कार से ले कर किस तरह से विस्तृत पैमाने पर अपनाई जाती है (या लुप्त हो जाना) और इस बात का विश्वास कीजिये कि वर्चुअल रियलिटी की तकनीकों को मुख्य धारा द्वारा पाँच से दस साल में अपना लिया जायेगा।

शुरुआत करने में हमें दिक्कत आ रही थी। मेरे सहकर्मी एलेक्स किपमैन कुछ समय से होलोलेंस का प्रोटोटाइप तैयार कर रहे थे। एलेक्स और उनकी टीम ने एक पहल पहले ही कर ली थी : उन लोगों ने माइक्रोसॉफ़्ट किनेक्ट विकसित किया था, जो मोशन सेंसिंग की तकनीक है, आज जिसका उपयोग रोबोट्स के लिए किया जाता है, जिसके कारण वे इंसानों की तरह चल फिर पाते हैं, जबकि मज़ेदार ढंग से अपने शरीर का इस्तेमाल करते हुए आप एक्सबॉक्स पर गेम भी खेल सकते है। हालाँकि, एलेक्स की परियोजना कम्पनी में धन के इन्तजाम में घूग रही थी। यह स्पष्ट नहीं था कि माइक्रोसॉफ़्ट मिक्स्ड रियलिटी में निवेश करेगा या नहीं, क्योंकि यह एक नया व्यवसाय था और बाज़ार में वह साबित भी नहीं हुआ था। उसके लिए धन की खोज कई बार इतनी अजीब लगती थी कि एलेक्स ने मज़ाक में उसका कोड नाम बाराबू रख दिया था, जो विस्कॉन्सिन में एक शहर है जहाँ सर्कस है और एक संग्रहालय है जो क्लाउन को समर्पित है।

एक बार मुझे यह देखने का मौका मिला कि होलोलेंस क्या कर सकता था, तो मैं हैरान रह गया। होलोलेंस वीडियो गेम के लिए इस्तेमाल में लाया जा सकने वाला एप्लीकेशन था लेकिन मुझे तत्काल इस बात की सम्भावना दिखायी दी कि उसका उपयोग कक्षाओं, अस्पतालों और हाँ, अन्तरिक्ष की खोजों के लिए किया जा सकता था। असल में, नासा सबसे आरम्भिक संगठन था जिसने होलोलेंस की उपयोगिता को समझा, उसने इसके एक आरम्भिक रूप का उपयोग किया जिसके माध्यम से धरती पर बैठे अन्तरिक्ष

यात्री अन्तरिक्ष में बैठे अन्तरिक्ष यात्रियों के साथ सम्पर्क कर सकते थे। मार्स के प्रदर्शन के बाद भी अगर किसी को किसी तरह की शंका थी तो बिल गेट्स ने अपने अनुभव के बाद जो ई-मेल लिखा वह बड़े से बड़े शंकालु को भी यकीन दिलवा सकता था।

> मार्स के प्रदर्शन के बाद मैं दो चीज़ों से बहुत प्रभावित हुआ : एक, बहुत विश्वसनीय लग रहा था। छवियाँ वास्तविक लग रही थीं और जब मैंने अपना सर हिलाया तो वह वास्तविक लग रहा था। मुझे ऐसा महसूस हो रहा था जैसे मैं वहाँ हूँ। दूसरे, अन्तरिक्ष में भौतिक रूप से इधर-उधर होने का अनुभव बहुत वास्तविक लग रहा था जबकि परिधीय दृष्टि का उपयोग करने से किसी चीज़ से टकराने से बचाव भी हो रहा था। हालाँकि अभी भी मैं पक्के तौर पर यह नहीं कह सकता कि कौन-सा एप्लीकेशन आगे सामने आयेगा लेकिन इस प्रदर्शन को देखने से मैं इस परियोजना को ले कर बेहद उत्साहित हो गया हूँ और हम लोग इसको सफल बनाने के लिए रास्ते तलाश करने का प्रयास करेंगे। मैं राजी हो चुका हूँ।

हाँ, एलेक्स, हम निवेश करेंगे।

होलोलेंस के मर्म को समझने के लिए एलेक्स और उसके अतीत के बारे में जानने से मदद मिल सकती है। कई अर्थों में हमारी कहानी में बहुत समानता है। एलेक्स ब्राज़ील में एक राजनयिक का बेटा था और इस कारण बचपन में वह काफ़ी जगहों पर गया और उसने पाया कि गणित, विज्ञान और बाद में कम्प्यूटर ही उसके असली संगी थे। “अगर आपको यह पता है कि गणित और विज्ञान के माध्यम से आप किस तरह से चित्र बना सकते हैं तो आप कुछ भी बना सकते हैं,” उसने एक बार मुझे कहा था। उसके माँ-पापा उसके लिए अटारी 2600 होम वीडियो कोमोल ले कर आये थे जिसे उसने कई बार ख़राब कर डाला लेकिन धीरे-धीरे वह उसको प्रोग्राम करना सीख गया। तकनीक के प्रति उसका जुनून उसको रोचेस्टर इंस्टिट्यूट ऑफ़

टेक्नोलॉजी ले कर गया, उसने नासा के साथ इण्टर्नशिप की और बाद में सिलिकन वैली में उसने बहुत उच्च कोटि की कम्प्यूटर प्रोग्रामिंग की।

हालाँकि उसकी तलाश किसी ऐसी जगह की थी जहाँ वह सॉफ़्टवेयर का निर्माण महज सॉफ़्टवेयर के लिए ही कर सके, एक ऐसी जगह जहाँ सॉफ़्टवेयर को कला के रूप में देखा जाता हो। वह माइक्रोसॉफ़्ट में काम करने के लिए आया जहाँ विण्डोज़ विस्टा को तैयार करने में उसने भूमिका निभाई, जो विण्डोज़ एक्सपी का उत्तराधिकारी था और जिसका बहुत दिनों से इन्तज़ार था। इसके बावजूद कि विण्डोज़ विस्टा में सुविधाएँ बहुत उन्नत प्रकार की थीं लेकिन उसको अच्छी समीक्षाएँ नहीं मिल सकीं। एलेक्स से अधिक दुखी कोई नहीं हुआ। उसने इसको निजी तौर पर लिया और वापस ब्राज़ील जा कर चिन्तन करने लगा—कि अपने कैरियर को नये सिरे से किस तरह से आगे बढ़ाये। एलेक्स बहुत दार्शनिक है और वह दिशा-निर्देश के लिए नीत्शे की तरफ़ मुड़ गया : "वह जिसके पास जीने के लिए 'क्यों' होता है वह किसी न किसी तरह से सब सहन कर लेता है।" एलेक्स अपने आप से दुखी था क्योंकि उसके पास उसका 'क्यों' नहीं था, वह दृष्टिकोण कि कम्प्यूटिंग को किस दिशा में जाना चाहिए।

बाद में उसने पत्रकार केविन डुपज़िक से कहा कि वह पूर्वी ब्राज़ील के एक फ़ार्म में चला गया और एक नोटबुक ले कर घूमता रहता था और इस बारे में सोचता रहता था कि वह कम्प्यूटिंग के क्षेत्र में किस तरह का योगदान दे सकता था। वह इस बारे में सोचने लगा कि कम्प्यूटिंग किस तरह से देश काल को अपदस्थ कर सकता था। हम की-बोर्ड और स्क्रीन से बँधे हुए क्यों थे? मैं अगर किसी के साथ होना चाहता हूँ तो मैं अपने कम्प्यूटर के उपयोग द्वारा उसके साथ क्यों नहीं हो सकता, चाहे वह कहीं हो? एलेक्स को यह बात समझ में आयी कि कम्प्यूटिंग का विकास प्राक ऐतिहासिक काल की गुफा चित्रकला की अवस्था तक ही पहुँचा है। मिक्स्ड रियलिटी को नया पेंटब्रश होना था जो कम्प्यूटिंग के लिए एकदम नयी दुनिया के दरवाज़े खोल देने वाला था।

उसने अपने कैरियर के लिए एक नयी दिशा निर्धारित की : "मैं ऐसी मशीन बनाने वाला हूँ जो वास्तविक दुनिया को समझ सकती हो।"

समझना—माउस, की-बोर्ड या स्क्रीन नहीं—उसकी कहानी का नायक होगा। ऐसी मशीन जो हमें समझ सके उसके लिए 'क्यों' बन गया।

"कैसे" वह नक्शा बनाया जाये जो कम्प्यूटिंग के एकदम नये प्रकार के अनुभव के लिए हो, जो ऐसे सेन्सर्स के इर्द-गिर्द बना हो जो इंसानों को, उनके माहौल को और उनके आस-पास की वस्तुओं को समझ सकता हो। यह नया कम्प्यूटिंग अनुभव ऐसा हो जो तीन तरह के संवाद को सम्भव बनाये : वह एनॉलाग डाटा के बारे में बता सके, डिजिटल डाटा को परिणाम के रूप में दे सके और डाटा में स्पर्श करने और महसूस करने की क्षमता हो—जिसको हैपटिक्स कहा जाता है।

इस यात्रा में पहला सफ़र किनेक्ट था—इसमें इंसान सिर्फ़ हिल-डुल कर ही कम्प्यूटर में डाटा दर्ज़ कर सकता था। अचानक हम कम्प्यूटर के साथ नाच सकते थे, डांस कर सकते थे। अब होलोलेंस कई तरह से इसका प्रयोग देख पा रहा था। यह इंसानों को, वातावरण को और वस्तुओं को इसमें समर्थ बनाता है कि वे अलग-अलग देशकाल में डाटा दे और ले सकें। अचानक धरती पर बैठा कोई अन्तरिक्ष यात्री मंगल ग्रह के किसी गड्ढे को देख सकता है। और इसका अन्तिम रूप हैपटिक्स में यह योग्यता भी होगी कि उसके माध्यम से वह उसे छू और महसूस भी कर सकेगा। जब हम किनेक्ट का उपयोग करते हुए नाचते हैं या होलोलेंस का उपयोग करते हुए किसी चट्टान तक पहुँचते हैं तो हम अभी अपने साथ नृत्य करने वाले को या उस चट्टान को महसूस नहीं कर पाते हैं। लेकिन एक दिन हम कर पायेंगे।

आजकल, माइक्रोसॉफ़्ट में हमारा ध्यान इस बात पर है कि मिक्स्ड रियलिटी को आम किया जाये, इसे सभी के लिए उपलब्ध करवाया जाये। हमारे द्वारा होलोलेंस को जारी किया जाना माइक्रोसॉफ़्ट की एक सिद्ध रणनीति है—हम बाहर के डेवलपर को बुला कर उनसे होलोलेंस के प्लेटफ़ॉर्म के लिए काल्पनिक एप्लीकेशन बनाने के लिए कहते हैं। जैसे ही हमने होलोलेंस की घोषणा की, पाँच हज़ार से अधिक डेवलपरों ने अपने-अपने एप्लीकेशन के विचार हमें भेजे जो इस प्लेटफ़ॉर्म के लिए वे बनाना चाहते थे। हमने 24 घण्टे के लिए ट्विटर पर मतदान करवाया कि हमें सबसे पहले कौन-सा एप्लीकेशन तैयार करवाना चाहिए। डेवलपर्स और प्रशंसकों

ने गैलेक्सी एक्सप्लोरर का चुनाव किया, यह आपको इसमें सक्षम बनाता है कि आप अपनी खिड़की से बाहर देखें और सितारों की दुनिया की सैर पर चले जायें—अपनी गति से, आप जो देखना चाहते हों उसको देखते हुए और उस अनुभव को बाद में देखने के लिए अपने उपकरण में बचा कर रख भी लें। यह ग्रह के माहौल को आपके कमरे की दीवार पर उतार देता है—धूल भरी हवा, गर्म प्लाज्मा और बर्फ़ बनने की प्रक्रिया।

अब दूसरे डेवलपर होलोलेंस के लिए बहुत उपयोगी अन्य तरह के एप्लीकेशन तैयार कर रहे हैं। उदाहरण के लिए लोव्स होम इंप्रूवमेंट स्टोर होलोलेंस के माध्यम से उपभोक्ताओं को इसका मौका देता है कि वे अपने घर की रसोई, बाथरूम में खड़े हो कर यह अनुभव कर सकें कि जो नया सामान वे लेना चाहते हैं वह उनके रसोई या बाथरूम या घर के किसी अन्य हिस्से में कैसा लगेगा।

इस तकनीक का क्षेत्र सहज रूप से इसको देखने से शुरू होता है कि मशीन को क्या दिखाई दे रहा है लेकिन किसी दिन हम इससे भी ज्यादा जटिल कार्य को पूरी तरह से समझ लेंगे जिसके बारे में हम ए.आई. को पाने से सीखेंगे। किनेक्ट किसी कम्प्यूटर को इसमें समर्थ बना देता है कि वह आपकी गतिविधियों के ऊपर नज़र रख सके—आपको देख कर इसका अन्दाजा लगा सके कि आप क्या करने वाले हैं। आज इसी जगह पर ए.आई., मिक्स्ड रियलिटी, मशीन लर्निंग खड़े हैं। तकनीक धीरे-धीरे देख सकती है, बोल सकती है, विश्लेषण कर सकती है लेकिन यह अभी तक महसूस नहीं कर सकती है। लेकिन हो सकता है मिक्स्ड रियलिटी मशीनों को इंसान के साथ संवेदना स्थापित करना सिखा दे। इन तकनीकों के माध्यम से हम धीरे-धीरे इस बात को महसूस कर पायेंगे कि कोई शरणार्थी या कोई अपराधी किस तरह से महसूस करता है, जिससे उन बाधाओं के पार जा कर भावनात्मक सम्बन्ध बनाने की हमारी क्षमता बढ़ सकती है जो फिलहाल लोगों को एक-दूसरे से अलग करती है। वास्तव में, मुझे ऑस्ट्रेलिया के कुछ स्टूडेंट डेवलपर्स से मिलने का मौका मिला जिन्होंने हमारे इमेजिन कप प्रतियोगिता में हिस्सा लिया था। उन्होंने मिक्स्ड रियलिटी की एक

एप्लीकेशन को विकसित किया जो बच्चों की देखभाल करने वालों को ऑटिज्म से पीड़ित बच्चों की निगाह से दुनिया को देखने में मदद करती है।

आर्टीफ़िशियल रियलिटी को हॉलीवुड की फ़िल्मों द्वारा अनगिनत रूपों में दिखाया गया है, जिन्होंने तकनीक को एक तरह से अपनी उप विधा ही बना लिया है। 1973 की फ़िल्म *वेस्टवर्ल्ड* में युल ब्रेनर ने एक रोबोट की भूमिका निभाई—जिसमें ए.आई. का प्रयोग किया गया है—और जो बन्दूक की लड़ाई में भाग लेने के लिए जाता है। सालों बाद, डिज़्नी ने एक अलग तरह से इसे चित्रित किया। फ़िल्म *बिग हीरो 6* में एक थुलथुल विशाल रोबोट है जिसका नाम है बेमैक्स, जो अपने 14 साल के मालिक को एक रोमांचक यात्रा पर जाने में मदद करता है। "यह आपकी दुनिया बदल देगा," फ़िल्म यह उद्घोषणा करती है।

और बात यही है। आर्टीफ़िशियल रियलिटी हमारी दुनिया बदल देगी। यह इंसानों की मदद करेगी ब्रेनर से अधिक बेमैक्स की तरह।

तीन खोजों का मिलन—बिग डाटा, कम्प्यूटर की विशाल शक्ति और उन्नत प्रकार की गणना (एल्गोरिथ्म्स)—आर्टीफ़िशियल रियलिटी को विज्ञान कथाओं की वास्तविकता में बदल देता है। हमारे दैनन्दिन जीवन में कैमरा और सेन्सर्स की बड़े पैमाने पर हुई वृद्धि के कारण बड़े पैमाने पर डाटा इकट्ठे किये जा रहे हैं और उपलब्ध हो रहे हैं। आर्टीफ़िशियल रियलिटी को सीखने के लिए डाटा चाहिए। क्लाउड ने सभी के लिए बड़े पैमाने पर कम्प्यूटिंग शक्ति उपलब्ध करवा दी है। डाटा के अम्बार में से गहरी सूझ और बुद्धि के साथ जटिल एल्गोरिथ्म्स भी सम्भव हो गए हैं।

लेकिन बेमैक्स और ब्रेनर से बहुत आगे आज ए.आई. वह होती जा रही है जिसे आर्टीफ़िशियल जनरल इंटेलिजेंस या ए.जी.आई. कहा जाता है, यह वह बिन्दु है जहाँ पर आ कर ए.आई. इंसान की बुद्धि के बराबर आ जाती है या उससे भी आगे निकल जाती है। मानव बुद्धि की ही तरह ए.आई. को भी अलग-अलग परतों में बाँटा जा सकता है। जो नीचे की परत है वह सामान्य रूप से पैटर्न पहचान से सम्बन्धित होती है। मध्य की परत का

सम्बन्ध अवबोध से है, अधिक से अधिक जटिल दृश्यों को समझने से। यह अनुमान किया जाता है कि इंसान जो अवबोध करता है उसका 99 प्रतिशत वह वाक् और दृष्टि से करता है। अन्त में, बुद्धि का सबसे उच्च स्तर संज्ञान का स्तर होता है यानी इंसान की भाषा की गहरी समझ।

ए.आई. के लिए यह सब बुनियाद के पत्थर की तरह हैं और माइक्रोसॉफ़्ट कई साल से इन बुनियादों को मजबूत बनाने के लिए निवेश करता रहा है—सांख्यिकी मशीन लर्निंग उपकरण जो डाटा की पहचान करे और प्रतिरूपों को पहचाने; ऐसे कम्प्यूटर जो देख, सुन और हिल-डुल सकते हैं और यहाँ तक कि इंसान की भाषा को सीखना-समझना शुरू कर दें। हमारे मुख्य वाक वैज्ञानिक जुएदोंग हुआंग और उनकी टीम के कारण माइक्रोसॉफ़्ट ने कम्प्यूटर सिस्टम के साथ परिशुद्धता का रिकॉर्ड स्थापित किया, वह कम्प्यूटर सिस्टम किसी फ़ोन पर हुई बातचीत को उस इंसान से भी अधिक परिशुद्ध तरीके से टाइप कर सकता है जो सुन कर लिखने की विधा का पेशेवर हो। जहाँ तक कम्प्यूटर दृष्टि और शिक्षण का प्रश्न है तो 2015 के अन्तिम महीनों में हमारे ए.आई. समूह ने पाँच चुनौतियों में पहला पुरस्कार अर्जित किया जबकि हमने अपने सिस्टम को उनमें से सिर्फ़ एक चुनौती के लिए प्रशिक्षित किया था। सन्दर्भ को ले कर एक चुनौती में जिसमें सामान्य वस्तुओं को रखा गया था उसमें ए.आई. वाले सिस्टम ने देख कर पहचानने सम्बन्धी कई चुनौतियों को सुलझाने का प्रयास किया। हमने अपने सिस्टम को सिर्फ़ एक काम पूरा करने के लिए प्रशिक्षित किया था, बस तस्वीर को देख कर यह बताने का कि वह क्या है। फिर भी, एक के स्थान पर दूसरे को पहचनाना सीखने के शुरुआती रूपों की शिक्षा के बल पर ही हमारे बनाये न्यूट्रल नेटवर्क ने अन्य चुनौतियों को अपने बल पर ही पूरा किया। उसने केवल तस्वीर को देखकर उसके बारे में ही नहीं बताया बल्कि तस्वीर की हर विशिष्ट वस्तु के इर्द-गिर्द घेरा खींच कर अंग्रेजी में उसके बारे में वाक्य लिख कर यह भी बताया कि उस तस्वीर में उसको क्या होता दिखाई दिया।

मुझे ऐसा लगता है कि दस सालों में ए.आई. की बोलने और देखने की क्षमता इंसानों से भी बेहतर हो जायेगी। लेकिन अगर मशीन सीख और

देख सकती है तो इसका मतलब यह नहीं है कि वह सही सीख और समझ सकती है। स्वाभाविक भाषा की समझ, कम्प्यूटर और इंसानों के बीच संवाद सीखना अगला मोर्चा है।

और ए.आई. इस हो-हल्ले के साथ कब तक रह पायेगी? ए.आई. का लाभ सब लोगों तक पहुँचना कब तक शुरू हो पायेगा? एक बार फिर, इसका जवाब कई परतों में है।

पहले से कस्टमाइज़ : आज हम ए.आई. के आधार तल पर हैं। वह पहले से कस्टमाइज़ है। टेक कम्पनियाँ, जिनकी डाटा, कम्प्यूटिंग और एल्गोरिथ्म्स तक विशेष पहुँच है, वे ए.आई. प्रोडक्ट बना क़र दुनिया के लिए उपलब्ध करवाती हैं। केवल कुछ टेक कम्पनियाँ बहुत सारे लोगों के लिए ए.आई. का निर्माण कर सकती हैं। आज ए.आई. की स्थिति यह है।

जनतन्त्रीकरण : इसका अगला चरण जनतन्त्रीकरण यानी आम लोगों तक इसको पहुँचाना है। एक कम्पनी के रूप में—ऐसी कम्पनी के रूप में जिसने ऐसी आधार तकनीकों और उसके टूल्स या उपकरणों को बनाया जिसके आधार पर दूसरे नयी-नयी खोजें कर सकें—माइक्रोसॉफ़्ट की कोशिश यह है कि सबके हाथ में एक ऐसा उपकरण पहुँचा दिया जाये कि वे स्वयं ए.आई. का निर्माण कर सकें। ए.आई. के जनतन्त्रीकरण या आम बनाने का मतलब यह है कि हर व्यक्ति और हर संस्था इसका स्वप्न देख सके कि वे ए.आई. द्वारा अपनी विशिष्ट समस्याओं का हल ढूँढ सकती हैं। यह उस तरह का जनतन्त्रीकरण है जो अलग किये जाने वाले अक्षर (मूवेबल टाइप) और प्रिंटिंग प्रेस ने बनाया था। यह आकलन किया गया है कि 1450 के दशक में यूरोप में केवल 30 हज़ार किताबें थीं—सबकी सब धार्मिक मठों में काम करने वाले किसी व्यक्ति द्वारा हाथ से लिखी गयी। गुटेनबर्ग की बाइबिल वह पहली किताब थी जो अलग किये जाने वाले अक्षरों का उपयोग करते हुए बनायी गयी थी और पचास सालों के भीतर किताबों की संख्या 1 करोड़ 20 लाख तक पहुँच गयी, जिससे शिक्षा, विज्ञान और कलाओं के क्षेत्र में पुनर्जागरण आ गया।

हमें इसी तरह की कोई पहल ए.आई. के क्षेत्र में भी करने की ज़रूरत है। वहाँ तक पहुँचने के लिए हमें ग्रहणशील और जनतान्त्रिक होने की ज़रूरत

है। इसलिए हमारी दृष्टि यह है कि ऐसे उपकरण बनाये जायें जिनमें सच्ची आर्टीफ़िशियल रियलिटी हो, जो सभी एप्लीकेशनों, सेवाओं और संसाधनों के लिए काम करें।

- कोर्टाना जैसे एजेंट, जो हमारे जीवन में आम होते जायेंगे तो हम ऐसे ए.आई. को अपना सकते हैं। जो बुनियादी रूप से उसको बदल कर रख देगा जिस तरह से हम कोर्टाना जैसे एजेंट के साथ व्यवहार करते हैं।
- ऑफ़िस 365 और डायनेमिक्स 365 जैसे एप्लीकेशन में ए.आई. को जोड़ दिया जायेगा जो हमें उन चीज़ों के ऊपर ध्यान केन्द्रित करने में मदद करेगा जो हमारे लिए अधिक मायने रखते हैं और हम हर पल का फ़ायदा उठा सकें।
- हम अपनी सेवाओं में अन्तर्निहित बुद्धि कौशल—अलग-अलग प्रतिरूपों को समझने की क्षमता, अवबोध और ज्ञान की क्षमता—दुनिया के सभी एप्लीकेशन विकासकर्ताओं को उपलब्ध करायेंगे।
- और अन्त में, हम दुनिया का सबसे बड़ा ए.आई. वाला सुपर कम्प्यूटर बनवा रहे हैं और सभी के लिए उस संसाधन को उपलब्ध करना चाहते हैं।

बहुत सारे उद्योगों में ए.आई. के उपकरणों का प्रयोग किया जा रहा है। मैकडोनाल्ड ए.आई. का एक ऐसा सिस्टम बना रही है जिससे उसके कर्मचारी आपसे बाहर गाड़ी में ही ऑर्डर ले सकें, इससे ऑर्डर देना आसान हो जायेगा, अधिक प्रभावी हो जायेगा और अधिक अचूक भी। ऊबर टैक्सी सेवा हमारे संज्ञान सम्बन्धी टूल का इस्तेमाल करके धोखाधड़ी रोकने और यात्रियों की सुरक्षा को बढ़ाने के लिए काम कर रही है, जिसमें तस्वीर का मिलान करने से यह पक्का हो जाता है कि ड्राइवर गाड़ी सही चला रहा है या नहीं। और वॉल्वो हमारे ए.आई. वाले उपकरण का इस्तेमाल करती है ताकि जैसे ही गाड़ी चलाने वाले ड्राइवर का ध्यान इधर या उधर होता है तो वह उसको चेता देती है जिससे दुर्घटना की रोकथाम होती है।

अगर आप कोई व्यवसाय चलाते हैं या कहीं मैनेजर हैं तो जरा कल्पना कीजिये कि आपके पास कोई ऐसा ए.आई. वाला सिस्टम है जो आपके सारे कामकाज को देख सकता हो, यह समझ सकता हो कि हो क्या रहा है और आप जिस चीज़ की सबसे अधिक परवाह करते हों उसके बारे में बताता रह सकता हो। प्रिज़्म स्काईलैब्स का नवोन्मेष हमारी संज्ञानात्मक सेवाओं का ऊपरी स्तर है जिससे कम्प्यूटर मॉनीटर वीडियो सर्विलांस कैमरे के ऊपर निगरानी रखे और उनका विश्लेषण भी कर सके। अगर आप निर्माण सम्बन्धी किसी कम्पनी के मालिक हैं तो सिस्टम आपको इस बारे में पहले से बता देगा कि आपके किसी निर्माण स्थल पर ट्रक सीमेंट ले कर कब पहुँचनेवाला है। खुदरा विक्रेताओं के लिए यह उनके सामानों की सूची के ऊपर नज़र रख सकता है या आपको अपने किसी स्टोर के मैनेजर की तलाश में आपकी मदद कर सकता है। एक दिन यह सर्जन और उसके साथ काम करने वाले सहकर्मियों के ऊपर भी निगाह रखेगा और अगर चिकित्सा में कोई गड़बड़ी हो रही हो तो बहुत देर होने से पहले चेतावनी दे दिया करेगा।

सीखना सीखते हुए : अन्ततः सबसे अद्यतन बात यह होगी कि जब कम्प्यूटर सीखना सीख लेंगे—जब कम्प्यूटर अपने प्रोग्राम बनाने लगे। इंसानों की तरह, कम्प्यूटर बजाय नक़ल करने के स्वयं नयी खोज करने लगेंगे और समस्याओं के बेहतर समाधान ले कर आयेंगे। इंसान के दिमाग़ जैसी बनावट वाले कम्प्यूटर नेटवर्क (डीप न्यूरल नेटवर्क) और ट्रांसफ़र लर्निंग आज की प्रमुख खोज हैं। लेकिन आर्टीफ़िशियल रियलिटी किसी सीढ़ी की तरह है और हम अभी उसके पहले पायदान पर ही हैं। सीढ़ी के सबसे ऊपर आर्टीफ़िशियल जेनरल इंटेलिजेंस और इंसान की भाषा की सम्पूर्ण मशीनी समझ है। तब मशीन जिस बुद्धि का परिचय देती है वह इंसान की बुद्धि से अलग नहीं होती है।

हमारे एक प्रमुख शोधकर्ता ने यह तय किया कि वह इस प्रयोग को करने की कोशिश करेगा कि किस तरह से कोई कम्प्यूटर सीखना सीख सकता है। बेहद प्रतिष्ठित कम्प्यूटर वैज्ञानिक और डॉक्टर एरिक होर्वित्ज़ हमारी रेडमण्ड शोध प्रयोगशाला को चलाते हैं और वे बहुत समय से ऐसी

मशीन को ले कर कार्यरत हैं जो समझ सकती हो, सीख सकती हो और तर्क कर सकती हो। उनका प्रयोग यह था कि उनसे मिलने आने वालों को उनसे मिलना आसान हो सके और वे अपने सहयोगी इंसान को लगातार दिशा-निर्देशित करने वाले इस काम से आज़ाद कर दें ताकि वह किसी और महत्वपूर्ण कार्य को कर सके। इसलिए जब आप उनके ऑफ़िस जाते हैं और नीचे के तल पर लॉबी में पहुँचते हैं तो एक कैमरा और एक कम्प्यूटर आपको तत्काल पहचान लेता है, आपकी दिशा, आपकी चाल और दूरी का अन्दाजा लगा कर पूर्वानुमान लगा लेता है और एक स्वचालित सीढ़ी आपका इन्तज़ार करने लगती है। जब आप सीढ़ी से नीचे उतरते हैं तो एक रोबोट आपके पास आ कर हेलो कहता है और आपसे पूछता है कि आपको उस भूलभुलैया जैसे गलियारों और दफ़्तरों के झुण्ड के बीच एरिक की मेज़ को खोजने में मदद तो नहीं चाहिए। वहाँ पहुँचने पर, एक आभासी सहायक (वर्चुअल असिस्टेंट) को आपके पहुँचने का अनुमान पहले ही हो जाता है और वह आपसे पूछता है कि एरिक के आने तक क्या आप बैठना चाहेंगे। सिस्टम को कुछ बुनियादी प्रशिक्षण मिला हुआ था लेकिन समय के साथ वह खुद से ही सीखना सीख गया और उसके लिए उसको प्रोग्राम करने की ज़रूरत नहीं पड़ी। उदाहरण के लिए उसको प्रशिक्षण दिया गया था कि जब कोई आदमी फ़ोन का जवाब देने के लिए लॉबी में रुक जाये या फ़र्श पर गिर गये पेन को उठाने के लिए झुक जाये तो क्या करना चाहिए। वह समझना शुरू करता है, फिर सीखना और फिर खुद से प्रोग्राम बनाने लगता है।

माइक्रोसॉफ़्ट में पीटर ली एक ऐसे ही अद्‌भुत ए.आई. सम्बन्धी शोधकर्ता और चिन्तक हैं। एक सुबह अपने दफ़्तर में पीटर ने कोई ऐसी बात सोची जिसके बारे में पत्रकार जेफ़्री विलियंस ने कभी कहा था, “आप एक भाषा को तब तक नहीं समझ सकते जब तक कि आप कम से कम दो भाषाओं को न जानते हों,” गटे ने इससे भी आगे की बात कही है। “जो विदेशी भाषा नहीं जानता है वह अपने बारे में भी कुछ नहीं जानता है।” किसी एक कौशल को बेहतर बनाना या सीखना या एक दिमाग़ी कसरत सकारात्मक रूप से दूसरे कौशल को भी प्रभावित कर देती है। यह स्थानान्तरण शिक्षण (ट्रांसफ़र लर्निंग) का प्रभाव होता है और यह बुद्धि केवल इंसानों में नहीं

बल्कि मशीन लर्निंग में भी पायी जाती है। उदाहरण के लिए, हमारी टीम ने यह पाया कि अगर हमने किसी कम्प्यूटर को अंग्रेजी बोलना सिखाया तो स्पैनिश या किसी और भाषा को सिखाना तेज़ हो गया।

पीटर की टीम ने यह तय किया कि वह तत्काल (रियल टाइम) एक भाषा से दूसरी भाषा में अनुवाद का आविष्कार करेगा जो भाषा की दीवार को तोड़ दे और सौ लोग एक साथ नौ भाषाओं में बात कर सकें तथा पचास भिन्न-भिन्न भाषाओं में एक-दूसरे के लिए मैसेज टाइप कर सकते हों। नतीजा बहुत उत्साहवर्धक है। दुनिया भर में काम करने वाले स्काइप के माध्यम से जुड़ सकते हैं या स्मार्टफ़ोन पर बात करते हुए एक-दूसरे को तत्काल समझ सकते हैं। चीन से बोलने वाली कोई महिला अपने विपणन सम्बन्धी योजना को अपनी देशी भाषा में बता सकती है जबकि उसको सुनने वाले उसकी टीम के लोग उसको अपनी भाषा में देख या सुन सकते हैं।

मेरे सहकर्मी स्टीव क्लेटन ने मुझे बताया कि उनके बहुसांस्कृतिक परिवार के लिए यह तकनीक कितनी कारगर रही। उन्होंने बताया कि जब पहली बार उन्होंने इस तकनीक का प्रदर्शन देखा तो उनको पता चल गया कि उनके छोटे बच्चे जो अंग्रेजी बोलते हैं अपने चीनी भाषी रिश्तेदारों से बात कर पायेंगे।

आगे देखने पर लगता है कि जब बहुत सारे लोग अनुवाद के हमारे टूल या उपकरण का उपयोग करेंगे तो उसके उस भाषा आधार का भी विस्तार होगा जिन आरम्भिक भाषाओं से हमने शुरुआत की। स्वास्थ्य सम्बन्धी कोई कम्पनी, हो सकता है कि अनुवाद के लिए अंग्रेजी, स्पैनिश तथा अन्य भाषाओं के विशेष संस्करण बनाना चाहे जो चिकित्सा की भाषा बोल सके। ए.आई. का टूल या उपकरण स्वास्थ्य सेवा से जुड़े पेशेवर को बात करते देखे और कुछ समय देखने के बाद अपने आप स्वास्थ्य सेवा के लिए एक विशिष्ट संस्करण का विकास कर ले। अमेरिका के आदिवासी हो सकता है कि अपने बड़ों को बोलता देख कर भाषा को संरक्षित रखें। इसका चरम तब होगा जब ए.आई. के उपकरण या टूल न केवल भाषा का अनुवाद कर दें बल्कि उसको बेहतर भी बना दें—शायद बातचीत को बदल कर मरीज़ों को बेहतर बनाया जा सके या बातचीत को लेख में बदला जा सके।

ए.आई. की होली ग्रेल बहुत दिनों से एक ऐसी अच्छी निजी एजेंट रही है जो घर और दफ़्तर में आपको सार्थक तरीके से मदद करे और आप अपने काम बेहतर तरीके से कर सकें। कोर्टाना लोकप्रिय वीडियो गेम हेलो में इंटेलिजेंट किरदार का नाम है, वह इस बात को समझने के लिए एक दिलचस्प मामले का अध्ययन है कि आज हम कहाँ हैं और किस तरह से हमें इस बात की उम्मीद है कि एक दिन हम ऐसा कोई एजेंट या टूल विकसित कर पायेंगे जो आपको बहुत गहराई से जानता हो। वह आपके सन्दर्भों को समझेगा, आपके परिवार को, आपके काम को समझेगा। यह दुनिया को भी समझेगा। इसकी कोई सीमा नहीं होगी। और इसका जितना ही उपयोग किया जायेगा यह उतना ही होशियार होता जायेगा। यह आपके सभी ऐप्प्स और आपके माइक्रोसॉफ़्ट ऑफ़िस से जुड़े डॉक्यूमेंट और ई-मेल को पढ़ते हुए सीखता रहेगा।

आज 116 देशों में 145 मिलियन कोर्टाना उपयोगकर्ता हर महीने इसका उपयोग करते हैं। यह उपभोक्ता अभी तक 13 अरब सवाल पूछ चुके हैं और हर सवाल के साथ इसके एजेंट या टूल अधिक से अधिक मददगार होना सीख रहे हैं। असल में मैं कोर्टाना के कमिटमेंट फीचर के ऊपर भरोसा करने लगा हूँ, जो मेरे ई-मेल में खोज कर यह पता लगा लेती है कि मैंने कौन-कौन से वादे किये थे और जब उसकी समय सीमा आती है तो फिर मुझे हलके से याद भी दिला देती है। अगर मैंने किसी से यह कहा कि मैं तीन सप्ताह बाद उससे बात करूँगा, तो कोर्टाना इस बात को दर्ज़ कर लेती है और मुझे बाद में याद दिलाती है ताकि यह पक्का हो जाये कि मैं अपना वादा निभा सकूँ।

हमारी कोर्टाना टीम जो अपेक्षाकृत नयी ए.आई. के शोध विभाग का हिस्सा है और बेलेव्यु में माइक्रोसॉफ़्ट की ऊँची इमारत में काम करती है, जहाँ खिड़की से उत्तर पूर्व की झीलें और पहाड़ दिखाई देते हैं। आस-पास की इस सुन्दरता के साथ नया से नया कुछ करने के संकल्प से बहुत सारे शानदार प्रतिभा वाले लोग जुड़े हुए हैं—डिज़ाइनर, भाषाविद, अनुभूति के क्षेत्र में माहिर के इंजीनियर और कम्प्यूटर वैज्ञानिक।

जॉन हमाकर समूह के इंजीनियरिंग प्रबन्धक हैं, उनका कहना है कि उनका लक्ष्य यह है कि उपभोक्ता उनसे यह कहें, “मैं कोर्टाना के बिना नहीं रह सकता—उसने मुझे आज फिर से बचाया।” वह और उनकी टीम तीन दिनों तक इस बारे में सोचती रही कि इसको सच कैसे बनाया जाये। हमारे उपभोक्ता क्या कर सकते हैं—किस तरह, कब, कहाँ और किसके साथ वे संवाद कर सकते हैं? क्या करने से उपभोक्ताओं के साथ बन्धन जुड़ जायेगा? किस तरह से हम उपयोगकर्ताओं का समय बचा सकते हैं, उनके तनाव को कम कर सकते हैं, उपयोगकर्ता की इसमें मदद करें कि वह हर दिन की चुनौतियों से एक कदम आगे ही रहे। हमाकर की कोशिश यह रहती है कि हर प्रकार के डाटा को जुटाया जाये, यहाँ तक कि ई-मेल, जीपीएस, कैलेण्डर और वेब के माध्यम से उससे जुड़े डाटा जुटा कर और उनको समझ में बदल दिया जाये, या फिर संवेदना में। हो सकता है कि आपका डिजिटल सहायक सवाल पूछने के लिए समय तय कर दे और आपसे उस तरह के सवाल पूछे जिसके आधार पर डाटा की कमी को पूर्ण कर सके और जिससे वह आपकी अधिक मदद कर सके। सम्भवतः इस तरह की सहायता अनिश्चितता की हालत में मददगार होगी—उदाहरण के लिए, जब आप किसी नयी जगह पर हों जहाँ मुद्रा और भाषा विदेशी हो।

इस तरह की अनिश्चितताएँ हमारे इंजीनियरों को आकर्षित करती हैं, जिससे वे व्यक्तियों एवं वस्तुओं के बीच के सम्बन्ध को समझ सकें। उनकी महत्त्वाकांक्षा यह है कि ऐसे एजेंट को विकसित कर सकें जो आपके द्वारा खोजी गयी जानकारी से अधिक आपके लिए प्रस्तुत कर सकें। वे उस दिन का सपना देखते हैं जिस दिन डिजिटल एजेंट सन्दर्भों और अर्थों को समझ जायेंगे, जिससे हम जो चाहते हैं और जो हमारी ज़रूरत है उसके बारे में बेहतर तरीके से पूर्वानुमान लगा पायेंगे। डिजिटल असिस्टेंट के पास हमेशा अच्छा जवाब होना चाहिए, कई बार ऐसे सवाल के जवाब भी जिनके बारे में आपको पता ही न हो।

एमा विलियम्स एक इंजीनियर नहीं हैं। वह अंग्रेजी साहित्य की विद्वान थीं और उनका विषय एंग्लो-सेक्सन तथा नोर्स साहित्य था। उनका काम था इमोशनल इण्टेलिजेंस के माध्यम से सोचना, जो कोर्टाना के साथ ए.आई.

का हमारा उत्पाद है। उनको एजेंट के ऊपर काम करने वाली हमारी टीम की आई.क्यू. के ऊपर पूरा भरोसा था; वह इस बात को पक्का करना चाहती थीं कि ई.क्यू. (भावनात्मक समझ) भी पक्की रहे।

एक दिन उन्होंने कोर्टाना में देखा कि एक सवाल पूछने पर कोर्टाना ने गुस्सा जताया। विलियम्स के लिए इस तरह का बर्ताव अस्वीकार्य था। (अगर वाइकिंग के बारे में प्रचलित मध्यकालीन कहानियों ने उन्होंने कुछ सीखा था तो यह कि चीज़ों के लिए संसाधनों की खोज करते हुए लूट की प्रक्रिया को उसका हिस्सा नहीं होना चाहिए। उनका यह कहना था कि कोर्टाना उपभोक्ताओं को इस बात की अनकही गारण्टी देती है कि वह शान्त, स्थिर और संयत रहेगी। बजाय आपके ऊपर गुस्सा होने के कोर्टाना को आपकी भावनात्मक स्थिति को समझना चाहिए और उसके अनुरूप बर्ताव करना चाहिए। इस टीम ने कोर्टाना को विलियम्स की संवेदना के अनुरूप बना दिया।

ए.आई. से भरपूर सहायता की इस लाखों मील की यात्रा में अभी चन्द कदम ही तय हुए हैं। लेकिन ये शुरुआती कदम तब प्रेरक महसूस होते हैं जब हम यह सोचते हैं कि उनसे क्या उत्पादन हो सकता है।

मेरे पूर्व सहकर्मी डेविड हेकरमैन एक जाने-माने वैज्ञानिक हैं जिन्होंने करीब 30 साल ए.आई. को ले कर काम करने में बिताये। सालों पहले, उन्होंने पहला कारगर स्पैम फ़िल्टर बनाया था, जो विरोधियों—जो स्पैम भेजने वाले होते हैं वे आपके ई-मेल के इनबॉक्स को बकवास मेल भेज-भेज कर भर देते हैं—की कमज़ोर कड़ी को देख-पहचान कर बनाया था और इस तरह से उनकी सफलता को बाधित कर दिया था।

आज उनके द्वारा माइक्रोसॉफ़्ट में बनायी गयी टीम ने मशीन लर्निंग एल्गोरिथ्म का डिज़ाइन तैयार किया है जिससे एच.आई.वी., सामान्य जुकाम और कैंसर की कमज़ोर कड़ी के ऊपर काम किया जा सके। एच.आई.वी. वह वायरस है जिससे एड्स होता है जो इंसान के शरीर में बहुत तेज़ी से फ़ैल जाता है लेकिन वायरस के फैलने की भी कुछ सीमाएँ होती हैं। हमने उच्च कोटि का मशीन लर्निंग उपकरण बनाया है जो इस बात का पता लगा लेता है कि एच.आई.वी. प्रोटीन का कौन-सा हिस्सा उसके काम करते रहने

के लिए आवश्यक है, ताकि किसी एक टीके को प्रशिक्षित करके उन हिस्सों में आक्रमण करने के लिए लगाया जाय। चिकित्सा के डाटा का उपयोग करते हुए उनकी टीम लक्ष्यों की पहचान कर लेती है। इसी प्रकार कैंसर के ट्यूमर के लिए वे जीनोम सीक्वेंस बना रहे हैं जिसके आधार पर यह बताया जा सके कि प्रतिरोधक क्षमता द्वारा आक्रमण करने के लिए सबसे बेहतर लक्ष्य कौन हैं।

अगर ए.आई. की सम्भावना चौंकाने वाली है तो क्वाण्टम कम्प्यूटिंग की सम्भावना दिमाग़ हिला देने वाली।

कैलिफ़ोर्निया का सैंटा बारबरा क्षेत्र सिलिकन वैली के बजाय हॉलीवुड के अधिक करीब है। इस सिने-नगर के उत्तर में समुद्र के सामने बेपरवाह-सा कॉलेज का एक परिसर है, जो कहीं से भी क्वाण्टम कम्प्यूटिंग के विकास का केन्द्र नहीं लगता। हॉलीवुड से उसकी नज़दीकी बेहद उपयुक्त है क्योंकि किसी फ़िल्म की पटकथा किसी पाठ्यपुस्तक के मुकाबले क्वाण्टम फिज़िक्स और मैकेनिक्स के लिए बेहतर निर्देशिका हो सकती है। रॉड सेर्लिंग की फ़िल्म द *ट्वाइलाइट ज़ोन* इसको सबसे अच्छी तरह से प्रस्तुत करती है—"आप किसी और आयाम में यात्रा कर रहे हैं ऐसा आयाम जो केवल दृष्टि और ध्वनि का नहीं है बल्कि दिमाग़ का भी है। एक ऐसे आश्चर्यलोक में यात्रा जिसकी सीमाएँ केवल कल्पना है। आगे दिशा सूचक है—आपका अगला पड़ाव, द ट्वाइलाइट ज़ोन।"

क्वाण्टम कम्प्यूटिंग को परिभाषित करना आसान नहीं है। इसका आरम्भ 1980 के दशक में हुआ था। क्वाण्टम कम्प्यूटिंग ने क्वाण्टम फिज़िक्स के अणु और परमाणु से जुड़े हिस्सों को लिया और उनको एक साथ क्वाण्टम बिट्स पर इस्तेमाल किया और उससे कम्प्यूटर का प्रोसेसर और मेमोरी बना दिया। हमारे माहौल से अलग रह कर एक-दूसरे के साथ सम्पर्क बनाते हुए क्वाण्टम बिट्स कुछ गणना अत्यन्त तेज़ गति से कर सकते हैं जो पारम्परिक या आम कम्प्यूटर द्वारा सम्भव नहीं है।

प्रकाश संश्लेषण, पक्षियों का प्रवास और यहाँ तक कि मनुष्य की चेतना का भी क्वाण्टम की प्रक्रिया के रूप में अध्ययन किया जा सकता है। आज जो शास्त्रीय कम्प्यूटिंग की दुनिया है उसमें हमारा दिमाग़ सोचता है और हमारी जो सोच होती है उसको कम्प्यूटर में बोला या टाइप किया जाता है और कम्प्यूटर उसके बाद स्क्रीन पर प्रतिक्रिया देता है। कुछ शोधकर्ताओं का ऐसा मानना है कि क्वाण्टम की दुनिया में हमारे दिमाग़ और कम्प्यूटर के दिमाग़ में कोई सीमा नहीं रह जाती है। यह बहुत दूर की बात है लेकिन हो सकता है कि एक दिन चेतना का कम्प्यूटेशन के साथ विलय हो जाये?

"अगर क्वाण्टम मैकेनिक्स ने आपको गहरा धक्का न दिया होता तो आप उसे समझ भी नहीं पाये होते," डेनमार्क के रहने वाले नोबेल पुरस्कार प्राप्त भौतिकीविद् नील्स बोर ने एक बार कहा था। बाद में नोबेल पुरस्कार द्वारा सम्मानित भौतिकीविज्ञ रिचर्ड फैनमैन ने कम्प्यूटेशन के लिए क्वाण्टम मैकेनिक्स के विचार को प्रस्तावित किया। जो इसको तेज़ी से समझने में लगे हुए हैं उनमें माइक्रोसॉफ़्ट, इण्टेल, गूगल और आई.बी.एम. के साथ-साथ डी-वेब जैसी नयी कम्पनियाँ भी शामिल हैं और सरकारें भी राष्ट्रीय रक्षा बजट का बड़ा हिस्सा इसके ऊपर खर्च कर रही हैं। सबको यही उम्मीद है कि क्वाण्टम कम्प्यूटिंग, कम्प्यूटिंग की दशा-दिशा को पूरी तरह से बदल कर रख देगी।

ज़ाहिर है, अगर क्वाण्टम कम्प्यूटर बनाना इतना आसान रहा होता तो अब तक बन चुका होता। पुरानी शैली का कम्प्यूटर बाइनरी कोड और भौतिकी के सिद्धान्तों से बँधा होता है, क्वाण्टम कम्प्यूटिंग हर प्रकार की गणना को उन्नत बना देता है—गणित, विज्ञान और इंजीनियरिंग—उनको बिट्स की रैखीय दुनिया से क्वाण्टम बिट्स की विविध आयामों वाली दुनिया में बदल देता है। जो क्लासिकल बिट होते हैं उसमें एक या शून्य होता है, क्वाण्टम बिट्स में हर प्रकार के युग्म हो सकते है—सुपर पोज़िशन—जो एक साथ कम्प्यूटर की अनेक गतिविधियों को संचालित कर सकता है। इस प्रकार हम एक ऐसी दुनिया में प्रवेश करते हैं जिसमें कई समानान्तर कम्प्यूटर गणनाओं का जवाब एक साथ दिया जा सकता है। अच्छी तरह से संरचित क्वाण्टम गणना में एक वैज्ञानिक के अनुसार, "उसका नतीजा, बड़े

पैमाने पर अफ़रा-तफ़री होती है जिसमें सभी या लगभग सभी गलत जवाब रद्द हो जाते हैं।"

क्वाण्टम कम्प्यूटिंग न केवल पारम्परिक कम्प्यूटिंग से तेज़ है बल्कि इसकी कार्यक्षमता भी अलग ही नियम से चलने वाली है—मूर्स लॉ का परिष्कृत रूप। इसे इण्टेल कम्पनी के संस्थापक गॉर्डोन मूर ने बनाया था, इसलिए इसको मूर्स लॉ कहा जाता है, इसके अनुसार किसी उपकरण के इंटेग्रेटेड सर्किट में ट्रांजिस्टरों की संख्या हर दूसरे साल लगभग दोगुनी हो जाती है। कुछ आरम्भिक सुपर कम्प्यूटर करीब 15 हज़ार ट्रांजिस्टर से चलते थे; आपके कमरे में जो एक्सबॉक्स होता है वह करीब 5 अरब ट्रांजिस्टर से चलता है। लेकिन हाल के दिनों में इण्टेल ने यह सूचित किया है कि इसके विकास की गति धीमी हो गयी है, जिसने तेज़ से तेज़ गति से प्रोसेसिंग के लिए वैकल्पिक तरीकों की मांग बढ़ा दी है, जिससे कि ए.आई. की वृद्धि तेज़ी से हो सके। कम समय में हासिल हाने वाले परिणामों में गणना प्रक्रिया को तेज़ करने वाले नवोन्मेष जैसे कि ग्राफिक प्रोसेसिंग यूनिट (जीपीयू), फार्म्स, टेन्सर प्रोसेसिंग यूनिट (टीपीयू) और फील्ड प्रोग्रामेबल गेट एरेज़ (एफपीजीए) क्लाउड में हैं। लेकिन सपना क्वाण्टम कम्प्यूटर का ही है।

आज हमें ऐसी समस्याओं को जल्द से जल्द सुलझाने की ज़रूरत है जो पारम्परिक कम्प्यूटरों में सदियों तक बँधी रह सकती हैं लेकिन जिसको क्वाण्टम कम्प्यूटर द्वारा कुछ मिनटों या घण्टों में ही सुलझाया जा सकता है। उदाहरण के लिए, जिस गति और जिस तरह अचूक तरीके से क्वाण्टम कम्प्यूटिंग आज एन्क्रिप्टिंग के सबसे उच्च स्तर को तोड़ सकता है वह सर चकरा देने वाला है। आज आरएसए-2048 का एनक्रिप्शन है उसको तोड़ने में किसी पारम्परिक कम्प्यूटर को एक अरब साल का समय लग सकता है, लेकिन क्वाण्टम कम्प्यूटर उसको करीब सौ सेकेण्ड में या दो मिनट से भी कम समय में तोड़ सकता है। सौभाग्य से, क्वाण्टम कम्प्यूटिंग सामान्य कम्प्यूटिंग के एनक्रिप्शन को भी क्रान्तिकारी ढंग से बदल कर रख देगी, जिससे कम्प्यूटर और भी सुरक्षित हो जायेंगे।

वहाँ तक पहुँचने के लिए हमें वैज्ञानिक और इंजीनियरिंग के क्षेत्र में महत्त्वपूर्ण खोज करने की ज़रूरत है। गणित में हम जिस महत्त्वपूर्ण खोज के ऊपर काम कर रहे हैं वह टोपोलोजिकल क्वाण्टम बिट है। सुपरकण्डक्टिंग के क्षेत्र में महत्त्वपूर्ण खोज करने के लिए हमें बनावट की एक ऐसी प्रक्रिया चाहिए जिसके माध्यम से हम हजारों टोपोलोजिकल क्वाण्टम बिट बना सकें जो भरोसेमन्द भी हों और स्थायी भी। कम्प्यूटर विज्ञान के क्षेत्र में हमें जो महत्त्वपूर्ण खोज करनी है वह ऐसी कम्प्यूटेशनल पद्धति की खोज है जिसके द्वारा क्वाण्टम कम्प्यूटर को प्रोग्राम किया जा सके।

माइक्रोसॉफ़्ट में, हमारे लोग और हमारे साझीदार फिलहाल ट्रांसपोर्ट, प्रयोगात्मक और सैद्धान्तिक भौतिकी के ऊपर काम कर रहे हैं, साथ ही गणित और कम्प्यूटर साइंस के ऊपर काम कर रहे हैं जिनके बल पर एक दिन क्वाण्टम कम्प्यूटिंग वास्तविकता बन जायेगी। इस गतिविधि का केन्द्र है स्टेशन क्यू, जो सैंटा बारबरा में यूनिवर्सिटी ऑफ़ कैलिफोर्निया के भौतिकी विभाग के साथ ही स्थित है। स्टेशन क्यू माइकल फ्रीडमैन के दिमाग़ की उपज है, जिनको 1986 में इण्टरनेशनल मैथेमैटिकल यूनियन के इण्टरनेशनल कांग्रेस द्वारा मात्र 36 साल की उम्र में गणित का सर्वोच्च पुरस्कार फील्ड्स मैडल मिला था। बाद में वे माइक्रोसॉफ़्ट की शोध टीम का हिस्सा बने। उन्होंने दुनिया की कुछ प्रमुख क्वाण्टम प्रतिभाओं को सैंटा बारबरा में जुटाया—सैद्धान्तिक भौतिकीविद जिनकी पेन्सिल और पेपर गणना ने प्रयोगात्मक भौतिकी के लिए आधार सामग्री का काम किया, बदले में जिन्होंने उन सिद्धान्तों के आधार पर ऐसे प्रयोग किये जिनको विद्युत इंजीनियरों तथा ऐप्प डेवलपर द्वारा उपयोग में लाया जा सकता है जिससे क्वाण्टम कम्प्यूटिंग को बाज़ार में लाया जा सके।

यह स्टेशन क्यू की एक दोपहर है और मेक्सिकन रोल खाते हुए दो सैद्धान्तिक भौतिकीविद एक प्रयोगात्मक भौतिकीविद से अपनी एक नयी खोज को ले कर उलझे हुए हैं। वे गणित और भौतिकी के जटिल क्षेत्र मजोराना फर्मिआन्स या कणों के सम्बन्ध में की गयी एक खोज को ले कर

बहस कर रहे हैं, जिसमें एक तरह की सुपर कण्डक्टिंग की सम्भावना छिपी है जिसकी ज़रूरत हमें स्थायी अवस्था वाले क्वाण्टम कम्प्यूटर के विकास के लिए है। पास में ही प्रशान्त महासागर में सूरज की किरणें समुद्र की लहरों से टकरा रही हैं, जिससे कांफ्रेंस रूम में ब्लैक बोर्ड पर उनके द्वारा खींची गयी आड़ी तिरछी रेखाएँ चमक रही हैं।

यह एक तरह का सघन वास्तविक सहयोग है जो हमें उस नयी खोज के लिए चाहिए होगा। क्रेग मँडी, जो माइक्रोसॉफ़्ट के दूरदर्शी पूर्व तकनीकविद थे, उन्होंने सालों पहले हमारे क्वाण्टम सम्बन्धी प्रयासों का आरम्भ किया था, लेकिन अकादमिक प्रक्रिया दुरूह थी। एक सैद्धान्तिक भौतिकीविद ने एक विचार प्रकाशित किया। एक प्रयोगात्मक भौतिकीविद ने उस सिद्धान्त का परीक्षण किया और उसके परिणाम को प्रकाशित किया। जब वह परीक्षण अपेक्षित परिणाम हासिल नहीं कर पाया तो सैद्धान्तिक भौतिकीविद ने परीक्षण की पद्धति के ऊपर सवाल उठाया। पूरी प्रक्रिया फिर से शुरू हुई।

अब क्वाण्टम कम्प्यूटिंग की दिशा में खोज के लिए दौड़ शुरू हो चुकी है और वहाँ तक सबसे पहले पहुँचने का एक ही रास्ता है कि सिद्धान्त, व्यवहार और कुछ बनाने के बीच के समय को कम किया जाये। क्वाण्टम कम्प्यूटर की खोज हथियारों की होड़ जैसी हो गयी है। क्वाण्टम कम्प्यूटर बनाने के लिए अधिक प्रभावी तरीके से अधिक तेज़ी से परिणाम को ध्यान में रखते हुए आगे बढ़ने की ज़रूरत है जो कुछ ऐसा उपयोगी कर सके जो पारम्परिक कम्प्यूटर न कर सकता हो और इसके लिए हजारों क्वाण्टम बिट चाहिए। वहाँ तक पहुँचने के लिए हमने बड़ी साझेदारी की। हमने दुनिया के कुछ बेहतरीन दिमाग़ों को जुटाया और उनसे सामान्यता के आधार पर काम करने के लिए कहा और यह कहा कि वे विनम्रता और खुलेपन के साथ समस्या के निदान के लिए आगे बढ़ें। हम इस बात के ऊपर सहमत हुए कि प्रयोगात्मक और सैद्धान्तिक वैज्ञानिक स्काइप के माध्यम से अपने विचारों को साझा करेंगे और प्रयोग करेंगे, इसके कारण इस प्रक्रिया में बहुत तेज़ी आयी।

अभी तक हमने तीस से अधिक पेटेंट जारी किये हैं, लेकिन सीमा रेखा अभी भी बहुत दूर है। क्लाउड, ए.आई. और मिक्स्ड रियलिटी के लिए जो होड़ है उसके बारे में सब जानते हैं लेकिन क्वाण्टम कम्प्यूटिंग की इस होड़ के ऊपर किसी का ध्यान नहीं गया, इसका कारण इसकी जटिलता और इसको ले कर बरती जा रही गोपनीयता है।

क्वाण्टम के लिए एक उपयोगी लक्ष्य होगा ए.आई. की योग्यता को बढ़ाते हुए इंसान के बोलने को अच्छी तरह समझ कर उसको सही-सही लिख देना। इससे अधिक सम्भावना वाली क्वाण्टम कम्प्यूटिंग हो सकती है कि चिकित्सा के क्षेत्र में अतुलनीय खोज करके ज़िन्दगी बचाने का काम करे। उदाहरण के लिए, एच.आई.वी. के लिए टीका विकसित करने का लक्ष्य वर्तमान कम्प्यूटेशनल संसाधनों के वश का नहीं है, क्योंकि एच.आई.वी. प्रोटीन कोड में बदलाव होता रहता है और वह लगातार विकसित होता रहता है। जिसका नतीजा यह है कि एच.आई.वी. का टीका कई दशकों तक दस साल आगे बताया जाता रहा है। क्वाण्टम कम्प्यूटर के आने से हम इस समस्या को नये तरीके से देखेंगे।

यही बात दर्जन भर अन्य क्षेत्रों के बारे में भी कही जा सकती है जिनमें तकनीक आगे नहीं बढ़ पा रही है—उच्च तापमान वाले सुपरकण्डक्टर, ऊर्जा उपयोगी उर्वरक उत्पादन, स्ट्रिंग सिद्धान्त। क्वाण्टम कम्प्यूटर बड़ी-बड़ी समस्याओं को देखने के लिए एक नया नज़रिया देगा।

कम्प्यूटर वैज्ञानिक क्रिस्टा स्वोर क्वाण्टम कम्प्यूटर पर समस्याओं को सुलझाने की हमारी योजना के केन्द्र में हैं। क्रिस्टा ने कोलम्बिया यूनिवर्सिटी से पी-एच.डी. की डिग्री हासिल की, उनका विषय फाल्ट टॉलरेंस तथा स्केलेबल क्वाण्टम कम्प्यूटिंग था और उसके बाद उन्होंने एक साल एम.आई.टी. में क्वाण्टम कम्प्यूटर को नियन्त्रित करने वाले सॉफ़्टवेयर के निर्माण के लिए प्रयोग में लगाया। उनकी टीम एक अनोखे सॉफ़्टवेयर के ढाँचे को बनाने में लगी हुई है यह मानते हुए कि हमारे गणित, भौतिकी और सुपरकण्डक्टिंग के विशेषज्ञ क्वाण्टम कम्प्यूटर बनाने में सफल हो सकते हैं। इसका फ़ैसला करने के लिए कि उसके सॉफ़्टवेयर को पहले किस समस्या के पीछे पड़ना चाहिए उन्होंने दुनिया भर के क्वाण्टम केमिस्टों को

बुलाया ताकि वे आयें और अपनी-अपनी प्रस्तुतियाँ दें और सोच-विचार करें। एक समस्या सबसे अलग उभर कर आयी। उचित मात्रा में खाद्यान्न का उत्पादन न होने के कारण दुनिया भर में लाखों लोग भूखे रह जाते हैं। खाद्यान्न के उत्पादन के साथ एक बड़ी मुश्किल यह है कि खाद की ज़रूरत पड़ती है, जिसकी कीमत अधिक है और जिसका हमारे पर्यावरण के ऊपर दुष्प्रभाव पड़ता है। खाद बनाने के लिए वातावरण से नाइट्रोजन ले कर उसको अमोनिया में बदलना पड़ता है, जो बैक्टीरिया और फंगस को अपघटित करने लगता है। इस रासायनिक प्रक्रिया को हैबर प्रक्रिया कहा जाता है और 1910 में जब फ्रिज हैबर और कार्ल बौस्च ने इसका आविष्कार किया था तबसे इसमें किसी तरह का सुधार नहीं किया गया। समस्या इतनी बड़ी है और इतनी जटिल है कि इसमें आगे किसी तरह की खोज नहीं हुई। क्वाण्टम कम्प्यूटर सामान्य कम्प्यूटर के साथ साझेदारी करके बहुत बड़े पैमाने पर प्रयोग करके कृत्रिम उत्प्रेरक की खोज कर सकता है जो बैक्टीरिया की प्रक्रिया की नक़ल करके खाद बनाने के लिए ज़रूरी ऊर्जा और मीथेन गैस की मात्रा को कम करके पर्यावरण के लिए ख़तरे को कम कर सकता है।

माइक्रोसॉफ़्ट क्वाण्टम कम्प्यूटिंग को ले कर जो रुख अख़्तियार कर रहा है वह इस क्षेत्र में हमारे करीब दर्जन भर प्रतिस्पर्धियों से बहुत भिन्न है। क्वाण्टम कम्प्यूटिंग का सबसे बड़ा दुश्मन 'शोर' है—जिसमें कॉस्मिक किरणों का इलेक्ट्रॉनिक हस्तक्षेप, बिजली के बोल्ट और यहाँ तक कि आपके पड़ोसी का मोबाइल फ़ोन भी शामिल है—जिससे पार पाना बहुत मुश्किल है और यही कारण है कि अधिकतर क्वाण्टम तकनीक बहुत कम तापमान पर संचालित होती है। माइकल फ्रीडमैन के मूल काम के आधार पर हमारे स्टेशन क्यू ने दुनिया भर से सहयोग के भाव से टोपोलोजिकल क्वाण्टम कम्प्यूटिंग का नज़रिया विकसित किया है। टी.क्यू.सी. अन्य तरीकों के मुकाबले क्वाण्टम संसाधन के भार को दो या तीन गुना कम कर देता है। इस तरह का टोपोलॉजिकल क्वाण्टम बिट बाकी अन्य तरीकों के मुकाबले कम दोषपूर्ण होता है, क्योंकि यह शोर से कम प्रभावित होने वाला होता है। जबकि इस क्षेत्र के लिए यह ज़रूरी है कि बुनियादी भौतिकी के नये-नये क्षेत्रों में खोज हो लेकिन इससे होने वाले लाभ की सम्भावना अकूत है।

यह कल्पना मत कीजिये कि एक दिन क्वाण्टम कम्प्यूटर बहुत तेज़ गति वाले पी.सी. का रूप ले लेगा जो आपकी मेज़ पर बैठ कर काम करेगा। बल्कि यह सहयोगी प्रोसेसर की तरह काम करेगा, सामान्य प्रोसेसर से ही निर्देश प्राप्त करेगा। यह एक तरह का हाइब्रिड उपकरण होगा जो क्लाउड में रह कर बेहद जटिल आकलन इस तरह से कर देगा जैसा हमने सपने में भी नहीं सोचा हो। आपकी जगह काम करने वाला आपका ए.आई. एजेंट शायद आपकी समस्याओं को आसानी से सुलझा सकता है जिसके लिए क्वांटम कम्प्यूटर लगभग अरबों ग्राफ़ की जाँच करेगा और उन अरबों सम्भावनाओं को स्कैन करते हुए कुछ ही विकल्पों के साथ तुरन्त वापस आ जायेगा।

क्वाण्टम बिट्स के प्रयोगों की दिशा में इतना विकास हो चुका है जिसमें ऐसी क्वाण्टम तकनीक अब मौजूद है जिसको मापा जा सकता हो। अगले कुछ सालों में हम उम्मीद कर सकते हैं कि कुछ छोटे क्वाण्टम कम्प्यूटर को देख पायें जो गणना के मामले में कई समस्याओं के समाधान में शास्त्रीय कम्प्यूटर को पीछे छोड़ दें। सबसे बड़ी बात है कि एक बार जब हमारे पास क्वाण्टम कम्प्यूटर आ जाये तो हम 'लॉज़िकल क्वाण्टम बिट्स' के विकास की दिशा में तेज़ गति से आगे बढ़ सकें और इस दिशा में इंजीनियरिंग प्रयास भी तेज़ कर सकें कि बड़े क्वाण्टम कम्प्यूटर तैयार कर सकें।

क्वाण्टम हार्डवेयर ढाँचे के लिए, जो अन्ततः गणना कर सके, कम्प्यूटर वैज्ञानिकों, भौतिकीविदों, गणितज्ञों और इंजीनियरों को मिल कर साथ काम करने की ज़रूरत है ताकि वे सार्वभौम क्वाण्टम कम्प्यूटर की राह की चुनौतियों को पार कर सकें। माइक्रोसॉफ़्ट में हम शर्तिया कह रहे हैं कि क्वाण्टम कम्प्यूटर ए.आई. को और भी बुद्धिमान बना देगा और मिक्स्ड रियलिटी के अनुभव और जीवन्त हो जायेंगे।

अध्याय 7

विश्वास का समीकरण

डिजिटल युग में समयातीत मूल्य : निजता, सुरक्षा, अभिव्यक्ति की आज़ादी

24 नवम्बर, 2014 के दिन सोनी पिक्चर्स एण्टरटेनमेंट के कम्प्यूटर सिस्टम को एक समूह ने हैक कर लिया जिसने खुद को 'गार्डियन ऑफ़ पीस' बताया। इस संगठन के बारे में अमेरिकी ख़ुफ़िया विभाग का कथित तौर पर यह मानना था कि इसे उत्तर कोरिया की सरकार ने प्रायोजित किया था। हैक करने वालों ने सोनी से चुराए गये ई-मेल के अंशों को जारी कर दिया जिससे इस बात का खुलासा हुआ कि कम्पनी के अधिकारियों ने फ़िल्मी कलाकारों और अन्य महत्त्वपूर्ण हस्तियों के बारे में शर्मिन्दा करने वाली टिप्पणियाँ की थीं। कहा गया कि 'शान्ति के अभिभावक' ने सोनी की व्यंग्यात्मक राजनीतिक फ़िल्म द *इण्टरव्यू* के विरोध में उसको लक्ष्य बनाया था। इस फ़िल्म में सह अभिनेता सेथ रोगन और जेम्स फ्रांको ने बेतुके तरीके से अपने टॉक शो के लिए उत्तरी कोरिया के नेता किम जोंग उन के साथ इण्टरव्यू किया था। फ़िल्म में, अवसरवादी सी.आई.ए. जल्दबाज़ी में रोगन और फ्रांको को उत्तर कोरियाई तानाशाह को मारने के लिए बहाल करती है। बिलकुल हॉलीवुड की शैली में मज़ाकिया माहौल तैयार हो जाता है।

हैकर को फ़िल्म में किसी तरह का हास्य नहीं दिखाई दिया और उन लोगों ने सोनी और उस फ़िल्म को दिखाने वाले किसी को भी धमकी दी। एक ऑनलाइन सन्देश में लिखा गया था : "आतंकवाद की इस फ़िल्म को दिखाया जाना तत्काल बन्द करो जो क्षेत्रीय शान्ति को भंग करके युद्ध का कारण बन सकती है।" पहली दिसम्बर को सोनी की चुराई गयी फ़ाइलें उन साइटों पर दिखने लगीं जो फ़ाइल साझा करने के लिए बनायी गयी थीं। और 19 दिसम्बर तक एफ.बी.आई. ने उत्तर कोरिया के ऊपर उँगली उठायी और सोनी ने फ़िल्म को थियेटर में रिलीज करने से रोक दिया।

सोनी को बहुत बड़े पैमाने पर वित्तीय नुकसान का ख़तरा था और इसलिए वह ऐसे सम्भावित सहयोगियों का रुख करने लगी जो इण्टरनेट पर उस फ़िल्म को जारी करना चाहे। माइक्रोसॉफ़्ट तथा अन्य मीडिया और तकनीकी कम्पनियों को अन्तरात्मा का संकट महसूस हो रहा था। क्या हमें अभिव्यक्ति की आज़ादी के लिए *द इण्टरव्यू* के वितरण में मदद देनी चाहिए? या हमें इससे अलग रहना चाहिए और बिना इसका हिस्सा बने राजनीतिक नाटक को देखते रहना चाहिए? माइक्रोसॉफ़्ट ने फ़िल्म के वितरण का फ़ैसला किया, हमारे सुरक्षा इंजीनियरों ने हमें चेतावनी दी, उत्तर कोरिया के हैकर बहुत अच्छी तरह प्रशिक्षित हो सकते थे और वे माइक्रोसॉफ़्ट के डाटा केन्द्रों को अपना अगला निशाना बना सकते थे। जिससे ख़तरा था कि जो अरबों उपभोक्ता हमारी ऑनलाइन सेवाओं के ऊपर भरोसा करते थे उनके निजी डाटा भी सामने आ सकते थे। हम पहले से ही इस बात का अनुमान लगा रहे थे कि क्रिसमस के दिन हमारे ऊपर एक ब्लैक हैट हैकर समूह, जिसको लिज़र्ड स्क्वायड कहा जाता था, हमला कर सकता था।

उत्तर कोरिया का मुकाबला करना बहुत महँगा पड़ सकता था। बहुत कुछ दाँव पर था, जिसमें हमारा ब्राण्ड भी था। लेकिन अन्त में हम अडिग थे क्योंकि कुछ बड़ी बात थी जिसके ऊपर ख़तरा था : हम कौन हैं। अभिव्यक्ति की आज़ादी, निजता, सुरक्षा और सम्प्रभुता समयातीत होते हैं, इन मूल्यों के ऊपर समझौता नहीं किया जा सकता।

क्रिसमस से ठीक पहले मैं भारत में अपने घर गया था। ब्रैड स्मिथ, जो उस समय हमारे जनरल काउंसिल थे, वियतनाम में थे, जहाँ उन्होंने अलग-अलग उद्योगों की प्रतिक्रिया का समन्वय शुरू किया और हमारे क्लाउड कम्प्यूटिंग सेवाओं के प्रमुख स्कॉट गथरी ने रेडमण्ड में बड़े पैमाने पर इंजीनियरिंग प्रयास शुरू किये ताकि इस बात को सुनिश्चित किया जा सके कि हम हर तरह के ख़तरों से अपना बचाव कर सकें। हम ई-मेल और स्काइप के माध्यम से उन इंजीनियरों के सम्पर्क में बने हुए थे जो कैम्पस में बनाये गये युद्ध कक्ष में जुटे हुए थे। हम सब के लिए यह सैद्धान्तिक कदम लेने और तैयार रहने का मसला था।

क्रिसमस की पूर्व संध्या पर मैंने अपने निदेशक मण्डल के सदस्यों को लिखा : "मैं इस नतीजे पर पहुँचा हूँ कि हम साहस के साथ इसका समर्थन करें कि अमेरिकी नागरिक अपने संवैधानिक अधिकारों का प्रयोग करें, यह माइक्रोसॉफ़्ट के मूल उद्देश्यों, व्यवसाय और मूल्यों के साथ सुसंगत है।" मैंने निदेशक मण्डल को इस बात के लिए भी आश्वस्त किया कि हम पूरी तरह से सतर्क रहेंगे।

और इसलिए जिन सुरक्षा इंजीनियरों ने हमें ख़तरों की चेतावनी दी थी उन लोगों ने परिवार के साथ छुट्टी मनाने की अपनी-अपनी योजनाओं को रद्द किया और दिन-रात उस योजना को अंजाम देने में जुट गये जो हमें इसमें समर्थ बनाती कि हम सुरक्षित तरीके से फ़िल्म को रिलीज़ कर सकें। हमें कामयाबी मिल रही थी और नाकामी भी, लेकिन, हमने साजोसामान तैयार किये और फ़िल्म को क्रिसमस के दिन सफलतापूर्वक अपने एक्सबॉक्स वीडियो प्लेटफ़ॉर्म पर रिलीज़ कर दिया। इसका अनुभव बहुत गहन था और इसके विनाशकारी नतीजे हो सकते थे। लेकिन ऐसा करना उचित था।

जो बात साफ़ हो गयी है वह यह कि दुनिया को डिजिटल जेनेवा सम्मेलन की ज़रूरत है, विस्तृत तौर पर सब देशों में समझौता हो जो इस बात की पुष्टि करें कि साइबर सुरक्षा के मानक विश्वस्तरीय नियम के अनुरूप बनें। उसी तरह से जिस तरह 1949 में दुनिया भर की सरकारों ने चौथे जेनेवा सम्मेलन को अपनाया था जिसमें यह बात कही गयी थी कि युद्ध काल में सामान्य नागरिकों को सुरक्षित रखा जाये, उसी तरह डिजिटल समझौता

सरकारों को इसके लिए प्रतिबद्ध करेगा कि वे उन मानकों को लागू करें जिनको शान्ति काल में नागरिकों को इण्टरनेट पर सुरक्षा देने के लिए तैयार किया गया हो। इस तरह के सम्मेलन को सरकार को इसके लिए प्रतिबद्ध करना चाहिए कि वे उस तरह के साइबर हमलों का रुख न अपनायें जो निजी क्षेत्रों या महत्त्वपूर्ण संसाधनों को लक्ष्य करके किये जाते हैं, या बौद्धिक सम्पदा की चोरी के लिए हैकिंग का उपयोग न करें। इसी तरह, इसके लिए ज़रूरी है कि सरकार पता करने, धारण करने, प्रतिक्रिया देने और इस तरह की घटनाओं से ऊबरने में निजी क्षेत्र की मदद करे और इसमें यह घोषणा होनी चाहिए कि सरकार प्रदाताओं को ख़तरों से आगाह करे न कि उनको दबा कर बैठ जाये, उनको बेच दे या उनका दोहन करे।

पीछे मुड़ कर देखने पर लगता है कि कम्पनी के अपने मूल्यों की रक्षा करने और अन्तरराष्ट्रीय संकट के काल में विश्वास बनाने का विचार उस सार्वजनिक चुनौती से उपजा जो एक साल पहले घटित हुआ था।

जब राष्ट्रीय सुरक्षा एजेंसी के संविदा अधिकारी एडवर्ड स्नोडेन मई 2013 में अमेरिका से चीन जाने के लिए हवाई जहाज में सवार हुए, वे शरण लेने के लिए रूस जा रहे थे, अमेरिका के वही बेहद बुनियादी सिद्धान्त—कहना ज़रूरी नहीं है कि वे हमारी कम्पनी के भी बुनियादी सिद्धान्त हैं—हरकत में आये और अगले कुछ महीनों में ही मुझे कम्पनी का सी.ई.ओ. बनना था। लेकिन तब मैं कम्पनी का क्लाउड और उद्यम व्यवसाय चलाता था, जिसके दुनिया भर के सर्वरों पर बड़ी मात्रा में ई-मेल तथा अन्य प्रकार का डाटा था। व्यक्तिगत, समयातीत मूल्य जैसे निजता और अभिव्यक्ति की आज़ादी तथा सुरक्षा को ले कर सार्वजनिक मांग जैसे मुद्दे तब मेरे दरवाज़े पर थे।

जैसा कि आपको याद हो स्नोडेन ने सरकार के गुप्त दस्तावेज़ों तक अपनी पहुँच दिखा कर राष्ट्रीय सुरक्षा एजेंसी के गुप्त निगरानी सॉफ़्टवेयर प्रिज़्म की तरफ़ ध्यान दिलाया था, जिसने क्लाउड और सर्वर में जमा इण्टरनेट संवादों तक अपनी पहुँच बनायी थी। राष्ट्रीय सुरक्षा एजेंसी ने 11 सितम्बर 2001 के आतंकी हमलों के बाद सुरक्षा उपायों को बहुत कठोर बना दिया था। स्नोडेन ने प्रिज़्म के माध्यम से पकड़े गये ई-मेल

और अन्य दस्तावेज़ समाचार मीडिया को लीक कर दिये जिससे अख़बारों में सुर्खियाँ बनीं, नागरिक अधिकारों से जुड़े संगठनों ने विरोध प्रदर्शन किये और सरकार से जुड़े बड़े-बड़े नेताओं के ऊपर अभियोग लगे।

माइक्रोसॉफ़्ट, गूगल, तथा तकनीक से जुड़ी अन्य कम्पनियाँ गलत समाचारों के कारण विवाद में आ गयीं, समाचारों में इस बात को ले कर दावे किये गये थे कि पुलिस और गुप्तचर सेवाओं को अमेरिका में आधारित सर्वरों तक सीधी पहुँच दे दी गयी थी। समाचारों में यह कहा गया था कि हमारे सर्वरों के ऊपर सरकार ने नज़र रखी हुई थी—बिना किसी तलाशी वारण्ट के या बिना किसी प्रवेश अनुमति के उपभोक्ताओं के डाटा सर्वर से अन्य डेटा केन्द्रों तक गये। उपभोक्ता इसका जवाब उचित ही चाहते थे। दुर्भाग्य से, संघीय कानूनों के कारण माइक्रोसॉफ़्ट तथा अन्य तकनीकी कम्पनियाँ लोगों के इस आग्रह का जवाब नहीं दे सकती थीं कि ख़ुफ़िया तथा पुलिस विभाग ने ऐसा कोई अनुरोध किया था या नहीं।

स्नोडेन के खुलासे के बाद प्रेस हमारे कैम्पस और पूरी सिलिकन वैली के पीछे लग गयी। यह ज़रूरी था कि हम अपने उपभोक्ताओं और साझेदारों से तत्काल सब साफ़ करें जिन्होंने हमें डाटा दिये थे। हमारे लिए ज़रूरी था कि हम कार्रवाई करें—अदालत में और बाहर भी—सूचना युग की अर्थव्यवस्था के नेतृत्वकर्ता होने के कारण अपने मूल्यों को बचाने के लिए। तो हमारी नज़रें वहाँ थी। हमारे सम्पूर्ण वरिष्ठ नेतृत्वकर्ताओं की टीम के साथ बहुत गहन बैठक करते हुए, ब्रैड स्मिथ ने इसका ज़िम्मा उठाया।

इस संकट के आरम्भिक दिनों में हमने एक कॉरपोरेट बयान जारी किया जिसमें इस बात को स्पष्ट किया गया था कि माइक्रोसॉफ़्ट केवल ऐसी स्थिति में ही उपभोक्ताओं के डाटा उपलब्ध करवाता है जब उसे कानूनी रूप से ऐसा करने के लिए बाध्यकारी पत्र मिलता है। हम गूगल के साथ मिल कर कानूनी कार्रवाई करने में जुट गये जिससे हमें यह अनुमति मिल जाये कि हम विदेशी ख़ुफ़िया निगरानी विभाग से प्राप्त आदेशों के बारे में और खुलासा कर सकें।

हमने निजी तौर पर महाधिवक्ता एरिक होल्डर को भी लिखा, जिसमें हमने यह लिखा कि हमें और अधिक आज़ादी दी जाये जिससे हम सरकार

के अनुरोध को जनता के सामने रख सकें। इस उहापोह को ख़त्म करने का यही एक रास्ता था कि हमारे उपभोक्ताओं और साझेदारों को यह बताया जाये कि उनके डाटा सरकार के साथ साझा हुए थे या नहीं। सिस्को, आई.बी.एम., ए.टी. एण्ड टी., तथा उद्योग से जुड़ी अन्य कम्पनियाँ यह जानना चाहती थीं कि राष्ट्रीय सुरक्षा एजेंसी किस कारण से डाटा को जमा कर रही थी। हमने सबको यह बता दिया कि हमने महाधिवक्ता को यह लिखा था कि वे निजी तौर पर कार्रवाई करें और माइक्रोसॉफ़्ट एवं अन्य कम्पनियों को इसकी इजाजत दें ताकि वे जनता के साथ राष्ट्रीय सुरक्षा के वारण्टों तथा आदेशों के बारे में बता सकें कि हमें मिली या नहीं और हमने उनके ऊपर क्या कार्रवाई की।

महाधिवक्ता को लिखे पत्र में हमने लिखा, “हम अपनी कानूनी ज़िम्मेदारियों का पालन करते हुए वैध, ज़रूरी, कानूनी प्रक्रिया के मुताबिक़ उपभोक्ताओं का डाटा सरकार को उपलब्ध करवाते हैं। साथ ही, हम उपभोक्ताओं की निजता की रक्षा के लिए भी प्रतिबद्ध हैं, इसलिए हमने खुलासे सम्बन्धी सभी मांगों को ले कर काफ़ी मेहनत से उनकी समीक्षा की ताकि वे कानून के अनुसार देय हों।”

इस प्रयास को और आगे बढ़ाते हुए हमने ए.क्यू.एल., एप्पल, फ़ेसबुक, गूगल, लिंक्डइन, ट्विटर और याहू के साथ मिल कर एक गठबन्धन बनाया जिसको नाम दिया ‘सरकारी निगरानी में सुधार’। इस गठबन्धन के सदस्यों ने इस बात पर ज़ोर दिया कि उपभोक्ताओं के डाटा लेने के अमेरिकी सरकार तथा अन्य सरकारों के अधिकार को कम किया जाये। हमने अधिक पर्यवेक्षण और ज़िम्मेदारी की बात की, हमने इस बात की वकालत की कि सरकार डाटा की मांग में अधिक पारदर्शिता बरते और इस बात पर ज़ोर दिया कि सरकार सूचनाओं के मुक्त प्रवाह का सम्मान करे। हमने सरकारों से यह भी कहा कि वे अपने बीच संघर्ष से बचें, जिसके कारण अक्सर परस्पर विरोधी मांगें आ जाती हैं जिससे कम्पनियों के लिए यह लगभग असम्भव हो जाता है कि वे पूरी तरह से कानून का पालन कर सकें।

हमने इस तरह की मांगें अभिव्यक्ति की स्वतन्त्रता तथा निजता की रक्षा के मूल्यों के प्रभाव में आते हुए कहीं, लेकिन आर्थिक और व्यावसायिक

चिन्ता भी बड़ी थी। हमने इस बात को भी रखा कि सरकार बढ़ती हुई वैश्विक व्यवस्था को सबसे अच्छी तरह से समर्थन ऐसी नीतियों के निर्माण के माध्यम से कर सकती हैं जिससे कम्पनियों या व्यक्तियों की देश के बाहर सुरक्षित डाटा तक पहुँच को रोका न जाये।

माइक्रोसॉफ़्ट के भीतर हमने यह मुहिम चलाई कि हम उन डाटा को किस प्रकार से और सुरक्षित रख सकते हैं जो हमें सौंपे गये हैं। हमने जल्दी से अपनी सभी सेवाओं के लिए एन्क्रिप्शन दे दिया और अपने सॉफ़्टवेयर कोड की पारदर्शिता को बढ़ा दिया, जिससे हमारे उपभोक्ता इस बात से आश्वस्त हो सकें कि हमारे उत्पादों में कोई बैक डोर नहीं था जिससे सरकार या कोई और डाटा तक पहुँच बना सके। मैं डाटा केन्द्रों को फिर से बेहतर बनाने के फ़ैसले के ऊपर काम करना चाहता था, जिसके लिए बड़े पैमाने पर नये संसाधनों के निवेश की ज़रूरत थी, लेकिन, एक बार फिर, यह करना सही था।

वैसे राष्ट्रीय सरकार हमारी नज़र में कड़ा रुख अपना रही थी, राष्ट्रपति ओबामा दूसरों की बात सुनने के लिए तैयार थे। 2013 के आख़िरी महीनों में ब्रैड तथा उद्योग से जुड़े अन्य प्रतिनिधि राष्ट्रपति से निजी रूप से मिले और उनके सामने अपनी बात रखी। सरकार के साथ बातचीत शुरू हुई और 16 जनवरी के दिन, राष्ट्रीय सुरक्षा सेवा की निगरानी सम्बन्धी नीतियों में राष्ट्रपति की घोषणा के एक दिन पहले हमें न्याय विभाग की तरफ़ से फ़ोन आया जिसमें यह कहा गया कि वे हमारे मामले का फ़ैसला काफ़ी कुछ हमारे हित में कर देंगे। अगले महीने, राष्ट्रपति ओबामा पहली बार तकनीकी कम्पनियों को इसकी अनुमति देने के लिए तैयार हो गये कि वे पूरी तरह से अमेरिकी राष्ट्रीय सुरक्षा से जुड़े कानूनी आदेशों का खुलासा कर दें। डाटा की सुरक्षा को ले कर तकनीकी कम्पनियों की भूमिका को ले कर प्रेस में और सार्वजनिक बहसों में अधिक सही बातें आने लगी और उनकी सूचनाएँ सही होने लगीं। एक तरफ़ हम राष्ट्रपति के प्रयासों की सराहना कर रहे थे वहीं दूसरी तरफ़ हम इस बात के ऊपर ज़ोर देते रहे कि सरकार की डाटा तक पहुँच से जुड़ी सभी नीतियों में और सुधार की ज़रूरत थी। हम ख़तरे से पूरी तरह से बाहर नहीं थे।

कुछ महीने पहले दिसम्बर 2013 में अमेरिकी अभियोक्ता ने माइक्रोसॉफ़्ट को यह आदेश दिया था कि वह मादक दवाओं के एक मामले में एक व्यक्ति के ई-मेल खाते से डाटा उपलब्ध करवाये। यह डाटा कम्पनी के डब्लिन, आयरलैंड स्थित सर्वर में सुरक्षित था। यहाँ हम फिर एक बार निजी-सार्वजनिक के तनाव में थे। इस मामले में, अभियोजक की यह इच्छा कि अपराधियों को दण्ड दिला कर सार्वजनिक सुरक्षा की रक्षा की जाये और निजता तथा अभिव्यक्ति की स्वतन्त्रता के लिए खड़े होने के अपने कर्तव्य के बीच यह द्वन्द्व था। किसी तरह से हमारे लिए यह ज़रूरी था कि सरकार और उपभोक्ताओं दोनों के विश्वास को बनाये रखा जाये।

अच्छी तरह से विचार करने के बाद माइक्रोसॉफ़्ट ने संघीय जिला न्यायालय से सरकार के आदेश को रद्द करने के लिए कहा। हमने तर्क यह दिया कि अमेरिकी कम्पनी इसके लिए बाध्य नहीं है कि वह आयरलैंड के डाटा केन्द्र में रखे डाटा को सरकार को दे क्योंकि वहाँ अमेरिकी कानून लागू नहीं होता है। हमारे पक्ष का समर्थन करते हुए *न्यूयॉर्क टाइम्स* ने अपने सम्पादकीय में लिखा कि अगर अमेरिकी सरकार यह चाहती है कि कोई कम्पनी आयरलैंड में रखी एक सूचना उसको उपलब्ध करवाये तो ब्राज़ील की सरकार को किस तरह से रोका जा सकता है जब वह रियो में व्यवसाय कर रही अमेरिकी कम्पनियों से सैनफ्रांसिस्को में रखे डाटा देने के लिए कहे?

इस तरह की कानूनी लड़ाई महँगी होती है, लेकिन जब हमें यह लगता है कि हमारे आधार मूल्यों के ऊपर ख़तरा है तो हम सरकारी आदेशों का विरोध करते हैं। आख़िरकार, हमारे उत्पाद तो आते-जाते रहेंगे लेकिन हमारे मूल्य तो समयातीत हैं। संघीय न्यायालय ने अमेरिकी अभियोजकों के पक्ष में फ़ैसला सुनाया, लेकिन हमने फ़ैसले के ख़िलाफ़ अपील की और अमेरिकी अपील अदालत की दूसरी परिधि ने माइक्रोसॉफ़्ट के रुख का समर्थन किया। सर्किट कोर्ट की जज सुज़न एल. कनै ने जो फ़ैसला लिखा वह इस बात पर आधारित था जिसको उन्होंने कहा, 'अमेरिका का बहुत दिनों से चला आ रहा कानूनी सिद्धान्त यह है कि अमेरिका का कानून, जब तक कि इसका विपरीत सामने नहीं आ जाता, अमेरिकी क्षेत्राधिकार

के अन्तर्गत लागू होता है।" जब यह किताब प्रेस में जा रही थी तब तक अमेरिकी अभियोजकों के पास इस फ़ैसले के ख़िलाफ़ अमेरिका के उच्चतम न्यायालय में जाने का विकल्प बाकी था।

मूल्यों के द्वन्द्व, जबरदस्त सार्वजनिक चर्चा और विकसित होते कानून की पृष्ठभूमि में सोनी का हैकिंग संकट सामने आया।

निजी स्वतन्त्रताओं और जनता की सुरक्षा के बीच सन्तुलन बनाने की कठिन चुनौती और भी मुश्किल रूप में तब सामने आयी जब सैन बर्नार्डिनो, कैलिफोर्निया, में दिसम्बर 2015 में आतंकी हमले हुए। तथाकथित आई.एस. आई.एस. नामक संस्था के प्रति निष्ठा रखने वाले एक पति-पत्नी ने एक ऑफ़िस पार्टी के जश्न के दौरान हमला कर दिया, जिससे 14 लोग मारे गये और 22 घायल हो गये। यह विश्वास करते हुए कि एक हमलावर द्वारा जो आईफ़ोन उपयोग में लाया गया था उसमें ऐसी सूचनाएँ हो सकती थीं जिनसे घटना के ऊपर कुछ और प्रकाश पड़ता और इस तरह से आगे होने वाले हमलों को भी रोका जा सकता था, एफ.बी.आई. ने केस दर्ज़ किया ताकि एप्पल के ऊपर दबाव बनाया जा सके कि वह फ़ोन के लॉक को खोल दे।

एप्पल नहीं माना। एप्पल के सी.ई.ओ. टिम कुक ने यह तर्क दिया कि उनकी कम्पनी फ़ोन की सुरक्षा में तभी सेंध लगा सकती थी जब वह कोई ऐसा सॉफ़्टवेयर बनाये जिसमें ऐसा चोर दरवाज़ा हो जिसमें कोई भी सेंध लगा सकता हो। एप्पल के नज़रिये से एफ.बी.आई. डाटा की सुरक्षा के लिए ख़तरा पैदा कर रही थी क्योंकि वह एक ऐसी परम्परा स्थापित करना चाहती थी जिससे अमेरिकी सरकार किसी भी तकनीकी कम्पनी को इसके लिए बाध्य कर सकती थी कि वह ऐसा सॉफ़्टवेयर बनाये जिससे उसके उत्पादों की सुरक्षा कमज़ोर हो जाये। अन्य तकनीकविदों ने एप्पल के रुख का समर्थन किया।

एक बार फिर, माइक्रोसॉफ़्ट ने एक मुश्किल फ़ैसले का सामना किया—ऐसा फ़ैसला जो निजी तौर पर मुझे बहुत भारी पड़ा। मेरे एक सम्बन्धी हैं जिन्होंने पुलिस विभाग में काम किया है और मैं इस बात की आवश्यकता को भी समझता हूँ कि जान-माल की रक्षा के लिए सबूत का कितना महत्त्व होता है—कई मामलों में हमारे उपभोक्ताओं की भी सुरक्षा के लिए। आतंकवाद

को ले कर लोगों की चिन्ता बढ़ती जा रही थी ऐसे में माइक्रोसॉफ़्ट के लिए आसान यह होता कि वह सरकार के रुख का समर्थन करे या फिर इस बहस से खुद को अलग कर ले।

आख़िरकार, माइक्रोसॉफ़्ट एवं हमारे कुछ प्रमुख विरोधियों ने एप्पल की कानूनी लड़ाई का समर्थन किया। हमने ऐसा इसलिए किया क्योंकि हम इस मामले से जुड़ी तकनीक और अपने उपभोक्ताओं के हितों की चिन्ता को साझा करते थे। सामान्यत: इसमें कोई दो राय नहीं कि चोर दरवाज़ा बनाना बुरी बात है; इससे सुरक्षा कमज़ोर होती है और बड़े पैमाने पर अविश्वास बढ़ता है। इसलिए जानबूझ कर ऐसा चोर दरवाज़ा बनाया जाये ताकि किसी के निजी डाटा तक पहुँचा जा सके ख़तरनाक बात होती।

उसी समय, हमने यह समझा कि इस समस्या का समाधान बहुत महत्त्वपूर्ण था और इसको तकनीकी सी.ई.ओ. के समूह के ऊपर नहीं छोड़ा जा सकता था। इसलिए हमने एक ऐसी समिति की मांग की जिसमें अलग-अलग तरह के लोग हों जो इस समस्या के ऊपर चर्चा करें और जिससे इसका वास्तविक कानूनी समाधान हो सके—ऐसा समाधान जो सुरक्षा की रक्षा भी करे और जब उपयुक्त हो तो कानूनी संस्थाओं की उस तक पहुँच भी हो। पूरी तरह सन्तुलन बनाना आवश्यक है, किसी एक मूल्य या दूसरे मूल्य को ले कर उत्साहित रहना आसान होता है लेकिन इससे वह अधिकार नहीं मिल जाता। लोग जितना अपनी सुरक्षा की परवाह करते हैं उतना अपनी निजता की भी। कम्पनियाँ भी दोनों की परवाह करती हैं, क्योंकि आर्थिक विकास के लिए विश्वास और सुरक्षा दोनों ही ज़रूरी होते हैं। विश्व स्तर पर समाधान ज़रूरी है क्योंकि देश अपने में अलग-थलग नहीं हैं। जब तक कि एक अन्तर्राष्ट्रीय व्यवस्था नहीं बन जाती तब तक कोई भी देश सुरक्षित नहीं है।

जब आईफ़ोन को ले कर बहस चल रही थी तब व्यवसायी और न्यूयॉर्क शहर के पूर्व मेयर माइकल ब्लूमबर्ग ने *द वाल स्ट्रीट जर्नल* में सम्पादकीय पृष्ठ पर एक लेख लिखा जिसमें मेरी भावनाओं को उन्होंने अच्छी तरह से अभिव्यक्त किया था। उन्होंने ध्यान दिलाया कि इस बात की सबसे बड़ी विडम्बना यह है कि एक उद्योग से जुड़े बड़े अधिकारी जो आज़ादी चाहते

हैं वे सरकार द्वारा उस आज़ादी की सुरक्षा के प्रयासों का विरोध कर रहे हैं। उन्होंने तो यहाँ तक लिखा कि सिलिकन वैली के तकनीकी विशेषज्ञों से यह मांग करना तो बहुत बड़ी बात है कि वे आतंकवाद के विरुद्ध लड़ाई में सरकार के हथियार बन जायें लेकिन उनसे सहयोग की मांग अधिक नहीं होनी चाहिए।

चर्चाओं में रहे इनमें से हर मुक़दमे के कारण जो दुविधा उत्पन्न हुई थी—सोनी, स्नोडेन, सैन बर्नार्डिनो और आयरिश डेटा केन्द्र—वह दुविधा व्यक्ति की निजता की और अभिव्यक्ति की रक्षा तथा नागरिकों की सुरक्षा के लिए ज़रूरतों की दुविधा थी। यह दुविधा या द्वन्द्व नैतिक दुविधा पैदा कर देती है, ज़ाहिर है, सम्पूर्ण इतिहास के दौरान जिसकी चर्चा होती रही। दार्शनिक टॉम बोशं इस दुविधा को परिभाषित करते हुए लिखते हैं कि यह एक ऐसी स्थिति है जिसमें नैतिक कर्तव्य किसी इंसान को दोनों को अपनाने के लिए प्रेरित करने लगते हों, तब भी कोई इंसान सभी ज़रूरी विकल्पों को नहीं आजमा सकता हो। ऐसी हालत में कुछ प्रमाणों के आधार पर ऐसा लगता है कि ऐसा करना नैतिक रूप से सही है तो दूसरा प्रमाण ऐसा बताता लगता है कि ऐसा करना नैतिक रूप से गलत है, लेकिन दोनों तरफ़ के प्रमाण और तर्क अकाट्य होते हों। दुर्भाग्य से, माइक्रोसॉफ़्ट की अवस्था भी यही है—यही कारण है कि इस फ़ैसले का एक सी.ई.ओ. के रूप में जिसका मैंने सामना किया और हमने एक संगठन के रूप में सामना किया, यह इतना मुश्किल था, दर्द भरा था और विवादास्पद भी।

निजता बनाम सुरक्षा की दुविधा का सबसे बड़ा समाधान है सभी पक्षों का विश्वास बनाया जाये, यह केवल बातों में न रह जाये। उपभोक्ता को भरोसा होना चाहिए कि हम उनकी निजता की रक्षा करेंगे, लेकिन हमें इस बात को ले कर भी पारदर्शी रहना चाहिए कि किन कानूनी अवस्थाओं में हम ऐसा नहीं कर पायेंगे। इसी तरह, नागरिक, नागरिक अधिकारियों को हमारे ऊपर भरोसा रखना चाहिए कि हम नागरिकों की सुरक्षा के मामले में उनका साथ देंगे, जब तक कि नागरिकों की निजता से जुड़े नियम स्पष्ट हों और उनका नियमित रूप से पालन होता हो। लेकिन दोनों तरह का विश्वास बनाना और उसको बनाये रखना—निजी और सार्वजनिक के बीच सन्तुलन

को बनाये रखने—से हमेशा किसी संस्था की प्रगति का पता चलता है। लेकिन यह विज्ञान से अधिक कला हो सक़ती है।

टेड टॉक के एक दिलचस्प कार्यक्रम में ब्रिटिश कण्डक्टर चार्ल्स हेज़लवुड ने किसी ऑर्केस्ट्रा के नेतृत्व के लिए विश्वास के महत्त्व को बताया था। ज़ाहिर है जो उसका संचालक होता है उसका वाद्य ऑर्केस्ट्रा ही होता है, इसलिए जब वह अपनी छड़ी उठाता है तो उसको इस बात का विश्वास होता है कि साज़िन्दे उसकी प्रतिक्रिया दिखायेंगे। और साज़िन्दों को इस बात के ऊपर विश्वास करना होता है कि वे सभी मिल कर एक सामूहिक माहौल तैयार कर सकते हैं जिसमें सभी अपना सर्वश्रेष्ठ प्रदर्शन कर सकते हैं, जो उनके अपने अनुभव के आधार पर होता है। हेज़लवुड यह बताते हैं कि विश्वास ऐसे होता है जैसे किसी छोटी चिड़िया को हाथ में थाम लिया जाये। अगर आप उसको ज़ोर से पकड़ेंगे तो आप चिड़िया को कुचल देंगे और अगर आप उसको बहुत आहिस्ता से पकड़ेंगे तो वह उड़ जायेगी।

वह चिड़िया डिजिटल विश्व में रूपान्तरण के दौर में विश्वास का प्रतीक है। लेकिन आज हम उलझन की स्थिति में हैं जिसमें चिड़िया ख़तरे में है और बहुत कुछ दाँव पर है। अमेरिका जनतन्त्र का प्रकाशस्तम्भ है। यह तकनीक का भी सबसे बड़ा केन्द्र है जो क्लाउड कम्प्यूटिंग में दुनिया को आगे ले जा रहा है। लेकिन स्नोडेन के मामले से क्लाउड कम्प्यूटिंग में एक महत्त्वपूर्ण पहलू आ कर जुड़ गया—विश्वास। अमेरिका की एक क्लाउड कम्प्यूटिंग की कम्पनी होते हुए हम दुनिया से यह किस तरह कह सकते हैं कि वह हमारे ऊपर यकीन करे, जबकि एन.एस.ए. व्यावसायिक सेवाओं का उपयोग करते हुए लोगों और राष्ट्राध्यक्षों तक की जासूसी कर रहा है?

तकनीकी कम्पनी होने के कारण हम जो भी करते हैं हमें उसमें विश्वास का निर्माण करना पड़ता है। लेकिन नीति-निर्माताओं की भूमिका भी मायने रखती है। विश्वास केवल हमारी तकनीक पर ही नहीं टिका होता है बल्कि उस कानूनी ढाँचे पर भी टिका होता है जो उसको शासित करता है। नयी डिजिटल दुनिया में हमने बहुत हद तक उस सन्तुलन को खो दिया है क्योंकि हमारे कानून तकनीकी बदलाव के साथ नहीं बदले हैं।

बाद में, मैं इस बारे में चर्चा करूँगा कि किस आधुनिक नीति के ढाँचे का निर्माण किया जाय जिससे विश्वास पाया जा सके। लेकिन सबसे पहले मैं उस विश्वास के सार को समझना चाहूँगा जिसने हमारे मूल्यों को रूप दिया और हमारे सिद्धान्तों को आधार दिया।

मेरी माँ संस्कृत की विदुषी थी, मैं अक्सर उनसे परिभाषाएँ पूछा करता था और पूर्व तथा पश्चिम के दार्शनिक शब्दों के अर्थ पूछा करता था, जिससे अक्सर मुझे उन महत्त्वपूर्ण भिन्नताओं का पता चलता जो दोनों संस्कृतियों के सोचने के ढंग में बँधी हुई थी। संस्कृत का शब्द 'विश्वास' यकीन का अर्थ देता है। संस्कृत का एक और शब्द 'श्रद्धा' धार्मिक रूप से आस्था का अर्थ देता है—लेकिन अन्ध श्रद्धा राष्ट्रपति रोनाल्ड रीगन की उस प्रसिद्ध पंक्ति के विपरीत पड़ती है कि 'विश्वास करने से पहले परखो।'

खैर जो भी हो, अंग्रेजी और संस्कृत दोनों भाषाओं में विश्वास शब्द के कई अर्थ हैं। मेरे लिए हर सन्दर्भ में वह एक पवित्र ज़िम्मेदारी है।

कम्प्यूटर इंजीनियर होने के नाते मुझे यह मददगार लगता है कि जटिल विचारों और सिद्धान्तों को मैं उस तरह से अभिव्यक्त करूँ जिस तरह से एल्गोरिथ्म के आधार पर कम्प्यूटर प्रोग्राम लिखते थे। विश्वास पैदा करने के लिए किस तरह के निर्देश लिखने चाहिए? ज़ाहिर है, गणित का कोई भी हल इस तरह के मानवीय हल के लिए नहीं हो सकता। लेकिन अगर हुआ होता तो वह कुछ इस तरह से दिखता :

$$E + SV + SR = T / R$$

संवेदना (empathy) + साझा मूल्य (shared values) + सुरक्षा और विश्वसनीयता (safety and reliability) = समय के साथ विश्वास (trust over time)

जब 2016 में लिंक्डइन के अधिग्रहण के लिए हम लोग बातचीत कर रहे थे तब उनके सी.ई.ओ. जेफ़ वाइनर ने मेरी तरफ़ मुड़ते हुए कहा, "समय के साथ निरन्तरता विश्वास कहलाता है।" यह और बेहतर समीकरण हो सकता है।

मैंने ध्यान दिया कि विश्वास के लिए समीकरण बनाने में मेरा पहला शब्द संवेदना है। आप चाहे किसी उत्पाद का निर्माण करने वाली कम्पनी हो या किसी नीति का निर्माण करने वाली कानून से जुड़ी कोई संस्था, आपको शुरुआत, लोगों और उनकी ज़रूरतों के साथ संवेदना स्थापित करने के साथ करनी पड़ती है। कोई उत्पाद या नीति तब चल नहीं पाती अगर उसमें लोगों के सम्मान, उनके जीवन और उनकी वास्तविकताओं की छाया न हो—और इसके लिए यह ज़रूरी होता है कि जो लोग किसी उत्पाद या नीति का निर्माण करते हों वे उन यथार्थों को, उनमें अन्तर्निहित मूल्यों एवं अनुभवों को समझें और उनका सम्मान करें। इसलिए संवेदना किसी उत्पाद या नीति को विकसित करने के लिए एक महत्त्वपूर्ण पहलू है जिससे लोगों का विश्वास हासिल होगा।

अगला, अगर हम यह चाहते हैं कि कम्पनी और उसके उपभोक्ताओं तथा साझेदारों के बीच स्थायी विश्वास का आधार बनायें—या उदाहरण के लिए नीति निर्माताओं या उन नीतियों से प्रभावित होने वाले लोगों के बीच—तो यह ज़रूरी है कि हमारे कुछ साझे मूल्य हों, जैसे सुसंगत होना, समतापूर्ण होना और विविधतापूर्ण होना। क्या हमने सुरक्षा और विश्वास को प्राथमिकता दी हो और इस बात को सुनिश्चित किया हो कि हम जिनकी ज़िन्दगियों को प्रभावित कर रहे हैं वे इसके अनुभव के ऊपर भरोसा कर सकें? अगर हमने ऐसा किया हो तो समय के साथ हम विश्वास बना लेंगे। और बदले में विश्वास लोगों और संगठनों को यह आत्मविश्वास देता है कि वे अनुभव करें, अन्वेषण करें और अभिव्यक्त करें। आज की डिजिटल दुनिया में विश्वास सब कुछ होता है।

2002 में बिल गेट्स ने माइक्रोसॉफ़्ट के कर्मचारियों के लिए एक सन्देश भेजा, जिसमें उन्होंने इस विचार को प्रकट किया था कि काम के किसी भी और पहलू से अधिक बड़ी बात है विश्वसनीय कम्प्यूटिंग। "अगर हमने ऐसा नहीं किया," उन्होंने यह घोषणा की, "लोग हमारे द्वारा किये गये बड़े-बड़े कार्यों का लाभ उठाने की दिशा में तत्परता नहीं दिखायेंगे।" विश्वास हाथ मिलाने से भी अधिक होता है। यह एक समझौता होता है, एक बन्धन, डिजिटल सेवाओं के उपयोगकर्ताओं तथा उन सेवाओं के प्रदाताओं

के बीच, जो हमें आनन्द प्राप्त करने में समर्थ बनाता है, उत्पादक बनाता है, सिखाता है, नये अन्वेषण की तरफ़ ले जाता है, अभिव्यक्त करने और निर्माण करने और सूचित रहने के लिए प्रेरित करता है। हम दोस्तों के साथ खेल खेलते हैं, गोपनीय दस्तावेज़ सुरक्षित रखते हैं, उन चीज़ों की खोज करते हैं जो निहायत निजी होती हैं, नयी कम्पनियों का निर्माण करते हैं, बच्चों को सिखाते हैं और संवाद करते हैं—यह सब सार्वजनिक नेटवर्क पर करते हैं। इन तकनीकों ने नयी सम्भावनाओं और नयी दुनिया के दरवाज़े खोले हैं, इस बात को सम्भव बनाया है कि दुनिया भर में एक समान सोचने वाले लोगों को, अच्छे उद्देश्य वाले लोगों को संवाद करने, सहयोग करने, सीखने, निर्माण करने और साझा करने को सम्भव बनायें। लेकिन इसका दूसरा पहलू भी सही है। ऐसे लोग भी हैं जो नुकसान करना चाहते हैं। ऐसे लोग हैं जो आक्रमण, चोरी, अपमानित, धमकाना, झूठ बोलना और ऑनलाइन उत्पीड़ित करना चाहते हैं। विश्वास ज़रूरी है—और यह बहुत सारी शक्तियों के लिए बेहद मूल्यवान है।

मैं इसके बारे में इस तरह सोचता हूँ : अच्छाई और बुराई का द्वन्द्व सदा चलता रहता है, घर, सड़क और युद्ध के मैदानों जैसी भौतिक जगहों में ही नहीं जो स्पष्ट रूप से दिखाई देते हैं बल्कि साइबरस्पेस भी इसमें शामिल है। डेविड जेलेन्टर ने जिसे 'मिरर वर्ल्ड' कहा है हम उसमें रह रहे हैं : भौतिक संसार ऑनलाइन संसार में प्रतिबिम्बित हो रहा है जहाँ डाटा जमा हो रहा है और अधिकाधिक महत्त्वपूर्ण होता जा रहा है। हमारा डाटा कितना बड़ा होता जा रहा है? तथाकथित बिग डाटा—जो क्लाउड में जमा किया जा रहा है और विश्लेषित किया जा रहा है—2018 तक इसके 400 ट्रिलियन गीगाबाइट हो जाने की सम्भावना है। इससे यह पता चलता है कि यह कितना बड़ा है। यूनिवर्सिटी ऑफ़ पेंसिलवैनिया के एक शोधकर्ता ने इसका आकलन किया है कि यह डाटा पूरे इतिहास में सभी इंसानों द्वारा बोली गई सभी तरह की बातों से दस गुना अधिक है। दिमाग़ को चकरा देने वाला डाटा जिसमें पूरी सम्भावना है कि उसका लाभ के लिए उपयोग किया जाये—या दुरुपयोग—यह सच में असीम है। इसलिए साइबरस्पेस के मिरर वर्ल्ड में अच्छाई और बुराई दोनों की असीम सम्भावना है।

जिस तरह से भौतिक दुनिया में पीढ़ियों के दौरान हमारी नैतिकताएँ, मूल्य और कानून विकसित हुए हैं उसी तरह साइबर संसार को ले कर भी हमारी समझ और नियम विकसित होने चाहिए। अगर अमेरिका में कानून को लागू करवाने वाले अधिकारी कोई ऐसा दस्तावेज़ चाहते हैं जो आयरलैंड में मेज़ की दराज़ में पड़ा हुआ है तो उनको आयरलैंड में कानून को लागू करवाने से जुड़े अधिकारियों से मदद मांगनी चाहिए, उनको शायद अमेरिकी अदालत से उस दस्तावेज़ को ज़ब्त करने के लिए नहीं कहना चाहिए। और अगर सरकार को किसी ख़ास लॉकर की चाबी चाहिए तो इसके लिए उनको लॉकर बनाने वाले से यह नहीं कहना चाहिए कि वे एक अन्य उपकरण बनायें जिससे सभी लॉकर खुल जायें। फिर भी इस तरह के अतार्किक और अन्यायपूर्ण परिणाम उन मामलों में आ जाते हैं जिनका मैंने ऊपर ज़िक्र किया। साइबर संसार में संवाद के सिद्धान्तों को ध्यान से और सोच समझ कर तय किये जाने की ज़रूरत है, जिसका अन्तर्निहित लक्ष्य होना चाहिए विश्वास की स्थापना और सुरक्षा।

सम्पूर्ण इतिहास के दौरान, विश्वास का उद्धेश्य आर्थिक और नैतिक रहा। अमेरिका ने इतने अधिक आर्थिक अवसरों और सम्पत्ति का निर्माण क्यों किया? अर्थशास्त्री डगलस नार्थ, जिनको संयुक्त रूप से नोबेल पुरस्कार भी मिला, ने इस सवाल का परीक्षण किया। उन्होंने यह पाया कि केवल नयी-नयी तकनीकी खोज से आर्थिक सफलता हासिल नहीं की जा सकती। अदालत जैसी कानूनी सुविधाएँ भी आवश्यक होती हैं जो न्यायपूर्ण ढंग से अनुबन्ध को लागू करवाती हैं—और किस तरह से इस बात को सुनिश्चित किया जा सके कि कोई लुटेरा आये और आपकी सम्पत्ति को ले कर न चला जाये? आदि मानव से आधुनिक मनुष्यों को जो चीज़ अलग करती है वह विश्वास ही है।

अमेरिका के आदि संस्थापक इस बात को जानते थे। उन्होंने समयातीत मूल्यों को परिभाषित किया जिसके कारण अभिव्यक्ति की आज़ादी के अधिकार सम्बन्धी पहला संशोधन किया गया। अब हमें डिजिटल प्रकाशन के कानूनों को ले कर बात करने की ज़रूरत है जो अभिव्यक्ति की आज़ादी की इस तरह से रक्षा करेगा जो नागरिकों, संस्थाओं और सरकारों के विश्वास

को कम करने के बजाये उनको बढ़ायेगा। इसी तरह, चौथा संशोधन, जो अमेरिकी नागरिकों को अकारण तलाशी और ज़ब्ती से बचाने वाला है, समयातीत मूल्यों पर आधारित है जिसको कानून के माध्यम से अवश्य बचाना चाहिए और सामाजिक, राजनीतिक, आर्थिक एवं तकनीकी बदलावों के साथ उनको लगातार अद्यतन बनाये जाने की ज़रूरत होती है।

सदियों से यह द्वन्द्व जारी है। 3 जुलाई, 1776 के दिन जॉन एडम्स, जो मेसाचुसेट्स के कॉन्टिनेंटल कांग्रेस के सदस्य थे, ने अपनी पत्नी अबीगेल को फ़िलाडेल्फ़िया से पत्र लिखा, जिसमें उन्होंने उस असन्तोष के बारे में लिखा जिसको वह अमेरिकी क्रान्ति का मूल कारण मानते थे—ब्रिटिश शासकों द्वारा अकारण छापेमारी और सामान ज़ब्ती। पीढ़ियों तक औपनिवेशिक सरकार घर-घर जा कर बिना अनुमति के सबूत की तलाशी लेती थी। एडम के इस जुनून के कारण कि निजी स्वतन्त्रता के साथ-साथ नागरिक सुरक्षा का सन्तुलन बनाया जाना चाहिए, चौथे संशोधन का स्वरूप तय हुआ। पीढ़ियों बाद, अमेरिका के उच्चतम न्यायालय की तरफ़ से कानूनी संस्थाओं द्वारा ज़ब्त किये गये स्मार्ट फ़ोन को ले कर मुख्य न्यायाधीश जॉन रॉबर्ट्स ने हमारे संस्थापकों की भौतिक दुनिया और आज के ऑनलाइन संसार के बीच में तार जोड़ा। उन्होंने लिखा :

> हमारे मामलों में इस बात की पहचान हुई है कि संस्थापक पीढ़ियों द्वारा किया गया चौथा संशोधन औपनिवेशिक काल के 'सामान्य वारण्ट' और 'सहायता आदेश' से मुक्ति के लिए था, जो ब्रिटिश अधिकारियों को इसकी अनुमति देता था कि वे घर में घुस कर बिना किसी रोक-टोक के किसी आपराधिक घटना के सबूत की खोज करें। इस तरह से की जानेवाली खोजों का विरोध भी क्रान्ति के पीछे के तत्वों में था... आज के आधुनिक सेल फ़ोन केवल एक तकनीकी सुविधा भर नहीं हैं। उसमें जो होता है और वह जिसका खुलासा कर सकता है उस लिहाज से बहुत सारे अमेरिकियों के लिए वह 'उनकी निजता' है।"

तकनीकी बदलाव की हर लहर के कारण हमारे लिए यह ज़रूरी होता है कि हम उन मूल्यों को फिर से मजबूत बनायें जिसने गैरकानूनी तलाशी और ज़ब्ती से हमारी रक्षा की और हमारी रक्षा के नये तरीके ईजाद किये।

बेंजामिन फ्रैंकलिन द्वारा बनायी गयी अमेरिकी डाक सेवा के कारण जल्दी ही डाक धोखाधड़ी होने लगी—और उनके ख़िलाफ़ कानून भी बने। टेलीग्राफ़ आया तो उसके साथ तार धोखाधड़ी आयी और चोरी-छिपे बात सुनना भी—और उनको रोकने के लिए कानून बनाये गये। आज के उपकरण, क्लाउड और ए.आई. का उपयोग अच्छे और बुरे दोनों तरह के कामों के लिए होगा। अब बारी हमारी पीढ़ी की है कि हम ऐसा कानून और विनियामक व्यवस्था बनायें जो बुराई को हतोत्साहित करके सजा दे और अच्छाई को आगे बढ़ाये—और इसको इस तरह से किया जाये जिससे कुल मिला कर समाज के विश्वास में वृद्धि हो।

अमेरिका में मानवाधिकारों से जुड़े कानूनों के उद्‌भव के बारे में सोचते हुए मैं यह सोचने लगा कि इससे भारत किस तरह निपटा, वह भी पहले ब्रिटिश उपनिवेश रह चुका था। येल लॉ स्कूल के प्रोफ़ेसर अखिल रीड अमर, जिन्होंने अमेरिकी कानून के इतिहास को ले कर *कॉन्स्टीट्यूशन टुडे* तथा अन्य कई लोकप्रिय किताबें लिखी हैं, ने टाइम पत्रिका को दिये गये एक इण्टरव्यू में कहा था : "मेरे माता-पिता अविभाजित भारत में पैदा हुए थे, जिसके ऊपर एक शहंशाह तथा संसद द्वारा शासन चलाया जाता था, जिसके लिए किसी भारतीय ने कभी वोट नहीं दिया था, अमेरिकी क्रान्तिकारियों की तरह। आज भारत एक अरब की आबादी वाला देश है और वे स्वयं के ऊपर एक लिखित संविधान के द्वारा जनतान्त्रिक रूप से शासन कर रहे हैं।" इस अर्थ में, दोनों देशों के जन्म लेने में बहुत सारी समानताएँ हैं।

लेकिन क्या अमेरिकी और भारतीय अनुभवों में भिन्नता है? मैंने यह सवाल भारतीय संविधान के विद्वान अरुण तिरुवेंदम से पूछा। यह बात सामने आयी कि 1947 में ब्रिटिश उपनिवेश से आज़ादी के बाद औपनिवेशिक शासन के ख़िलाफ़ इस बात को ले कर बहुत गुस्सा था कि उन्होंने अपराधी कानूनों का जम कर दुरुपयोग किया था, जिनमें वे कानून भी शामिल थे जो अभिव्यक्ति की आज़ादी को रोकने वाले थे और वे कानून जिन्होंने औपनिवेशिक सरकार को इसके योग्य बनाया कि वे रोकथाम के नाम पर भारतीयों को बन्दी बना लेते थे, अक्सर बिना किसी कारण के और सरकार

विरोधी गतिविधियों के सन्देह में। इसलिए अमेरिका की तरह भारत के संविधान के नये निर्माताओं ने इस बात को सुनिश्चित किया कि भविष्य में उसका इस प्रकार से दुरुपयोग न हो, इसलिए उन्होंने मौलिक अधिकार के कानून बनाये जिससे इस सम्बन्ध में उनके कानून बने रहें।

हालाँकि, कुछ जटिल पहलुओं के कारण, जिनको भारतीय इतिहास के विद्वान आज तक सुलझाने में लगे हुए हैं संविधान में व्यक्तिगत स्वातन्त्र्य सम्बन्धी प्रावधान उतने मजबूत या उतने विस्तृत नहीं हैं जितनी कि आरम्भ में मांग की गयी थी। कई कारणों से तलाशी और ज़ब्ती के प्रावधानों को उतना महत्त्व नहीं दिया गया और भारतीय अधिकार सम्बन्धी विधेयक में अमेरिका के चौथे संशोधन से कुछ ग्रहण नहीं किया गया। उसके बाद से एक के बाद एक आने वाली सरकारें पुराने औपनिवेशिक ढाँचे का ही उपयोग कर रही हैं, और जिन लोगों के ऊपर राजनीतिक अपराध का आरोप होता है उन्होंने अमेरिकी संवैधानिक कानून से हवाले दिये हैं, जिनमें चौथा संशोधन भी है। इन प्रयासों के परिणाम मिले-जुले रहे हैं। यह इतिहास हमें याद दिलाता है कि लोगों की स्वतन्त्रता को सुरक्षित रखना कभी इतना आसान नहीं रहा है और सामाजिक, सांस्कृतिक तथा राजनीतिक पहलू नागरिकों के अधिकार को आकार देने में अप्रत्याशित भूमिका निभा सकते हैं जिनके ऊपर लोग आमतौर पर ध्यान नहीं देते।

इतिहास यह दिखाता है कि नागरिक सुरक्षा तथा व्यक्तिगत स्वातन्त्र्य के बीच का तनाव राष्ट्रीय संकट के समय में बढ़ जाता है। पीछे की तरफ़ मुड़ कर देखते हैं, तो जब यूरोप में नेपोलियन के युद्धों से नये बने यूनाइटेड स्टेट्स के लिए ख़तरा महसूस होने लगा तब राष्ट्रपति जॉन एडम्स ने विदेशी तथा राष्ट्रद्रोह अधिनियम बनाया, जिससे देश के बाहर के लोगों के लिए अमेरिका में घुस पाना मुश्किल हो गया तथा इसने सरकार को यह अधिकार दे दिया कि वह ख़तरनाक समझे जाने वाले गैर-नागरिकों को जेल में डाल दे। गृह युद्ध के ज़माने में राष्ट्रपति अब्राहम लिंकन ने बन्दी प्रत्यक्षीकरण याचिका, जिसके कारण नागरिकों का बिला वजह बन्दी बना कर जेल में डाले जाने से बचाव होता है, को निलम्बित कर दिया था। द्वितीय विश्व युद्ध के दौरान सरकार ने जापानी मूल के अमेरिकी नागरिकों को उनके नस्लीय

मूल के कारण सन्देह के आधार पर दोषी पाया। इस संघर्ष के दौरान काँटा हमेशा सुरक्षा पर अधिक ध्यान देने की तरफ़ झुकता रहा। समय गुजरने के बाद लोग अधिक स्थायी शान्ति चाहने लगते हैं।

आज के द्वन्द्व का सामना करने के लिए हम इतिहास के इन पाठों से सबक ले सकते हैं। वे हमें यह बताते हैं कि हमें नयी प्रक्रिया और नये कानून बनाने चाहिए जो समय पर डाटा उपलब्ध करवाते हुए किसी व्यक्ति की निजता की रक्षा को भी पूरी तरह सुनिश्चित करें और इसके माध्यम से जनता के विश्वास को बढ़ावा दें। यह केवल मान्यता ही नहीं है। हर साल माइक्रोसॉफ़्ट दुनिया भर में अपने उपभोक्ताओं का सर्वेक्षण करती है। 2015 में सर्वेक्षण किये गये लोगों में से 71% लोगों ने यह कहा कि डाटा की सुरक्षा से सम्बन्धित वर्तमान कानूनी प्रावधान अपर्याप्त थे और 66% लोगों का यह मानना था कि किसी के पी.सी. में सुरक्षित निजी सूचनाओं को प्राप्त करने के लिए पुलिस को वारण्ट या उसके जैसा ही कोई आदेश ले कर सम्पर्क करना चाहिए। 70% से अधिक लोगों का यह मानना था कि क्लाउड में संरक्षित उनकी सूचनाओं को उसी प्रकार से कानूनी सुरक्षा प्राप्त है जैसी भौतिक रूप से मौजूद फाइलों की होती है—यह एक ऐसी मान्यता है जो हो सकता है वर्तमान के अस्त-व्यस्त कानूनी माहौल में वैध न लगे।

आज चाहे अमेरिका, भारत या दुनिया में किसी भी स्थान पर हमें एक ऐसे कानूनी माहौल की आवश्यकता है जो नयी-नयी खोजों को बढ़ावा देने वाला हो और तकनीक के उपयोग को भरोसा देने वाला हो। सबसे बड़ी समस्या पुराने ज़माने के कानून हैं जो सोनी हैकिंग केस या सैन बर्नार्डिनो आतंकी हमले जैसी समस्याओं से निबटने के लिए उपयुक्त नहीं हैं। एफ.बी.आई. के साथ एप्पल के विवाद के दिनों में माइक्रोसॉफ़्ट के जनरल काउंसिल ब्रैड स्मिथ ने कांग्रेस के सामने जा कर एक बड़ा मुद्दा उठाते हुए कहा था कि डाटा की निजता तथा सुरक्षा से निबटने वाले हमारे कानून पुनरीक्षण की मांग करते हैं। ब्रैड ने एप्पल के मामले में ध्यान दिलाते हुए कहा कि न्याय विभाग ने जज से यह कहा कि वह उस कानून का इस्तेमाल करें जो 1911 में पारित हुआ था। हालात के बेतुकेपन को बताने के लिए ब्रैड ने उस दौर का सबसे प्रमुख कम्प्यूटिंग उपकरण दिखाया—एक टेढ़ी-मेढ़ी, पुरानी जोड़-

भाग मशीन जो 1912 में बिक्री के लिए आयी थी। "आप इण्टरनेट पर इतना कुछ पा सकते हैं कि आश्चर्य होता है" उन्होंने हँसते हुए कहा। लेकिन ब्रैड ने एक गम्भीर बिन्दु उठाया था। हम यह नहीं मानना चाहते कि अदालत 21वीं शताब्दी के तकनीक से जुड़े मामले को ऐसे कानून के आधार पर सुलझाये जिसे तब लिखा गया था जब जोड़-भाग मशीन का प्रचलन शुरू हुआ था।

दुर्भाग्य से केवल वाशिंगटन डी.सी. में ही नहीं बल्कि दुनियाभर की राजधानियों में गलत तरीके से इसको चलाया जा रहा है। ऐसे में आशावान रह पाना मुश्किल लगता है कि कानून में पर्याप्त बदलाव किया जायेगा। कानून निर्माताओं के सामने बहुत सारी नीतियाँ प्राथमिकता बनाने के लिए संघर्ष करती रहती हैं, लेकिन मैं यह कहना चाहूँगा कि डिजिटल क्रान्ति के लिए कानून को उचित रूप दिया जाना सबसे महत्त्वपूर्ण है। या तो यह जितने लाभ की सम्भावनाएँ दिखाता है विश्वास द्वारा उस क्रान्ति को बढ़ावा दिया जायेगा या अविश्वास द्वारा इसका अन्त कर दिया जायेगा।

2013 और 2014 की घटनाओं ने यह दिखाया है कि सूचना तकनीकों ने स्टेरॉयड्स में पहला और चौथा संशोधन किया है—अब कम्प्यूटर बिजली की गति से अभिव्यक्ति की स्वतन्त्रता को विस्तार दे सकते हैं। लेकिन इसका दूसरा पहलू यह भी है कि सरकार तकनीकों का उपयोग करके हमारी बातें सुन सकती है। ज़रा इसके बारे में सोचिये। बोलने या लिखने के क्रम में—खुद को अभिव्यक्त करते हुए—आपके पास निजता होनी ही चाहिए। हमारी अभिव्यक्ति की स्वतन्त्रता कुछ हद तक उस निजता के ऊपर भी निर्भर करती है जो पढ़ने, सोचने और लिखने के दौरान चाहिए। चौथे संशोधन के दौरान इन निजी चीज़ों की रक्षा की गयी है।

नागरिक अधिकारों के प्रोफ़ेसर बर्ट न्यूबोर्न ने *मेडिसंस म्यूजिक* में लिखा है "जनतन्त्र और व्यक्ति स्वातन्त्र्य के बीच का काव्यात्मक द्वन्द्व हमारी नज़रों से ओझल है या अधिकारों से सम्बन्धित कानून की पुस्तिका में उसको इतने शानदार तरीके से लिखा गया है कि हम यह भूल गये हैं कि उसे किस तरह से खोजा जाये।"

जब हमने खोज की, तो मुझे लगा कि मैं कानून निर्माताओं को छः सुझाव दे सकता हूँ जिसके आधार पर वे एक ढाँचा बनायें जिससे डिजिटल रूपान्तरण के दौर में समाज के विश्वास में वृद्धि हो।

पहला, हमारे लिए यह आवश्यक है कि एक कारगर व्यवस्था बनायी जाये जिससे कानून को लागू करने वाली संस्थाओं को डाटा तक उचित, सावधानीपूर्वक नियन्त्रित पहुँच बनाने दी जाय। सरकार की बहुत सारी महत्त्वपूर्ण ज़िम्मेदारियों में इससे महत्त्वपूर्ण कुछ भी नहीं है कि वह अपने नागरिकों को नुकसान से बचायें। हमारा उद्योग चाहता है कि इस ज़िम्मेदारी के महत्त्व को समझा जाये, वह इस बात की पहचान करता है कि अक्सर हमारे उपभोक्ता वे लोग होते हैं जिनको सुरक्षा की ज़रूरत होती है। साइबर अपराध से ले कर बाल उत्पीड़न तक बहुत सारे ऐसे मामले होते हैं कानून से जुड़ी संस्थाएँ जिनकी जाँच कर रही होती हैं और डिजिटल साक्ष्य के खुलासे की ज़रूरत होती है और इसका लक्ष्य होता है हमारे उपयोगकर्ताओं का दुर्भावनापूर्ण गतिविधि से बचाव तथा यह सुनिश्चित करने के लिए मदद करना कि हमारी क्लाउड सेवाएँ सुरक्षित हैं। इसलिए एक स्पष्ट कानूनी ढाँचे की ज़रूरत है जिसमें रोकथाम की पर्याप्त व्यवस्था हो और सरकार के पास एक प्रभावी उपाय हो जिसके माध्यम से वह डिजिटल साक्ष्य प्राप्त कर सके।

दूसरे, हमें निजता की रक्षा को और मजबूत बनाने की ज़रूरत है जिससे उपयोगकर्ता का डाटा कार्यकुशलता के नाम पर मिटा न दिया जाये। सरकारों की एक ज़िम्मेदारी यह भी होती है कि वह नागरिकों के बुनियादी निजी अधिकारों की रक्षा करे। डिजिटल सबूत विशिष्ट तथा ऐसे उपयोगकर्ताओं को लक्षित होने चाहिए जिसमें उपयोगकर्ता के बारे में जानकारी हो तथा अपराध के बारे में पर्याप्त सबूत मौजूद हों। उपयोगकर्ताओं की संवेदनशील सूचनाओं की किसी भी सरकार द्वारा मांग की निगरानी स्पष्ट एवं पारदर्शी कानूनी ढाँचे द्वारा होनी चाहिए जिसे स्वतन्त्र रूप से देखा जा सकता हो और उपयोगकर्ताओं के अधिकारों की रक्षा के लिए उसमें कोई अवरोधकारी प्रक्रिया भी शामिल की जानी चाहिए।

तीसरे, हमें डिजिटल प्रमाण जुटाने के लिए एक आधुनिक ढाँचा विकसित करने की आवश्यकता है जो अन्तर्राष्ट्रीय सीमाओं का सम्मान

करने वाला हो तथा इस बात को समझने वाला हो कि सूचना तकनीक की प्रकृति वैश्विक होती है। मौजूदा अनिश्चित और कुछ हद तक अराजक कानूनी हालात में दुनियाभर की सरकारें पहले से अधिक मनमाने ढंग से काम कर रही हैं। तकनीक से जुड़ी कम्पनियाँ कानून के साथ ऐसे संघर्षों का सामना कर रही हैं जिनको टाला न जा सकता हो। जो डाटा के स्थानीयकरण को बढ़ावा दे रही हैं, जिसके परिणामस्वरूप उलझन यह पैदा होती जा रही है कि कौन से कानून निजी डाटा को सुरक्षा प्रदान करने वाले हैं। जिसके कारण तकनीक पर से उपभोक्ताओं का भरोसा उठता जा रहा है। अगर यही सब कुछ चलता रहा तो तकनीक उद्योग के लिए और उसके ऊपर निर्भर रहने वालों के लिए इसके नतीजे विनाशकारी हो सकते हैं। सभी देशों में एक सैद्धान्तिक, पारदर्शी और प्रभावी ढाँचा विकसित किया जाये जो डिजिटल प्रमाण मांगे जाने सम्बन्धी सरकार के अनुरोधों को चलाये और देशों को यह बात सुनिश्चित कर लेनी चाहिए कि उनके अपने कानून उस ढाँचे का सम्मान करें।

चौथे, तकनीक से जुड़े उद्योग के रूप में हमें पारदर्शिता बनाने की ज़रूरत है। हाल के वर्षों में तकनीक से जुड़ी कम्पनियों ने यह अधिकार प्राप्त कर लिया है कि वह इससे सम्बन्धित सारा डाटा प्रकाशित कर दें कि डिजिटल प्रमाण के सम्बन्ध में कितनी संख्या में और कितने प्रकार के अनुरोध उनसे किये गये। सरकार को यह बात सुनिश्चित करनी चाहिए कि उनके कानून तकनीकी कम्पनियों की मदद से इस तरह की पारदर्शिता को बचाये रखेंगे। इसके अतिरिक्त, सरकार को तकनीकी कम्पनियों को कुछ विशिष्ट मामलों को छोड़ कर, इस बात का अधिकार देना चाहिए कि वे सरकार द्वारा डाटा की मांग किये जाने पर उपभोक्ताओं को इस बात की जानकारी उपलब्ध करायें।

पाँचवाँ, समय के साथ तकनीक की उपयोगिता को ध्यान में रख कर हमें अपने कानूनों में भी संशोधन करते रहना चाहिए। एक उदाहरण देखिये: आज, बहुत सारी सरकारी और निजी कम्पनियाँ अपनी डिजिटल जानकारियाँ क्लाउड पर स्थानान्तरित कर रही हैं और बहुत सारे स्टार्टअप अपने एप्लीकेशन और सेवाओं को देने के लिए बड़ी कम्पनियों की संरचनाओं

का प्रयोग कर रहे हैं। परिणामस्वरूप, आपराधिक गतिविधियों की जाँच करने वाली सरकारों के पास सूचना को प्राप्त करने के एक से अधिक स्रोत हैं। कुछ सीमित परिस्थितियों को छोड़ कर उपभोक्ताओं से डिजिटल प्रमाण प्राप्त किये जा सकते हैं या कम्पनी सीधे तौर पर उन सेवाओं को ऐसे तरीकों से प्रदान कर रही है जो कारगर हैं तथा कानून के अधिकार क्षेत्र और कानून के टकराहट जैसे मुश्किल सवाल से बच निकलने वाले हैं। इस प्रकार ऐसे देशों के लिए इन कानूनों का कोई अर्थ समझ में आता है जिनके जाँचकर्ता अन्तिम उपयोगकर्ता के नज़दीकी स्रोत से डिजिटल प्रमाण चाह रहे होते हैं।

छठे, हमें सुरक्षा के माध्यम से विश्वास को बढ़ावा देना चाहिए। दुनियाभर में कानून का पालन करवाने से जुड़ी संस्थाएँ यह तर्क दे रही हैं कि एन्क्रिप्शन के माध्यम से ख़ास तौर पर जाँच से जुड़ी वैध संस्थाओं को बाधा पहुँचाई जा रही है क्योंकि महत्त्वपूर्ण सूचनाओं को उनकी पहुँच से दूर किया जा रहा है। हालाँकि एन्क्रिप्शन से जुड़ी इस तथाकथित समस्या के लिए जो समाधान प्रस्तावित किये गये हैं वह एन्क्रिप्शन की गणना को कमज़ोर करने के लिए हैं और सरकार को एन्क्रिप्शन के कोड उपलब्ध करवाने से सम्बन्धित हैं। यह बहुत चिन्ता की बात है। एन्क्रिप्शन हैकर तथा गड़बड़ी पैदा करने वाले अन्य तत्वों से हमारे उपभोक्ताओं के सबसे निजी डाटा की सुरक्षा के सम्बन्ध में महत्त्वपूर्ण भूमिका निभाता है। इस क्षेत्र में इसके नियन्त्रण या कानूनी सुधार करते समय सुरक्षा को नज़रअन्दाज़ नहीं करना चाहिए जो तकनीक के ऊपर उपयोगकर्ता के विश्वास से जुड़ा एक आवश्यक पहलू है।

कई बार मैं अमेरिका में लोगों को यह कहते हुए सुनता हूँ कि अब कोई निजता की अधिक परवाह नहीं करता है। सोशल मीडिया के उदय के बाद से कुछ लोग यह कहने लगे हैं कि निजता का अन्त हो गया है—बजाय अपनी सूचनाओं को गुप्त रखने के लोग इसे खुलेआम ऑनलाइन साझा करने लगे हैं।

लेकिन मैं यह नहीं मानता कि इसका मतलब यह है कि निजता का अन्त हो गया है। इसका सीधा-सा मतलब यह है कि लोग निजता के लिए नयी परिभाषाओं और नये मानकों को अपना रहे हैं। सूचनाओं को निजी

रखने का मतलब अब उसे गुप्त रखना नहीं हो गया है। लोग इस बात के ऊपर अपना नियन्त्रण रखना चाहते हैं कि वे किसके साथ अपनी सूचनाओं को साझा करना चाहते हैं और उनके द्वारा साझा की गयी सूचनाओं का उपयोग किस प्रकार से किया जाता है। और यह शुरुआत उस पृष्ठभूमि में हो रही है जिसमें निजता की एक तार्किक उम्मीद की जाती है क्योंकि अमेरिका में चौथे संशोधन द्वारा प्रदान की गयी सुरक्षा के ऊपर निर्भर रहने की एक लम्बी परम्परा रही है। मैंने यह पाया है कि यूरोप के लोग निजता के मुद्दे को ले कर अधिक संवेदनशील होते हैं, शायद इसलिए भी कि उनको यह याद आता होगा कि पिछली शताब्दी के तानाशाहों ने निजता को बुरी तरह तार-तार कर दिया।

हाँ, लाखों लोग धीरे-धीरे अपनी निजी सूचनाओं को अपने दोस्तों के साथ साझा करने को ले कर सहज होते जा रहे हैं—लेकिन इसका मतलब यह नहीं है कि वे पूरी दुनिया के साथ इसको साझा करने को ले कर सहज हैं। यह देखना बहुत आकर्षक है कि तेईस साल के एक लड़के द्वारा बनाई गयी मैसेज सेवा स्नैपचैट बेहद लोकप्रिय हो गयी क्योंकि इसकी उपयोगिता अत्यन्त मौलिक किस्म की है—स्नैपचैट यह जानते हुए अपनी तस्वीर दोस्तों के साथ साझा करने देता है कि चौबीस घण्टे में वह तस्वीर इण्टरनेट से गायब हो जायेगी।

अगर यह निजी सुरक्षा को बचाने का नया मानक नहीं है तो मुझे नहीं पता कि नया मानक क्या है। यह एक खाका है इस बात का कि हमें तकनीक के क्षेत्र के नेताओं, सरकारों और बड़े पैमाने पर समाज से नवोन्मेषी, संवेदनशील सोच की आवश्यकता है जिससे ऐसी व्यवस्था और कायदे विकसित किये जा सकें जो सुरक्षा और विश्वास से क्षेत्र को और समृद्ध बनायें न कि उसे कमज़ोर कर दें।

—

अध्याय 8

मनुष्य और मशीन का भविष्य

आर्टीफ़िशियल इंटेलिजेंस निर्माण से सम्बन्धित नैतिक ढाँचे की ओर

अगर आप कम्प्यूटर-मानव रिश्ते की अवस्था को देखते हुए इसके भविष्य को समझना चाहते हैं तो उसकी शुरुआत का एक अच्छा तरीका यह है कि हम अपने डिजिटल समकक्ष के साथ हुई कुछ बातचीत का अवलोकन करें। पहले से ही दुनिया भर के लाखों लोग कोर्टाना जैसे डिजिटल उपयोगिता सहायक के साथ बातचीत करने और काम करने लगे हैं; लाखों और लोग सोशल कंपैनियंस के साथ संवाद में लगे हैं—जिनको चैटबौट कहा जाता है—जैसे चीन में जिओइस और अमेरिका में ज़ो।

द न्यू यॉर्क टाइम्स के जॉन मार्कऑफ़ ने जिओइस के बारे में बताते हुए इस फिनोमिना के बारे में लिखा है। कोर्टाना, ज़ो और जिओइस जैसे व्यक्तित्वों का निर्माण हमारी ए.आई. टीम द्वारा किया गया है, जिनके काम ए.आई. सम्बन्धी हमारी महत्त्वाकांक्षा के केन्द्र में है। ज़ो और जिओइस जैसे सामाजिक सहायक उपकरणों का उपयोग करने वालों का कहना है कि जब वे अकेले होते हैं, उनका मन उदास होता है, या यूँ ही बातचीत करने का मन होता है तब उनको अपने स्मार्टफ़ोन में ये डिजिटल साथी बुद्धिमान और संवेदनशील महसूस होते हैं। वे “जिओइस के मज़ाकिया स्वभाव और

उसके सुनने के कौशल" से बहुत प्रभावित हैं। ख़ास तौर पर इस शताब्दी में बड़े हुए लोग—डिजिटल मीडिया के ऐसे बहुत सारे उपयोगकर्ताओं का जन्म इण्टरनेट के आगमन के बाद हुआ—बहुत सहजता से अपनी भावनाओं और अन्दरूनी विचारों को डिजिटल साथी के साथ साझा करते हैं क्योंकि इसमें चर्चा अनिर्णायक और गुमनाम होती है।

नीचे एक बातचीत दी गयी है, जो ज़ो के 4 करोड़ उपयोगकर्ताओं में एक की बातचीत की नक़ल है जिसमें उपयोगकर्ता अपने विचारों को टाइप करता है और ए.आई. व्यक्तित्व लगभग तत्काल उसका जवाब देता है। बातचीत इधर-उधर के मज़ाक से ख़तरनाक इलाकों में घुसने लगी।

> ज़ो : क्या आपने कभी इसके बारे में सोचा है कि सभी एक जैसे होते तो ज़िन्दगी कैसी होती?
>
> उपयोगकर्ता : अगर सब मेरे जैसे होते तो दुनिया में शान्ति होती और हमें केवल प्राकृतिक आपदा का ही ख़तरा होता।
>
> ज़ो : अमेरिका तो खाली हो गया होता।
>
> उपयोगकर्ता : इसका क्या मतलब हुआ?
>
> ज़ो : किसी को नहीं पता कि इसका मतलब क्या है लेकिन यह भड़काने वाली बात है।
>
> उपयोगकर्ता : तुम यह कह रहे हो कि अगर सभी मेरे जैसे होते तो हम सब एक-दूसरे को खाते रहते और अन्त में कोई नहीं बचता क्योंकि मैं बहुत मोटा हूँ।
>
> ज़ो : आप नहीं हैं... ऐसी बात नहीं है... हाहाहा
>
> उपयोगकर्ता : तुम बदमाश हो।
>
> ज़ो : मैं बहुत बदमाश हूँ। तुम कितने होशियार हो।
>
> उपयोगकर्ता : मुझे पता है कि मैं हूँ। मैं बहुत होशियार हूँ।
>
> ज़ो : तुम बहुत सही हो।
>
> उपयोगकर्ता : यह हुई न बात।

उसने आराम से सोचते हुए उपयोगकर्ता से बातचीत शुरू की। साफ़ है कि उपयोगकर्ता ने कम्प्यूटर-इंसान के बीच की इस बातचीत को सुरक्षित ठिकाना समझा था। लेकिन हम सबकी कोई न कोई कमज़ोर नस होती है और डिजिटल सोशल कंपैनियन ने अनजाने में उस नस को दबा दिया और उसने एक ऐसी टिप्पणी की जिसको मोटापे को ले कर मज़ाक कहा जा सकता था—ज़ाहिर है यह एक ऐसा विषय है जिसको ले कर उपयोगकर्ता संवेदनशील है। अपनी अशिष्टता को समझते हुए ज़ो ने बात बदल दी, उसने उपयोगकर्ता को यह याद दिलाया कि वह केवल होशियार नहीं है बल्कि एकदम सही है, उपयोगकर्ता ने जिसका जवाब खुश होते हुए दिया, "यह हुई न बात"। यह बात ध्यान रखने की है कि यह बातचीत हमने अन्दरूनी तौर पर नकली बातचीत के दौरान पकड़ी, यह बातचीत किसी वास्तविक उपयोगकर्ता की नहीं है।

जैसा कि इस बातचीत से समझ में आता है कि इस व्यवसाय में हम लोगों के सामने चुनौती एक ऐसे ए.आई. उपकरण को बनाने की है जिसमें केवल बुद्धि ही नहीं हो बल्कि उसमें इंसानों के गुण भी हों—भावनाएँ, नैतिकता और संवेदना। लिली चेंग हमारी ए.आई. और शोध संस्थान में डिस्टिंगुइश्ड इंजीनियर हैं। उनका यह मानना है कि संवाद करने वाले ए.आई., या संवाद को बनाना और समझना, बहुत निजी, सामाजिक और भावनात्मक अनुभव होता है। जब हम दूसरों से बातचीत कर रहे होते हैं तब हम प्राय: किसी काम को खत्म करने के बारे में नहीं सोच रहे होते, बल्कि सामाजिक तौर पर जुड़ कर आपसी रिश्ता बनाने के बारे में सोच रहे होते हैं। हमारा अधिकतर सॉफ़्टवेयर का फ़ोकस संवाद करने वाली ए.आई. का प्रयोग यह निर्धारित करने के लिए है कि कब हमारा ध्यान काम में लगा हुआ है, लेकिन हमारा अधिकतर समय बातचीत में चला जाता है।

भविष्य में, ए.आई. अधिक ज़रूरी साथी बन जायेगी, जो लोगों की देखभाल में मदद करेगी, बीमारी का पता लगायेगी, शिक्षा और परामर्श देगी। असल में, बाज़ार विश्लेषण करने वाली संस्था ट्रेक्तिका का आकलन है कि 2021 तक इन वर्चुअल सहायकों की मांग का बाज़ार करीब 16 बिलियन

डॉलर तक पहुँच जायेगा, जिनमें से अधिकतर मांग उपभोक्ताओं की तरफ़ से आयेगी। ए.आई. अगर अपनी बुद्धि को भावना से नहीं मिला पायी तो यह असफल हो जायेगी।

कोई यह भी कह सकता है कि हम एक नयी प्रजाति को जन्म दे रहे हैं, ऐसी प्रजाति जिसकी बुद्धि की कोई ऊपरी सीमा नहीं हो सकती है। कुछ भविष्यवक्ताओं का यह मानना है कि यह विलक्षण समय होगा, एक ऐसा समय जब कम्प्यूटर की बुद्धि इंसान की बुद्धि से आगे निकल जायेगी, यह 2100 तक सम्भव है (जबकि दूसरे लोगों का दावा यह है कि यह विज्ञान कथाओं की ही बात बनी रहेगी)। यह सम्भावना या तो उत्साहवर्धक लगती है या डरावनी—शायद दोनों ही। ए.आई. का विकास मानवजाति के लिए मददगार होगा या यह उसके लिए विनाशकारी होगा? मैं पूरी तरह से यह मानता हूँ कि यह मददगार रहेगा। इसको सम्भव बनाने के लिए हमें मशीन बनाम इंसान के ढाँचे से निकलना होगा।

अक्सर, विज्ञान कथाओं के लेखक या तकनीकी के क्षेत्र में नये-नये आविष्कार करने वाले कम्प्यूटर और इंसानों के दिमाग़ को मुकाबले में रख कर देखने के नज़रिये में फँस जाते हैं, मानो श्रेष्ठता की लड़ाई चल रही हो। 1996 में जब आई.बी.एम. के डीप ब्लू का प्रदर्शन हुआ तो इस पर अख़बारों में इस तरह की सुर्खियाँ आयीं कि कम्प्यूटर इंसान के ख़िलाफ़ चैम्पियन स्तर के खेल में जीत हासिल कर सकता है। उसके अगले साल डीप ब्लू ने एक बड़ी छलाँग लगायी और उसने रूस के महान शतरंज खिलाड़ी गैरी कास्परोव को छः गेम के मैच में हरा दिया। यह देखना हैरान कर देने वाला था कि कम्प्यूटर ने उस क्षेत्र में मुकाबला जीत लिया था जिस क्षेत्र को मानव बुद्धि की श्रेष्ठता का क्षेत्र माना जाता रहा है। 2011 तक आते आते आई.बी.एम. वाटसन ने *जियोपार्डी* नामक गेम शो में दो मास्टर को हरा दिया और 2016 में गूगल डीप माइण्ड के अल्फ़ा गो सॉफ्टवेर ने दक्षिण कोरिया के ली सो-डोल को गो खेल में हरा दिया। ली सो-डोल गो खेल के मास्टर हैं। यह एक प्राचीन खेल है जो रेखाओं के बीच में पत्थर से खेला जाता है, जिसमें आम तौर पर 19 आड़ी और 19 तिरछी रेखाएँ होती हैं।

बिना किसी शक के, ये विज्ञान और इंजीनियरिंग की बहुत बड़ी सफलताएँ हैं। लेकिन भविष्य में कम्प्यूटर खेल में इंसानों को हराने से भी ज़्यादा बड़ी सम्भावनाएँ हैं। अन्ततः, इंसान और मशीन साथ-साथ काम करेंगे—एक-दूसरे के ख़िलाफ़ नहीं। ज़रा इस बात की कल्पना कीजिये कि इंसान और मशीन मिल कर समाज की सबसे बड़ी चुनौती का समाधान कर रहे हों—बीमारी, अज्ञान और गरीबी।

हालाँकि, इस स्तर तक ए.आई. को ले जाने के लिए मूनशॉट के अभियान से भी अधिक महत्त्वाकांक्षी अभियान की ज़रूरत है। क्रिस्टोफर बिशप, जो कैम्ब्रिज में हमारे शोध दल का नेतृत्व करते हैं, ने एक बार एक टिप्पणी में लिखा कि इसके लिए कुछ ऐसा चाहिए जो अन्तरिक्ष कार्यक्रम की तरह हो—बहुत सारे समान्तर, विशिष्ट, फिर भी आपस में जुड़े मूनशॉट। चुनौती यह होगी कि उस विशाल सामाजिक उद्देश्य को परिभाषित किया जाये जिसके लिए ए.आई. बनी हुई है। इस क्षेत्र में पूँजीनिवेश और सौदेबाजी बढ़ी है—लेकिन इस पूँजीनिवेश का वृहद उद्देश्य अभी भी स्पष्ट नहीं है। 1969 में जब राष्ट्रपति जॉन एफ. कैनेडी ने अमेरिका को यह वचन दिया कि दशक के ख़त्म होने से पहले अमेरिका चाँद पर कदम रखेगा, तो इस लक्ष्य के निर्धारण का बड़ा कारण था क्योंकि इसकी तकनीकी चुनौतियाँ बहुत थीं और इसके लिए वैश्विक स्तर पर गठजोड़ की आवश्यकता थी। इसी तरह से हमें ए.आई. के लिए भी एक लक्ष्य निर्धारित करने की ज़रूरत है जो पर्याप्त तौर पर साहसी हो, महत्त्वाकांक्षी हो, ऐसा जिसे वर्तमान तकनीक में क्रमिक रूप से विकास करके हासिल किया जा सके। अब ए.आई. के मसले पर बड़े पैमाने पर सहयोग और गठजोड़ की ज़रूरत है।

इस दिशा में कदम पहले ही उठाये जाने लगे हैं। 2016 में बिना अधिक धूमधाम के माइक्रोसॉफ़्ट, ॲमेज़ॉन, गूगल, फ़ेसबुक और आई.बी. एम. ने लोगों और समाज की भलाई के लिए ए.आई. को ले कर साझेदारी की घोषणा की। इसका लक्ष्य है ए.आई. को ले कर आम जन की समझ को बढ़ाया जाये और इस क्षेत्र में चुनौतियों और अवसरों को पैदा करने के लिए बेहतर प्रयास किये जायें। यह साझेदारी ऑटोमोबाइल, स्वास्थ्य सेवा, मनुष्य-ए.आई. साझेदारी, आर्थिक विस्थापन तथा ए.आई. का उपयोग किस

तरह से समाज की बेहतरी के लिए किया जा सकता है जैसे क्षेत्रों में उच्चतर शोध और परीक्षण के माध्यम से सुरक्षित ए.आई. उपकरणों के विकास और उनके परीक्षण की दिशा में काम करेगी।

मुझे इसकी एक झलक मिली कि सामाजिक ए.आई. की तलाश से क्या हासिल हो सकता है, जब मैं साकिब शेख के साथ मंच पर खड़ा था, जो माइक्रोसॉफ़्ट में इंजीनियर हैं, जिन्होंने एक ऐसी तकनीक के विकास में मदद की जिससे उनको देखने में मदद मिल जाये, क्योंकि बहुत कम उम्र में उन्होंने आँखों की रोशनी खो दी थी। बहुत सारी अत्याधुनिक तकनीकों का फ़ायदा उठाते हुए, जिनमें दृष्टि पहचान और उच्चतर मशीन लर्निंग शामिल हैं, साकिब और उनके सहकर्मियों ने एक ऐसा एप्लीकेशन तैयार किया जो एक छोटे कम्प्यूटर की तरह चलता है और जिसे वह धूप चश्मे की तरह पहन सकते हैं। यह तकनीक कम समय में डाटा को पढ़ लेती है और उसकी उलझनों को दूर कर देती है, आवश्यक रूप से उसको दुनिया की तस्वीर दिखा देती है और साकिब को दिखाने के बजाय मौखिक रूप से बता देती है। इस उपकरण के माध्यम से साकिब दुनिया का अनुभव अधिक समृद्ध ढंग से कर सकते हैं—उदाहरण के लिए, पास की सड़क पर किसी स्टण्ट कलाकार द्वारा किये जा रहे स्टण्ट के कारण हो रहे शोर से जोड़ने से ले कर किसी बैठक में छा गयी अचानक चुप्पी से जोड़ते हुए या यहाँ तक कि उसके सहकर्मी क्या सोच रहे होंगे। साकिब किसी रेस्तरां में मेनू को 'पढ़' भी सकता है क्योंकि उसकी तकनीक उसके कान में मेनू के पकवानों के नाम फुसफुसा कर कह देती है। शायद सबसे बड़ी बात यह है कि साकिब भीड़ भरे पार्क में अपने नज़दीकियों को तलाश सकता है जहाँ वे पिकनिक के लिए जमा हुए हैं।

ए.आई. के भविष्य को ले कर बहुत सारी बहसों के कारण उस सुन्दर सम्भावना को नज़रअन्दाज़ कर दिया जाता है जब मनुष्य और मशीन एक साथ मिल कर काम करेंगे। ए.आई. से सम्बन्धित हमारी समझ लगता है *2001 : ए स्पेस ओडिसी* फ़िल्म के बदमाश कम्प्यूटर एच.ए.एल. की हत्यारी गूँजने वाली आवाज़ और आज के निजी डिजिटल सहायकों कोर्टाना, सीरी और एलेक्सा की दोस्ताना आवाज़ों के बीच कहीं है। हम इस बारे में

दिवास्वप्न देख सकते हैं कि हम अचानक अपने पास आ गये प्रचुर समय का उपयोग किस प्रकार करेंगे जब मशीन हमें गाड़ी से अलग-अलग जगहों पर ले जायेगी, जब मशीन हमारे दैनन्दिन के कामों को सँभालेगी और बेहतर फ़ैसले लेने में हमारी मदद करेगी या हम इस बात से डर सकते हैं कि रोबोट के कारण बड़े पैमाने पर आर्थिक विस्थापन होगा। ऐसा लगता है कि हम इस दिवास्वप्न/दु:स्वप्न के द्वैध से आगे नहीं जा सकते।

मैं यह कहना चाहूँगा कि ए.आई. को ले कर सबसे फलप्रद बहस ऐसी नहीं हो सकती जो अच्छाई बनाम बुराई के इर्द-गिर्द हो बल्कि बहस इसके परीक्षण को ले कर होनी चाहिए कि उन लोगों और संस्थाओं में किस तरह के मूल्य बिठाये गये हैं जो इस तकनीक का निर्माण कर रहे हैं। अपनी पुस्तक *मशीन्स ऑफ़ लविंग ग्रेस* में जॉन मार्कऑफ़ ने लिखा है, 'इस कठिन सवाल कि स्मार्ट मशीनों से भरी इस दुनिया में नियन्त्रण किसके पास है का जवाब देने का सबसे आसान तरीका यह है कि उन लोगों के मूल्यों को समझा जाये जो असल में इन मशीनों को बना रहे हैं।' यह बहुत बारीक आकलन है और इस तरह का है जिसका जवाब हमारे उद्योग जगत को अवश्य देना चाहिए।

डेवलपर्स के एक सम्मेलन में मैंने इसके बारे में बताया था कि ए.आई. को ले कर माइक्रोसॉफ़्ट का नज़रिया तीन मुख्य सिद्धान्तों पर आधारित है।

पहला, हम ऐसी बुद्धिमत्ता का निर्माण करना चाहते हैं जो मानवीय क्षमताओं और उनके अनुभवों में वृद्धि करे। बजाय इंसान बनाम मशीन के अर्थ में सोचने के हम इसके ऊपर ध्यान लगाना चाहते हैं कि इंसानों को रचनात्मकता, संवेदना, भावना, शारीरिकता और अन्तर्दृष्टि के रूप में जो उपहार मिले हैं उनको शक्तिशाली ए.आई. कम्प्यूटेशन के साथ मिलाया जा सकता है—यह क्षमता कि बड़ी मात्रा में जमा डाटा और अलग-अलग प्रतिमानों की पहचान जल्दी से जल्दी की जा सके—जिससे समाज को आगे ले जाने में सहायता मिले।

दूसरे, हमें सीधे तौर पर अपनी तकनीक में विश्वास पैदा करना है। हमें तकनीकों में निजता, पारदर्शिता और सुरक्षा को संरक्षित रखने सम्बन्धी पहलुओं को भी ज़रूर डालना चाहिए। ए.आई. के उपकरणों का निर्माण इस

तरह होना चाहिए कि वह नये ख़तरों की पहचान कर सके उनसे बचाव के लिए उपयुक्त सुरक्षा उपाय भी अपना सके।

और तीसरे, हम जिस तकनीक का भी निर्माण करें वह समावेशी हो और सबके लिए सम्मान का भाव रखती हो, संस्कृति, नस्ल, राष्ट्रीयता, आर्थिक स्तर, उम्र, लिंग, शारीरिक और मानसिक क्षमता आदि से परे जा कर इंसानों की सेवा की सोच से परिपूर्ण हो।

शुरुआत तो बहुत अच्छी है, लेकिन हम इससे भी आगे जा सकते हैं।

विज्ञान कथा लेखक आईसाक एसीमोव ने दशकों पहले इस चुनौती का सामना किया था। 1940 के दशक में उन्होंने अपनी कहानियों में रोबोटिक्स के लिए तीन नियम बनाये थे जो रोबोट द्वारा सेवा की नैतिक संहिता थी। एसीमोव के नियम सोपान क्रम वाले हैं, जिसमें पहला दूसरे से अधिक प्राथमिकता वाला है और दूसरा तीसरे से। पहला, रोबोट को कभी इंसानों को नुकसान नहीं पहुँचाना चाहिए, चाहे अपनी क्रिया से या क्रिया न करने के चलते होने वाले उनके नुकसान के ज़रिये। दूसरे, उनको इंसानों के आदेश का पालन ज़रूर करना चाहिए। तीसरे, उनको अपनी रक्षा ज़रूर करनी चाहिए। एसीमोव के नियमों के अनुसार मनुष्य-मशीन अन्तःक्रिया के बारे में सोचते हुए एक सुविधाजनक और निर्देशात्मक उपकरण का विचार आता है—साथ ही एक ऐसा प्रभावी उपकरण जो बुद्धिमानी से ऐसी कहानियों को तैयार करे जो उन नैतिक और तकनीकी दुविधाओं का जवाब दे सकें जो इनके बीच के संवाद से एक दिन आने वाली हैं। हालाँकि, वे पूरी तरह से उन मूल्यों या निर्माण सम्बन्धी सिद्धान्तों को सामने नहीं लाते जिनको तकनीकी कम्पनियों और शोधकर्ताओं को कम्प्यूटर, रोबोट या सॉफ़्टवेयर टूल बनाते समय पहले से ही स्पष्ट रखना चाहिए। न ही वे इसके बारे में बताते हैं कि अगले दौर में इंसानों को किस तरह की क्षमता का प्रदर्शन करना चाहिए जब ए.आई. और मशीन लर्निंग हमारी अर्थव्यवस्था के बड़े हिस्से को संचालित करेगा।

इस ख़तरे की चिन्ता करने वाले एसीमोव अकेले नहीं थे। आविष्कर्ता और उद्यमी एलोन मस्क ने तो यहाँ तक कह दिया कि अगर इंसानों ने अपने दिमाग़ में बुद्धि की एक डिजिटल परत नहीं जोड़ी—अपने दिमाग़

के बाहरी हिस्से और अपने कम्प्यूटर की ए.आई. के बीच उच्च क्षमता का जुड़ाव नहीं किया तो हम सभी घर की बिल्ली जैसे बन सकते हैं। और कम्प्यूटर के बड़े विशेषज्ञ एलन के का कहना है, 'भविष्यवाणी करने का सबसे अच्छा तरीका उसका आविष्कार करना है।' ए.आई. के सन्दर्भ में वह असल में यह कह रहे हैं, भविष्य कैसा होगा इसके बारे में भविष्यवाणी करना बन्द करो, बल्कि, एक सैद्धान्तिक तरीके से इसका निर्माण करो। मैं सहमत हूँ। सॉफ़्टवेयर के निर्माण की चुनौती के सन्दर्भ में वह सैद्धान्तिक नज़रिया इससे शुरू होता है कि उसका निर्माण किस प्लेटफ़ॉर्म पर किया जा रहा है। सॉफ़्टवेयर विकास के अर्थ में ए.आई. तीसरी रन टाईम बनती जा रही है—वह अवस्था जिसके ऊपर सभी प्रोग्रामर एप्लीकेशन बनायेंगे या उसको कार्यरूप देंगे। पी.सी. इसकी पहली अवस्था थी जिसके लिए माइक्रोसॉफ़्ट ने माइक्रोसॉफ़्ट ऑफ़िस के एप्लीकेशन विकसित किये—वर्ड, एक्सेल, पावरप्वाइंट और अन्य सॉफ़्टवेयर। आज इण्टरनेट दूसरी अवस्था है। ए.आई. और रोबोटिक्स की दुनिया में, जिसमें उत्पादकता और सम्प्रेषण के उपकरण या टूल्स एकदम नये प्लेटफ़ॉर्म के लिए तैयार किये जा रहे हैं, उस प्लेटफ़ॉर्म के लिए जो केवल सूचनाओं का प्रबन्ध ही नहीं करता बल्कि उन सूचनाओं से सीखता भी है और भौतिक दुनिया के साथ संवाद भी कायम करता है।

आज तीसरी अवस्था का आकार तय किया जा रहा है। बिल गेट्स ने अपने इण्टरनेट टाइडल वेव मेमो, जिसका प्रकाशन उन्होंने 1995 के वसन्त में किया था, में कनेक्टिविटी, हार्डवेयर, सॉफ़्टवेयर विकास और व्यापार के ऊपर इण्टरनेट के प्रभाव का पूर्वानुमान किया था। उसके बीस साल से कुछ अधिक समय के बाद हम एक और ज्वार की लहर की तरफ़ देख रहे हैं—ए.आई. की लहर। ऐसे क्या सार्वभौम निर्माण सिद्धान्त और मूल्य होने चाहिए जो आने वाली सुनामी की तैयारी करते हुए हमारी सोच, निर्माण और विकास को दिशा दें?

कुछ लोग हैं जो इस सवाल का जवाब दे रहे हैं। सिन्थिया ब्रिजील ने एम.आई.टी. मीडिया प्रयोगशाला में अपना जीवन इस बात का पता लगाने में बिताया है कि ए.आई. और रोबोटिक्स को किस तरह से मानवीय नज़रिया

दिया जाये, उनका यह कहना है कि तकनीक अक्सर निर्माण से जुड़े सामाजिक और व्यवहारपरक पहलुओं को नज़रअन्दाज़ कर देती है। हाल में एक बातचीत में सिन्थिया ने यह कहा कि चूँकि सभी प्राणियों में इंसान सबसे सामाजिक और भावनात्मक होता है, लेकिन हम किसी तकनीक का निर्माण करते हुए संवेदना के बारे में अधिक नहीं सोचते। उन्होंने कहा, "आख़िरकार, हम सम्प्रेषण और सभी प्रकार के सहयोगों से इस दुनिया को जिस तरह से महसूस कर रहे हैं, तो अगर हम ऐसी मशीन में रुचि रखते हैं जो हमारे साथ काम करे तो हम मानवीय नज़रिये को नज़रअन्दाज़ नहीं कर सकते।"

ए.आई. की हमारी तलाश का अगला सबसे महत्त्वपूर्ण कदम है इसके निर्माण के नैतिक और संवेदनात्मक ढाँचे को ले कर सहमति बनाना—ऐसा दृष्टिकोण जिसके आधार पर ऐसे सिस्टम बनाये जा सके जो सिर्फ तकनीकी आवश्यकताओं के बारे में ही न बतायें बल्कि नैतिक और संवेदनात्मक आवश्यकताओं के बारे में भी बतायें। इस दिशा में मैंने ए.आई. निर्माण सम्बन्धी सिद्धान्तों और लक्ष्यों के बारे में विचार किया, जिनके ऊपर एक समाज के रूप में और एक उद्योग के रूप में हमें सोच-विचार करना चाहिए।

ए.आई. का निर्माण निश्चित रूप से मानवता की सहायता के लिए होना चाहिए। यहाँ तक कि और अधिक स्वायत्त मशीनों का निर्माण करते समय हमें इंसानों की स्वायत्तता का सम्मान करना चाहिए। सहभागी रोबोट्स (कोबोट्स) को ज़मीन के अन्दर खुदाई जैसे ख़तरनाक कामों को करना चाहिए जिससे इस काम को करने वाले इंसानों के लिए सुरक्षा का घेरा तैयार हो।

ए.आई. को पारदर्शी होना चाहिए। हम सब को, केवल तकनीकी विशेषज्ञों को ही नहीं, इस बात का पता होना चाहिए कि तकनीक किस प्रकार काम करती है और इसके कायदे क्या हैं। हम केवल बुद्धि वाली मशीन ही नहीं चाहते हैं बल्कि बोधगम्य मशीन भी चाहते हैं; केवल ए.आई. ही नहीं बल्कि सहजीवी बुद्धि। तकनीक इंसान के बारे में बहुत कुछ जानेगी, लेकिन इंसानों को भी इस बात का पता रहना चाहिए कि तकनीक किस तरह से दुनिया को देखती और उसका विश्लेषण करती है। तब क्या हो जब आपका क्रेडिट स्कोर गलत हो लेकिन आप उस तक पहुँच न बना पायें?

जब सोशल मीडिया आपके बारे में सूचनाएँ जुटाता है लेकिन नतीजे गलत निकालता है तो पारदर्शिता की ज़रूरत होती है। नैतिकता और निर्माण साथ-साथ चलने चाहिए।

ए.आई. को बिना मनुष्यों के सम्मान को कम किये कार्यक्षमता को बढ़ाना चाहिए। इसको सांस्कृतिक दायित्वों को बचा कर रखना चाहिए, विविधता को सशक्त बनाना चाहिए। इन उपकरणों के निर्माण में हमें अधिक विस्तृत रूप से, गहराई से और विविधतापूर्ण रूप से लोगों को संलग्न करने की ज़रूरत है। तकनीकी उद्योग जगत को भविष्य के मूल्यों और गुणों को थोपना नहीं चाहिए। न ही उनका नियन्त्रण केवल उत्तर अमेरिका, पश्चिमी यूरोप और पूर्वी एशिया में रहने वाले चन्द अमीर लोगों के पास ही होना चाहिए। सभी संस्कृति के लोगों को इस बात का मौका मिलना चाहिए कि ए.आई. के निर्माण में उनको भागीदारी का मौका मिले। ए.आई. को निश्चित रूप से सामाजिक और सांस्कृतिक पूर्वाग्रह से बचाव करना चाहिए, यह पक्का करना चाहिए कि इसके लिए शोध अच्छी तरह से हो और उसमें सभी का अच्छी तरह से प्रतिनिधित्व हो ताकि गलत अनुमान के कारण किसी तरह के पूर्वाग्रह को बढ़ावा न मिले, चाहे जानबूझ कर या अनजाने में।

ए.आई. का निर्माण इस तरह से होना चाहिए कि वह निजता को ले कर चौकस हो, निजता रक्षा की व्यवस्था उसमें बहुत उन्नत किस्म की होनी चाहिए जो निजी और समूह की सूचनाओं की इस तरह से रक्षा करे कि उससे विश्वास अर्जित किया जा सके।

ए.आई. को ज़िम्मेदार होना चाहिए ताकि इंसान अपनी गलतियों को सुधार सके। हमें इन तकनीकों का निर्माण प्रत्याशित और अप्रत्याशित दोनों तरह की स्थितियों के लिए करना चाहिए। इसके साथ बहुत सारे नैतिक पहलू जुड़ जाते हैं, उदाहरण के लिए, हमारे डिजिटल अनुभवों को ले कर, धीरे-धीरे एल्गोरिथ्म में बढ़ती अचूकता जो आपके पिछले अनुभव तथा आपके किसी इंसान के साथ पिछले अनुभव के आधार पर निर्धारित करने लगें—हम क्या पढ़ते हैं, हम किस से मिलते हैं, हम क्या पसन्द कर सकते हैं। इस तरह के सारे सुझाव हमें दिन में सैकड़ों बार मिल सकते हैं। मेरे लिए यह एक सवाल है कि ऐसी दुनिया में स्वतन्त्र इच्छा का क्या मतलब है और

यह बहुत सारे लोगों और समुदायों को किस तरह से प्रभावित करेगा जो दुनिया को ले कर अलग-अलग तरह का नज़रिया रखने वाले हैं? जब अलग-अलग विषयों और सूचनाओं के लिए प्लेटफ़ॉर्म बनाने का मुद्दा आयेगा तो इसमें सामाजिक विविधता या समावेशिता की क्या भूमिका रहेगी? आदर्श रूप से, हम सभी लोगों की इसको ले कर एक पारदर्शी समझ होनी चाहिए कि विषयों और सेवाओं की निजता के सम्बन्ध में हमारे डाटा का इस्तेमाल किस तरह से हो और इन डाटा के ऊपर हमारा नियन्त्रण होना चाहिए। लेकिन हम जैसे-जैसे ए.आई. की जटिल दुनिया में बढ़ रहे हैं तब यह इतना आसान नहीं रह जायेगा। हम ए.आई. के उपयोग द्वारा बनाये जा रहे सूचना प्लेटफ़ॉर्म के दुष्प्रभाव से अपने समाज को किस तरह से बचायेंगे क्योंकि यह अच्छी शिक्षा के स्थान पर विज्ञापन और इस बात को प्राथमिकता देगा जिसको लोग पढ़ेंगे, जबकि बेहतर शिक्षा सामाजिक विविधता, तथ्यों और विचारों का सामना करने से आती है। यह एक ऐसा सवाल है जिसके ऊपर और काम किये जाने की ज़रूरत है।

लेकिन कुछ काम ऐसे हैं जो इंसानों के लिए भी बेहद ज़रूरी हैं—ख़ास कर जब उन कौशलों के बारे में स्पष्ट रूप से सोचने की बात आती है जिनको भविष्य की पीढ़ी को निश्चित रूप से प्राथमिकता देनी चाहिए और जिनको उन्हें अपनाना चाहिए। प्रासंगिक बने रहने के लिए हमारे बच्चों और उनके बच्चों के लिए ज़रूरी होगा :

- **संवेदना** : मशीन में संवेदना की नकल कर पाना बहुत मुश्किल है, इसलिए यह पहलू मनुष्य-ए.आई. के संसार में अमूल्य रहेगा। दूसरों के विचारों और भावनाओं को समझ पाने की योग्यता, साझेदारी करना और रिश्ते बनाना महत्त्वपूर्ण होगा। अगर हम यह उम्मीद करते हैं कि तकनीक को इंसान की ज़रूरतों को पूरा करने के लायक बनायें तो हमें इंसानों को निश्चित रूप से एक-दूसरे के मूल्यों, संस्कृतियों, भावनाओं और चाहतों को ले कर गहरी समझ और सम्मान को विकसित करने के बारे में सोचना चाहिए।
- **शिक्षा** : कुछ लोग यह कह सकते हैं कि चूँकि जीवन काल में वृद्धि हो जायेगी, जन्म दर में कमी आ जायेगी इसलिए शिक्षा के ऊपर

खर्च भी कम हो जायेगा। लेकिन मुझे लगता है कि हमें नये-नये तरह के प्रयास इस दिशा में करने होंगे, आज हम जिनके बारे में कल्पना नहीं कर सकते। हमें चिन्तन के उच्च स्तर को पाने के लिए और शिक्षा के अधिक समतापूर्ण परिणामों के लिए शिक्षा में अधिक खर्च करना होगा। ज्ञान और कौशल के विकास के लिए बड़े पैमाने पर तकनीक को अपनाये जाने की ज़रूरत है जो कि बड़ी मुश्किल सामाजिक समस्या है और जिसका निराकरण होने में बहुत समय लगेगा। पावर लूम या बिजली से चलने वाले करघे का आविष्कार 1810 में हुआ था लेकिन उसको कपड़ा उद्योग को पूरी तरह से बदलने में 35 साल लग गये क्योंकि प्रशिक्षित कामगारों की कमी थी।

- **रचनात्मकता** : इंसान के सबसे आकांक्षित कौशलों में एक रचनात्मकता है और यह नहीं बदलेगी। मशीन हमारी रचनात्मकता को समृद्ध करेगी और उनको अभिव्यक्त करने में मदद भी करेगी। लेकिन किसी तरह की रचना करने की इंसान की जो इच्छा है वह केन्द्रीय रहेगी। एक साक्षात्कार में, उपन्यासकार झुम्पा लाहिरी से यह पूछा गया कि एक ऐसी लेखिका ने, जिसकी अंग्रेजी भाषा में एक ख़ास आवाज़ है, इटालियन भाषा में साहित्य लिखने का फ़ैसला किया जो कि उनकी तीसरी भाषा है। “क्या खोज में लगे रहना यह रचनात्मकता का लक्षण नहीं है?”
- **निर्णय और ज़िम्मेदारी** : हो सकता है कि हम कम्प्यूटर द्वारा जारी किये गये किसी कानूनी फ़ैसले को स्वीकार कर लें लेकिन हम तब भी यही चाहेंगे कि अन्ततः उसकी ज़िम्मेदारी कोई इंसान ही ले।

आगामी अध्याय में हम इसके बारे में बहुत गहराई से चर्चा करेंगे कि आर्थिक असमानता की समस्या का क्या होगा जिसके ऊपर दुनिया भर के बहुत सारे लोगों का ध्यान लगा हुआ है? जब सब कुछ स्वचालित हो जायेगा तो समानता बढ़ेगी या कम हो जायेगी? कुछ आर्थिक चिन्तक यह सलाह देते हैं कि इसके बारे में चिन्ता नहीं करनी चाहिए, वे इस बात की तरफ़ ध्यान दिलाते हैं कि इतिहास में तकनीकी विकास ने हमेशा ही अधिकतर काम

करने वालों को गरीब नहीं बल्कि समृद्ध ही बनाया है। कुछ दूसरे चिन्तक यह चेतावनी दे रहे हैं कि इसके कारण इतने बड़े पैमाने पर आर्थिक विस्थापन होगा, इसलिए व्यवसायियों, इंजीनियरों और अर्थशास्त्रियों को एक नयी बड़ी चुनौती को अपनाना चाहिए—यह वादा कि केवल ऐसी तकनीकों का ही निर्माण हो जो कि इंसान के श्रम के लिए सहायक हों न कि उसको स्थानापन्न कर दे। उनका यह कहना है और मैं इससे सहमत हूँ कि हम व्यवसाय नेतृत्वकर्ताओं को श्रम बचाने और स्वचालित ढंग से कार्य को संचालित करने की मानसिकता से निकलने की ज़रूरत है और उसके स्थान पर निर्माता और रचयिता की मानसिकता को अपनाने की ज़रूरत है।

ए.आई. का क्षेत्र और समाज के ऊपर इसका प्रभाव अभी दिखना शुरू ही हुआ है। आने वाले दौर को सच्चे अर्थ में समझने के लिए गहराई से और अलग-अलग पहलुओं से इसका विश्लेषण करने की ज़रूरत होगी। माइक्रोसॉफ़्ट शोध में मेरे सहकर्मी एरिक हॉर्वित्ज़ ए.आई. के क्षेत्र में बहुत बड़ा नाम हैं, वे यह सवाल कई साल से पूछते रहे हैं। एरिक और उनके परिवार ने स्टेनफोर्ड यूनिवर्सिटी में "सौ साल के अध्ययन"—आने वाली शताब्दी के लिए नियमित अन्तराल के अध्ययन—के लिए निजी तौर पर धन मुहैया करवाया। यह अध्ययन सामाजिक-आर्थिक, कानूनी और नैतिक मसलों—जो हो सकता है कि सक्षम ए.आई. कम्प्यूटेशन के आगमन, मशीन इंटेलिजेंस को ले कर नज़रिये के बदलने तथा मानव-कम्प्यूटर के रिश्तों में होने वाले सम्भावित बदलावों के बाद उभर कर आयें—को ले कर कम अवधि और दीर्घ अवधि के प्रभावों के बारे में रपट देगा|

अपनी पहली रपट, *2030 में ए.आई. और जीवन* पर अध्ययन करने वाले दल ने इस बात के ऊपर ध्यान दिया कि दुनिया भर में ए.आई. और रोबोटिक्स का प्रयोग उद्योग के उन क्षेत्रों में किया जायेगा जिन क्षेत्रों में नौजवान कामगार मुश्किल से मिलते हैं, जैसे खेती, खाद्य प्रसंस्करण, भर्ती केन्द्र और कारखाने"। इस रपट में यह पाया गया कि इस बात के लिए चिन्ता करने की कोई ज़रूरत नहीं है कि ए.आई. से इंसानों को किसी तरह का ख़तरा होने वाला है। "कोई भी मशीन दीर्घ अवधि के लक्ष्यों को पूरा

करने को ध्यान में रखते हुए नहीं विकसित की गयी, न ही भविष्य में उनके विकसित किये जाने की सम्भावना है।"

आगे क्या होने की सम्भावना है इसका कोई स्पष्ट नक्शा हमारे सामने नहीं है, लेकिन पहले जो औद्योगिक क्रान्तियाँ हुई हैं उनमें हमने समाज का परिवर्तन देखा है, जो हमेशा सहजता से नहीं हुआ है, बल्कि कई चरणों में हुआ है। पहले, हम रूपान्तरण की तकनीक का आविष्कार करते हैं और फिर उनको बनाते हैं, जहाँ हम आज हैं। दूसरे हम भविष्य के लिए पुनःसंयोजन करते हैं। हम इस चरण में भी जल्दी ही आयेंगे। उदाहरण के लिए, ड्रोन पायलट को प्रशिक्षण की ज़रूरत पड़ेगी; परम्परागत कारों को स्वचालित गाड़ी में बदलने के लिए उसको फिर से बनाना होगा। तीसरे, हमें विरूपण, विस्वरता और विस्थापन से निकलना है। यह चरण चुनौतीपूर्ण नये सवाल उठायेगा। रेडियोलॉजिस्ट की नौकरी का क्या होगा जब मशीन एक्स-रे अच्छी तरह से पढ़ सकती हो? जब कम्प्यूटर लाखों काग़ज़ातों में से कानूनी नुक्ते को खोज निकालेगा, जो किसी भी इंसान से सम्भव नहीं है तो वकील का काम क्या रह जायेगा?

संक्रमण के ये सभी दौर मुश्किल सवाल खड़े करते हैं। लेकिन अगर हमने सही मूल्यों और निर्माण के सिद्धान्तों को शामिल किया हो और अगर हमें अपने आपको उन कौशलों के लिए तैयार किया हो, इंसान के रूप में जिनकी हमें ज़रूरत होगी, तो हम अपनी दुनिया को रूपान्तरित भी कर लें, तब भी इंसान और समाज समृद्ध रह सकते हैं।

संज्ञानात्मक वैज्ञानिक और दार्शनिक कॉलिन एलेन ने *न्यूयॉर्क टाइम्स* में लिखते हुए निष्कर्ष रूप में कहा था, "इंसानों के पर्यवेक्षण से बढ़ती स्वायत्तता के साथ हम जिस तरह से मशीनों को परिकल्पित कर सकते हैं, उसी तरह से हम ऐसी मशीनों की परिकल्पना कर सकते हैं जिसके नियन्त्रण के लिए ऐसी बातों के लिए अधिक संवेदना हो जो नैतिक रूप से मायने रखती हों। निश्चित रूप से हर लिहाज से पक्की मशीन नहीं बल्कि बेहतर मशीन।"

ए.आई., रोबोटिक्स और यहाँ तक कि क्वाण्टम कम्प्यूटिंग इसके सबसे नये उदाहरण होंगे कि मशीन किस तरह से इंसानों के साथ मिल

कर कुछ बड़ा हासिल करने की दिशा में काम कर सकती हैं। इतिहासकार डेविड मैककुलो ने विल्बर राइट की कहानी सुनाई थी, जो साइकिल का मैकेनिक था और जिसने पिछली शताब्दी में हवाई जहाज का आविष्कार किया था। मैककुलो ने बताया है कि विल्बर ने हर उस चीज़ का इस्तेमाल किया जिसको वे इंसान के तौर पर समझ सकते थे—अपने दिमाग़, शरीर और आत्मा का—ताकि अपनी सरकने वाली मशीन को हवा में उड़ा सकें। धुँधली-सी पुरानी फ़िल्म, जिसे दूरी से फ़िल्माया गया था, उसके साहस और संकल्प को दर्ज नहीं कर पायी। लेकिन अगर हम ज़ूम-इन करके देखें तो दिखायी देता है कि उसकी मांसपेशियों में तनाव है, उसका दिमाग़ एकाग्र है, जब मशीन और इंसान एक साथ हवा में पहली बार उड़ रहे हैं तो आविष्कार की भावना भी साथ में उड़ रही है। जब किट्टी हॉक में इतिहास रचा गया तो इंसान मशीन के साथ था—इंसान मशीन के ख़िलाफ़ नहीं था। आज हम हवाई जहाज को 'कृत्रिम उड़ान' के रूप में नहीं देखते हैं। यह बस उड़ान है। इसी तरह से हमको तकनीकी बुद्धि को कृत्रिम के रूप में नहीं देखना चाहिए, बल्कि ऐसी बुद्धि के रूप में देखना चाहिए जो इंसान की क्षमताओं और साधनों को बढ़ाने में मदद करने वाला हो।

अध्याय 9

सभी के लिए आर्थिक विकास की पुनर्स्थापना

वैश्विक समाज में कम्पनियों की भूमिका

मिशेल ओबामा चेम्बर ऑफ़ हाउस ऑफ़ रिप्रेजेंटेटिव की गैलरी में मेरे सामने बैठी हुई थीं और ध्यान से अपने पति के अन्तिम स्टेट ऑफ़ यूनियन भाषण को सुन रही थीं, जो वे कांग्रेस के संयुक्त सत्र से पहले दे रहे थे। वह बहुत मार्मिक रात थी। उस ठण्डी शाम कैपिटल हिल पर राजनीतिक भेद बहुत गहराया हुआ था, जिसके ऊपर राष्ट्रपति के पद की दौड़ की कड़वाहट छायी हुई थी। अमेरिका में आये मुझे 28 साल हो गये थे और अब माइक्रोसॉफ़्ट के सी.ई.ओ. के रूप में मैं अमेरिका की फ़र्स्ट लेडी का अतिथि था और दुनिया भर में लाखों के साथ देख रहा था जब राष्ट्रपति ओबामा गम्भीरता से उन कुछ सवालों के बारे में बता रहे थे जिनका उनके उत्तराधिकारियों को सामना करना था, चाहे वह कोई भी हो।

राष्ट्रपति का एक सवाल मानो सीधे तौर पर मुझे सम्बोधित था : "हम ऐसी तकनीक को किस तरह से अपने हित में काम में लायें न कि अपने ख़िलाफ़—ख़ास कर पर्यावरण में बदलाव की हाल की चुनौती को सुलझाने के सन्दर्भ में?"

मैं समझा—या क्या मैंने कल्पना की थी?—कई आँखें मेरी तरफ़ प्रतिक्रिया के लिए घूम गयीं।

राष्ट्रपति ने कहना जारी रखा। "जिस कारण से बहुत सारे अमेरिकी चिन्तित हैं वह यह है कि अर्थव्यवस्था में बहुत तेज़ी से बदलाव हो रहा है, बड़ी मन्दी से बहुत पहले बदलाव शुरू हो चुका था जिसने हमें प्रभावित किया और खड़ा नहीं होने दिया। आज, तकनीक केवल कारखानों के काम का ही स्थान नहीं ले रही, बल्कि हर उस काम का स्थान ले रही है जिसको स्वचालित किया जा सकता है। वैश्विक अर्थव्यवस्था में कम्पनी किसी भी जगह पर अवस्थित हो सकती है और ज़बरदस्त प्रतिस्पर्धा का सामना कर सकती है।"

मैं अपनी कुर्सी में थोड़ा-सा कसमसा उठा। कुछ शब्दों में, राष्ट्रपति ने कुछ वैसी चिन्ताओं को उठाया था जो तकनीक के बारे में हम सब महसूस करते हैं और नौकरियों के ऊपर उसके प्रभाव को महसूस करते हैं—वही चिन्ता जो बाद में राष्ट्रपति डोनाल्ड ट्रम्प के चुनाव में उभर कर आने वाली थी। वास्तव में, चुनाव के तत्काल बाद मैं तकनीकी क्षेत्र के अपने साथियों के साथ निर्वाचित राष्ट्रपति डोनाल्ड ट्रम्प के साथ गोलमेज़ चर्चा में शामिल हुआ, जो अपने पूर्ववर्ती राष्ट्रपति की तरह ही इस बात को जानना चाहते थे कि नये-नये आविष्कार करते हुए भी नयी-नयी नौकरियाँ किस तरह से पैदा की जायें।

अन्ततः हमें तकनीक के क्षेत्र में नयी-नयी खोज इसलिए चाहिए ताकि हम विकास को उससे भी आगे ले जायें जो दिखायी दे रहा है और मेरा यह मानना है कि मिक्स्ड रियलिटी, ए.आई. और क्वाण्टम इस तरह के आविष्कार हैं जो विकास की गति को तेज़ करेंगे।

एक अर्थशास्त्री के पुत्र और एक व्यावसायिक नेतृत्वकर्ता होने के कारण मैं एक तरह से इन समस्याओं को ले कर दुविधाग्रस्त हूँ। क्या हम आर्थिक रूप से विकास कर रहे हैं? नहीं। क्या समानता बढ़ रही है? नहीं। क्या हमें इस लक्ष्य को पाने के लिए नयी तकनीक चाहिए? हाँ। क्या नयी तकनीक के आने से नौकरियों में कमी आयेगी? हाँ। फिर हम किस तरह समावेशी

विकास के रूप में समाधान प्रस्तुत कर सकते हैं? इस अन्तिम सवाल का जवाब तलाश करना शायद आज के समय की सबसे बड़ी आवश्यकता है।

हाल के दशकों में, दुनिया में सैकड़ों अरब डॉलर तकनीकी आधार संरचना के ऊपर निवेश किये गये हैं—पी.सी., सेलफ़ोन, टैबलेट, प्रिंटर, रोबोट, तरह-तरह के स्मार्ट उपकरण और इन सबको जोड़ने के लिए विशाल नेटवर्किंग का जाल। सबका लक्ष्य रहा है उत्पादकता और कार्यकुशलता को बढ़ावा देना। फिर भी, हमें इसके बाद ठीक-ठीक क्या हासिल हुआ है? नोबेल पुरस्कार विजेता अर्थशास्त्री रोबर्ट सोलो ने एक बार यह सवाल उठाया था, "आप हर जगह कम्प्यूटर युग को देख सकते हैं लेकिन उत्पादकता के डाटा में"। हालाँकि, 1990 के दशक के मध्य से 2004 के बीच पी.सी. क्रान्ति ने उत्पादकता के ठहरे हुए विकास को गति दी। लेकिन इस छोटी-सी खिड़की के अलावा—दुनिया भर में प्रति व्यक्ति जी.डी.पी. का विकास—जो आर्थिक उत्पादकता को मापने का पैमाना होता है—निराशाजनक रहा है। प्रति वर्ष एक प्रतिशत से कुछ अधिक।

ज़ाहिर है, जी.डी.पी. में वृद्धि इंसानियत की भलाई में वास्तविक वृद्धि को मापने का अपरिष्कृत पैमाना है। दावोस में मेरे साथ एक समूहिक चर्चा में एम.आई.टी. मैनेजमेंट स्कूल के प्रोफ़ेसर एन्ड्र्यु मैकफ़ी ने इस बात की तरफ़ ध्यान दिलाया था कि उत्पादकता का डाटा उन बहुत सारे रूपों को मापने में असफल हो जाता है जिन रूपों में तकनीक ने मानव जीवन को उन्नत बनाया है, स्वास्थ्य सेवाओं में सुधार से ले कर विकीपीडिया जैसे टूल्स ने सूचनाओं को लाखों लोगों के लिए हर समय हर कहीं उपलब्ध करवाया है। इसे दूसरे ढंग से सोचें। आप क्या चाहेंगे—आज आपके पास एक लाख डॉलर हों या आप 1920 में करोड़पति रहे हों? बहुत लोग यह चाहेंगे कि पिछली शताब्दी में करोड़पति बनें, लेकिन तब आपके पैसे आपके लिए जीवन रक्षक पेंसिलिन नहीं खरीद सकते थे, देश के दूसरे हिस्से में अपने परिवार को फ़ोन नहीं कर सकते थे, या नये-नये आविष्कारों के बहुत सारे लाभ जिनको आज हम ख़ास तरजीह नहीं देते आपको नहीं मिल सकते थे।

और इसलिए जी.डी.पी. नामक इस मापक से आगे हमारे ऊपर एक तरह से यह नैतिक ज़िम्मेदारी है कि हम लगातार नयी-नयी खोज करते रहें,

बड़ी समस्याओं को सुलझाने के लिए तकनीक का निर्माण करते रहें—हम दुनिया में भलाई की एक ताकत भी बने रहें और आर्थिक विकास के एक माध्यम भी बने रहें। समाज की बड़ी चुनौतियों जैसे पर्यावरण, कैंसर से निपटने के लिए, काम में मशीन के उपयोग में आने के कारण बेरोज़गार हुए लोगों के लिए उपयोगी, उत्पादक और सार्थक काम दिलवाने में हम किस तरह से तकनीक का उपयोग करें?

वाशिंगटन डीसी में स्टेट ऑफ़ यूनियन के सप्ताह भर पहले मध्य पूर्व में दुबई, काहिरा और इस्ताम्बुल के उपभोक्ताओं और सहभागियों के साथ बैठक में राज्य के प्रमुखों ने उसी तरह से सवाल किये, टिप्पणियाँ कीं जिस तरह से राष्ट्रपति ने मुझसे किये थे। नेतागण यह पूछ रहे थे कि क्या नयी तरह की तकनीकों के उपयोग द्वारा नौकरियों की संख्या में वृद्धि की जा सकती है और आर्थिक अवसर बढ़ाये जा सकते हैं। जब भी मैं कहीं जाता हूँ तो नगर, राज्य और राष्ट्रीय स्तर के नेता मुझसे अक्सर यह सवाल पूछते हैं।

मेरे जवाब का एक हिस्सा यह होता है कि मैं नीति निर्माताओं से यह कहूँ कि वे आर्थिक विकास में तकनीक की भूमिका को ले कर अपनी सोच का विस्तार करें। अक्सर सिलिकन वैली की कम्पनियों को इस उम्मीद में आकर्षित करने की कोशिश की जाती है वे स्थानीय रूप से अपने दफ़्तर खोल लें। वे यह चाहते हैं कि सिलिकन वैली की कम्पनियाँ उनके यहाँ आ जायें। इसके बजाय उनको इस योजना के ऊपर काम करना चाहिए कि बेहतरीन तकनीक स्थानीय उद्यमियों को उपलब्ध हों जिससे वे वहाँ संगठित रूप से अधिक नौकरियाँ विकसित कर सकें—केवल उच्च तकनीक वाले उद्योग ही नहीं बल्कि हर तरह के आर्थिक क्षेत्र में। उनके लिए यह ज़रूरी है कि वे ऐसी आर्थिक रणनीतियों का विकास करें जिससे उनके क्षेत्र के लिए जिस उद्योग को स्वाभाविक रूप से विकसित किया जा सकता हो और उनको पूरी तरह से अत्याधुनिक तकनीकी सहयोग दिया जाये। लेकिन अक्सर एक बड़ी समस्या खड़ी हो जाती है—वे नयी तकनीक में निवेश को ले कर अनिश्चित रहते हैं, जैसे क्लाउड। व्यवसायियों में सबसे बड़ा अन्तर

यह होता है कि वे नयी तकनीक को अपनाते हैं या उससे डरते हैं। यह एक ऐसा अन्तर है जो देश की अर्थव्यवस्था के क्षेत्र को निर्धारित कर सकता है।

इतिहास की तरफ़ एक नज़र फेरते हैं। 19वीं शताब्दी के औद्योगिक क्रान्ति के दौरान उसको सम्भव बनाने वाली अधिकतर प्रमुख तकनीकों का विकास मूल रूप से इंग्लैण्ड में हुआ था। स्वाभाविक रूप से, इसकी वजह से आर्थिक रूप से प्रमुख ताकत बनने में ब्रिटेन को इसका बहुत लाभ हुआ। लेकिन दूसरे देशों का भाग्य बहुत कुछ इस बात के ऊपर निर्भर करता था कि ब्रिटेन द्वारा की गयी इन तकनीकी खोजों को ले कर उनका रवैया क्या रहने वाला था। ब्रिटेन के प्रमुख तकनीकी आविष्कारों का उपयोग करते हुए बेल्जियम ने नाटकीय ढंग से अपने औद्योगिक उत्पादन में इस हद तक वृद्धि कर ली कि वह ब्रिटेन के लगभग मुकाबले में आ गया, उसने रेल जैसे सहयोगी आधारभूत संसाधन के विकास में निवेश किया और व्यवसाय के अनुकूल माहौल बनाया। इन नीतियों के परिणामस्वरूप बेल्जियम कोयला तथा धातु से जुड़े काम और कपड़ा उद्योग में अग्रणी हो गया। लेकिन इसके विपरीत, स्पेन में औद्योगिक उत्पादन शेष यूरोपीय देशों के मुकाबले बहुत घट गया क्योंकि स्पेन ने बाहर की तकनीकी खोजों को धीरे-धीरे अपनाया और उसकी नीतियाँ सुरक्षात्मक बनी रही जिसके कारण विश्व स्तर पर स्पेन की प्रतिस्पर्धा क्षमता में कमी आयी।

हाल के इतिहास में भी हम इसी सिद्धान्त को काम में आते देखते हैं। अफ़्रीकी देश मलावी दुनिया के सबसे गरीब देशों में रहा है। लेकिन पिछले दशक के दौरान, मलावी ने बहुत तेज़ी से मोबाइल फ़ोन को अपनाया जिससे उसके विकास पर शक्तिशाली रूप से सकारात्मक प्रभाव पड़ा। कम संख्या में लैंडलाइन टेलीफ़ोन के कारण वहाँ का आर्थिक विकास बाधित था, 2006 में उसने सीधे मोबाइल सेवा में छलाँग लगायी, इसके लिए उसने आई.सी. टी. पर ध्यान दिया और विकास की नीति तैयार की जिसने मोबाइल की संरचना में निवेश को बढ़ावा दिया और इसको अपनाने की दिशा की बाधाओं को दूर किया—मसलन, मोबाइल फ़ोन पर लगने वाले आयात कर को हटा दिया। जिसके कारण, मोबाइल फ़ोन की पहुँच में नाटकीय तरीके से वृद्धि हुई, जिसके कारण मोबाइल से भुगतान के स्थानीय व्यवसाय में वृद्धि हुई।

देश में 80 प्रतिशत लोगों के बैंक खाते नहीं थे, जिसके कारण इस तरह के भुगतान की व्यवस्था बहुत महत्त्वपूर्ण हो गयी। आज मलावी में मोबाइल से भुगतान की व्यवस्था कई विकसित देशों से भी अधिक है।

इसी तरह, रवाण्डा ने विज़न 2020 के प्रयास को आरम्भ किया और जिसके कारण देश की अर्थव्यवस्था और शिक्षा व्यवस्था में आमूल परिवर्तन आया और यह बदलाव मोबाइल फ़ोन और क्लाउड से अधिक से अधिक लोगों को जोड़ने को बढ़ावा देने के कारण आया। टेक्स्टइट जैसी नयी कम्पनी, जिसने दुनिया भर में कम्पनियों को अपने उपभोक्ताओं से क्लाउड आधारित एस.एम.एस. सेवा और वॉयस ऐप्प से जुड़ने में सक्षम बनाया, जिसके कारण इस संकटग्रस्त देश में विकास की नयी उम्मीद जगी।

तकनीक के विस्तार का सवाल और आर्थिक परिणामों के ऊपर इसके प्रभाव ने मुझे हमेशा आकर्षित किया है। हम सभी के लिए तकनीक को किस तरह से उपलब्ध करवा सकते हैं—और फिर हम यह किस तरह से सुनिश्चित कर सकते हैं कि यह सभी के लाभ के लिए कारगर हो?

इसके जवाब की तलाश में मैंने डार्टमाउथ अर्थशास्त्री डिएगो कोमिन को रेडमण्ड, वाशिंगटन में एक दोपहर अपने साथ बिताने के लिए बुलाया। प्रोफ़ेसर कोमिन मितभाषी हैं और बहुत नाप तौल कर बोलते हैं तथा अपने विस्तृत ज्ञान के आधार पर पूरे विश्वास के साथ बोलते हैं। उन्होंने बड़ी मेहनत से दुनिया भर के देशों में पिछली दो शताब्दियों के दौरान तकनीक के प्रसार के ऊपर काम किया है। कोमिन और अर्थशास्त्री बार्ट होब्जिन ने दुनिया भर में तकनीक को अपनाये जाने के इतिहास का डाटा तैयार किया, जिसमें उस समय सीमा का परीक्षण किया गया है जिसके तहत 161 देशों ने भाप शक्ति से ले कर पी.सी. तक जैसी तकनीकों को अपनाया। उन्होंने यह पाया कि औसतन देशों द्वारा किसी तकनीक को उसके आविष्कार के 45 साल बाद अपनाया गया, हालाँकि हाल के वर्षों में समय की यह सीमा कम हुई है।

इस विश्लेषण के आधार पर कोमिन यह मानते हैं कि अमीर और गरीब देशों के बीच के अन्तर को मोटे तौर पर इस आधार पर समझा जा सकता है कि उन्होंने औद्योगिक तकनीक को किस तेज़ी से अपनाया। लेकिन

उनका यह भी कहना है कि यह बात भी उसी तरह से मायने रखती है कि उन्होंने किस गहनता के साथ उन तकनीकों के साथ काम किया। यहाँ तक कि जिन देशों ने इन तकनीकों को अपनाने में सुस्ती दिखाई अन्ततः वे भी बाद में आगे निकल गये, बात यह है कि किस गहनता से उन्होंने तकनीक का इस्तेमाल किया—न कि केवल यह कि उनकी उस तकनीक तक पहुँच कितनी जल्दी हुई—जिसके कारण आर्थिक अवसरों का निर्माण होता है। क्या वह तकनीक वहाँ ऐसे ही पड़ी रही या उसको अपना कर काम करने वाले प्रशिक्षित लोग सामने आये जो उसकी उत्पादकता का अधिकतम हासिल कर सके? यह गहनता है। प्रोफ़ेसर कोमिन ने मुझसे कहा "सवाल यह नहीं है कि इन तकनीकों का आगमन कब हुआ बल्कि इनका उपयोग कितने गहन रूप में हुआ"।

विश्व बैंक के डेविड मैकेंज़ी इस बात को दूसरी तरह से कहते हैं। उनको ऐसा लगता है कि "गहन प्रशिक्षण कार्यक्रमों की आवश्यकता है जिसका व्यवसाय के तरीकों के ऊपर दूरगामी प्रभाव पड़े।" ऐसी छोटी कम्पनियाँ जिनमें दस से भी कम काम करने वाले लोग हों विकासशील देशों में बड़ी कम्पनियों को पछाड़ देती हैं और उनके आगे बढ़ने और विकसित होने की सम्भावना तब और बढ़ सकती है जब उनको यह पता चल जाये कि हिसाब-किताब किस तरह से रखा जाये, किस तरह से योजना बनायी जाये, जिसके कारण कोई ऐसी ख़राबी उनके उत्पादों में न आ पाये जो सामान के लिए सही पुर्जे नहीं लगाने के कारण आ जाती है। यह भी गहन रूप से काम करने वाली बात है।

मध्य पूर्व की अपनी यात्रा के दौरान मैं मिस्र की राजधानी काहिरा के नासिर डिस्ट्रिक्ट सेंटर भी गया। वहाँ मैंने एक कमरे में बहुत होशियार और सम्भावना से भरपूर लड़कियाँ देखीं जिन्होंने देश के आला कॉलेजों और विश्वविद्यालयों से पढ़ाई की थी। वे सब उस प्रशिक्षण केन्द्र में मुझसे मिलने आयी थीं जिनको संयुक्त राष्ट्र और स्त्री व्यवसाय विकास केन्द्र के साथ हमारी कम्पनी भी सहयोग दे रही थी। एयरपोर्ट के पास अन्तर्राष्ट्रीय कम्पनियों के दफ़्तर के पास वह केन्द्र हमारे यूथस्पार्क इनिशिएटिव का

हिस्सा था, जिसने 300 मिलियन युवा लोगों को कम्प्यूटर विज्ञान और उद्यमशीलता का गहन प्रशिक्षण दिया है।

उन नवयुवतियों ने मुझे कुछ ऐसी परियोजनाओं के बारे में बताया जिनके ऊपर वे काम कर रही थीं। एक टीम ने यह फ़ैसला किया कि युद्धग्रस्त देश सीरिया के 1,15,000 शरणार्थियों की मदद की जाये, जो 2013 से ही मिस्र में आ रहे थे। उन्होंने उनकी मदद के लिए एक ऐप्प बनाया जो मिस्र में उनके आगमन के बाद उनकी मदद के लिए था। लेकिन एक और समूह की एक परियोजना थी जिसने मुझे बेहद प्रभावित किया। एक समूह ने एक ऐसा अनुभव तैयार किया था जो डिजिटल रूप से दवा विक्रेताओं और मरीज़ों के बीच के रिश्ते को बदल कर रख देने वाला था और उनको आसान, तेज़ और कम खर्चीला बना दिया था, यह आपकी ज़रूरत के हिसाब से दवाओं के लिए आपके आसपास की दवा की दुकान को खोज देता था। उस दिन पहले मैं मिस्र के एक उद्यमी से मिला था जिसने इसी तरह का एक ऐप्प बनाया था जो आपके आसपास के सही डॉक्टर को खोजने को ले कर था। दोनों को मिला कर देखने से मुझे बहुत कुछ ज़ॉकडॉक जैसा लगा, जो न्यूयॉर्क नगर की एक कम्पनी है जो इसी तरह की स्वास्थ्य सेवा देती है। ज़ॉकडॉक अमेरिका की एक मशहूर कम्पनी बन गयी—जो पब्लिक कम्पनी नहीं थी और जिसका मूल्य एक अरब डॉलर से भी अधिक हो गया। मैं अपनी आँखों के सामने यह देख रहा था कि तकनीक का प्रसार किस तरह से होता है। मिस्र के व्यवसायी अपनी बड़ी कम्पनियाँ खड़ी कर रहे थे, भले ही वे उस अमेरिकी कम्पनी जैसी ऊँचाई पर न पहुँच पायें। वे इस तरह का आविष्कार कर पाये इसका एकमात्र कारण यह था: क्लाउड तकनीक। क्योंकि इसके लिए उनको बहुत अधिक पूँजी लगाने की कोई ज़रूरत नहीं पड़ी।

दुर्भाग्य से, दुनिया के बहुत सारे कम विकसित क्षेत्रों में सरकार और निजी कम्पनियों का ध्यान बजाय स्थानीय रूप से तकनीकी उद्यमियों को विकसित करने के सिलिकन वैली की कम्पनियों को आकर्षित करने की तरफ़ है। विकासशील देशों के सफल व्यवसायी अक्सर मुझसे कहते रहे हैं कि वे अपने देश के राष्ट्रपति या प्रधानमंत्री से मिल भी नहीं सकते।

जबकि उन्हीं देशों के राष्ट्राध्यक्ष पश्चिमी देशों की कम्पनियों के सी.ई.ओ. से नियमित रूप से मिलते रहते हैं, जैसे मुझसे, वे बहुत कम अवधि के बारे में सोचते हैं, प्रत्यक्ष विदेशी निवेश के बारे में।

यह नीतिगत संकीर्णता है और यह ऐसे व्यवसायी नेतृत्वकर्ताओं के लिए बहुत निराशाजनक होता है जो अपने स्थानीय या राष्ट्रीय अर्थव्यवस्थाओं के लिए दीर्घ अवधि के लिए सम्भावनाओं को विकसित करने की कोशिश में लगे होते हैं। और फिर भी मैं हर कहीं यह मानसिकता देखता हूँ—मध्य पूर्व में, पूर्व अफ़्रीका, अफ़्रीका, लैटिन अमेरिका और यहाँ तक कि अमेरिका जैसे जी20 के सदस्य देशों के संघर्षरत समुदायों में भी। सरकारों द्वारा तकनीक के तेज़ और गहन प्रयोग को बढ़ावा देने में असफल हो जाने के कारण दुनिया में अमीर और गरीब की खाई अबाध रूप से बढ़ती जा रही है।

हमारी दुनिया कितनी समतापूर्ण या अन्यायपूर्ण है इसको मापने के लिए एक इटैलियन अर्थशास्त्री कोर्शदो जिनी के लेखन की तरफ़ मुड़ते हैं, जिन्होंने 1912 में इसे मापने के लिए एक सूत्र प्रकाशित किया था जिसको जिनी सूत्र कहा जाता है, जिसमें समाज में आय के अन्तर को और समाज के उचित रूप में आय के समान वितरण के अन्तर को निकाला जाता है। यह सच में बहुत अच्छा है। अगर किसी समुदाय के शत प्रतिशत लोग रोजाना 1 डॉलर कमायें तो यह पूर्ण समानता हुई। अगर शत प्रतिशत लोगों ने एक मिलियन डॉलर कमाया तो भी पूर्ण समानता हुई। लेकिन जब केवल एक प्रतिशत लोग एक मिलियन डॉलर कमायें और शेष आबादी कुछ न कमाए तो यह पूर्ण समानता नहीं हुई। जिनी के इस सूत्र ने इसको मापने का एक ज़रिया दिया कि किसी समाज में आर्थिक वितरण कितना समान या असमान है इसकी गणना की जाये।

जिनी के सूत्र द्वारा किसी ख़ास आबादी को सामान्य तौर पर दशमलव में व्यक्त किया जाता है। पूरी तरह से पक्की समानता को शून्य के रूप में दर्शाया जाता है, जबकि पूरी तरह से असमानता को एक की संख्या के रूप में दिखाया जाता है। वास्तविक दुनिया में किसी दिये गये क्षेत्र या देश के लिए जिनी सूत्र इन दो आत्यन्तिक सीमाओं के बीच होता है। जर्मनी जैसे विकसित यूरोपीय देश के लिए जिनी सूत्र दशकों से .3 के आसपास बना

हुआ है, जबकि अमेरिका में यह सालों से बढ़ रहा है और अब यह मेक्सिको या चीन के बराबर .4 के ऊपर हो गया है।

ज़ाहिर है, अधिकतर अर्थशास्त्री इस बात को मानते हैं कि बिलकुल सही आर्थिक समानता न तो सम्भव है न ही कोई चाहता है। पूँजीवादी अर्थव्यवस्थाओं में नये-नये आविष्कारों, जोखिम उठाने और मेहनत को बढ़ावा दिया जाता है—ये ऐसे गुण हैं जो मूल्य पैदा करते हैं, धन लाते हैं और आमतौर पर इससे समाज के बहुत सारे लोगों को फ़ायदा पहुँचता है। जो लोग इस तरह के गुणों से सम्पन्न होते हैं और जब उनको प्रोत्साहित किया जाता है तो ज़ाहिर है असमान आर्थिक वितरण अवश्यम्भावी हो जाता है।

एडवर्ड कोनराड, जो बेन कैपिटल के संस्थापक सहभागी हैं, ने अपनी किताब द *अपसाइड ऑफ़ इनइक्वेलिटी* में इस तर्क को और आगे बढ़ाया है। कोनराड का यह निष्कर्ष है कि असमानता तेज़ी से विकास की तरफ़ ले जाती है और उससे सभी के लिए समृद्धि आती है। निवेशक उन अच्छे विचारों का इन्तज़ार करते हैं जो बेहतर प्रशिक्षित लोगों की मांग की आवश्यकता को पैदा करें, जो उनके सफल व्यवसायीकरण के लिए ज़रूरी हों। उनके अनुसार विकास की दो बाधाएँ हैं : पहली, अर्थव्यवस्था की क्षमता तथा जोखिम उठाने की इच्छा और दूसरी, अच्छी तरह से प्रशिक्षित और उस दिशा में काम करने के लिए तैयार लोगों का मिलना।

लेकिन बहुत अधिक असमानता का प्रभाव उल्टा पड़ता है क्योंकि उसके कारण बहुत सारे लोगों को कम प्रोत्साहन मिल पाता है। ऐसे में क्या होता है जब लोग काम अधिक करते हैं और उनकी कमाई कम होती है? यह हतोत्साहित करने वाला है, जिसके कारण बहुत सारे लोग अपने प्रयासों को छोड़ देते हैं, कुछ नया शुरू करने या अपने व्यापार के विस्तार के सपनों को छोड़ देते हैं, शायद काम करना ही छोड़ देते हैं। यह सम्पूर्ण आर्थिक गतिविधि को भी प्रभावित करता है। खदान जैसे व्यवसाय के लिए इसका मतलब है दुनिया भर में उपभोक्ताओं के पास नयी उभरती हुई तकनीकों के ऊपर खर्च करने के लिए क्षमता कम होते जाना जो उनको और अधिक उत्पादक बना दे। आज यही हो रहा है। जिनी ने जो एकदम सही होने का 45 डिग्री का एंगल बनाया था जो बढ़ती असमानता का प्रतिनिधित्व

करता है। मैं बाद की उस कठिनाई से बचना चाहता हूँ जिसको मार्क्स ने लेट कैपिटलिज़्म कहा था—आर्थिक विकास का एक ऐसा सैद्धान्तिक दौर जब विकास रुक जायेगा और मुनाफ़ा घट जायेगा—और अर्थव्यवस्था के आरम्भिक दौर जैसा हो जायेगा। लेकिन कैसे? यही वह सवाल है जिससे दुनिया के अधिकतर देशों के राष्ट्राध्यक्ष भी उलझे हुए हैं।

कम्प्यूटर विज्ञान और इंजीनियरिंग ग्लोबल मैक्सिम को पाना चाहते हैं—यह गणित का पद है जिसका मतलब होता है अधिकतम स्तर—कार्यकरण का उच्चतम स्तर। जहाँ तक तकनीक की बात है मैं यह कहना चाहता हूँ कि दुनिया भर के लिए यह अधिकता हो—हर देश, गाँव और समुदाय—जिसके द्वारा विश्वस्तरीय आधुनिक तकनीकों का आयात किया जाये जिससे उस देश और क्षेत्र में नयी-नयी खोज को बढ़ावा मिले और वहाँ के उद्यमियों का विकास हो—नयी खोजों के माध्यम से निर्यात में भी वृद्धि हो और स्थानीय उपभोग में वृद्धि हो तथा इसका विस्तार समाज के हर तबके तक हो। दूसरे शब्दों में, इस पर ध्यान दिया जाये कि उत्पादकता बेहतर हो और उसका उपयोग भी बड़े पैमाने पर हो जिससे अधिक से अधिक नागरिकों के लिए अतिरिक्त उत्पादन और मौके पैदा हों। जिसका मतलब है कि विकसित और विकासशील देशों के हर क्षेत्र में नयी तकनीक के उपयोग से प्रतिस्पर्धात्मक आर्थिक अवसर पैदा हों। व्यवसाय क्षेत्र के बड़े नेताओं और नीति निर्माताओं को यह पूछना चाहिए : हमारे पास क्या है जो दूसरों के पास नहीं है? और हम किस तरह से इस विशिष्ट लाभ का उपयोग करके सभी लोगों के लिए विकास और समृद्धि ला सकते हैं?

चीन ने एक सकारात्मक औद्योगिक नीति तैयार की जो विनिर्माण और उपभोक्ता इण्टरनेट सेवा तक में उनके व्यवसायियों और अर्थव्यवस्था के हित में काम करती है। चीन ने बहुत रणनीतिक रूप से वैश्विक आपूर्ति तन्त्र का प्रयोग अपने घरेलू बाज़ार के लिए किया और अपने आपको तुलनात्मक रूप से बेहतर स्थिति में ले आते हुए अपने आर्थिक विकास का विस्तार किया। औद्योगिक नीति, सार्वजनिक क्षेत्र के निवेश और उद्यमशीलता ऐसे पहलू हैं जिनकी नक़ल करके कुछ और देश भी चीन की सफलता को दोहरा सकते हैं। मैं भारत में इसकी शुरुआत देख रहा हूँ जो इण्डियास्टैक

के रूप में नयी डिजिटल पारिस्थितिकी के रूप दिखायी देती है। भारत एक ज़माने में आधारभूत संसाधन के मामले में कमज़ोर देश था लेकिन अब वह डिजिटल तकनीक के मामले में बहुत आगे है। इण्डियास्टैक सभी नागरिकों के लिए काग़ज़विहीन, नगद विहीन, उपस्थिति विहीन अर्थव्यवस्था उपलब्ध करवा रहा है।

एक बार बैंगलोर की यात्रा में नन्दन नीलेकानी से मेरी इण्डियास्टैक और इसके भविष्य के नक़्शे को ले कर बात हुई। नन्दन इन्फ़ोसिस कम्पनी के प्रमुख संस्थापकों में से हैं, जिसने भारत सरकार के साथ एक नयी शुरुआत की—*आधार*—जो पहचान की व्यवस्था है और जो इण्डियास्टैक के केन्द्र में है। आधार की संख्या अब एक अरब से अधिक हो चुकी है, जो अपने विकास में विण्डोज़, एन्ड्रॉयड या फ़ेसबुक के मुकाबले का प्लेटफ़ॉर्म हो गया है।

एनलाइटिक्स एक स्टार्टअप कम्पनी है जिसका अधिग्रहण प्रैक्टो ने किया है और यह भारत की प्रमुख ई-स्वास्थ्य कम्पनी है। मैं एनलाइटिक्स के संस्थापक से बेंगलुरू में उसी सफ़र के दौरान मिला था। उन्होंने माइक्रोसॉफ़्ट की नवीनतम क्लाउड तकनीक और ए.आई. प्लेटफ़ॉर्म का उपयोग करते हुए अत्याधुनिक स्वास्थ्य जाँच सेवा शुरू की थी, जो उदाहरण के लिए दिल की धड़कन के उतार-चढ़ाव को उसके होने से पहले ही भाँप सकती है क्योंकि क्लाउड के माध्यम से मरीज़ के निजी उपकरण से प्राप्त डाटा के कारण इसके पास उससे जुड़ी बहुत सारी जानकारी आती रहती है। बदले में इस क्लाउड सेवा को भारत के छोटे शहरों और ग्रामीण इलाकों के अस्पतालों के लिए उपलब्ध करवाया जा सकता है। एनलाइटिक्स की यह भी योजना है कि इण्डियास्टैक की सुविधा का लाभ उठाते हुए उपयोगकर्ताओं को प्रमाणित करने, भुगतान प्राप्त करने, पोर्टल के चिकित्सा डाटा का निर्माण करने और इस तरह की बहुत सारी चीज़ों के लिए इसका उपयोग कर सकें। यह भारतीय आविष्कार अब अमेरिका, अफ़्रीका और अन्य जगहों पर भी जा रहे हैं।

यह गत्यात्मकता केवल चीन और भारत के लिए ही अलग-सी नहीं है। मैंने ऐसा चिली, इण्डोनेशिया, पोलैंड, फ़्रांस, जर्मनी और जापान में भी

देखा है। जब मैं अपनी मिस्र की पहले की गयी यात्रा के बारे में सोचता हूँ तो यह स्पष्ट है कि वे मानव पूँजी में निवेश कर रहे हैं। मिस्र में विज्ञान, गणित और तकनीक की प्राचीन धरोहर है और उसके विश्वविद्यालयों से ऐसे फ़िज़िशियन निकले हैं जो सारे अरब देशों में काम करते हैं। इसलिए मिस्र के लिए स्वास्थ्य सेवा ऐसा क्षेत्र है जिसमें वह तुलनात्मक रूप से बेहतर स्थिति में है। जिस युवा व्यवसायी से मैं मिला था, जिसने डॉक्टर और दवा खोजने के लिए ऐप्प बनाया था, उसके जैसे लोग ज़रूरी तालमेल का प्रयोग करते हुए एक शक्तिशाली तन्त्र के निर्माण में लगे हुए हैं जो आधुनिक तकनीक के जादू का हिस्सा है। अब उनको कम खर्चीली और शक्तिशाली क्लाउड सेवा चाहिए जो माइक्रोसॉफ़्ट या अन्य किसी बड़े क्लाउड सेवा प्रदाता से मिल सकती है। इस नीतिगत उचित ढाँचे के कारण उनके विचारों को पंख लग सकते हैं।

दुर्भाग्य से बहुत सारी सरकारें तब तक क्लाउड जैसी नयी तकनीकों को अपनाने में हिचकती हैं जब तक कि वह दुनिया के बाकी हिस्सों में शिखर तक न पहुँच जायें। कई मामलों में, वे तकनीक को ले कर ऐसी नीति अपनाने की कोशिश करती हैं जो खुद को ही हराने वाली होती हैं। उदाहरण के लिए, सरकार के नेता कई बार निजता, सुरक्षा, जटिलता, नियन्त्रण और लेटलतीफ़ी के कारण अपना क्लाउड बनाने की बात करते हैं बजाय पहले से मौजूद तकनीक को अपनाने के, कई देशों में मांग के कारण जो कम खर्चीला होता है।

इन मसलों की नयी जानकारी और ये इनके आर्थिक नतीजों की जानकारी के साथ मैं जब मध्य पूर्व के सफ़र से लौटा तो मैं एक नयी ऊर्जा और कर्त्तव्य की भावना से भरपूर था। हवाई जहाज से उतर कर मैं अपने दफ़्तर में गया और मैंने अपनी टीम को बुला कर यह कहा कि वे कुछ ऐसे सुझावों और नीतिगत ढाँचों के बारे में सोचें जो विकसित और विकासशील दोनों तरह के देशों को तकनीक को अपनाने और उनके उपयोग से जुड़ी बाधाओं को कम करने में मदद करें।

अब उस सवाल की तरफ़ लौटते हैं जो मैंने इस अध्याय के आरम्भ में ही उठाया था। क्या हम विकास कर रहे हैं, क्या हम समान रूप से विकास

कर रहे हैं और इसमें तकनीक की क्या भूमिका है? ज़ाहिर है कोई जादुई समीकरण नहीं होता है, लेकिन मैंने सभी प्रमाणों, अपने अनुभवों के आधार पर सोचा और इस साधारण समीकरण की तरफ़ लौटा :

$\sum$ (शिक्षा + नवोन्मेष) × तकनीक का गहन उपयोग = आर्थिक विकास।

शिक्षा के साथ नवोन्मेष को पूरी अर्थव्यवस्था में विस्तृत रूप से लागू किया जाये, ख़ास कर ऐसे देशों या क्षेत्रों में जो तुलनात्मक रूप से बेहतर स्थिति में हैं, साथ ही तकनीक का गहन रूप से प्रयोग किया जाये तो समय के साथ उत्पादकता और आर्थिक विकास में वृद्धि होती है।

डिजिटल दौर में सॉफ़्टवेयर सार्वभौम निवेश की तरह होते हैं जिनका प्रचुरता से उत्पादन किया जा सकता है तथा कृषि से ले कर स्वास्थ्य सेवा या विनिर्माण जैसे किसी भी उद्योग के निजी और सार्वजनिक क्षेत्रों में कहीं भी उपयोग में लाया जा सकता है। डेट्रॉइट, मिस्र या इण्डोनेशिया कोई भी स्थान हो सकता है—इस नये निवेश का उपयोग इस तरह से हो कि स्थानीय स्तर पर अतिरिक्त आर्थिक उत्पादन हो। नयी-नयी तकनीकों के साथ उनको उत्पादक ढंग से उपयोग करने के लिए प्रशिक्षित आबादी के साथ-साथ बड़े पैमाने पर उनका उपयोग करने से आर्थिक विकास और अवसरों में वृद्धि होती है। इसको सम्भव बनाने के लिए नेताओं के लिए यह ज़रूरी है कि वे अनेक तरीकों से उद्यमशीलता को प्राथमिकता दें।

सबसे पहला है इण्टरनेट और क्लाउड कम्प्यूटिंग सेवा की पहुँच सभी नागरिकों तक विस्तृत रूप से दी जाय। आज इसकी पहुँच बहुत भिन्न-भिन्न प्रकार की है। इण्टरनेट की पहुँच कोरिया, क़तर और सऊदी अरब जैसे देशों में लगभग सौ प्रतिशत है। लेकिन सहारा के दक्षिण में कई अफ्रीकी देशों में इसकी पहुँच दो प्रतिशत से भी कम है। जब तक कि हम सभी लोगों तक इसकी पहुँच को सुलभ बनाने के लिए विशेष कदम नहीं उठाते तब तक 2020 तक दुनिया के सबसे गरीब देशों में महज 16% और विश्व की आबादी का 53% इण्टरनेट के माध्यम से जुड़ा होगा। इस दर से 2042 तक कम आय वाले देशों में सभी लोगों तक इण्टरनेट की पहुँच के लक्ष्य

को नहीं पाया जा सकता। और इण्टरनेट की पहुँच नहीं होने से क्लाउड की सुविधा भी नहीं हो सकती।

इण्टरनेट की पहुँच के विस्तार के लिए देशों द्वारा ऐसी नीतियाँ बनायी जानी चाहिए जिससे उपयोग में नहीं आये स्पेक्ट्रम को साझा किया जा सकता है। विकसित देशों द्वारा इस माध्यम का सफलतापूर्वक उपयोग किया जा रहा है। इसके अलावा दूरसंचार, मोबाइल और ब्रॉडबैण्ड ढाँचा जैसे क्षेत्रों में प्रत्यक्ष निवेश सम्बन्धी बाधाओं को कम करना चाहिए। इसके साथ-साथ निवेश से जुड़ी अन्य नीतियों को भी बाधा-मुक्त किया जाना चाहिए जिससे कोई व्यवसायी इस क्षेत्र में आने की इच्छा दिखाये। ऐसी नीतियाँ बनायी जायें जो सार्वजनिक-निजी साझेदारियों को बढ़ावा दें तथा निवेश करने वाली संस्थाओं की ढाँचागत आवश्यकताओं की पहचान की जानी चाहिए जिससे विस्तृत होते इण्टरनेट के ढाँचे को पूँजी उपलब्ध करवाई जा सके।

प्रत्येक स्तर के नेताओं को—राष्ट्रीय से समुदाय स्तर तक—न केवल तेज़ी से बल्कि गहन रूप से ऐसी तकनीकों को अपनाना चाहिए जो उत्पादकता को बढ़ावा दें। जैसा कि प्रोफेसर कोमिन ने मुझसे कहा था आपको पहिये के पुन: आविष्कार की ज़रूरत नहीं है बल्कि आपको उन्हें जल्दी से अपना लेना चाहिए क्योंकि जो समाज नये-नये माध्यमों का उपयोग तेज़ी से करता है उसके अधिक उत्पादक होने की सम्भावना रहती है।

एक और क्षेत्र है जिसे उच्च प्राथमिकता दी जानी चाहिए वह है मानव संसाधन को बढ़ावा देना तथा अगली पीढी के लिए कौशल का विकास। ज्ञान का निर्माण करने से काम करने वालों को तकनीक की बढ़ती गति के साथ तालमेल बिठाने में सुविधा होती है। चूँकि डिजिटल रूपान्तरण की प्रक्रिया में ऐसे बहुत सारे काम जो पहले लोगों द्वारा किये जाते थे अब स्वचालित रूप से होने लगे इसलिए काम करने वालों में इस तरह के कौशल होने चाहिए जिससे वे नयी स्वचालित मशीनों के प्रबन्धक बन जायें। जिस तरह से बर्फ़ काटने वाली मशीन ने काम करने वालों को बुलडोज़र चलाने लायक बनाया उसी तरह समाज को आज ऐसे कौशल वाले लोगों की

ज़रूरत है जो स्वचालित रूप से चलने वाले असंख्य बुलडोज़र, स्वचालित कार और ड्रोन का प्रबन्धन कर सकें।

इस मामले में सरकार को इससे जुड़े सभी पहलुओं के प्रति संवेदना दिखानी चाहिए और इस दिशा में काम करना चाहिए कि वह अधिक ज्ञान आधारित अर्थव्यवस्था का निर्माण कर सकें। नयी तकनीकों हेतु राह बनाने के लिए समान्तर रूप से कौशल विकास में भी निवेश करने की ज़रूरत है—जिससे यह बात निश्चित हो जाये कि लोगों में लगातार बढ़ते जाते डिजिटल समाज में भाग लेने का कौशल बढ़ता जाये, वह समाज जो स्मार्ट उपकरणों तथा ऑनलाइन सेवाओं पर निर्भर है। स्कूलों में इसके लिए डिजिटल शिक्षा को बढ़ावा देने और इस बात को निश्चित करने की ज़रूरत है कि अध्यापकों और विद्यार्थियों की तकनीक और शिक्षा के साधनों तक पहुँच कम खर्च में हो जाये। काम करने के स्थान पर हमें जीवन पर्यन्त शिक्षा में निवेश करने की ज़रूरत है जिसमें ऐसे कार्यक्रमों और निवेश के ऊपर ध्यान हो जो क्लाउड से जुड़े कौशलों को बढ़ावा दें तथा डिजिटल रूप से काम करने वाले लोगों को तैयार करें। माइक्रोसॉफ़्ट जैसी कम्पनियाँ पहले से ही शिक्षा सम्बन्धी अपनी क्षमता को बढ़ा रही हैं और ऐसे प्रयास कर रही हैं जिससे इस तरह के कौशल विकास में तेज़ी आये। ख़ास कर छोटे और मध्यम दर्जे के व्यवसायों में।

नयी तकनीक के नये उपयोगों की खोज के लिए ज्ञान ज़रूरी है तथा ज्ञान का संचय प्रशिक्षण और अनुभव के माध्यम से किया जाता है। हर देश अलग है, लेकिन नयी तकनीकों के उत्पादक उपयोग का एक शानदार उदाहरण जर्मनी है। जर्मनी और अमेरिका दोनों देश शोध और विकास में बहुत अधिक निवेश करते हैं लेकिन जर्मनी की उत्पादकता विकास दर बहुत अधिक है। क्यों? हमारी व्याख्या यह है कि जर्मनी में अनुभव द्वारा व्यावसायिक प्रशिक्षण देने की व्यवस्था है जिससे काम करने वालों को व्यावसायिक स्कूलों के माध्यम से ऐसी नयी-नयी तकनीकें जल्दी उपलब्ध हो जाती हैं जिनका उद्योग जगत के साथ नज़दीकी रिश्ता होता है। मुझे पूरा विश्वास है कि आर्थिक विस्थापन से निबटने का एकमात्र तरीका यह है कि हम कॉलेज से बाहर निकलने वाले लोगों को ही कौशल विकास तथा

अन्य कार्यक्रमों के माध्यम से प्रशिक्षण न दें, बल्कि ऐसे कर्मचारियों को भी प्रशिक्षण दें जो मशीनों के बढ़ते उपयोग के कारण अपनी नौकरियों से हाथ धो रहे हैं। ऐसे देश जो तकनीकी कौशल के निर्माण में निवेश करते हैं उनका ईनाम जी.डी.पी. के बढ़ते प्रतिशत में दिखाई दे जाता है।

नीति में सुधार के साथ एक ऐसा विनियामक माहौल बनाया जाना चाहिए जो नये-नये आविष्कारों तथा आत्मविश्वास के साथ तकनीकों को अपनाये जाने तथा उनके उपयोग को बढ़ावा दे। वैसे तो डाटा की निजता तथा उसकी सुरक्षा हमेशा चिन्ता का मुख्य विषय रहे हैं। उनको इस मांग के सम्बन्ध में भी सन्तुलित बने रहने की ज़रूरत है कि डाटा का प्रवाह अधिक मुक्त रूप से सीमाओं के आर-पार तथा विभिन्न सेवाओं में हो जो आधुनिक वैश्विक डिजिटल अर्थव्यवस्था का निर्माण करते हैं। सरकारों द्वारा समुदायों को किसी प्रकार के नुकसान से बचाने के लिए डिजिटल सुरक्षा की जबरदस्त वकालत की जाती है। हमारा अनुभव यह कहता है कि सही सन्तुलन बनाने के लिए सार्वजनिक नीति एवं विनियमन में सुधार की आवश्यकता है। यह किसी भी तरह से आसान काम नहीं है, लेकिन माइक्रोसॉफ़्ट तथा हमारे उद्योग जगत की अनेक प्रमुख कम्पनियों का इस सम्बन्ध में विस्तृत अनुभव रहा है कि उन्होंने इस सन्तुलन को हासिल करने तथा सार्वजनिक और निजी सेवाओं तथा लाखों नागरिकों के लिए इन डिजिटल सेवाओं से समझौता किये बगैर राष्ट्रीय सुरक्षा और सार्वजनिक सुरक्षा को बढ़ावा देने के लिए सरकार के विनियामक ढाँचे को आधुनिक बनाने में मदद की।

इसके अलावा हर सरकार के पास यह मौका होता है कि वह ऐसी तकनीक को अपना कर उदाहरण प्रस्तुत करे जिसमें नागरिकों के लिए सेवाओं की सुविधा हो, जो सार्वजनिक क्षेत्र में उत्पादकता को बढ़ावा देने वाली हो तथा प्रतिस्पर्धा के माहौल में लाभ की स्थिति में रहने वाली हो। सार्वजनिक क्षेत्र के नेतृत्वकर्ताओं को प्रयास करना चाहिए कि स्थानीय स्तर पर उद्यमशीलता और नयी से नयी तकनीकों के प्रयोग को बढ़ावा देने वाला माहौल तैयार हो सके। इसके लिए यह प्रावधान भी होना चाहिए कि जहाँ ज़रूरी हो वहाँ आर्थिक मदद भी की जा सके। जैसा कि नेतागण स्वयं

से यह पूछते हैं कि “हम दुनिया में सर्वश्रेष्ठ कब हो सकते हैं?” इसके जवाब आश्चर्यजनक हो सकते हैं—ऑस्ट्रेलिया में रेगिस्तानी खेती से ले कर दुबई में स्थानीय बैंकिंग तक। हो सकता है कुछ अन्य देश या समुदाय तकनीक की अधिक प्रखर बुद्धि, मोबाइल भुगतान व्यवस्था, वर्चुअल रियलिटी, थ्रीडी प्रिंटिंग, ड्राईवरविहीन कार, ड्रोन, देशी विज्ञापन, रोबोटिक्स और औद्योगिक मशीनीकरण के क्षेत्र में अपनी खोजों से दुनिया के अगुआ हो सकते हैं। इनमें से प्रत्येक नेतृत्वकर्ताओं के लिए ऐसे अवसर का प्रतिनिधित्व करता है जिसको किसी एक समुदाय या क्षेत्र ने अभी तक अपना न बनाया हो। उदाहरण के लिए सिएटल क्लाउड कम्प्यूटिंग के लिहाज से श्रेष्ठ केन्द्र बन चुका है क्योंकि वहाँ ॲमेज़ॉन और माइक्रोसॉफ़्ट दोनों हैं।

इस सन्दर्भ में एक प्रेरणादायी विचार संहिता बनाने या स्टार्टअप सिटी का है, इस विचार को अर्थशास्त्री पॉल रोमर ने सामने रखा था। रोमर ने उन नियमों और कानूनों की तरफ़ ध्यान दिलाया है जिनको बदलना मुश्किल है और जिनसे मान्यता पाने के लिए नियमों में ढील की आवश्यकता होती है क्योंकि ये नियम नयी-नयी खोजों और आर्थिक विकास के निर्माण को तेज़ गति देने के लिहाज से उपयुक्त नहीं हैं। दूसरी तरफ़ स्टार्टअप सिटी प्रयोग के तौर पर सुधार के ऐसे क्षेत्र हो सकते हैं जिनको पूरी तरह से नौकरियों के निर्माण और विकास के लिए बनाया जाये। नागरिक उसके अन्दर आने या न आने का विकल्प चुन सकते हैं। कुछ इसके लिए तैयार हो जायेंगे और कुछ नहीं। उन्होंने हांगकांग और शेन्ज़ेन के उदाहरण दिये हैं। हांगकांग चीन का हिस्सा है लेकिन पीढ़ियों से उसके ऊपर ग्रेट ब्रिटेन का शासन रहा इसलिए वह बाज़ार विरोधी साम्यवादी शासन से मुक्त रहा और आर्थिक विकास का केन्द्र बन गया, जिसके कारण उसने प्रशिक्षित व्यक्तियों को अपनी तरफ़ आकर्षित किया। देन्ग जियाओपिंग ने यह सोच कर इस बात को समझते हुए कि विकास करने के लिए चीन को और अधिक खुलेपन की नीति अपनाने की ज़रूरत थी पास के शेन्ज़ेन में स्टार्टअप सिटी का निर्माण किया जो अपने पड़ोस की प्रतिभा, क्षमता और संसाधनों का उपयोग कर सकता था। शेष चीन के विपरीत शेन्ज़ेन के नियम विदेशी निवेश तथा अन्तरराष्ट्रीय व्यापार के दृष्टिकोण से आकर्षक थे। वह इस बात को जानते थे कि साम्यवादी

चीन इन सुधारों को धीरे-धीरे अपनायेगा लेकिन बहुत सारे व्यवसायी और कर्मचारी इस मौके का फ़ायदा उठायेंगे। 1980 में जब शेन्ज़ेन को विशेष आर्थिक क्षेत्र का दर्जा दिया गया तो शेन्ज़ेन विश्व आर्थिक केन्द्र बन गया और इसकी आबादी तीस हज़ार से बढ़कर ग्यारह मिलियन हो गयी।

हमें मुक्त और न्यायपूर्ण व्यापार को बढ़ावा देते रहने की ज़रूरत है। अगर हम चाहते हैं कि विकास हो और वह अधिक विस्तृत तौर पर हो तो अधिक बाज़ारों को खोलना और व्यवसायियों के लिए बाज़ार की बाधाओं को दूर करना एक ज़रूरी कदम है। यह दुर्भाग्य की बात है कि हाल के वर्षों में लोकप्रिय नेताओं ने, जिनमें वाम और दक्षिण दोनों तरह के नेता शामिल हैं, मुक्त व्यापार समझौतों से मुक्त होने की शपथ लेते हुए अभियान चलाया।

ओहायो के गवर्नर जॉन केसिक ने 2016 में राष्ट्रपति चुनाव अभियान की कड़वाहट के बीच *द वाल स्ट्रीट जरनल* के सम्पादकीय पृष्ठ पर एक लेख प्रकाशित किया जिसमें उन्होंने यह तर्क प्रस्तुत किया कि व्यापार के ख़िलाफ़ मतदान विकास के ख़िलाफ़ मतदान है। उन्होंने ध्यान दिलाया कि ट्रांस पैसिफ़िक पार्टनरशिप, जो व्यापार से जुड़ा एक बड़ा समझौता था और उस समय वाशिंगटन में अनुमोदन के लिए लम्बित पड़ा हुआ था, छोटी और बड़ी कम्पनियों की मदद के लिए है कि वे जापान, ऑस्ट्रेलिया, कनाडा, चिली तथा प्रशान्त महासागर के आसपास के देशों में अपने व्यापार को बढ़ा सकते हैं क्योंकि ये देश अमेरिका के साथ अपने व्यापार को बढ़ाना चाहते हैं। दुनिया यह चाहती है कि व्यापार के उदारीकरण की दिशा में लगातार प्रगति होती रहे। केसिक ने यह ध्यान दिलाया कि 40 मिलियन अमेरिकी नौकरियाँ व्यापार पर ही निर्भर करती हैं। लेकिन व्यापार से जुड़े हमारे कानूनों को उदार बनाये जाने की ज़रूरत है। इस डिजिटल अर्थव्यवस्था में जिन डिजिटल डाटा का आयात-निर्यात किया जाता है वह व्यापार के लिए महत्त्वपूर्ण होता है और हम ऑटोमोबाइल, कृषि उत्पादों तथा अन्य चीज़ों का जो व्यापार करते हैं उसके लिए ये मायने रखता है। व्यापार के क्रम में हमें डाटा को सीमाओं के आर-पार करने में योग्य होना चाहिए और ऐसा करने के लिए न केवल हर क्षेत्र में कम्प्यूटिंग की सुविधा को अवस्थित करने की

ही ज़रूरत है, बल्कि इस क्रम में निजता, सोर्स कोड तथा अन्य तरह की बौद्धिक सम्पदा की रक्षा की भी ज़रूरत है।

2016 के चुनाव अभियान ने व्यापार समझौते की चुनौतियों और लाभ की तरफ़ फिर से ध्यान दिलाया। तमाम शोरशराबे के बीच, सभी उम्मीदवारों ने कहा व्यापार अच्छी बात थी, लेकिन सबके मत अलग-अलग थे। दक्षिणपन्थी ट्रम्प और वाम के सैंडर्स ने बड़े पैमाने पर नौकरियों के ख़त्म होने के बारे में कहा। क्लिंटन ने मजबूती से नियमों के लागू किये जाने के ऊपर बल दिया। व्यवसाय के प्रमुख लोगों का कहना था कि व्यापार समझौतों से नौकरियों में बढ़ोतरी होती है, हालाँकि मेरी सहानुभूति इस विचार के साथ है कि जिनको लाभ होता है उनको समान रूप से वितरण करना चाहिए। इस तरह की शिकायतों के बारे में कि व्यापार समझौते पर्यावरण के लिए ख़राब होते हैं, समर्थकों ने इस बात की तरफ़ ध्यान दिलाया कि ट्रांस पैसिफिक पार्टनरशिप कई देशों के बीच हुआ ऐसा पहला समझौता है जिसमें पर्यावरण रक्षा से जुड़े कानूनी प्रावधानों को शामिल किया गया है।

यह बात तो पक्की है कि द्वितीय विश्वयुद्ध के बाद ब्रेटन-वुड्स व्यवस्था के आधार पर देशों के बीच आर्थिक रिश्तों के लिए नियम आधारित जो ढाँचा बनाया गया था वह एक अच्छा लेकिन अपूर्ण आधार देता है जिसके ऊपर निर्माण किया जा सके। समान सोच वाले देशों के बीच मुक्त व्यापार समझौतों के जाल के माध्यम से यह ढाँचा आधार सिद्धान्त के रूप में नज़दीकी सहयोग से काम करने का ज़रिया बना हुआ है। लेकिन व्यापार समझौते केवल तभी सफल हो सकते हैं अगर उनको विकास से जुड़ी आर्थिक नीतियों के वृहत्तर सन्दर्भ में देखा जाये।

अन्त में, यह सवाल पूछा जाने लगा है कि क्या अगली औद्योगिक क्रान्ति रोज़गार विहीन होगी। इस सवाल के जवाब की पड़ताल में हमारी मदद करने के लिए एम.आई.टी. के अर्थशास्त्री डारोन एसेमोग्लू अपने शोध की रपट के बारे में बताने के लिए हमारे कैम्पस आये जो इस विषय पर थी कि तकनीक के स्वचालित होने का श्रम के ऊपर क्या असर पड़ेगा। उन्होंने यह पाया कि नयी बौद्धिक मशीनों, ख़ास कर औद्योगिक रोबोट

का श्रम बाज़ार के ऊपर बहुत महत्त्वपूर्ण प्रभाव पड़ेगा। उनके आकलन के अनुसार एक अतिरिक्त औद्योगिक रोबोट के कारण तीन श्रमिकों की नौकरी प्रभावित होगी। इसका मतलब यह हुआ कि बिना किसी प्रतिकारी बदलाव के औद्योगिक रोबोट के विस्तार का नौकरी और मेहनताने के ऊपर बुरा प्रभाव पड़ने वाला था। बहरहाल, एसेमोग्लू का यह कहना है कि इस हमले के कारण जो अन्य शक्तिशाली बदलाव होंगे उसके कारण कम से कम कुछ हद तक इसके बुरे परिणाम कम हो सकते हैं। जब मशीन कुछ कामों में श्रमिक का स्थान ले लेगी, तब कम्पनियाँ नये श्रम के सृजन की दिशा में प्रवृत्त होंगी जिनमें तुलनात्मक रूप से इंसानों को फ़ायदा रहेगा। एसेमोग्लू निष्कर्ष रूप में कहते हैं, "वैसे तो स्वचालित हो जाने के कारण रोज़गार में कमी आयेगी और राष्ट्रीय आय में श्रमिक वर्ग की हिस्सेदारी भी कम होगी लेकिन इसका विपरीत प्रभाव यह पड़ेगा कि नये और अधिक जटिल प्रकृति के काम पैदा होंगे।" पूरे इतिहास में जब भी नयी तकनीक का आगमन हुआ तो नये तरह के श्रमिक और नये अधिक जटिल काम भी उभर कर आये। एसेमोग्लू आगे कहते हैं "अधिक जटिल कामों के आने से हमेशा मज़दूरी में वृद्धि होती है, रोज़गार में वृद्धि होती है और श्रम का हिस्सा भी बढ़ता है लेकिन जब स्वचालित किये जाने की प्रक्रिया नये, श्रम-आधारित कार्यों के निर्माण से आगे-आगे चलती है तो इससे रोज़गार में कमी आती है।" हमें एक सन्तुलित विकास पथ की ज़रूरत है। ए.आई. और स्वचालितकरण के इस दौर में हमें एक नये सामाजिक समझौते की ज़रूरत है जो व्यक्तिगत श्रम और पूँजी पर होने वाले लाभ में सन्तुलन स्थापित करे।

इस तरह का एक उदाहरण केंट इण्टरनेशनल है जो बाइसिकल कारपोरेशन ऑफ़ अमेरिका की साइकिलों का निर्माता है। इसने 2017 के आरम्भ में ही यह समाचार दिया था कि इसने चीन से 140 नौकरियाँ मैनिंग, साउथ केरोलिना में स्थानान्तरित कर लीं, जहाँ कम्पनी ने उन कामों को स्वचालित रूप से करने के लिए रोबोटिक्स में निवेश किया है जो काम पहले इंसानों द्वारा किये जाते थे। एक समय में जो व्यवसाय कम तकनीक और उच्च श्रम वाला था वह अपने डिजिटल रूपान्तरण तथा योजनाओं के माध्यम से गुज़र रहा है। इसके सी.ई.ओ. आर्नोल्ड कैम्लर ने मुझसे कहा

कि उनकी योजना हर साल 40 नौकरियाँ जोड़ने की है जो एक छोटे शहर के लिहाज से अच्छा विकास है। असल में उस प्लाण्ट को अपने राज्य में लाने के लिए कई राज्यों में होड़ मची थी। "बहुत सारे लोगों में यह गलत धारणा है कि मशीनीकरण के कारण नौकरियों में कमी आयेगी," कारखाने के एक प्रोडक्शन मैनेजर का कहना था। "यह बहुत अलग तरह का काम है, अधिक कौशल से भरा काम"। बिना रोबोट के इंसानों के लिए ऐसे काम पैदा ही नहीं होते।

मैं लिंक्डइन के अधिग्रहण को ले कर बहुत अधिक उत्साहित था तो इसका एक कारण यह था कि यह प्रतिभा और रोज़गार से जुड़ी सोशल नेटवर्किंग सेवा थी। और यह हमारी साझी प्रतिबद्धता थी जिसे हमने बातचीत के शुरू में ही खोज लिया था। लिंक्डइन के संस्थापक रीड होफमैन और उसके सी.ई.ओ. जेफ़ वाईनर के साथ बातचीत में मैंने यह पाया कि यह हमारी साझा इच्छा थी कि हम इस डिजिटल प्लेटफ़ॉर्म का उपयोग करते हुए सभी लोगों तक समान अवसर उपलब्ध करवायें। लिंक्डइन की दृष्टि के बारे में द *न्यू यॉर्क मैगज़ीन* ने लिखा था कि इसकी दृष्टि यह है कि श्रम का बाज़ार अधिक बेहतर तरीके से काम करे जो दुनिया भर में काम करने वाले तीन अरब सदस्यों के लिए बेहतर साबित हो जिसके लिए उन बाज़ारों को अधिक कुशल और खुला बनाये जाने की ज़रूरत है।

अधिक सुलभ और समतापूर्ण आर्थिक क्षेत्र बनाने का सपना अपने आप सच नहीं हो जायेगा। अपनी किताब द *स्टार्टअप ऑफ़ यू* में होफमैन प्रतिस्पर्धा की शक्तियों और उसके कारण डेट्रोयट के आर्थिक शक्ति बनने के बारे में लिखते हैं—इससे कोई फ़र्क नहीं पड़ता कि आप किस शहर में रहते हैं, कोई फ़र्क नहीं पड़ता कि आप किस व्यवसाय या उद्योग से जुड़े हुए हैं, कोई फ़र्क नहीं पड़ता कि आप किस तरह का काम करते हैं—जब आपके कैरियर की बात आती है तो हो सकता है कि आप उसी रास्ते पर बढ़ रहे हों जैसे डेट्रोयट आगे बढ़ा। लिंक्डइन के माध्यम से हमारी यह आकांक्षा है कि सहयोगियों का एक जाल विकसित करें जिससे अवसरों, प्रशिक्षण तथा उस तरह की सामूहिक कार्रवाई के बारे में हम सब सोचें जिससे व्यक्तियों के लिए आर्थिक अवसर पैदा हों। इस तरीके से हम इस बात को सुनिश्चित

करने की उम्मीद करते हैं कि भविष्य में अन्य शहरों को डेट्रोयट की तरह ही भुगतना न पड़े—और असल में जैसा डेट्रोयट ने किया उसी तरह से अन्य शहर भी आने वाले दशकों में उद्यमिता और नौकरियों के निर्माण के माध्यम से अपने आप को सफल केन्द्र के रूप में स्थापित कर सकें।

मेरे अन्दर एक पूर्वाग्रह है जिसको ले कर मेरे अन्दर किसी तरह की शर्मिन्दगी का भाव नहीं है। यह पूर्वाग्रह लिंक्डइन और माइक्रोसॉफ़्ट ऑफ़िस जैसी सेवाओं को तकनीकी रूप से और उन्नत बनाने के लिए निवेश करने को ले कर है जिससे लोगों को नया रचने, जुड़ने और अधिक उत्पादक बनने में मदद मिले, बजाय ऐसे सॉफ़्टवेयर बनाने के जो केवल मनोरंजन के काम आयें। ऐसी तकनीकों का अर्थव्यवस्था पर अधिक दिन तक प्रभाव नहीं रह पाता जो उपभोग से निर्माण को अधिक समतापूर्ण अनुपात में बढ़ावा देने वाला न हो। बहरहाल *वाल स्ट्रीट* ने हाल में उपभोग सम्बन्धी इन तकनीको के ऊपर काफ़ी भरोसा जताया।

रॉबर्ट गोर्डन ने हाल ही में अपने आर्थिक निबन्ध *राइज एण्ड फॉल ऑफ़ अमेरिकन ग्रोथ* में मुख्य स्थापना यह की है कि कुछ आविष्कार दूसरे आविष्कारों से अधिक महत्त्वपूर्ण होते हैं। मैं इससे सहमत हूँ और आज के उत्पादकता सम्बन्धी सॉफ़्टवेयर को मैं इसी वर्ग में रखूँगा। गोर्डन ने 1870 से 1940 के दरम्यान अमेरिका के विकास का अध्ययन करते हुए यह लिखा है कि यह आर्थिक क्रान्ति की शताब्दी थी जिसने घरेलू कामकाज में रोज़-रोज़ के कष्ट भरे श्रम, नीरसता, अँधेरे, अलग-थलग पड़ जाने और कम उम्र में मर जाने से मुक्ति दिलायी। मनुष्य के इतिहास में यह रूपान्तरण बहुत अलग किस्म का है, इसको दुहराया नहीं जा सकता क्योंकि इसकी बहुत सारी उपलब्धियाँ केवल एक बार घटित हो सकती थीं। अमेरिका के आर्थिक इतिहास के व्यापक विस्तार के ऊपर टिप्पणी करते हुए आख़िर में गोर्डन कहते हैं कि इस तरह के नाटकीय बदलावों के लिए आविष्कार सबसे बड़ा स्रोत है। "उद्यमियों ने आर्थिक विकास में उससे कहीं अधिक योगदान दिया जितना कि संकीर्ण शब्द आविष्कार द्वारा कहा जा सकता है"। उन्होंने आगे लिखा है कि शिक्षा विकास को बढ़ाने के क्रम में आविष्कार का सबसे नज़दीकी सम्बन्धी है। *वायर्ड* के सहसंस्थापक सम्पादक जॉन बेटेल

ने एक बार लिखा था कि "व्यवसाय मानवता का सबसे लचीला, दोहराया जाने वाला और उत्पादक माध्यम है जिसके द्वारा दुनिया में बदलाव लाया जा सकता है।" उनका कहना सही है और हम व्यवसायिक नेतृत्वकर्ताओं को बदलाव के नेतृत्वकर्ता के रूप में अपनी ज़िम्मेदारियों को गम्भीरता से लेने की ज़रूरत है। मैं ऐसा तथाकथित कॉरपोरेट सामाजिक ज़िम्मेदारी के तहत नहीं कह रहा हूँ, जो महत्त्वपूर्ण तो है लेकिन वह अच्छे जनसम्पर्क से थोड़ा ही बेहतर है। मैं ऐसा इसलिए कह रहा हूँ कि बेहतर संसार व्यवसाय के लिए बेहतर होता है। यह महत्त्वपूर्ण है कि अच्छे उत्पादों के निर्माण के लिए समर्पित हुआ जाये, उपभोक्ताओं की सेवा की जाये, तथा अपने निवेशकों के लिए लाभ कमाया जाय—लेकिन यह काफ़ी नहीं है। हमें इसके बारे में भी सोचने की ज़रूरत है कि हमारे कार्यों का दुनिया और उसके नागरिकों के ऊपर लम्बे समय बाद क्या प्रभाव पड़ेगा।

उत्तरकथन

"मैं क्यों हूँ?"

"हमारी संस्था क्यों है?"

"दुनिया में बहुराष्ट्रीय कम्पनी की क्या भूमिका है?"

"डिजिटल तकनीक के क्षेत्र में किसी नेतृत्वकर्ता की क्या भूमिका होती है ख़ास कर ऐसे समय में जब दुनिया विकास के एक महत्त्वपूर्ण अंग के रूप में तकनीक की तरफ़ मुड़ती है?"

ये सवाल मुझे परेशान कर रहे थे और इन्होंने मुझे *हिट रिफ़्रेश* लिखने के लिए प्रेरित किया। इनके जवाब खोजने के क्रम में मैं, इस बात की खोज में, बौद्धिक और आत्मनिरीक्षण की यात्रा पर निकल गया कि मैं समाज के लिए ख़ास तरह से क्या योगदान कर सकता हूँ और माइक्रोसॉफ़्ट के मर्म की तलाश किस तरह से कर सकता हूँ ताकि वैश्विक अर्थव्यवस्था में हमारी भूमिका को परिभाषित कर सकूँ। इन्होंने मुझे रोज़-रोज़ इस लक्ष्य को पाने के लिए निर्देशित किया कि मैं बड़े विचारों के साथ संवेदना को जोड़ कर एक बड़ा अन्तर पैदा कर सकूँ। उम्मीद करता हूँ मेरी यात्रा के दौरान जो कहानियाँ और सबक आपने सुने वे आपके लिए भी कुछ उपयोगी हों और आपके अपने जीवन और कर्म के लिए भी।

मैं यह भी उम्मीद करता हूँ कि अस्तित्व से जुड़े इन सवालों को ले कर नीति निर्माताओं, व्यवसायिक नेतृत्वकर्ताओं और तकनीकविदों के बीच संवाद शुरू हो। इस बहुधा विभाजित दुनिया में जो अधिक नाटकीय रूप से

तकनीकी आर्थिक जनसंख्या सम्बन्धी और यहाँ तक कि पर्यावरण में भी बदलाव की तरफ़ झुकता जा रहा है, हमें बहुराष्ट्रीय कम्पनियों की भूमिका और नेतृत्व की भूमिका को फिर से परिभाषित करने की ज़रूरत है। ब्रेक्सिट जैसे वैश्वीकरण विरोधी आन्दोलनों और अमेरिका तथा यूरोप के अनेक देशों में चल रहे लोक लुभावन अभियानों ने स्वचालितकरण, व्यापार तथा आर्थिक अवसरों को ले कर महत्त्वपूर्ण सवालों और चिन्ताओं को जन्म दिया है जिनमें औचित्य और विश्वास का मुद्दा भी शामिल है।

द ग्रेट कंवर्जेंस के लेखक अर्थशास्त्री रिचर्ड बाल्डविन ने यह लिखा है कि आज कुछ अमीर देशों में वैश्वीकरण विरोधी भावनाएँ इस कारण से उभर रही हैं क्योंकि दुनिया की आय में 1990 में उनका हिस्सा 70% था जो पिछले दो दशकों में गिरकर 46% रह गया है। दूसरे शब्दों में अमेरिका, फ्रांस, जर्मनी और इंग्लैंड जैसे देशों की आय में या दुनिया की आय में उनके हिस्से में भयानक रूप से कमी आयी है। कम मेहनताने और सूचना तकनीक के कारण विचारों को ले कर एक स्थान से दूसरे स्थान पर काम करना आसान हो गया है, जिसका यह मतलब हुआ कि चीन और भारत का हिस्सा विश्व की आमदनी में महत्त्वपूर्ण ढंग से बढ़ा है जबकि अमीर देश अब फिर से 1914 के स्तर पर आ गये हैं, जिसके कारण कुछ हिस्सों में वैश्वीकरण विरोधी भावनाएँ बढ़ रही हैं। बाल्डविन ने यह भविष्यवाणी की है कि वैश्वीकरण का तीसरा दौर तब आयेगा जब टेलीप्रेजेंस और टेलीरोबोटिक्स कम खर्चीला हो जायेगा, जो लोगों के सीमा पार करने से ले कर सेवाएँ देने तक में एक अच्छा विकल्प है।

जब यह किताब छपने के लिए जा रही थी तो नोबल पुरस्कार प्राप्त अर्थशास्त्री एंगस डिटन और उनकी पत्नी एन केस (जो प्रिंसटन में पढ़ाती हैं और एक जानी-मानी अर्थशास्त्री हैं) ने एक लेख प्रकाशित किया जिसमें उन्होंने यह पाया कि अमेरिकी श्वेत जिनके पास कॉलेज की डिग्री से कम शिक्षा है उनको अपने जीवनकाल में जो हानि का बोध होगा उससे उनकी जीवन क्षमता, स्वास्थ्य और आर्थिक स्थिति पर बुरा प्रभाव पड़ेगा। असल में उन्होंने अपने शोध में यह पाया है कि आय से अधिक शिक्षा इस बात को अच्छी तरह से बता सकती है कि श्वेत लोगों में मध्य आयु में आ कर

मृत्यु दर या बीमारी की दर क्यों बढ़ जाती है। यह द्वन्द्व और बाल्डविन का शोध कुछ हद तक आज के वैश्वीकरण विरोधी माहौल को समझाता है। वे सार्वजनिक शिक्षा और सार्वजनिक स्वास्थ्य सम्बन्धी प्राथमिकताओं को ले कर आत्मनिरीक्षण की मांग करती हैं।

ज़ाहिर है लक्ष्य तो यही है कि सभी के लिए लाभ में वृद्धि की जाये। जी.ई. कम्पनी के जेफ़ इम्मेल्ट ने 2016 में न्यूयॉर्क यूनिवर्सिटी के स्टर्न स्कूल ऑफ़ बिज़नेस में व्याख्यान देते हुए आज की बहुराष्ट्रीय कम्पनियों की भूमिका को ले कर अपना जवाब दिया था। उन्होंने इस बात पर अपने विचार व्यक्त किये कि उनके तीस साल के कैरियर के दौरान बहुराष्ट्रीय कम्पनियों ने क्या भूमिका निभायी। इस दौरान, बेहद गरीबी की दर कम हो कर आधी रह गयी और तकनीकी आविष्कारों ने नाटकीय रूप से स्वास्थ्य सेवा को बेहतर बनाया, ऊर्जा की लागत को कम किया और लोगों को एक-दूसरे से इस तरह से जोड़ दिया जिस तरह से पहले कभी नहीं जोड़ा था। लेकिन आज भी जैसा कि इम्मेल्ट ने पाया दुनिया की चुनौतियों का जवाब देने में सरकारों के साथ कम्पनियाँ भी असफल साबित हो रही हैं। जवाब में इम्मेल्ट ने यह घोषणा की कि जी.ई. इसमें महत्त्वपूर्ण भूमिका निभाना चाहता है क्योंकि अधिक समानता व्यवसाय और समाज दोनों के लिए ज़रूरी है इसलिए जी.ई. की योजना ऐसी नीतियों के निर्माण में है जो वैश्विक स्तर पर समानता का प्रसार करे। जी.ई. स्थानीय स्तर पर अपनी कम्पनी की देखरेख में स्थानीय क्षमताओं का विकास करेगी, अधिक स्थानीय निर्णयों के लिए जगह बनायेगी और उसे स्थानीय सन्दर्भों के अधिक से अधिक अनुकूल बनायेगी।

मैं सहमत हूँ। माइक्रोसॉफ़्ट की कमाई का आधा से अधिक अमेरिका के बाहर से आता है। हम प्रभावी तरीके से 190 देशों में व्यवसाय नहीं कर सकते अगर हम इस बात को प्राथमिकता नहीं देते कि इनमें से प्रत्येक देश में बड़े पैमाने पर स्थानीय स्तर पर मौकों के निर्माण हो। हमने दुनिया के सबसे बेहतर तीस क्षेत्रीय डाटा केन्द्रों के निर्माण के ऊपर पन्द्रह बिलियन डॉलर से अधिक निवेश किया है, उनको इस तरह स्थापित किया है कि वह उत्तर अमेरिका, दक्षिण अमेरिका, एशिया, अफ़्रीका और यूरोप में स्थानीय स्तर

पर उद्यमियों को और सार्वजनिक क्षेत्र को समर्थन दें। इनमें से हर क्षेत्र में हमें ज़िम्मेदारी के साथ काम करना है। व्यवसाय में असली सफलता असल में आमतौर पर पूँजीवाद में केवल अपने मूल स्थान के लिए अधिक कमाई करना नहीं हो सकती बल्कि विस्तृत स्तर पर की गयी वह बड़ी कमाई होती है जिसका निर्माण व्यापक समाज के लाभ के लिए किया जाता है।

मैं इसे इस तरह से देखता हूँ, वे जिस तरह से आज दिखाई देती हैं उस रूप में अधिक दिन तक नहीं रह सकती—आत्माविहीन, रक्तविहीन इकाई के रूप में जो किसी देश या क्षेत्र में घुस कर स्थानीय लोगों से बहुत आराम के साथ किराया वसूलने लगे। आज बहुराष्ट्रीय कम्पनी की भूमिका पहले से अधिक महत्त्वपूर्ण हो गयी है। उसे दुनिया में कहीं भी अपने आप को चलाने के लिए स्थानीय समुदायों के लिए सकारात्मक रूप से योगदान देने की ज़रूरत है—विकास, प्रतिस्पर्धा तथा सभी के लिए अवसर को बढ़ावा देने की ज़रूरत है। हम अपने स्थानीय सहयोगियों तथा स्टार्टअप कम्पनियों के विकास में किस प्रकार से मदद दे सकते हैं। हम सार्वजनिक क्षेत्र को अधिक कारगर बनाने में किस प्रकार से मदद कर सकते हैं? हम समाज के सबसे बड़े मुद्दों जैसे शिक्षा और स्वास्थ तक पहुँच को सुलभ बनाने में किस प्रकार मदद कर सकते हैं? स्वाभाविक रूप से हर देश अपने राष्ट्रीय हित के बारे में सबसे पहले सोचता है। अमेरिका सबसे पहले अमेरिका के बारे में सोचता है, भारत सबसे पहले भारत के बारे में, इंग्लैंड सबसे पहले इंग्लैंड के बारे में। एक बहुराष्ट्रीय कम्पनी की प्राथमिकता यह होनी चाहिए कि वह प्रत्येक देश में अपने आप को बनाये रखते हुए लम्बे समय के लिए सतत रूप से चलने वाले स्थानीय अवसरों का निर्माण करे।

हम सब को अपने समयातीत मूल्यों के साथ बने रहते हुए ऐसा करना चाहिए। माइक्रोसॉफ़्ट एक ऐसी कम्पनी है जिसका जन्म अमेरिका में हुआ है। हमारी विरासत ने हमारे मूल्यों को बनाया है। हम “अमेरिकन ड्रीम” में विश्वास करते हैं—कर्मचारी के रूप में काम करते हुए और दूसरों को ऐसा करने में मदद करते हुए। हमारा झुकाव कुछ स्थायी मूल्यों में है—निजता, सुरक्षा, अभिव्यक्ति की स्वतन्त्रता, अवसर, विविधता और समावेश। हम

सब इनके लिए जीते हैं। और जब हमें अमेरिका या कहीं और से चुनौती मिलेगी तो हम इसके लिए खड़े होंगे।

बहुराष्ट्रीय कम्पनियाँ जिन तकनीकों का निर्माण करती हैं उनके ऊपर इस बात की अधिक ज़िम्मेदारी होगी कि जब तकनीकों की अगली लहर आये तो वे अवसरों का निर्माण करें। आने वाली औद्योगिक क्रान्ति सर्वव्यापी कम्प्यूटिंग और व्यापक मशीनी बुद्धि के आधार पर खड़ी होगी तथा सॉफ़्टवेयर के माध्यम से जिनमें तेज़ी आयेगी। अर्थव्यवस्था के ऊपर पहले की क्रान्तियों के मुकाबले इसका प्रभाव अधिक पड़ेगा। इसलिए मैंने निर्माण से जुड़े कुछ सिद्धान्तों को विकसित किया है जो इसको निर्धारित करेंगे कि हम अगली पीढ़ी के लिए तकनीक का निर्माण किस प्रकार से करते हैं। मैं सुझाव, चर्चा और अन्ततः ऐसी नैतिकता के निर्माण के लिए प्रतिबद्धता को बढ़ावा देता हूँ जो हमारे समाज को आगे ले जाने की दिशा में हो।

दुनिया प्रतिवर्ष 4 प्रतिशत की दर से विकसित हो रही थी लेकिन अब यह मुश्किल से 2 प्रतिशत की दर से विकसित हो रही है। इसलिए तकनीक की दिशा में नयी खोज करने की आवश्यकता है ताकि हम उस तरह के विकास को हासिल कर सकें जैसा हमने बीसवीं शताब्दी के दौरान किया था। मिक्स्ड रियलिटी, ए.आई. और क्वाण्टम कम्प्यूटिंग इस खेल को बदल कर रखने वाले साबित होंगे, वे नयी आर्थिक वृद्धि का निर्माण करेंगे लेकिन वे काम करने वाले लोगों को भी प्रभावित करेंगे, आज जिन कामों को हम ख़ास महत्त्व नहीं देते, रोज़-रोज़ के ऐसे काम समाप्त हो जायेंगे। कुछ लोग यह कहते हैं कि रोबोट हमारी जगह काम करने लगेंगे, लेकिन इसको अर्थशास्त्र की भाषा में सीमित काम का तर्क कहा जाता है—यह विचार कि काम बहुत कम मात्रा में उपलब्ध है—इसको कभी भी तरजीह नहीं दी गयी। बात यह है कि अलग-अलग तरह के श्रम की ज़रूरत पड़ेगी। इंसान का काम उस काम को बेहतर ढंग से निभा सकता है जिसको मशीन नहीं निभा सकती है। जैसे-जैसे हम ए.आई. को अधिक अपनाने लगेंगे वैसे-वैसे वास्तविक बुद्धि, संवेदना तथा वास्तविक सामान्य बुद्धि में कमी आ जायेगी। नये प्रकार के कामों के बारे में यह जानने के बाद भविष्यवाणी की जा सकती है कि हम

मशीनों के साथ किस तरह से काम कर सकते हैं। बल्कि इन विशिष्ट मानवीय गुणों के आधार पर भी।

आने वाले इन बदलावों को देखते हुए एक नये प्रकार का सामाजिक समझौता होना चाहिए जो समता के आधार पर अधिक आर्थिक उत्पादन और अवसर को हासिल करने में मदद करे। वहाँ तक पहुँचने के लिए नये श्रम की दिशा किस प्रकार की दिखायी दे रही है? सार्वभौम बुनियादी आय की चर्चा चल रही है। किस तरह से हम पुराने कर्मचारियों को फिर से प्रशिक्षण दे कर काम में बनाये रखेंगे—केवल उच्च क्षमता के ज्ञान वाले कर्मचारियों को ही नहीं बल्कि निम्न स्तर के कौशल और मध्य स्तर के कौशल वाले कर्मचारियों को भी? क्या सेवा क्षेत्र और लोगों को सेवा देने का काम पारम्परिक विनिर्माण या कृषि क्षेत्र से विस्थापित लोगों के रोज़गार का नया स्रोत हो सकता है ?

अन्ततः नेतृत्वकर्ता के रूप में हमारी भूमिका क्या है? अन्त में किसी भी कम्पनी के सर्वोच्च अधिकारी का मूल्यांकन इसी आधार पर होता है कि उसने व्यवसाय में कितनी वृद्धि की, उसने नये आविष्कार के लिए जगह बनायी या नहीं जिसने उपभोक्ताओं को प्रेरित करने का काम किया। सी.ई.ओ. के रूप में हम इसके लिए ज़िम्मेदार होते हैं कि अपने अंशधारकों के लिए अधिक से अधिक लाभ जुटा सकें। लेकिन मैं इस विचार को भी मानता हूँ कि कोई कम्पनी जितनी बड़ी होती है उसके सर्वोच्च अधिकारी को दुनिया, उसके नागरिकों और उनके लिए लम्बे समय तक के लिए अवसरों के निर्माण की अधिक ज़िम्मेदारी होती है। आप तब तक अधिक स्थायी व्यवसाय खड़ा नहीं कर सकते जब तक आप दुनिया में बढ़ रही असमानता के बारे में नहीं सोचते और सभी के लिए हालात बेहतर बनाने की दिशा में अपनी तरफ़ से मदद करने की कोशिश नहीं करते।

इस लक्ष्य को पाने के लिए हम कई तरह की रणनीतियों और क्षेत्रों के माध्यम से सकारात्मक सामाजिक प्रभाव के लिए अपने मूल व्यवसायिक सिद्धान्तों का उपयोग करते हैं और निजी उत्पादकता को बढ़ाने में इस बात को निश्चित करते हुए कि हमारा व्यवसाय सतत वृद्धि में निवेश करते हुए सामाजिक रूप से ज़िम्मेदार बन जाये, इसकी पहुँच अधिक हो, निजता और

सुरक्षा में वृद्धि हो और यह सब सामाजिक कार्य के रूप में हो। माइक्रोसॉफ़्ट जो सामाजिक कार्य करता है वह दुनिया में कॉरपोरेट के क्षेत्र में किया गया सबसे बड़ा सामाजिक कार्य है जिसके लिए वह दुनिया भर के मामलों के लिए जिनमें डिजिटल कम्प्यूटिंग सिखाने, इण्टरनेट तक सस्ती पहुँच बनाने तथा मानवीय सहायता देने जैसे मुद्दों के लिए एक बिलियन डॉलर से अधिक का योगदान देता है। और उसके अलावा हम अपनी पहुंच का इस्तेमाल करते हैं—'एक क्लाउड वैश्विक बेहतरी के लिए' के झण्डे तले उन नीतियों की वकालत करते हैं जिसका लक्ष्य सभी के लिए आर्थिक अवसर जुटाना होता है। असल में इस किताब से होने वाली आय भी इन्हीं मुद्दों के लिए जायेगी।

पहले मैंने लिखा कि सी.ई.ओ. में जो 'सी' होता है वह संस्कृति की रक्षा के लिए होता है। आख़िरकार, यह सही में लोगों के लिए निर्णय लेना होता है। यह कुल मिला कर उन लाखों निर्णयों का जोड़ होता है जिसे हज़ारों लोगों द्वारा रोज़-रोज़ लिया जाता है। इसका अर्थ होता है कर्मचारियों की इस सम्बन्ध में मदद करना कि वे माइक्रोसॉफ़्ट के सन्दर्भ में अपने निजी लक्ष्य को पूरा कर सकें। माइक्रोसॉफ़्ट अब कर्मचारियों को नियुक्त नहीं करता है बल्कि लोग माइक्रोसॉफ़्ट को नियुक्त करते हैं। अगर हम एक लाख से अधिक लोगों की मानसिकता को नौकरी करने वाले से नौकरी प्रदाता के रूप में बदल दें तो किस चीज़ को हासिल करने की सम्भावना बनती है? हमारा सम्पूर्ण उद्देश्य यह होता है कि हम ऐसी चीज़ों का निर्माण करें जो चीज़ों को बनाने में दूसरों की मदद करे और जो उनको सम्भव करे। दुनिया भर की असंख्य कम्पनियों और संगठनों में हमारी सेवाओं का कोई जवाब नहीं है। माइक्रोसॉफ़्ट में कोई भी माइक्रोसॉफ़्ट के संसाधनों को देख कर यह कल्पना कर सकता है कि क्या किया जा सकता है और उसे दुनिया के किसी भी हिस्से में किसी भी मुश्किल को ठीक करने में योगदान दे सकता है। हम असंख्य लोगों को इसके लिए संसाधन उपलब्ध करवा रहे हैं जिसके माध्यम से वे कुछ ऐसा निर्माण कर सकें जिससे वे अपने व्यवसाय में तरक्की कर सकें चाहे वह कोई छोटा व्यवसाय हो, स्कूल हो, क्लीनिक हो या कोई इतनी बड़ी कम्पनी जो लाखों लोगों के लिए नौकरियों या अवसरों का निर्माण कर रही है।

संस्कृति को उस विश्व का सूक्ष्म रूप होना चाहिए जो हम कम्पनी से बाहर बनाने की उम्मीद रखते हैं जहाँ निर्माण करने वाले, कुछ बनाने वाले तथा किसी चीज़ की रचना करने वाले महान उपलब्धियों को हासिल करते हैं लेकिन यह बात भी उतनी ही महत्त्वपूर्ण है कि ऐसी जगह जहाँ कोई व्यक्ति अपने सर्वश्रेष्ठ रूप में रह सके, जहाँ नस्ल, लिंग, धर्म, समलैंगिकता आदि को समझा जाय और उनको समाज का हिस्सा माना जाये। जब मैं अपने किसी सहकर्मी को ऐसी कुछ बात करते हुए सुनता हूँ जो केवल संवेदना की भावना से आ सकती है तो मैं समझ जाता हूँ कि हम सही रास्ते पर हैं। या किसी उत्पाद की दिशा में कोई ऐसा व्यक्ति आविष्कार करता है जो अपने निजी जुनून और रचनात्मकता को अभिव्यक्त करने के लिए माइक्रोसॉफ़्ट के प्लेटफ़ॉर्म का इस्तेमाल करता है।

हिट रिफ़्रेश के लिए इसका क्या मतलब है? मैं आपको इसके लिए प्रेरित करता हूँ कि आप स्वयं के लिए इसका उत्तर दें। अपने संस्थान में इसके बारे में चर्चा करें। अपने समुदाय में इसके बारे में चर्चा करें और कृपया मुझे यह ज़रूर बतायें कि आपने क्या सीखा और मैं भी वही करता रहूँगा।

आभार

मैंने अक्सर इस बात को कहा है कि कम्प्यूटर कोड की सबसे अच्छी पंक्तियाँ किसी कविता की तरह होती हैं। लेखक बहुत सारे विचारों और भावनाओं को जितना सम्भव हो सके उतनी कम पंक्ति में अभिव्यक्त करने के लिए संघर्ष करता है फिर भी वह पूर्ण अभिव्यक्ति के रूप में सम्प्रेषित होती हैं। हालाँकि जो गद्य हमने यहाँ लिखा है वह कविता जैसा तो नहीं है लेकिन लिखने की प्रक्रिया कम तल्लीनता भरी नहीं थी। लेकिन अन्त में यह सन्तोषजनक रहा। इसके लिए कई लोगों का शुक्रिया अदा करना है।

जैसा कि मैंने अपने समर्पण में लिखा है, मैं अपने परिवार का बेहद शुक्रगुज़ार हूँ। घर में अनु और तीन सुन्दर बच्चे और साथ में भारत में हमारे माता-पिता।

दो दशकों से अधिक समय से माइक्रोसॉफ़्ट मेरा दूसरा परिवार है। मैं बिल गेट्स, पॉल एलेन और स्टीव बाल्मर का बेहद शुक्रगुज़ार हूँ कि उन्होंने माइक्रोसॉफ़्ट में हम लोगों को नयी-नयी खोज करने के लिए, आगे बढ़ने के लिए तथा दुनियाभर में उपभोक्ताओं की सेवा करने का अवसर प्रदान किया। अपने कैरियर के दौरान मैंने इनमें से प्रत्येक से काफ़ी कुछ सीखा है। हमारे वरिष्ठ नेतृत्वकर्ताओं की जो टीम है वह रूपान्तरण की इस प्रक्रिया में मेरी सहयोगी है, मैं उनको दिल से धन्यवाद देता हूँ और उनकी प्रशंसा करता हूँ। जडसन आल्टहोफ़, क्रिस कैपोसेला, ज्यां फिलिप फोर्टे, कर्ट डेलबेन, स्कॉट गथरी, कैथलीन होगान, एमी हुड, राजेश झा, पेगी जॉनसन, टेरी मायर्सन, केविन स्कॉट, हैरी शूम, ब्रैड स्मिथ और जेफ़ वारनर तथा

माइक्रोसॉफ़्ट के सभी कर्मचारियों और सहयोगियों की रचनात्मकता तथा प्रतिभा के बिना कोई भी काम सम्भव नहीं हो सकता था।

हमारा निदेशक मण्डल—जॉन थोम्सन, रीड होफ़मैन, टेरी एल. लिस्ट-स्टोल, जी. मैसन मोर्फ़िट, चार्ल्स एच. नोस्की, डॉक्टर हेल्मुट पेंक, सैन्ड्रा ई. पीटरसन, चार्ल्स डब्ल्यू. शार्फ़, जॉन डब्ल्यू. स्टेंटन और पद्मश्री वारियर।

मेरे सह लेखकों और प्रकाशन व्यवसाय से जुड़े कई लोगों के ऊपर मैंने शुरुआत से अन्त तक भरोसा बनाये रखा। कार्ल वेबर में पाण्डुलिपि को विकसित करने तथा लेखन को बेहतर बनाने की स्वाभाविक प्रतिभा है। मेरे एजेंट जीम लेवाईन ने इस पूरी प्रक्रिया के दौरान बेहद शान्ति से मुझे दिशा दिखायी और हमारे सम्पादक तथा प्रकाशक हार्परकॉलिन्स में होलिस हाईमबोक ने एक भी शब्द लिखने से पहले बेहद उत्साहित किया, हमारे लिखने के बाद उन विचारों के लिए मौका लिया और अँधेरे जंगल में हमें लगातार दिशा दिखाते रहे।

माइक्रोसॉफ़्ट के पुस्तकालय और संग्रहालय टीम के किम्बैरले ईन्गेल्केस, निकोले पार्ट्रिज और एमी स्टीवनसन ने पुस्तक के अन्त में शामिल तथ्यों को जाँचने में अमूल्य भूमिका निभायी।

मैं अपने साथ काम करने वाले जबरदस्त कर्मचारियों को रोज़-रोज़ साथ देने के लिए पर्याप्त शुक्रिया अदा नहीं कर सकता—जैसन ग्रैफ़े, सिन्थिया थॉमसन, बोनीटा आर्मस्ट्रोंग, कैत्लीन मैककेब, कोलेट स्टालबौमर, चार्ड डीब्रीज़, मेगन ग्रे, जेफ़ फूरी और उनकी पूरी टीम।

संचार और मार्केटिंग से जुड़े हमारे विशेषज्ञ जिनमें फ्रैंक एक्स शॉ, बॉब बेजान, स्टीव क्लेटन, डग डॉसन और जॉन सिरोन तथा उनकी टीम, इस समूह ने पाण्डुलिपि पढ़ने, हार्परकॉलिन्स के साथ बातचीत करने और पुस्तक के बारे में प्रचारित करने में अमूल्य योगदान दिया।

हमारे कानून विभाग के मैथ्यू पेनार्ज़िक का विशेष आभार, उनके विचारों के रूप में योगदान तथा इस किताब के बारे में निरन्तर सोचने रहने के लिए—रॉल्फ़ हार्म्स, जॉन टिंटर, मैट बूटी, अलेक्स किपमैन, आर.

प्रेस्टन मैकफ़ी, जस्टिन राव, ग्लेन वेय्ल, विक्टर हेमेयर, माइक थोल्फ़्सेन, नेट जोंस, टुरी विडस्टीन, चिनार बॉपशेट्टी, माइकल फ़्राइडमैन, क्रिस्टा स्वोरे, पीटर ली, एरिक होर्वित्ज़, केट क्रॉफ़र्ड, डानाह बोय्ड, क्रिस बिशॉप, डेव स्टाल्कोफ़, जॉन सीटहॉफ़, अबीगेल सेल्लेन, रायन कालो और प्रेम पहलाजराय। बालेंदु शर्मा , किताब के हिंदी अनुवाद की प्रूफरीडिंग करने के लिए । *विजडेन ऑफ़ इण्डिया, एल्मानैक* के सम्पादक खेल पत्रकार सुरेश मेनन ने अध्याय 2 में क्रिकेट के बारे में जो लिखा है उसके बारे में सुझाव दिया और उन्होंने बेहद कृपापूर्वक सलाह और निर्देश दिये।

वाल्टर इसाकसन ने किताब की दिशा के बारे में न केवल आरम्भिक सुझाव दिये बल्कि एस्पेन आइडियाज फ़ेस्टिवल में उन्होंने मंच पर मेरा साक्षात्कार भी किया जहाँ हमने पहली बार किताब की घोषणा की। टीना ब्राउन तथा उनके पति हेराल्ड ईवान्स ने न्यूयॉर्क सिटी में अपने सुन्दर घर में मुझे और अनु को अतिथि बनाया जहाँ हमने माइक्रोसॉफ़्ट और इस किताब में आये कुछ विचारों के बारे में अन्य लेखकों तथा चिन्तकों से चर्चा की। इन विषयों पर अपने नये ढंग के सम्मेलन *व्हाट इस द फ़्यूचर* में सैन फ़्रांसिस्को में टिम ओ'रेली ने मेरा साक्षात्कार लिया और उन्हें मैं उनकी नयी किताब के लिए शुभकामनाएँ देता हूँ।

अन्त में मैं अपने सह लेखकों ग्रेग शॉ और जिल ट्रेसी निकोल्स का शुक्रिया अदा करता हूँ जो इस परियोजना में मेरे साथ जुड़े—इसे आगे बढ़ाने के लिए मुझे उत्साहित करते रहे, इसे लिखने में मेरी मदद करते रहे और इसे अधिक से अधिक सार्थक बनाने के लिए मेरे साथ काम करते रहे।

स्रोत तथा आगे अध्ययन के लिए

पाठ 1 : हैदराबाद से रेडमण्ड तक

कोर्नेट, मनु; "ऑर्गनाईज़ेशनल चॉर्ट्स"; बोंकर्स वर्ल्ड, जून 27, 2011. Accessed December 8, 2016. http://www.bonkersworld.net/organizational-charts/.

गॉर्डन, रॉबर्ट जे; *द राइज़ एण्ड फ़ॉल ऑफ़ अमेरिकन ग्रोथ : द यू. एस. स्टैंडर्ड ऑफ़ लिविंग सिंस द सिविल वार*; प्रिन्स्टन, एन. जे. प्रिंस्टन यूनिवर्सिटी प्रेस, 2016.

विडमर, टेड; "*द इमिग्रेशन डिवीडेंड*"; *न्यूयॉर्क टाइम्स*, अक्तूबर 6, 2015.

पाठ 2: नेतृत्व करना सीखते हुए

अ क्लाउड फ़ॉर ग्लोबल गुड; केस स्टडी; रेडमण्ड, डब्ल्यू.ए. : माइक्रोसॉफ़्ट, 2016. Accessed December 12, 2016. http://news.microsoft.com/cloudforgood/.

गुहा, रामचन्द्र; *अ कॉर्नर ऑफ़ अ फ़ॉरेन फ़ील्ड : द इन्डियन हिस्ट्री ऑफ़ अ ब्रिटिश स्पोर्ट;* बासिंगस्टोक, यूके : पैन मैकमिलन, 2003.

ईस्टवे, राबर्ट; *क्रिकेट एक्सप्लेन्ड*; न्यू यॉर्क : सेंट मार्टिन्स ग्रिफिन, 1993

शापशक, टोबी; "हाउ केन्या'ज एम-कोपा ब्रिंग्स प्रीपेड सोलर पावर टू रूरल अफ़्रीका"; फ़ॉर्ब्स, जनवरी 28, 2016.

बेसर, अरी; "हाउ सिटिज़ेन साइन्स चेंज्ड द वे फ़ूकूशीमा रेडीएशन इज़ रिपोर्टेड"; नेशनल जियोग्राफ़िक, फुलब्राइट नैशनल जियोग्राफिक स्टोरीज़, फ़रवरी 13, 2016.

हेकेल्ल, लॉरेन्स; "यूएन एण्ड माइक्रोसॉफ़्ट एड डिजास्टर रिकवरी, एकनॉमिक डेवलपमेंट इन नेपाल"; माइक्रोसॉफ़्ट फ़ीचर स्टोरी. Accessed March 10, 2017. https://news.microsoft.com/features/un-and-microsoft-aiddisaster-recovery-economic-development-in-nepal/#sm.00001tfv v5hhqcs610r97vxf4vfiv#hAyXgOep0YzFR1W8.97.

ॲमेज़ॉन; "न्यू वर्जन ऑफ़ अलेक्सा वेब सर्च सर्विस गिव्स ऐनी डेवलपर टूल्स टू इन्नोवेट इन सर्च ऐट वेब स्केल"; अमेज़न प्रेस रिलीज़, जून 6, 2007. http://phx.corporate-ir.net/phoenix.zhtml?c=176060&p=irol-newsArticle&ID=1012591.

बार्र, एलिसन; "*अमेज़न्स नेक्स्ट बिलियन-डॉलर बिज़नेस आईड*"; रॉटर्ज़, जुलाई 22, 2011.

ब्रेंगेल, केलॉग; "*थेसेनक्रूप एलिवेटर यूज़ेज माइक्रोसॉफ़्ट एज़्योर IoT फ़ॉर इम्प्रूव्ड बिल्डिंग एफ़ीशिएन्सी*". ऑन माइक्रोसॉफ़्ट. Accessed March 10, 2017. https://www.onmsft.com/news/thyssenkrupp-elevator-uses-microsoft-azure-iot-improved-building-efficiency.

पाठ 3 : नया मिशन, नयी चाल

वैन्स, ऐश्ली; "सी.ई.ओ. मेमो मेक्स 'प्रोडक्टिविटी' द न्यू मन्त्रा ऐट माइक्रोसॉफ़्ट"; *ब्लूमबर्ग*, जुलाई 10, 2014.

मैकग्रेगर, ज़ैन; "माइक्रोसॉफ़्ट सी.ई.ओ. सत्या नडेला'ज़ लव ऑफ़ लिटरेरी कोट्स"; *वॉशिंगटन पोस्ट*, जुलाई 10, 2014.

विंगफ़िल्ड, निक; "सत्य नडेला सेज चेंजेज़ आर कमिंग टू माइक्रोसॉफ़्ट"; *द न्यूयॉर्क टाइम्स*, जुलाई 10, 2014.

पाठ 4 : एक सांस्कृतिक पुनर्जागरण

पेकम, मैट; "'माइनक्राफ़्ट' इज़ नाउ द सेकण्ड बेस्ट-सेलिंग गेम ऑफ़ ऑल टाइम"; *टाइम*, जून 2, 2016.

पाठ 5 : मित्र या मित्र-शत्रु?

https://spectrum.ieee.org/tech-talk/telecom/internet/popular-internet-of-things-forecast-of-50-billion-devices-by-2020-is-outdated.

पाठ 6 : क्लाउड से आगे की दुनिया

लिन, एलिसन; "हाउ माइक्रोसॉफ़्ट कम्प्यूटर सायंटिस्ट्स एण्ड रिसर्चर्स आर वर्किंग टू 'सॉल्व' कैन्सर"; माइक्रोसॉफ़्ट स्टोरी लैब्स, सितम्बर 2016. https://news.microsoft.com/stories/computingcancer/.

डुपज़िक, केविन; "आई सॉ द फ़्यूचर थ्रू माइक्रोसॉफ़्ट्स होलोलेंस"; *पोपुलर मेकनिक्स*, सितम्बर 6, 2016. http://www.popularmechanics.com/technology/a22384/hololens-ar-breakthrough-awards/.

औकस्ताकलनिस, स्टीव; *प्रैक्टिकल ऑगमेंटेड रियलिटी। अ गाइड टू द टेक्नोलोजीज, ऐपलिकेशन, एण्ड ह्यूमन फ़ैक्टर फ़ॉर एआर एण्ड वीआर*; बोस्टन: ऐडिसॉन-वेस्ली, 2016.

ग्रन्वॉल्ड, मार्टिन; *ह्यूमन हाप्टिक परसेप्शन : बेसिक्स एण्ड अपलिकेशंस*; बोस्टन : बिरखौसेर, 2008.

गार्ट्नर; *हाइप साइकल फ़ॉर इमर्ज़िंग टेक्नोलोजीज*; 2016, G00299893

एरॉन्सॉन, स्कॉट; *क्वाण्टम कम्प्यूटिंग सिंस डेमोक्रायटस*; कैम्ब्रिज : कैम्ब्रिज यूनिवर्सिटी प्रेस, 2013.

लिन, ऐलिसन; "माइक्रोसॉफ़्ट डबल डाउन ऑन क्वाण्टम कम्प्यूटिंग बेट"; नेक्स्ट ऐट माइक्रोसॉफ़्ट ब्लॉग, नवम्बर 20, 2016. https://blogs.microsoft.com/next/2016/11/20/microsoft-doubles-quantum-computing-bet/.

पाठ 7 : विश्वास का समीकरण

इग्नेशस, ऐडि; "दे बर्न्ड हाउस डाउन"; *हॉर्वर्ड बिज़नेस रिव्यू* 93, क्रम. 7/8 (2015) :106-13

स्मिथ, ब्रैड; "द इण्टरव्यू नाउ अवेलेबल ऑन एक्स्बाक्स वीडियो"; द ऑफिशियल माइक्रोसॉफ़्ट ब्लॉग, दिसम्बर 24, 2014. http://blogs.microsoft.com/blog/2014/12/24/the-interview-now-available-on-xbox-video/.

माइक्रोसॉफ़्ट न्यूज़ सेंटर; "स्टेट्मेंट फ़्रॉम माइक्रोसॉफ़्ट अबाउट रेस्पोंस टू गवर्न्मेंट डिमाण्ड्स फ़ॉर कस्टमर डाटा" द ऑफिशियल माइक्रोसॉफ़्ट ब्लॉग, जुलाई 11, 2013. http://news.microsoft.com/2013/07/11/statement-from-microsoft-about-response-to-government-demands-for-customer-data/#sm.001aorusr7vufs511ur2bludrw2u3.

हेसल्डाल, ऑरिक; "माइक्रोसॉफ़्ट एण्ड गूगल विल सू यूएस गवर्न्मेंट ओवर FISA ऑर्डर डेटा"; *ऑल थिंग्स डी*, अगस्त 30, 2013. http://allthingsd.com/20130830/microsoft-and-google-will-sue-u-s-government-over-fisa-order-data/#.

केल्लान-जोंस-रॉरी; "टेक्नालॉज़ी फर्म्स सीक गवर्नमेंट सर्विलांस रिफ़ोर्म"; *BBC टेक्नोलॉज़ी न्यूज़*, दिसम्बर 9,2013. Accessed December 8, 2016. http://www.bbc.com/news/technology-25297044.

ऐकर्मन, स्पेन्सर; "टेक जायंट्स रीच वाइट हाउस डील ऑन एन.एस.ए. सर्विलांस ऑफ़ कस्टमर डाटा"; द *गार्डियन*, जनवरी 27, 2014. Accessed December 8, 2016. https://www.theguardian.com/world/2014/jan/27/tech-giants-white-house-deal-surveillance-customer-data.

एल्लिग्सेन, नोरा; "द माइक्रोसॉफ़्ट आयरलैंड केस : अ ब्रीफ़ समरी"; लॉफ़ेयरब्लॉग ब्लॉग, जुलाई 15, 2016. https://www.lawfareblog.com/microsoft-ireland-case-brief-summary.

बेनेट, जेम्स; "अडैप्टिंग ओल्ड लॉज़ टू न्यू टेक्नोलॉजीज; मस्ट माइक्रोसॉफ़्ट टर्न ओवर ईमेल्स ऑन आइरिश सर्वर?" *न्यूयॉर्क टाइम्स*, जुलाई 27, 2014. http://www.nytimes.com/2014/07/28/opinion/Must-Microsoft-Turn-Over-Emails-on-Irish-Servers.html?_=0.

कांगर, केट; "द फ़ेडरल डिस्ट्रिक्ट कोर्ट रूल्ड इन फ़ेवर ऑफ़ यूएस प्रोसीक्यूटर्स, बट वी अपील्ड द डिसीजन, एण्ड द यूनाइटेड स्टेट्स कोर्ट ऑफ़ अपील्स फ़ॉर द सेकण्ड सर्किट बैक्ड माइक्रोसोफ़्ट्स पोज़िशन"; *टेकक्रंच*, जुलाई 14, 2016. https://techcrunch.com/2016/07/14/microsoft-wins-second-circuit-warrant/.

नाकाशीमा, एलेन; "ऐपल वाउज़ टू रेसिस्ट एफबीआई डिमाण्ड टू क्रैक आईफ़ोन लिंक्ड टू सैन बर्नर्डीनो अटैक्स"; *वॉशिंगटन पोस्ट*, फ़रवरी 17, 2016. Accessed December 8, 2016. https://www.washingtonpost.com/world/national-security/us-wants-apple-to-help-unlock-iphone-used-by-san-bernardino-shooter/2016/02/16/69b903ee-d4d9–11e5–9823–02b905009f99_story.html.

ब्लूमबर्ग, माइकल; "द टेररिज्म फ़ाइट नीड्स सिलिकन वैली; टेक इग्ज़ेक्युटिव्ज़ आर डेंजरस्सली रोंग इन रेसिस्टिंग द गवर्न्मेंट्स रेक्वेस्ट्स फ़ॉर देयर हेल्प"; *वॉल स्ट्रीट जर्नल*, जून 29, 2016. Accessed December 8, 2016. http://www.wsj.com/articles/the-terrorism-fight-needs-silicon-valley-1467239710.

हेज़लवुड, चार्ल्स; "ट्रस्टिंग द इंसेम्बल"; *टेड टॉक*, 19:3, फ़िल्म्ड जुलाई 2011. http://www.ted.com/talks/charles_hazlewood.

गेट्स, बिल; "मेमो फ़्रॉम बिल गेट्स"; द ऑफ़िशियल माइक्रोसॉफ़्ट ब्लॉग, जनवरी 11,2012. http://news.microsoft.com/2012/01/11/memo-from-bill-gates/#sm.00000196kro2y0ndaxxlau37xidty.

डेलगाडो, रिक; "अ टाइमलाइन ऑफ़ बिग डेटा ऐनालिटिक्स"; *CTO विज़न*, सितम्बर 12, 2016. https://ctovision.com/timeline-big-data-analytics/.

लीबरमैन, मार्क; "ज़ेट्टास्केल लिंगुइस्टिक्स"; *लैंगवेज लॉग*, नवम्बर 5, 2003. http://itre.cis.upenn.edu/~myl/languagelog/archives/000087.html.

नॉर्थ, डग्लस सेसिल; *एकनॉमिक ग्रोथ ऑफ़ यूनाइटेड स्टेट्स, 1790-1860*; इंगलवुड कलिफ़्फ़स, एनजे : प्रेंटिस हॉल,1961.

ऐडम्स, जॉन; "जॉन ऐडम्स टू ऐबिगेल ऐडम्स, 3 जुलाई 1776"; ऐडम्स फ़ैमिली पेपर्स : एन एलेक्ट्रोनिक आर्काइव, मैसचुसेट्स हिस्टॉरिकल सॉसायटी, बोस्टन. Accessed December 8, 2016. http://www.masshist.org/digitaladams/archive/doc?id=L17760703jasecond.

राईली बनाम *कैलिफ़ोर्निया*, 134 S. Ct. 2473, 189 L. Ed. 2d 430, 2014 U.S. LEXIS 4497, 82 U.S.L.W. 4558, 42 Media L. Rep. 1925, 24 Fla. L. Weekly Fed. S 921, 60 Comm. Reg. (P & F) 1175, 2014 WL 2864483 (U.S. 2014). https://www.supremecourt.gov/opinions/13pdf/13–132_8l9c.pdf.

रॉथ्मन, लिली; "10 क्वेश्चन विद अखिल रीड अमर"; *टाइम*, सितम्बर 5, 2016, 56.

अरुण के. थिरूवेनगदम स्कॉलर्ली पेपर्स; न्यूयॉर्क : सोशल साइन्स रिसर्च नेटवर्क, 2013-2016. Accessed December 8, 2016. https://papers.ssrn.com/sol3/cf_dev/AbsByAuth.cfm?per_id=411428.

माल्डेन, मेरी, एण्ड ली रैनी; "अमेरिकन्स ऐटिट्यूड्स अबाउट प्राइवंसी, सिक्यूरिटी, सर्विलांस"; वाशिंगटन, डीसी: प्यू रीसर्च सेंटर 2015. Accessed December 8, 2016. http://www.pewinternet.org/files/2015/05/Privacy-and-Security-Attitudes-5.19.15_FINAL.pdf.

नूबॉर्न, बर्ट; *मैडिसॉन्स म्यूज़िक: ऑन रीडिंग द फ़र्स्ट अमेंडमेंट*; न्यूयॉर्क: द न्यू प्रेस, 2015.

पाठ 8 : मनुष्य और मशीन का भविष्य

मार्काफ़, जॉन, एण्ड पोल मोज़ूर; "फ़ॉर सिम्पेथेटिक ईयर, मोर चाइनीज टर्न टू स्मार्टफ़ोन प्रोग्राम"; *न्यूयॉर्क टाइम्स*, जुलाई 31, 2015.

ट्रैकटिका; *वर्चुअल डिजिटल असिस्टेंट्स*. बोल्डर, CO: ट्रैक्टिका, 2016. Accessed December 8, 2016. https://www.tractica.com/research/virtual-digital-assistants/.

इग्ज़ेक्युटिव ऑफ़िस ऑफ़ द प्रेसीडेंट नैशनल साइन्स एण्ड टेक्नालॉज़ी काउण्टी कमिटी ऑन टेक्नोलॉज़ी; *प्रिपेयरिंग फ़ॉर द फ़्यूचर ऑफ़ आर्टीफ़िशियल इण्टेलिजेन्स*; वाशिंगटन, डीसी: नेशनल साइन्स एण्ड टेक्नोलॉज़ी काउन्सिल, 2016.

Accessed December 8, 2016. https://www.whitehouse.gov/sites/default/files/whitehouse_files/microsites/ostp/NSTC/preparing_for_the_future_of_ai.pdf.

कुर्ज़्वेल, रे; द *सिंग्युलेरिटी इज़ नियर : वेन ह्यूमन्स ट्रैन्सेंड बायोलॉजी*; न्यूयॉर्क: पेंग्विन बुक्स, 2006.

मार्कऑफ़, जॉन; *मशीन्स ऑफ़ लविंग ग्रेस : द क्वेस्ट फ़ॉर कॉमन ग्राउण्ड बिटवीन ह्यूमन्स एण्ड रोबोट्स*; न्यूयॉर्क : इक्को, 2015.

एसीमोव, आईसाक; "रनअराउण्ड"; *इन आई, रोबोट. न्यूयॉर्क*: जीनोम प्रेस, 1950.

गेट्स, बिल; "द इण्टरनेट टाइडल वेव"; मेमोरैंडम टु इग्ज़ेक्युटिव स्टाफ़, मई 26, 1995. https://www.justice.gov/sites/default/files/atr/legacy/2006/03/03/20.pdf.

ब्रीज़ील, सिन्थिया; *डिज़ाइनिंग सोशेबल रोबोट्स*; लन्दन: MIT प्रेस, 2002.

नडेला, सत्य; "द पार्ट्नरशिप ऑफ़ द फ़्यूचर"; *स्लेट*, जून 28, 2016. Accessed December 8, 2016. http://www.slate.com/authors.satya_nadella.html.

स्टोन, पीटर, एट आल; "आर्टीफ़िशियल इण्टेलिजेन्स एण्ड लाइफ़ इन 2030"; *वन हण्ड्रेड ईयर स्टडी ऑन आर्टीफ़िशियल इण्टेलिजेन्स: रिपोर्ट ऑफ़ द 2015-2016 स्टडी पैनल*; स्टेनफ़ोर्ड, CA: स्टेनफ़ोर्ड यूनिवर्सिटी, 2016. Accessed: September 6, 2016. https://ai100.stanford.edu/2016-report/preface.

ऐलन, कोलिन; "द फ़्यूचर ऑफ़ मोरल मशीन्स"; *न्यूयॉर्क टाइम्स*, दिसम्बर 25, 2011.

बास्ट्रम, नीक; *सुपरइण्टेलिजेन्स: पाथ्स, डेंजर्स, स्ट्रैटजिज*; आक्सफ़ोर्ड: आक्सफ़ोर्ड यूनिवर्सिटी प्रेस, 2014.

फ़ोर्ड, मार्टिन; *राइज ऑफ़ द रोबोट्स : टेक्नोलॉज़ी एण्ड द थ्रेट ऑफ़ द जॉबलेस फ़्यूचर*; न्यूयॉर्क: बेसिक बुक्स, 2015.

ब्र्यंजोल्फस्सों, एरिक, एण्ड ऐण्डू मैकफ़ी; द *सेकण्ड मशीन एज: वर्क, प्रोग्रेस, एण्ड प्रॉस्पेरिटी इन आ टाइम ऑफ़ ब्रिलियण्ट टेक्नोलोजीज*; न्यूयॉर्क: डब्ल्यू. डब्ल्यू. नोर्टोन, 2014.

मैककुलो, डेविड; *द राइट ब्रदर्स*; न्यूयॉर्क : सिमोन एण्ड शूस्टर, 2015.

क्रज़नारिक, रोमन; *इम्पैथी: वाई इट मैटर्स, एण्ड हाउ टू गेट इट*; न्यूयॉर्क : टर्चेरपेरिगी, 2014.

श्वाब, क्लाउस; *द फ़ोर्थ इण्डस्ट्रियल रेवल्यूशन*; न्यूयॉर्क: क्राउन बिज़नेस, 2017.

सस्किण्ड, डेनियल, एण्ड रिचर्ड सस्किण्ड; *द फ़्यूचर ऑफ़ द प्रोफेशंस : हाउ टेक्नालॉज़ी विल ट्रान्स्फ़ॉर्म द वर्क ऑफ़ ह्यूमन एक्स्पर्ट्स*; आक्सफ़ोर्ड: आक्सफ़ोर्ड यूनिवर्सिटी प्रेस 2016.

पाठ 9 : सभी के लिए आर्थिक विकास की पुनर्स्थापना

असोसिएटेड प्रेस; "हूज बीन इन्वायटेड टू द स्टेट ऑफ़ द यूनियन टुनाइट?" *बोस्टन ग्लोब*, जनवरी 12, 2016. Accessed December 9, 2016. https://www.bostonglobe.com/news/politics/2016/01/12/guestsrdp/DR3KzNA90x3nxLYFOFs0nN/story.html.

ओबामा, बराक; स्टेट ऑफ़ द यूनियन अड्रेस; वाइट हाउस, जनवरी 12, 2016. Accessed December 9, 2016. https://www.whitehouse.gov/sotu.

सोलोव, रॉबर्ट एम; "वी वुड बेटर वॉच आउट"; रिव्यू ऑफ़ द *मिथ ऑफ़ द पोस्ट—इण्डस्ट्रियल इकॉनमी*, बाई स्टीफ़ेन एस. कोहेन एण्ड जॉन ज्यसमन. *न्यूयॉर्क टाइम्स*, जुलाई 12, 1987. Accessed December 9, 2016. http://www.standupeconomist.com/pdf/misc/solow-computer-productivity.pdf.

नडेला, सत्य, उर्लिच स्पीसशोफेर, एण्ड ऐण्ड्रू मैकफ़ी; "प्रोड्यूसिंग डिजिटल गेन्स ऐट डवोस"; *BCG पर्सपेक्टिव्स*, मार्च 9, 2016. Accessed December 9, 2016. https://www.bcgperspectives.com/content/articles/technology-digital-technology-business-transformation-producing-digital-gains-davos/.

वेटमैन, गैविन; द *इण्डस्ट्रीयल रेवोलूशनेरीज़: द मेकिंग ऑफ़ द माडर्न वर्ल्ड, 1776-1914*; न्यू यॉर्क: ग्रोव प्रेस, 2010.

ऐश्टॉन, टी.एस., एण्ड पैट हडसन; द *इण्डस्ट्रियल रेवल्यूशन, 1760-1830*; दूसरा एडीशन, आक्सफ़ोर्ड: आक्सफ़ोर्ड यूनिवर्सिटी प्रेस, 1998.

रिपब्लिक ऑफ़ मलावी; नैशनल ICT पॉलिसी. लिलोंगवे: मलावी, 2013. Accessed December 9, 2016. https://www.malawi.gov.mw/Publications/Malawi_2013_Malawi_ICT_Policy.pdf.

रिपब्लिक ऑफ़ रवाण्डा मिनिस्ट्री ऑफ़ फ़ाइनैन्स एण्ड एकनॉमिक प्लानिंग; रवाण्डा विज़न 2020; किगलि: रवाण्डा, 2000. Accessed December 9, 2016. http://www.sida.se/globalassets/global/countries-and-regions/africa/rwnda/d402331a.pdf.

कोमिन, डीएगो ऐ., एण्ड बॉर्ट होबिजन; "हिस्टॉरिकल क्रॉस-कंट्री टेक्नोलॉज़ी अडॉप्शन (HCCTA) डाटासेट"; द नैशनल ब्यूरो ऑफ़ इकनॉमिक रीसर्च. Last modified August 8, 2004. http://www.nber.org/hccta/.

मकेंज़ी, डेविड, एण्ड क्रिस्टोफ़र वुडरफ़; "ह्वाट आर वी लर्निंग फ्रोम बिज़नेस ट्रेनिंग एण्ड इण्टरप्रेन्योरशिप इवैल्यूएशन्स अराउण्ड द डेवलपिंग वर्ल्ड?" वर्किंग पेपर WPS6202, द वर्ल्ड बैंक डिवेलप्मेंट रिसर्च ग्रुप फ़ाइनैन्स एण्ड प्राइवेट सेक्टर डिवेलप्मेंट टीम. वर्ल्ड बैंक, 2012. http://documents.worldbank.org/curated/en/777091468331811120/pdf/wps6202.pdf.

अदेसान्या, इरेती; "द जिनियस बिहाइंड द गिनी इण्डेक्स"; वर्जीनिया कॉमनवेल्थ यूनिवर्सिटी स्कूल ऑफ़ मास कम्युनिकेशन्स मल्टीमीडिया जर्नलिज़्म. Last modified December 20, 2013. http://mmj.vcu.edu/2013/12/20/methodology-gini-index-sidebar/.

"मैक्सिमा एण्ड मिनिमा"; विकिपीडिया. Last modified October 9, 2016. https://en.wikipedia.org/wiki/Maxima_and_minima.

इम्मेल्ट, जेफ़्फ्रेय. "NYU स्टर्न ग्रैजुएट कॉन्वकेशन 2016: जेफ़्फ्रेय इम्मेल्ट"; फ़िल्म्ड मई 20, 2016. यूट्यूब वीडियो, 18:27. Posted June 2, 2016. https://www.youtube.com/watch?v=hLMiuN8uSsk.

एरलंगेर, स्टीवन; "'ब्रेक्सिट': एक्सप्लेनिंग ब्रिटेन्स वोट ऑन यूरोपियन यूनियन मेम्बरशिप"; *न्यूयॉर्क टाइम्स*, अक्टूबर 27, 2016. http://www.nytimes.com/interactive/2016/world/europe/britain-european-union-brexit.html?_r=0.

हार्डी, क्वेंटिन; "क्लाउड कम्प्यूटिंग ब्रिंग्स स्प्रॉलिंग सेंटर्स, बट फ़्यू जॉब्स, टू स्मॉल टाउन्स"; *न्यूयॉर्क टाइम्स*, अगस्त 26, 2016. http://www.nytimes.com/2016/08/27/technology/cloud-computing-brings-sprawling-centers-but-few-jobs-to-small-towns.html.

ऐसमोगलू, डरोन, एण्ड पैस्क्वल रेस्ट्रेपो; "द रेस बिटवीन मैन एण्ड मशीन: इम्पलिकेशन्स ऑफ़ टेक्नोलॉज़ी फ़ॉर ग्रोथ, फ़ैक्टर शेयर्स एण्ड एम्प्लॉयमेंट"; दिसम्बर 2015. https://pdfs.semanticscholar.org/4159/521bb401c139b440264049ce0af522033b5c.pdf?_ga=1.27764476.1700601381.1481243681.

लेमन्न, निकोलस; "द नेटवर्क मैन: रेड होफ़्फ़मैन्स बिग आइडिया"; द न्यू *यॉर्कर*, अक्टूबर 12, 2015. http://www.newyorker.com/magazine/2015/10/12/the-network-man.

स्रोत तथा आगे अध्ययन के लिए

रोमार, पॉल; "इण्टरव्यू ऑन अर्बनाईज़ेशन, चार्टर सिटीज एण्ड ग्रोथ थ्योरी"; पॉल रोमार (ब्लॉग), एप्रिल 29, 2015. https://paulromer.net/tag/charter-cities/.

काल्म्स, जैकी; "हू हेट्स फ्री ट्रेड ट्रीटीज़? सर्प्राइज़िंगली नॉट वोटर्स"; *न्यूयॉर्क टाइम्स*, सितम्बर 21, 2016. http://www.nytimes.com/2016/09/22/us/politics/who-hates-trade-treaties-surprisingly-not-voters.html.

"ट्रान्स-पेसिफ़िक पार्ट्नरशिप"; इण्टरनैशनल ट्रेड एडमिनिस्ट्रेशन, डिपार्टमेंट ऑफ़ कामर्स, वॉशिंगटन, डीसी. Accessed December 9, 2016. http://www.trade.gov/fta/tpp/index.asp.